ÉMENTS POUR UNE HISTOIRE DE L'INFORMATIQUE

Éléments pour une histoire de l'informatique

Donald E. Knuth

Articles choisis et traduits par
Patrick Cégielski

CSLI PUBLICATIONS

STANFORD, CALIFORNIA

Société
Mathématique
de France

In memory of Philippe Flajolet
(1948–2011)

Donald Knuth
Patrick Cégielski

Library of Congress Cataloging-in-Publication Data
Knuth, Donald Ervin, 1938-
  Éléments pour une histoire de l'informatique / Donald E. Knuth ;
  articles choisis et traduit par Patrick Cégielski.
      p. cm. – (CSLI lecture notes number 190)
  Includes index.
  ISBN 978-1-57586-622-2 (pbk. : alk. paper)
  1. Computer algorithms. 2. Programming languages (Electronic
computers) 3. Computer programming. I. Cegielski, Patrick, 1954-
II. Title.

  QA76.9.A43K58 2010
  005.1–dc23
                                                            2011014106
                              CIP

CSLI was founded in 1983 by researchers from Stanford University, SRI
International, and Xerox PARC to further the research and development of
integrated theories of language, information, and computation. CSLI headquarters
and CSLI Publications are located on the campus of Stanford University.

CSLI Publications reports new developments in the study of language,
information, and computation. Please visit our web site at
http://cslipublications.stanford.edu/
for comments on this and other titles, as well as for changes
and corrections by the author and publisher.

Table des matières

Préface de l'auteur

Les ordinateurs sont devenus si importants pour beaucoup d'aspects de la vie contemporaine qu'ils sont maintenant indispensables pour la création et la production de livres comme celui-ci. Je dois donc m'en réjouir en tant que professeur d'informatique et c'est ce que je fais en général. Mais je suis également effrayé par le fait que l'informatique ait connu un *trop* grand succès car l'ubiquité de l'informatique a faussé la façon dont la profession que j'ai choisie est perçue par le grand public. On s'attend maintenant à ce que ma principale motivation soit d'ordre économique et non scientifique. J'ai longtemps envié les astronomes dont les travaux sont appréciés uniquement par leur intérêt propre. Par contre le travail d'un informaticien est de nos jours évalué principalement par son degré d'influence sur Wall Street. De moins en moins de personnes semblent comprendre que l'exploration des processus algorithmiques n'est pas moins fascinante que l'exploration de l'univers physique. En fait, l'étude abstraite des mondes artificiels, dans lesquels nous pouvons imposer nos propres règles mathématiques, peut être plus satisfaisante que les travaux des chimistes et des biologistes, qui ne pourront jamais savoir si leurs conjectures sont correctes. Tous ces domaines, y compris le mien, ont un grand intérêt en eux-mêmes, indépendamment du fait qu'ils enrichissent des gens ou non.

Il est peut-être inutile d'exprimer de tels sentiments en s'adressant à un lectorat français puisque mes amis francophones ont en général été capables de comprendre le sens de mes travaux plus profondément que la plupart de mes collègues américains. Lors d'un récent voyage à Bordeaux, par exemple, j'ai même rencontré un journaliste qui m'a posé des questions intéressantes et en a fait un compte rendu perspicace dans « Sud Ouest ». Les Français semblent "get it" bien que j'ai écrit et parlé en anglais. Je suis donc très heureux de voir ce livre et son volume associé, dans lesquels mes mots ont été réhaussé de l'anglais en une langue beaucoup plus belle. Là où j'avais écrit "dancing links" on peut maintenant lire "les liens valsants" — oui, oui. Voilà ! Patrick Cégielski a soigneusement compilé un ensemble représentatif des huit volumes de mes recueils d'articles—y compris les textes de quelques-uns des exposés présentés en premier en France, comme celui du Congrès International des Mathématiciens tenu à Nice en 1970.

J'espère que ces quelques mots expliqueront clairement pourquoi des informatiens comme moi se sont si passionnément consacré à notre sujet durant tant d'années.

Vive l'informatique !

Donald E. Knuth
université Stanford
mars 2010

Préface du traducteur

Donald KNUTH est suffisamment connu en France pour qu'on n'ait pas vraiment besoin de le présenter. Son *Art of Computer Programming* est en France comme ailleurs la bible depuis de nombreuses générations de toute étude approfondie des structures de données. Le traitement de texte TEX est utilisé par tous les éditeurs d'articles scientifiques, au moins comme moteur de LATEXplus proche de SGML. Enfin l'analyse des algorithmes ne saurait se passer des méthodes inventées par KNUTH, dont le livre *Concrete Mathematics* a été traduit en français. Ceci ne représente qu'une part de l'œuvre de KNUTH dont beaucoup d'articles, en particulier sur les mathématiques discrètes, ne sont pas aussi lus qu'il faudrait.

Donald KNUTH est le défenseur infatigable de l'*algorithmique* (mot inventé par TRAUB en 1964) dans un sens suffisamment large du terme pour y inclure presque toute l'informatique.

Les œuvres de KNUTH sont traduites dans la plupart des langues vernaculaires comme le montre sa liste de travaux :

> http://www-cs-faculty.stanford.edu/~uno/vita.html

mais curieusement pas en français (à l'exception du livre cité ci-dessus et de deux articles maintenant à peu près introuvables). Cependant si certains articles se lisent aisément en anglais, il n'en est pas de même de certains autres contenant des expressions propres à leur auteur ou des références culturelles sur lesquelles on peut achopper facilement. Il suffit, par ailleurs, de voir l'expression de nos étudiants lorsqu'on leur demande de consulter la documentation en ligne d'UNIX ou de Java pour comprendre tout ce que peut leur apporter une traduction française. Donald KNUTH avait choisi depuis un certain temps une liste d'articles à traduire en français que m'a transmis Dikran KARAGUEUZIAN, directeur des éditions CSLI, lui-même francophone, ayant passé son baccalauréat littéraire au consulat français de San Francisco. Le nombre d'articles s'est accru, à la fois à ma suggestion et à celle de KNUTH, au cours de la traduction commencée à Stanford en février 2009 et poursuivie lors d'une année sabbatique pour atteindre 900 pages, si bien qu'on a dû répartir celle-ci en deux volumes.

Il existe de nombreux livres consacrés à l'histoire de l'informatique [21, 3, 10, 8, 16, 13, 14, 1, 12, 4, 15], la plupart insistant sur le matériel (jusqu'à la fin des années 1990) puis sur les réseaux (depuis lors) mais peu sur le logiciel [17, 18, 9, 6] et encore moins sur les algorithmes, bien que cela commence [7, 20, 5]. Donald KNUTH s'est intéressé à ce dernier aspect tout au long de sa carrière et a écrit de nombreux articles, souvent très fouillés, sur cet aspect. Nous reprenons dans cette anthologie une partie de ces articles, constituant un tout cohérent de l'histoire des algorithmes.

L'utilisation des algorithmes, sous une forme plus ou moins informelle, est très ancienne. Les premiers documents écrits, en absolu et à ce propos, datent des Mésopotamiens, apparaissant sur des tablettes d'argile. De nombreuses tablettes d'argile ont été retrouvées et se trouvent maintenant dans des musées à travers le monde. La transcription a été éditée pour une partie d'entre elles, avec une traduction. C'est le cas de toutes les tablette mathématiques connues, ce qui forme il est vrai un petit volume. Donald E. KNUTH est le premier informaticien à s'être penché sur ces tablettes et à en déduire de façon justifiée la façon de « programmer » (ou de présenter les algorithmes) des Mésopotamiens dans un célèbre article datant de 1972, repris comme premier chapitre de cette anthologie.

Une étude historique suivie devrait se pencher ensuite sur les Égyptiens (et en particulier la méthode égyptienne de multiplication), sur les Grecs anciens, sur les Indiens et les Chinois, comme le dit le dernier paragraphe de ce premier chapitre.

Le but principal de l'article repris comme deuxième chapitre, datant de 1979, est de définir l'informatique comme l'étude des algorithmes, ou *algorithmique*, mot inventé par TRAUB en 1964. Il s'agit de la rédaction de l'exposé présenté lors de la conférence tenue en l'honneur d'al-Khwârizmî (813–846), dont le nom est à l'origine du mot « algorithme ». KNUTH en profite donc pour étudier la vie et l'œuvre de ce mathématicien et en particulier de son algèbre et de son livre sur l'introduction des chiffres indiens et surtout des algorithmes actuels d'addition et de multiplication. La conclusion est qu'il n'existe pas un critère unique permettant de différencier les mathématiques de l'informatique théorique (étude du continu contre ensembles finis) mais toute une palette de critères, « un certain nombre de modes de pensée, quelque chose comme les gènes de l'ADN ».

Puisque l'informatique est pour KNUTH l'étude des algorithmes, l'origine des ordinateurs ne l'a pas particulièrement inspiré, bien qu'il en connaisse l'histoire comme on peut s'en rendre compte dans les chapitres trois, quatre et cinq. L'étape fondamentale suivante est donc le premier programme écrit par Augusta Ada, comtesse de Lovelace, plusieurs fois citée mais à laquelle il n'a pas consacré d'étude détaillée.

Le chapitre trois, article écrit en 1970, est une étude très détaillée du premier programme de John VON NEUMANN (1903–1957) écrit pour le premier « ordinateur à programme enregistré ». Il ne s'agit pas du premier programme : la liste des programmes antérieurs avec des références précises est donnée au dernier paragraphe de la page 56.

L'article est l'occasion de montrer comment un algorithme est décrit, sinon en langage machine, tout au moins en langage d'assemblage. L'étude des langages machine et des langages d'assemblage, et surtout de leur incidence sur la présentation des algorithmes dans les années cinquante, reste à faire. Passons donc aux langages dits « évolués », ou langages de programmation. Leur histoire depuis l'apparition de FORTRAN et de COBOL est bien connue (grâce aux trois livres [19, 22, 2]). Le chapitre quatre est une étude, écrite en 1977, très détaillée des langages de programmation pionniers qui les ont précédés, avec une documentation très difficilement accessible par ailleurs. Un même algorithme, dit TPK, est implémenté dans chacun de ces langages, lorsque cela est possible, de façon à mieux les comparer.

Bien entendu les langages de programmation sont fortement liés aux compilateurs permettant de traduire les programmes en langage d'assemblage. le chapitre cinq est donc un chapitre compagnon du chapitre quatre, consacré à l'histoire de la conception des compilateurs, écrit en 1962, donc quinze ans plus tôt. La méthode historique de KNUTH n'était pas encore au point à cette époque mais la présentation de l'évaluation d'une formule arithmétique grâce à une pile vaut vraiment la peine de l'inclure dans cette anthologie.

Quittons le domaine général pour aborder les divers domaines où l'algorithmique s'applique. Le chapitre six nous introduit à l'algorithme principal utilisé par le célèbre système de traitement de texte, créé par KNUTH, à savoir TEX. Nous aurions tout aussi bien pu le faire paraître dans le volume consacré aux algorithmes. La dernière partie, cependant, nous montre les recherches historiques effectuées par KNUTH avant d'aborder un problème. Nous aimerions transmettre cette même volonté à nos étudiants.

Le chapitre sept, consacré à la genèse des grammaires à attributs, vaudrait la peine de paraître en appendice d'une réédition des études d'Henri POINCARÉ et de Jacques HADAMARD sur la créativité [11].

Les chapitres huit à treize nous donnent l'histoire d'une partie de la terminologie informatique, celle qui est due à KNUTH. La différence entre « algorithme » et « programme » est faite, peut-être pour la première fois, dans le chapitre huit. De même « programmation » et « informatique » sont distingués dans le chapitre neuf.

Le dernier chapitre, qui a déjà fait l'objet d'une première traduction française dans une revue maintenant disparue, reprend le texte du discours prononcé par KNUTH lors de sa réception du prix Turing en 1974 dans lequel il explique pourquoi la programmation est un art, avec de nombreuses références historiques.

Le livre que nous présentons aujourd'hui au lecteur n'est pas qu'une simple traduction mais une œuvre originale sous trois aspects. Tout d'abord, aucune anthologie d'articles de KNUTH concernant l'histoire des algorithmes n'existe en anglais (ou une autre langue). Ensuite KNUTH réécrit sans cesse ses articles, y apportant des corrections ou des prolongements. Les textes traduits ici correspondent à la dernière version de ceux-ci, certains mis à jour à l'occasion de cette traduction. Enfin le traducteur a proposé une ou deux rectifications à l'auteur, proposé quelques changements d'expression et quelques notes et a enfin revu entièrement les bibliographies (en y ajoutant les dernières éditions, les versions numérisées, les traductions françaises et quelques nouveaux titres), en ne retenant bien sûr que ce qui a été explicitement accepté par KNUTH lors des discussions avec lui à son domicile de Stanford en février 2010.

Patrick Cégielski
université Paris Est Créteil
mars 2010

Références

[1] AUGARTEN, Stan, *Bit by bit: an illustrated history of computers*, Ticknor and Fields, New-York, 1984, IX + 324 p., ISBN 0-89919-268-8.

[2] BERGIN, JR, Thomas J. and GIBSON, JR, Richard G. (eds), *History of programming languages II*, ACM Press, 1996, 880 p.

[3] BERNSTEIN, Jeremy, *The analytical engine: Computers. Past Present and Future*, Random House, 1963. Tr. fr. *Les ordinateurs, réalités d'aujourd'hui et perspectives*, Dunod, Science-poche n° 28, 1970, xiii + 95 p.

[4] BRETON, Philippe, *Histoire de l'informatique*, Éditions La découverte, 1987, 239 p. ; rééd. Point-Seuil.

[5] CALUDE, C. S. (ed.), *People and Ideas in Theoretical Computer Science*, Springer, 1999, vii + 341 p.

[6] CAMPBELL-HELLY, Martin, *From Airline Reservations to Sonic the Hedgehog*, MIT Press, 2003. Tr. fr. *Une histoire de l'industrie du logiciel : des réservations aéreinnes à Sonic le Hérisson*, Vuibert, 2003, xviii + 369 p.

[7] CHABERT, Jean-Luc (éd.), *Histoire d'algorithmes*, Belin, 1994, 591 p. Tr. angl. *A History of Algorithms: From the Pebble to the Microchip*, Springer, 1999, 524 p.

[8] EAMES, Charles and EAMES, Ray, *A Computer Perspectives*, Harvard University Press, 1973, 175 p., 2nd ed. 1990.

[9] GLASS, Robert L. (ed.), *In the Beginning: Recollections of Software Pioneers*, IEEE Computer Society Press, 1998, vi + 318 p.

[10] GOLDSTINE, Herman H., *The computer: from Pascal to von Neumann*, XI + 378 p., Princeton University Press, 1972.

[11] HADAMARD, Jacques, *The psychology of invention in the mathematical field*, Princeton University Press, 1945, reed. Dover, 1954 and Oxford University Press, 1955. Traduction française revue et augmentée par l'auteur *Essai sur la psychologie de l'invention dans le domaine mathématique*, Albert Blanchard, 1959, 135 p. ; rééd. Gauthier-Villars, 1972 et Gabay, 1993 (cette dernière comprenant l'essai d'Henri POINCARÉ).

[12] LIGONNIÈRE, Robert, *Préhistoire et histoire des ordinateurs*, Robert Laffont, 1987, 356 p.

[13] METROPOLIS, N. and HOWLETT, J. and ROTA, Gian-Carlo, eds, *A History of Computing in the Twentieth Century*, Academic Press, 1980.

[14] MOREAU, René, *Ainsi naquit l'informatique*, Dunod, 1980, 2nde éd. 1982, xiii + 239 p., 3ème éd. 1984. Tr. angl. *The computer comes of age*, MIT Press, 1984.

[15] RAMUNNI, Jérôme, *La physique du calcul : Histoire de l'ordinateur*, Hachette, 1989, 287 p.

[16] RANDELL, Brian, *The origins of Digital Computers: Selected Papers*, Springer, 1st ed. 1973, 2nd ed. 1975, 3rd ed. 1982, xvi + 580 p.

[17] ROSEN, S., *Programming Systems and Languages, A Historical Survey*, *AFIPS Spring Joint Computer Conference*, 1964, pp. 1–15. Also in S. ROSEN (Ed.), *Programming Systems and Languages*, McGraw-Hill, New York, 1967, pp. 3-22.

[18] ROSEN, S., *Programming systems and languages–some recent developments*, in *Programming Systems and Languages*, S. ROSEN (Ed.), McGraw-Hill, New York, 1967, pp. 23-26.

[19] SAMMET, Jean E., *Programming Languages: History and Fundamentals*, Prentice–Hall, 1969, xxx + 785 pages.

[20] SHASHA, Dennis and LAZERE, Cathy, *Out Of Their Minds: The Lives and Discoveries of 15 Great Computer Scientists*, Copernicus, Springer, 1995, xi + 291 p. [Contient un chapitre consacré à Donald E. KNUTH.]

[21] TATON, René et FLAD, Jean-Paul, *Le calcul mécanique*, Presses universitaires de France, Que sais-je? n° 367, 1949, 2nde éd. 1963, 128 p.

[22] WEXELBLAT, Richard L. (ed.), *History of programming languages*, Academic Press, 1981, xxiii + 758 p.

[23] WILLIAMS, Michael R., *A History of Computing Technology*, IEEE Computer Society Press, 1985, second edition, 1997, XI + 426 p.

Chapitre 1

Algorithmes babyloniens anciens

[Écrit pour le vingt-cinquième anniversaire de l'Association for Computing Machinery. Originellement publié dans Communications of the Association for Computing Machinery **15** *(1972), 671–677;* **19** *(1976), 108. Réimprimé comme chapitre 11 de Selected Papers on Computer Science.]*

Une des façons d'aider à rendre l'informatique respectable est de montrer qu'elle est profondément ancrée dans l'histoire et qu'elle n'est donc pas seulement un phénomène de courte durée. Il est donc naturel de se tourner vers les plus anciens documents qui ont survécus concernant le calcul et d'étudier comment les gens ont abordé le sujet il y a presque 4000 ans. Les expéditions archéologiques au Moyen Orient ont mis à jour un grand nombre de tablettes d'argile qui contiennent des calculs mathématiques et nous allons voir que ces tablettes nous donnent beaucoup d'indices intéressants sur la vie des premiers « informaticiens ».

Introduction aux mathématiques babyloniennes

Les tablettes en question viennent de Mésopotamie (l'Iraq actuel), la zone située entre les fleuves Tigre et Euphrate, centrée plus ou moins sur l'ancienne cité de Babylone près du Bagdad actuel. Chaque tablette est recouverte d'une écriture cunéiforme (c'est-à-dire en forme de coin), forme d'écriture datant d'environ 3000 ans av. J.-C. Les tablettes les grand intéressantes concernant les mathématique ont été écrites à l'époque de la dynastie Hammourabi, vers 1800–1600 av. J.-C. ; les commentaires suivants sont fondés principalement sur des textes datant de cette période, dite babylonienne ancienne.

Il est bien connu que les Babyloniens travaillaient en numération *sexagésimale* (en base soixante) et que nos unités sexagésimales actuelles des heures, des minutes et des secondes sont des vestiges de leur numération. Il est cependant moins bien connu que les Babyloniens travaillaient avec des nombres sexagésimaux *à virgule flottante*, utilisant une notation particulière qui ne comprenait pas de partie exponentielle. Ainsi le nombre à deux chiffres* :

$$2,20$$

signifiait soit $2 \times 60 + 20 = 140$, soit $2 + 20/60 = 2\frac{1}{3}$, soit $2/60 + 20/3\,600$ et plus généralement 140×60^n, où n est un entier.

À première vue, cette façon de représenter les nombres peut sembler un peu maladroite, mais elle a en fait des avantages notables pour la multiplication et la division. Nous utilisons le même principe aujourd'hui pour faire des calculs avec la règle à calculs, en effectuant les multiplications et les divisions sans prendre garde à l'emplacement de la virgule décimale et en ne s'occupant de la puissance adéquate de 10 que plus tard. Un mathématicien babylonien calculant avec des nombres ayant un sens pour lui pouvait facilement garder la puissance de 60 adéquate en mémoire, puisqu'il n'était pas difficile d'estimer l'intervalle de la valeur entre deux facteurs de 60. On a trouvé quelques exemples d'addition incorrectement effectuée du fait de virgules non correctement alignées [10, p. 28], mais de tels exemples sont étonnamment plutôt rares.

Pour montrer l'utilité de cette notation à virgule flottante, considérons la table suivante des *inverses* :

2	30	16	3,45	45	1,20
3	20	18	3,20	48	1,15
4	15	20	3	50	1,12
5	12	24	2,30	54	1,6,40
6	10	25	2,24	1	1
8	7,30	27	2,13,20	1,4	56,15
9	6,40	30	2	1,12	50
10	6	32	1,52,30	1,15	48
12	5	36	1,40	1,20	45
15	4	40	1,30	1,21	44,26,40

On a retrouvé des dizaines de tablettes contenant ces informations, certaines datant de la « dynastie Ur III » vers 2250 av. J.-C. Il existe

---

* Il n'y avait pas soixante chiffres mais utilisation de deux bases : la base vingt pour exprimer les chiffres sexagésimaux et la base soixante pour exprimer les nombres. Il est traditionnel de nos jours de représenter un nombre en numération babylonienne par des chiffres sexagésimaux séparés par des virgules, chaque chiffre sexagésimal étant représenté en base dix avec les dix chiffres arabes actuels. (ndt)

également beaucoup de tables de multiplication, listant les multiples de nombres. La division par $81 = 1,21$ est, par exemple, équivalente à la multiplication par 44,26,40 et les tables de $44,26,40 \times k$ pour $1 \le k \le 20$ et $k = 30,40,50$ étaient communes. Plus de deux cents exemplaires de tables de multiplication ont été catalogués ; ce sont certainement des travaux d'étudiants.

« **Programmation** » babylonienne

Les mathématiciens babyloniens ne se limitaient pas seulement à effectuer des additions, des soustractions, des multiplications et des divisions ; ils résolvaient de nombreux types d'équations algébriques. Mais ils n'avaient pas de notations algébriques qui soient aussi limpides que les nôtres. Ils représentaient chaque formule par une liste de règles à effectuer pas à pas pour son évaluation, c'est-à-dire par un algorithme pour évaluer cette formule. Ils travaillaient donc avec une représentation en « langage machine » des formules plutôt qu'avec un langage symbolique de haut niveau.

On peut mieux apprécier la saveur des mathématiques babyloniennes en étudiant quelques exemples. Les traductions ci-dessous essaient de rendre les mots des textes originels aussi fidèles que possible en bon français, sans interprétation excessive. Plusieurs remarques ont été ajoutées entre parenthèses pour expliquer des choses qui n'étaient pas dites sur les tablettes. Tous les nombres sont représentés dans le style babylonien, sans exposant ; les lecteurs sont prévenus qu'ils auront à suppléer mentalement le facteur d'échelle adéquat. Il est nécessaire de se rappeler que 1 peut signifier 60 et que 15 peut signifier $\frac{1}{4}$.

Le premier exemple dont nous parlerons est extrait d'une tablette babylonienne ancienne dont la taille originale était de $13 \times 20 \times 2,1$ cm. Une moitié de celle-ci est maintenant exposée au British Museum, à peu près un quart au Musée d'État de Berlin alors que le dernier quart a apparemment été perdu ou détruit au cours des ans. Le texte en est publié dans [6, pp. 193–199], [7, Tables 7, 8, 39, 40] et [13, pp. 11–21]. Les assyriologues s'y réfèrent sous les numéros d'inventaire des musées BM 85200 et VAT 6599†.

Une citerne [*rectangulaire*].
La profondeur est 3,20 et un volume de 27,46,40 en a été extrait.

---

† La traduction de Thureau-Dangin ([13], p. 18) n'a pas été reproduite ici pour la raison indiquée dans *suggestions de lecture*. On pourra comparer ces deux traductions. (ndt)

La longueur excède la largeur de 50. (*L'objet du calcul est de trouver la longueur et la largeur.*)

Tu dois prendre l'inverse de la profondeur, 3,20, ce qui donne 18.

Multiplie ceci par le volume, 27,46,40, ce qui donne 8,20. (*Ceci est la longueur fois la largeur ; le problème est donc réduit à trouver x et y, étant donnés que $x - y = 50$ et $xy = 8,20$. Une procédure standard pour résoudre de telles équations, apparaissant souvent dans les manuscrits babyloniens, est maintenant utilisée.*)

Prends la moitié de 50 et élève-la au carré, ce qui donne 10,25.

Ajoute 8,20, tu obtiens 8,30,25. (*La position de la virgule a toujours besoin d'être mise. Dans ce cas 50 tient pour $\frac{5}{6}$ et 8,20 pour $8\frac{1}{3}$, prenant en compte les tailles des citernes typiques.*)

La racine carrée est 2,55.

Fais deux copies de ceci, ajoutant (25) à l'une et le soustrayant à l'autre.

Tu trouves que 3,20 (*à savoir* $3\frac{1}{3}$) est la longueur et 2,30 (*à savoir* $2\frac{1}{2}$) est la largeur.

Ceci est la procédure.

La première étape consiste ici à diviser 27,46,40 par 3,20 ; ce qui est réduit à la multiplication par l'inverse. La multiplication peut avoir été effectuée en se référant à des tables, plus certainement en manipulant des cailloux ou du sable d'une certaine façon et en reportant la réponse. La racine carrée a aussi probablement été calculée en se référant à des tables, puisque nous savons que plusieurs tables de n et n^2 existaient. En notation moderne, la règle énoncée pour calculer les valeurs de x et y telles que $x - y = d$ et $xy = p$ consiste à former :

$$\sqrt{(d/2)^2 + p} \pm (d/2).$$

Les calculs décrits dans les tablettes babyloniennes ne sont pas simplement les solutions à des problèmes individuels particuliers ; ce sont en fait des procédures générales de résolution d'une classe entière de problèmes. Les nombres utilisés sont simplement là pour aider à clarifier la méthode générale de l'exposé. Ce fait est clair car il existe de nombreux exemples où un cas particulier de la méthode générale se réduit à la multiplication par 1. De telles multiplications sont explicitement posées afin de se conformer aux règles générales. Notons qu'une fin stéréotypée, « ceci est la procédure », est communément trouvée à la fin de chaque section d'une tablette. Ces procédures sont de vrais algorithmes. Nous pouvons faire l'éloge des Babyloniens pour avoir conçu une jolie façon d'expliquer un algorithme par un exemple en définissant l'algorithme lui-même ce faisant.

Donnons un autre extrait de la même tablette, mettant en jeu seulement une équation linéaire cette fois-ci ([13], p. 12–13. (ndt)) :

Une citerne.
La longueur (*en cubits*) égale la hauteur (*en gars, où* 1 *gar* = 12 *cubits*).
Un certain volume de terre a été extrait.
L'aire de la section (*en cubits carrés*) plus ce volume (*en cubits cubes*) revient à 1,10 (*à savoir* $1\frac{1}{6}$).
La longueur est 30 (*à savoir* $\frac{1}{2}$ *cubit*). Quelle est la largeur ?
Tu dois multiplier la longueur, 30, par 12, ce qui donne 6 ; ceci est la hauteur (*en cubits au lieu de gars*).
Ajoute 1 à 6 et tu obtiens 7.
L'inverse de 7 n'existe pas ; qu'est-ce qui donnera 1,10 lorsqu'il est multiplié par 7 ? Ce sera 10. (*Ainsi* 10, *à savoir* $\frac{1}{6}$, *est l'aire de la section en cubits carrés.*)
Prends l'inverse de 30, ce qui donne 2.
Multiplie 10 par 2, ce qui donne la largeur, 20 (*à savoir* $\frac{1}{3}$ *cubit*).
Ceci est la procédure.

Notons le fait intéressant que les Babyloniens ne s'occupent pas des unités, ajoutant allègrement une aire à un volume. D'autres exemples semblables abondent, montrant que l'algèbre *numérique* leur était d'une importance primordiale, contrairement à la signification physique ou géométrique des problèmes. En même temps ils utilisaient les unités classiques de mesure (cubits, même « gars » et la relation sous-entendue entre gars et cubits), afin d'établir les facteurs d'échelle pour les paramètres. Et ils « appliquaient » leurs résultats à des choses pratiques comme les citernes, peut-être parce que ceci pouvait faire apparaître leur travail utile à la société.

Dans ce problème il est nécessaire de diviser par 7, mais l'inverse de 7 n'apparaît pas dans les tables car il n'a pas d'inverse fini (nous n'avons pas de preuve que les Babyloniens connaissaient le développement $1/7 = 8, 34, 17, 8, 34, 17, \ldots$ se répétant sans fin). Dans de tels cas, où la table des inverses n'avait rien de disponible, le texte dit toujours, en effet, « Qu'est-ce que je multiplierai par a afin d'obtenir b ? » et la réponse est donnée. Cette expression indique qu'une table de multiplication devait être utilisée à l'envers ; par exemple, le calcul de $11, 40 \div 35 = 20$ [6, p. 329] devait être lu à partir d'une table de multiplication. Pour des divisions plus difficiles, comme $43, 20 \div 1, 26, 40 = 30$, une expression légèrement différente était utilisée (voir [6, p. 246] et [8, p. 8]), indiquant peut-être qu'une procédure particulière de division était employée dans de tels cas. En tout cas nous savons que les Babyloniens étaient capables de calculer :

$$7 \div 2{,}6 \;;\qquad 28{,}20 \div 17 \;;\qquad 10{,}12{,}45 \div 40{,}51 \;;$$

et des quotients analogues.

D'autres exemples

Nous avons noté que des algorithmes généraux étaient le plus souvent donnés au moyen d'un calcul servant d'exemple. Dans de rares cas tel que dans le texte suivant (provenant encore du British Museum, tablette BM 34568), le style est un peu différent [8, p. 19] (et [13], pp. 61–63 [ndt]) :

> La somme de la longueur, de la largeur et de la diagonale est 1,10 et
>   7 est l'aire.
> Quelles sont la longueur, la largeur et la diagonale correspondantes ?
> Les quantités sont inconnues.
> 1,10 fois 1,10 est 1,21,40.
> 7 fois 2 donne 14.
> Prends 14 de 1,21,40 et il reste 1,7,40.
> 1,7,40 fois 30 donne 33,50.
> Par quoi doit être multiplié 1,10 pour obtenir 33,50 ?
> 1,10 fois 29 donne 33,50.
> 29 est la diagonale.

> La somme de la longueur, de la largeur et de la diagonale est 12 et
>   12 est l'aire.
> Quelles sont la longueur, la largeur et la diagonale correspondantes.
> Les quantités sont inconnues.
> 12 fois 12 donne 2,24.
> 12 fois 2 donne 24.
> Prends 24 de 2,24 et il reste 2.
> 2 fois 30 donne 1.
> Par quoi doit être multiplié 12 pour obtenir 1 ?
> 12 fois 5 donne 1.
> 5 est la diagonale.

> La somme de la longueur, de la largeur et de la diagonale est 1 et 5
>   est l'aire.
> Multiplie la longueur, la largeur et la diagonale fois la longueur, la
>   largeur et la diagonale.
> Multiplie l'aire par 2.

Soustrais les produits et multiplie ce qui est laissé par un demi.
Par quoi doit être multiplié la somme de la longueur, de la largeur et
de la diagonale pour obtenir ce produit ?
La diagonale est ce facteur.

Ce texte date de la période Séleucide beaucoup plus tardive de l'histoire babylonienne (voir ci-dessous), ce qui peut expliquer la différence de style. Il traite d'un problème fondé sur la formule remarquable :

$$d = \tfrac{1}{2}\big((l + w + d)^2 - 2A\big)/(l + w + d),$$

où :

$A = lw$ est l'aire du rectangle,

$d = \sqrt{l^2 + w^2}$ est la longueur de ses diagonales.

D'autres textes montrent que le théorème dit de Pythagore était déjà connu des mathématiciens babyloniens anciens, plus de 1000 ans avant l'époque de Pythagore. Les deux premières sections citées ci-dessus portent sur le problème pour les cas $(l, w, d) = (20, 21, 29)$ et $(3, 4, 5)$ respectivement, mais sans calculer l et w ; nous savons, d'après d'autres tablettes, que la solution de $x + y = a$, $x^2 + y^2 = b$ était bien connue dans les temps anciens. La description du calcul dans ces deux sections est plutôt sèche, ne nommant pas les quantités sur lesquelles on travaille. D'autre part, la troisième section donne la *même* procédure entièrement *sans* nombre. L'auteur était peut-être incapable de déduire les puissances adéquates de 60 se rattachant aux paramètres 1 et 5 au moment d'effectuer la soustraction ; ce passage est pour l'enseignant d'informatique une réminiscence de la copie d'examen d'un étudiant auquel un problème impossible a été posé. Cependant, une solution à paramètres rationnels est $l = 15$, $w = 20$, $d = 25$, $l + w + d = 60$, $lw = 5 \cdot 60$. Notons que la seconde section de la tablette citée suit la procédure générale énoncée dans la troisième section très fidèlement, lorsqu'il faut diviser 1 par 12, au lieu d'utiliser l'inverse de 12.

Les instances d'algorithmes n'étant pas accompagnés de nombres sont très rares. En voici une autre, cette fois le texte babylonien ancien provient du Louvre, de la tablette numéro AO 6770 ([7, p. 39] et [13, p. 71]) :

La longueur et la largeur est égale à l'aire.
Tu dois procéder comme suit.
Fais deux copies d'un paramètre.
Soustrais 1.
Calcule l'inverse.
Multiplie par le paramètre que tu as copié.
Ceci donne la largeur.

En d'autres termes, si $x + y = xy$, il est possible de calculer y par la procédure $y = (x - 1)^{-1}x$. Le fait qu'aucun nombre ne soit donné rend ce passage particulièrement difficile à déchiffrer, et il ne fut pas compris correctement durant plusieurs années (voir [14, pp. 73–74]). Nous pouvons ainsi voir l'avantage des exemples numériques.

Cette procédure se lit de façon surprenante comme un programme pour une « machine à pile » comme la Burroughs B5500. Nous avons vu, comme dans le premier exemple dont nous avons parlé, qu'il faut faire deux copies du même nombre ; ceci indique qu'effectuer les calculs numériques détruisent en général les opérandes. De même, nous trouvons dans plusieurs textes l'instruction « Garde ce nombre en mémoire » (par exemple [9, pp. 50–51]), un parallélisme remarquable avec la notion actuelle d'ordinateur stockant les nombres dans sa « mémoire ». À un autre endroit nous lisons, en gros, « Remplace la somme de la longueur et de la largeur par 30 fois celle-ci » [6, p. 114], une version ancienne de l'instruction d'affectation « $x := x/2$ ».

Conditionnelles et itérations

Jusqu'à maintenant nous n'avons vu que des programmes linéaires, sans branchement et sans décison. Afin de construire des algorithmes réellement non-triviaux du point de vue d'un informaticien, nous avons besoin d'avoir des opérations affectant le flux de contrôle.

Mais, hélas, il y a peu de trace de ceci dans les textes babyloniens. La seule chose ressemblant à un branchement conditionnel est implicite dans l'opération de division, dans laquelle le calcul procède généralement un petit peu différemment si l'inverse du diviseur n'apparaît pas dans la table.

Nous ne trouvons pas de tests du type « aller à l'étape 4 si $x < 0$ », puisque les Babyloniens n'ont pas de nombres négatifs ; nous ne trouvons même pas de tests conditionnels du type « aller à l'étape 5 si $x = 0$ », puisqu'ils ne considèrent pas zéro comme un nombre. Au lieu de recourir à de tels tests, ils donnent des algorithmes séparés pour les différents cas (voir, par exemple, [6, pp. 312–314] pour une situation dans laquelle un algorithme est identique étape à étape à un autre, mais simplifié car un des paramètres est nul).

Il n'y a pas non plus d'instances d'itération. Les opérations de base sous-tendant la multiplication des nombres sexagésimaux de grande précision impliquent naturellement une itération, et ces opérations étaient clairement comprises par les mathématiciens babyloniens. Mais les règles n'en furent apparemment jamais écrites. Aucun exemple montrant les étapes intermédiaires pour la multiplication n'a été trouvé.

L'exemple intéressant suivant, concernant les intérêts composés, provenant de la collection du musée de Berlin (VAT 8528), est l'un des rares exemples de « DO I=1 TO N » trouvé parmi les tablettes babyloniennes mises à jour jusqu'ici (voir [6, pp. 353–365], [7, Tables 32, 56 et 57], [8, p. 59], [13, pp. 118–120]) :

J'ai investi 1 maneh d'argent, à un taux de 12 shekels par maneh (*par an, avec un intérêt apparemment composé tous les cinq ans*). J'ai reçu, comme capital plus les intérêts, 1 talent et 4 manehs. (*Ici 1 maneh = 60 shekels et 1 talent = 60 manehs*). Combien d'années ceci a-t-il pris ? Soit 1 le capital initial. Disons que 1 maneh gagne 12 (*shekels*) d'intérêt en 6 (= *360*) jours d'une année. On a 1,4 pour le capital plus les intérêts. Calcule 12, les intérêts, pour 1 unité de capital initial, ce qui donne 12 comme taux d'intérêt. Multiplie 12 par 5 ans, ce qui donne 1. Ainsi, en cinq ans, les intérêts égaleront le capital initial. Ajoute 1, les intérêts pour cinq ans, à 1, le capital initial, ce qui donne 2. Calcule l'inverse de 2, ce qui donne 30. Multiplie 30 par 1,4, la somme du capital et des intérêts, ce qui donne 32. Trouve la réciproque de 2, ce qui donne 1. (*La « réciproque » signifie ici le logarithme en base 2 ; dans d'autres problèmes elle signifie la valeur n telle que f(n) apparaisse dans une certaine table*). Calcule l'inverse de 2, ce qui donne 30. Multiplie 30 par 30 (*le dernier 30 correspond apparemment à 32 − 2, car autrement le 32 ne serait jamais utilisé et le reste du calcul n'aurait pas de sens*), ce qui donne 15 (= *les intérêts totaux sans le capital initial si l'investissement a été réalisé cinq ans plus tôt*). Ajoute 1 à 15, ce qui donne 16. Trouve la réciproque de 16, ce qui donne 4. Ajoute les deux réciproques 4 et 1, ce qui donne 5. Multiplie 5 par 5 ans, ce qui donne 25. Ajoute un autre cinq ans, ce qui donne 30. [...] (4 *lignes de texte ont été corrompues ici. Apparemment il est maintenant question de vérifier la réponse précédente.*) [...] ce qui donne 12 comme taux d'intérêt. Multiplie 12 par 5 ans, ce qui donne 1. Ainsi, en cinq ans les intérêts égaleront le capital initial. Ajoute 1, les intérêts pour cinq ans, à 1, le capital initial, ce qui donne 2, le capital et les intérêts après la cinquième année. Ajoute 5 ans aux 5 années, ce qui donne 10 ans.

Double 2, le capital et ses intérêts, ce qui donne 4, le capital et les
intérêts après la dixième année.

Ajoute 5 ans aux 10 ans, ce qui donne 15 ans.

Double 4, le capital et ses intérêts, ce qui donne 8, le capital et les
intérêts après la quinzième année.

Ajoute 5 ans aux 15 années, ce qui donne 20 ans.

Double 8, ce qui donne 16, le capital et les intérêts après la vingtième
année.

Ajoute 5 ans aux 20 ans, ce qui donne 25 ans.

Double 16, le capital et les intérêts, ce qui donne 32, le capital et les
intérêts après la vingt-cinquième année.

Ajoute 5 ans aux 25 ans, ce qui donne 30 ans.

Double 32, le capital et les intérêts, ce qui donne 1,4, le capital et les
intérêts après la trentième année.

Cette procédure époustouflante et plutôt maladroite se lit presque comme déploiement d'une macro !

Un exemple plus sophistiqué mettant en jeu des intérêts composés apparaît dans une autre section de la tablette du Louvre citée ci-dessus. Le même taux d'intérêt usuraire (20 pour cent par an) apparaît, mais les intérêts se calculent maintenant annuellement ([13], p. 72. (ndt)) :

Un kur (*de grains*) a été investi ; après combien d'années les intérêts
égaleront-ils le capital initial ?

Tu dois procéder comme suit.

Calcule les intérêts pour quatre ans.

Le total combiné (*capital + intérêts*) excède 2 kurs.

Par combien l'excédent de ce total sur le capital plus les intérêts pour
trois ans doit-il être multiplié afin de donner le total pour quatre
ans moins 2 ?

2, 33, 20 (*mois*).

De quatre ans, soustrais 2,33,20 (*mois*) pour obtenir le nombre désiré
d'années pleines et de jours.

Traduit en notation décimale, le problème consiste à déterminer combien de temps il faut pour doubler un investissement. Puisque :

$$1,728 = 1,2^3 < 2 < 1,2^4 = 2,0736,$$

la réponse se trouve entre trois et quatre ans. La progression est linéaire au cours de l'année, aussi la réponse est-elle :

$$\frac{1.2^4 - 2}{1.2^4 - 1.2^3} \times 12 = 2 + \frac{33}{60} + \frac{20}{3600}$$

mois de moins que quatre ans. Ceci est exactement ce qui est calculé [8, p. 63].

Notons que nous avons ici un problème ayant une itération non triviale, comme une clause « **while** » : la procédure consiste à calculer les puissances de $1 + r$, où r est le taux d'intérêt, jusqu'à ce qu'on trouve la première valeur de n telle que $(1 + r)^n \geq 2$; on calcule alors :

$$12((1 + r)^n - 2)/((1 + r)^n - (1 + r)^{n-1}),$$

et la réponse est que l'investissement originel doublera en n ans moins ce nombre de mois.

Cette procédure suggère que les Babyloniens étaient familiers avec l'idée d'interpolation linéaire. Ainsi les tables trigonométriques dans la célèbre « tablette Plimpton » [9, pp. 38–41] étaient-elles certainement utilisées pour obtenir les sinus et les cosinus d'une façon analogue.

Les Séleucides

Les mathématiques babyloniennes anciennes ont plusieurs autres aspects intéressants, mais une discussion plus élaborée est hors du propos de cet article. On a trouvé très peu de tablettes écrites de 1600 av. J.-C. jusque vers 300 av. J.-C., moment où la Mésopotamie devient une partie de l'empire des successeurs d'Alexandre le Grand, les Séleucides. Un grand nombre de tablettes de l'ère Séleucide ont été trouvées, la plupart concernant l'astronomie, qui était bien développée. Très peu de textes mathématiques purs de cette ère ont été trouvés ; ces tablettes indiquent que la tradition mathématique babylonienne ancienne ne mourut pas durant les siècles pour lesquels les restes archéologiques manquent. En fait quelques progrès notables ont été réalisés. Par exemple un symbole pour zéro était maintenant utilisé dans les nombres, au lieu de l'espace blanc ambigu qui apparaissait avant. Les extraits suivants de la tablette AO 6484 du Musée du Louvre ([6, pp. 96–103] et [13, p. 76]) indiquent quelques-unes de ces avancées :

De 1 à 10, somme les puissances (*littéralement les « échelles »*) de 2.
Le dernier terme que tu ajoutes est 8,32.
Soustrais 1 de 8,32, ce qui donne 8,31.
Ajoute 8,31 à 8,32, ce qui donne la réponse 17,3.

Les carrés de $1 \times 1 = 1$ à $10 \times 10 = 1,40$; quelle est leur somme ?
Multiplie 1 par 20, c'est-à-dire par un tiers, ce qui donne 20.
Multiplie 10 par 40, c'est-à-dire par deux tiers, ce qui donne 6,40.

6,40 plus 20 donne 7.
Multiplie 7 par 55 (*qui est la somme de* 1 *à* 10), ce qui donne 6,25.
6,25 est la somme désirée.

Nous avons ici les formules correctes pour la somme des séries géométriques :

$$\sum_{k=1}^{n} 2^{k-1} = 2^{n-1} + (2^{n-1} - 1)$$

et pour la somme des séries quadratiques :

$$\sum_{k=1}^{n} k^2 = \left(\tfrac{1}{3} + \tfrac{2}{3}n\right) \sum_{k=1}^{n} k .$$

Ces formules n'ont pas été trouvées dans les textes babyloniens anciens.

De plus, cette même tablette séleucide montre une virtuosité accrue en calcul ; par exemple les racines d'équations compliquées comme :

$$xy = 1, \qquad x + y = 2,0,0,33,20$$

(de solution $x = 1, 0, 45$ et $y = 59, 15, 33, 20$) sont calculées. Ce problème fut peut-être conçu pour démontrer l'utilisation du nouveau symbole zéro.

Un exemple impressionnant de prouesse calculatoire durant l'ère séleucide apparaît dans la tablette du musée du Louvre AO 6456 [6, pp. 14–22]. C'est une table des inverses à 6 chiffres, qui commence ainsi :

Par la puissance de Anu et Antum, voilà ce que j'ai fait avec mes mains, laissons-le intact.

L'inverse de 1	est	1
L'inverse de 1,0,16,53,53,20	.	59,43,10,50,52,48
L'inverse de 1,0,40,53,20	.	59,19,34,13,7,30
L'inverse de 1,0,45	.	59,15,33,20
L'inverse de 1,1,2,6,33,45	.	58,58,56,33,45 (*devrait être* 58,58,56,38,24)
L'inverse de 1,1,26,24	.	58,35,37,30
L'inverse de 1,1,30,33,45	.	58,31,39,35,18,31,6,40

La reproduction accompagnant cet article montre le quart des données de cette tablette, plus précisément la moitié gauche du premier côté, telle que dessinée par F. Thureau-Dangin [12, figure 55] ; la tablette elle-même est légèrement plus petite, d'une hauteur d'à peu près 12,5 cm. Le symbole ⟪⟫ que l'on voit plusieurs fois près du coin supérieur

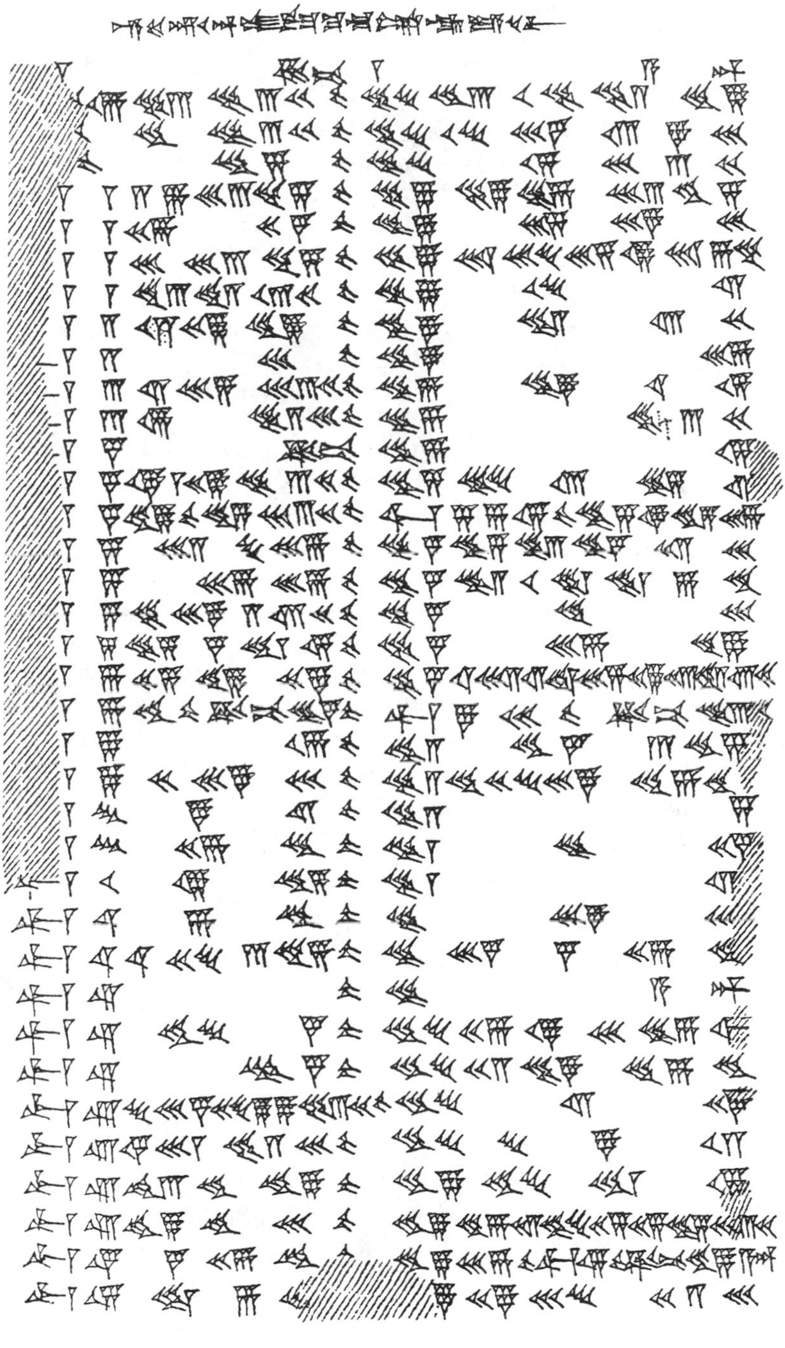

gauche correspond au chiffre sexagésimal 53. La tablette continue de cette façon avec quatre colonnes de couples d'inverses, deux colonnes de chaque côté. La quatrième et dernière colonne se termine ainsi :

L'inverse de 2,46,40	.	21,36
L'inverse de 2,48,45	.	21,20
L'inverse de 2,55,46,52,30	.	20,28,48
L'inverse de 2,57,46,40	.	20,0,15 (*devrait être* 20,15)

L'inverse de 3 est 20

Première partie ; résultats pour 1 et 2, incomplète.
Table de Nidintum-Anu, fils de Inakibit-Anu, fils de Kuzû, prêtres de
Anu et Antum à Uruk. Auteur Inakibit-Anu.

Inakibit-Anu (que nous appellerons Inakibit pour abréger) était apparemment l'auteur de cette table remarquable ; son fils en a fait une copie moins parfaite. La table contient les inverses de 156 nombres commençant par les chiffres 1 et 2.

Il y a exactement 144 nombres sexagésimaux à six chiffres ou moins commençant par 1 ayant un inverse fini (Owen Gingerich a préparé une table exhaustive de ces nombres [4]). Les trois premières colonnes de la table d'Inakibit en contiennent 105 ; cette partie de la table contient ainsi 73% des possibilités à six chiffres. La quatrième et dernière colonne est loin d'être complète : elle liste 31 des 87 entrées possibles commençant par le chiffre 2, et contient en fait seulement 5 des 25 derniers tels candidats. Le copiste manquait évidemment d'espace, puisqu'il a même omis des cas simples comme l'inverse de 2,30 (qui est 24) et l'inverse de 2,40 (qui est 22,30).

La table d'Inakibit comprend 20 entrées supplémentaires pour les inverses des nombres ayant plus de six chiffres sexagésimaux. Ceux-ci semblent avoir été obtenus à partir d'une autre table, puisqu'ils comprennent des entrées comme les paires d'inverses $\{2^{17}, 30^{17}\}$, $\{2^{23}, 30^{23}\}$, $\{3^{11}, 20^{11}\}$, $\{3^{18}, 20^{18}\}$, $\{3^{22}, 20^{22}\}$ et $\{3^{23}, 20^{23}\}$. Toutes les instances de $\{2^k, 30^k\}$ et $\{3^k, 20^k\}$ pour lesquelles un élément de la paire a pour chiffre dominant 1 ou 2, et pour lesquelles le plus petit élément a au plus six chiffres, sont données ; cependant aucune règle simple évidente ne permet de distinguer les paires d'inverses convenant de celles ne convenant pas. Par exemple 5^{13} est 1,34,11,24,12,5 mais Inakibit ne liste pas la paire $\{5^{13}, 12^{13}\}$. L'inverse de $3^{11}5^5$ apparaît mais pas l'inverse de son diviseur $3^{11}5^3$. Les entrées de la table pour 20^{22} et 20^{23} sont incorrectes ; la plupart des erreurs de 20^{23} peuvent, cependant, être expliquées en supposant qu'elles ont été calculées à partir de la valeur incorrecte de 20^{22}.

Comment Inakibit a-t-il préparé sa table ? La procédure la plus simple serait de partir de la paire de nombres $\{1, 1\}$ et de passer alors de façon répétée de (x, y) à $(2x, 30y)$, $(3x, 20y)$ et $(5x, 12y)$ aussi longtemps que souhaité. Il y a quelque évidence que c'est exactement ce qu'il a fait ; on connaît par exemple plusieurs tables commençant par quelques paires d'inverses qui appliquent répétivement une de ces trois opérations [9, pp. 13–16].

La table complète des nombres adéquats ayant au plus six chiffres nécessite que 721 couples (x, y) soient générés et il est bien sûr très laborieux de travailler avec des quantités d'une si grande précision (essayez de le faire !). La complétude relative des trois premières colonnes indique qu'Inakibit a préparé une base de données d'à peu près 500 couples (x, y) s'il a utilisé la méthode ci-dessus.

Mais même si toutes ces paires avaient été calculées, le travail serait loin d'être terminé ; il serait encore nécessaire de les *trier* pour les mettre dans l'ordre ! La table d'Inakibit est le plus ancien exemple connu d'un grand fichier placé dans l'ordre lexicographique ; ceci est une des raisons pour lesquelles son travail est si impressionnant, comme quiconque ayant essayé de trier 500 cartes à la main peut l'attester. Pour avoir une idée de l'immensité de cette tâche, considérons que trier 500 grands nombres à la main de nos jours prend plusieurs heures ; imaginons combien il a dû être difficile de réaliser ce travail dans les temps anciens. Il est probable qu'Inakibit l'a fait puisqu'il n'y a pas de façon évidente de construire une telle table dans l'ordre. Il a probablement inséré chaque nouvelle entrée à sa place dans la collection aussitôt calculée, au lieu de calculer d'abord chaque chose et de trier ensuite (comme nous pouvions nous y attendre, il a fait quelques erreurs ; il y a trois paires de lignes qui devraient être échangées pour présenter la table dans un ordre parfait).

Ainsi Inakibit est certainement la première personne dans l'histoire à avoir résolu, ou presque, un problème de calcul qui prend plus d'une seconde sur un ordinateur moderne.

Une autre hypothèse, cependant, a été mise en avant par E. M. Bruins ([2], [3]), qui a noté qu'il y a une façon systématique de générer les inverses à six chiffres dans l'ordre sans avoir besoin de trier. Pour comprendre la méthode de Bruins, considérons d'abord la tâche plus simple mais analogue consistant à lister les nombres à six chiffres ayant un inverse fini dans le système *décimal* :

100000	163840	320000	524288
102400	200000	327680	625000
125000	204800	390625	640000
128000	250000	400000	655360
131072	256000	409600	781250
156250	262144	500000	800000
160000	312500	512000	819200

Nous pouvons les générer tous en partant de 100 000 et en multipliant chaque nombre x par $1,024 = 2^7 5^{-3}$ et/ou par $1,25 = 2^{-2} 5^1$, ce qui donne : $100\,000 \rightarrow \{102\,400, 125\,000\}$, $102\,400 \rightarrow 128\,000$, $125\,000 \rightarrow \{128\,000, 156\,250\}$, $128\,000 \rightarrow \{131\,072, 160\,000\}$, $131\,072 \rightarrow 163\,840$, $156\,250 \rightarrow 160\,000$ et ainsi de suite. Plus précisément, à partir de $x = 2^a 5^b$ nous formons $1,024x$ si $b \geq 3$ et $1,25x$ si $a \geq 2$. Tous les nombres voulus de l'intervalle $10^5 < x < 10^6$ sont alors générés. Car si $x = 2^a 5^b$ nous obtenons x à partir de $x/1,024$ si $a \geq 7$ et à partir de $x/1,25$ si $b \geq 1$; une de ces possibilités doit exister, autrement nous aurions $x \geq 2^6 5^0 = 64$, ce qui contredit la supposition que $x > 10^5$. Les nombres sont générés presqu'exactement dans l'ordre bien que nous obtenions 156 250 avant 131 072. Pour générer toutes les paires d'inverses à six chiffres dans le système décimal, nous pouvons passer de façon répétitive de $(x; y)$ à $(1,024x; 0,9765625y)$ et/ou à $(1,25x; 0,8y)$.

Il est de même possible d'obtenir les nombres à six chiffres du système sexagésimal ayant un inverse fini en commençant avec $x = 60^5$ et en passant de x à αx, βx et/ou γx, où α, β et γ sont les versions convenablement mises à l'échelle des trois premières entrées de la table d'Inakibit :

$$\alpha = 1,0,16,53,53,20 = 2^{-6} 3^{-5} 5^6,$$
$$\beta = 1,0,40,53,20 \quad = 2^{11} 3^{-4} 5^{-2},$$
$$\gamma = 1,0,45 \quad\quad\quad = 2^{-4} 3^4 5^{-1}.$$

Nous obtenons $x = 2^a 3^b 5^c$ à partir de x/α si $c \geq 6$, de x/β si $a \geq 11$ et de x/γ si $b \geq 4$; ainsi si x n'est pas atteignable, nous avons $x \leq 2^{10} 3^3 5^5 = 60^5/9$, contradiction.

Tous les inverses nécessaires à une table à six chiffres complète peuvent ainsi être générés en partant de $(c, y) = (1, 1)$ et en passant de façon répétée de (x, y) à $(\alpha x, \alpha^{-1} y)$, $(\beta x, \beta^{-1} y)$ et/ou $(\gamma x, \gamma^{-1} y)$ en multipliant des nombres moyennement grands ; les mathématiciens babyloniens savaient bien comment effectuer de tels produits. Les valeurs x sont ainsi obtenues dans un ordre lexicographique parfait, à part $2^8 3^{14} =$

$1, 34, 28, 42, 14, 24$ trouvé avant $5^{13} = 1, 34, 11, 24, 12, 5$ (aucune de ces deux valeurs ne se trouvant dans la table d'Inakibit).

Le fait qu'une telle procédure existe ne prouve pas que les mathématiciens babyloniens l'aient utilisée. La méthode de Bruins, comme la méthode plus directe exposée ci-dessus, a l'avantage de la robustesse, puisqu'on détecte des erreurs lorsqu'un x est calculé à partir de deux prédécesseurs différents et puisqu'elle produit une table assez complète même lorsque des entrées sont omises pour une raison ou une autre. Un mathématicien babylonien aimant jouer avec les nombres pouvait trouver plaissant de voir les annulations apparaissant lorsque x est multiplié par α, β ou γ.

Si Inakibit avait utilisé la méthode sophistiquée de Bruins, lui ou son fils n'auraient pas obtenu les entrées pour $x = 2^5 3^{12} = 1, 18, 43, 55, 12$ et $x = 3^{19} = 1, 29, 40, 50, 24, 27$, puisque les uniques prédécesseurs x/γ de ces éléments ne sont pas présents sur la tablette du Louvre. De même, si Inakibit avait utilisé la méthode consistant à passer de x à $2x$, $3x$, $5x$ puis à trier, lui ou son fils n'auraient pas obtenu des entrées comme $x = 2^{16} 5^1 = 1, 31, 1, 20$, qui devrait être nécessaire pour obtenir $2^{17} 5^3 = 1, 15, 51, 6, 40$ (dont l'inverse n'apparaît pas). Sans données supplémentaires nous ne pouvons pas considérer comprendre son mode d'opération en toute confiance. Quoi qu'il en soit, le résultat est remarquable.

Suggestions de lectures complémentaires

Si vous avez été captivé par les mathématiques babyloniennes, plusieurs bons livres donnant des détails supplémentaires intéressants sont disponibles. Le court texte introductif *Episodes from the Early History of Mathematics* d'A. Aaboe [1] peut être recommandé, de même que le traité bien connu de B. L. van der Waerden *Science Awakening* [14], bien que beaucoup d'historiens des mathématiques fassent peu de cas des déclarations les plus radicales de van der Waerden (voir [11]). Le déchiffrement des textes mathématiques babyloniens est pour une grande part dû à Otto Neugebauer, qui a écrit un livre populaire faisant autorité, *les sciences exactes dans l'Antiquité* [10]. Voir en particulier sa discussion fascinante aux pages 59–63 et 103–105* des problèmes tourmentent les chercheurs en histoire de ce domaine.

Pour une étude plus détaillée, il est amusant de lire les sources originelles. Neugebauer a publié le texte de toutes les tablettes mathématiques connues, ainsi que leur traduction allemande, dans une série de trois

---

*De la version anglaise. (ndt)

volumes durant la période 1935–1937 ([6], [7] et [8]). Une édition française des textes [13] a été publiée en 1938 par l'éminent assyriologue F. Thureau-Dangin. Neugebauer et A. Sachs ont publié un volume supplémentaire en 1945 [9], comprennant toutes les tablettes mathématiques découvertes entre-temps, la plupart se trouvant dans des musées américains. Le volume de Neugebauer-Sachs est écrit en anglais mais ces tablettes ne sont malheureusement pas aussi intéressantes que celles de la série allemande originelle de Neugebauer. Une liste des développements ayant eu lieu de 1945 à 1957 est parue dans [10, p. 49].

La plupart des tablettes mathématiques babyloniennes n'ont jamais été traduites en anglais. Les traductions ci-dessus ont été faites en comparant les traductions allemande de [6], [7] et [8] et française de [13] ; mais ces deux versions diffèrent en bien des détails. En cas de doute, les vocabulaires akkadien et sumérien publiés dans [7], [9] et [13] ont été consultés afin d'essayer de donner une interprétation précise.

Puisque seule une infime fraction du nombre de tablettes d'argile a survécu aux siècles, il est naturel que nous ne puissions pas prétendre tout comprendre des mathématiques babyloniennes. Neugebauer insiste sur le fait qu'essayer de découvrir ce qu'ils savaient est l'analogue d'essayer de reconstruire toutes les mathématiques modernes à partir de quelques pages prises au hasard dans les livres d'une bibliothèque moderne. Nous pouvons seulement placer une borne inférieure sur ce que savient les Babyloniens et spéculer sur ce qu'ils ne connaissaient pas.

Qu'en est-il des autres développements anciens ? Les Égyptiens n'étaient pas mauvais en mathématiques et les archéologues ont mis à jour quelques papyrus anciens qui sont presque aussi vieux que les tablettes babyloniennes dont nous avons parlé. La méthode égyptienne de multiplication, fondée essentiellement sur la numération binaire, est tout particulièrement intéressante (bien que leurs calculs se faisaient en décimal, en utilisant quelque chose comme les chiffres romains) ; sur d'autres aspects, cependant, leur utilisation des « fractions unitaires » disgracieuses les a laissé loin derrière les Babyloniens. Ensuite vinrent les Grecs, mettant en avant la géométrie mais aussi sur des choses telles que l'algorithme d'Euclide ; ce dernier est le plus ancien algorithme non trivial qui soit encore important pour les programmeurs (voir [10] et [14] pour l'histoire des mathématiques égyptiennes et [1], [10], [14] pour les mathématiques grecques. Une traduction libre de l'algorithme d'Euclide en ses propres mots, avec une preuve incomplète du fait qu'il soit correct apparaît dans [5, section 4.5.2]). Il y a aussi les Indiens et les Chinois ; il est clair qu'on pourrait en dire aussi beaucoup plus.

Références

[1] Asger Aaboe, *Episodes from the Early History of Mathematics* (New York: Random House, 1964), 133 pp.

[2] E. M. Bruins, "Reciprocals and Pythagorean triads," *Physis* 9 (1967), 373–392.

[3] E. M. Bruins, "La construction de la grande table de valeurs réciproques *AO 6456*," *Actes de la XVIIe Rencontre Assyriologique Internationale*, edité par André Finet (Comité belge de recherches en Mésopotamie, 1970), 99–115.

[4] O. Gingerich, "Eleven-digit regular sexagesimals and their reciprocals," *Transactions of the American Philosophical Society* 55, part 8 (1965), 38 pp.

[5] Donald E. Knuth, *Seminumerical Algorithms* (Reading, Massachusetts: Addison–Wesley, 1971), 624 pp.

[6] O. Neugebauer, "Mathematische Keilschrift-Texte," *Quellen und Studien zur Geschichte der Mathematik Astronomie und Physik* **A3**, part 1 (1935), 516 pp. Réimprimé par Springer-Verlag en 1973.

[7] O. Neugebauer, "Mathematische Keilschrift-Texte," *Quellen und Studien zur Geschichte der Mathematik Astronomie und Physik* **A3**, part 2 (1935), 64 pp. plus 69 reproductions de tablettes. Réimprimé par Springer-Verlag en 1973.

[8] O. Neugebauer, "Mathematische Keilschrift-Texte," *Quellen und Studien zur Geschichte der Mathematik Astronomie und Physik* **A3**, part 3 (1937), 83 pp. plus 6 reproductions de tablettes. Réimprimé par Springer-Verlag en 1973.

[9] O. Neugebauer and A. Sachs, *Mathematical Cuneiform Texts* (New Haven, Connecticut: American Oriental Society, 1945), 177 pp. plus 49 reproductions de tablettes. Réimprimé en 1986 et disponible chez Harrassowitz.

[10] O. Neugebauer, *The Exact Sciences in Antiquity*, second edition (Providence, Rhode Island: Brown University Press, 1957), 240 pp. plus 14 photographic plates. Reed. Dover, New York, 1969. Traduction française de Pierre Souffrin, *Les sciences exactes dans l'Antiquité*, Arles, Actes Sud, 1990.

[11] N. Swerdlow, "A lost monument of Indian astronomy" [a review of B. L. van der Waerden, *Das heliozentrische System in der griechischen, persischen und indischen Astronomie* (Zürich, 1970)], *Isis* **64** (1973), 239–243.

[12] F. Thureau-Dangin, *Tablettes d'Uruk*, Musée du Louvre, Textes cunéiformes, volume 6 (Paris: Paul Geuthner, 1922), 4 pp. plus 105 planches.

[13] F. Thureau-Dangin, *Textes mathématiques babyloniens* (Leiden, The Netherlands: E. J. Brill, 1938), XL + 243 pp., transcription et traduction. Réédition par l'Irem de Dijon, voir :

http://math.u-bourgogne.fr/IREM/

[14] B. L. van der Waerden, *Science Awakening*, translated by Arnold Dresden (Groningen, The Netherlands: P. Noordhoff, 1954), 306 pp.

La préparation de cet article a été en partie soutenue financièrement par la « National Science Foundation ». Je désire remercier le professeur Abraham Seidenberg pour sa courtoisie en m'aidant à obtenir des copies de [6] et [13] lorsque j'en ai eu besoin et le professeur E. M. Bruins pour sa correspondance si utile.

Addendum

Un excellent survol de ce qui était connu sur les mathématiques babyloniennes en 1990, préparé par Jöran Friberg, peut être trouvé dans *Reallexikon der Assyriologie und Vorderasiatischen Archäologie* **7** (Berlin: de Gruyter, 1987–1990), 531–585. Friberg rapporte que deux tablettes supplémentaires d'inverses à six chiffres ont été découvertes depuis 1960, ainsi que plusieurs fragments d'autres, contenant des ensembles de paires d'inverses différents de celles de la tablette d'Inakibit.

Voir aussi l'intéressante analyse de Christine Proust sur les erreurs arithmétiques ayant été occasionnellement faites avec les nombres de grande précision : "La multiplication babylonienne : La part non écrite du calcul," *Revue d'Histoire des Mathématiques* **6** (2000), 293–303.

Chapitre 2

Les algorithmes, les mathématiques modernes et l'informatique

[Conférence invitée présentée au colloque international consacré aux algorithmes dans les mathématiques et l'informatique, tenu dans la région de Khworezm de l'Ouzbékistan en septembre 1979 sous les auspices des académies des sciences soviétiques et ouzbek. Originellement publié dans Lecture Notes in Computer Science 122 (1981), 82–99. Une version abrégée intitulée « Algorithmic thinking and mathematical thinking » est parue dans American Mathematical Monthly 92 (1985), 170–181. Réimprimé comme chapitre 4 de Selected Papers on Computer Science.]

Le but de cet article est d'étudier une question philosophique qui me préoccupe depuis un certain temps : quel rôle joue la notion d'*algorithme* en mathématiques ?

Je suis convaincu depuis plusieurs années que l'informatique est surtout l'étude des algorithmes. Mes collègues ne sont pas d'accord avec moi, la source de notre désaccord étant seulement que ma définition des algorithmes est plus générale que les leurs : j'ai tendance à penser comme algorithme le champ complet des concepts ayant trait à des processus bien définis, que ce soit les structures de données sur lesquelles on agit ou les structures de contrôle de la suite d'opérations à effectuer ; d'autres pensent que les algorithmes sont uniquement les diverses méthodes de résolution de problèmes particuliers, analogues aux théorèmes individuels des mathématiques.

Aux États-Unis, notre discipline est appelée la science des ordinateurs (*computer science*), insistant sur le fait que les algorithmes sont exécutés par des machines. Mais si je vivais en Allemagne ou en France, le domaine dans lequel je travaille serait appelé *Informatik* ou *informatique*, insistant sur les choses sur lesquelles les algorithmes travaillent plutôt que sur les processus eux-mêmes. En Union Soviétique, le même domaine est maintenant appelé soit *kibernetika* (cybernétique), insistant sur le contrôle des processus, ou *Prikladnaia Mathematika* (mathématiques appliquées), insistant sur l'utilité du sujet et son rapport général avec les mathématiques. Je suppose que le nom de notre discipline n'est pas d'une importance vitale, puisque nous ferons ce que nous faisons quelle que soit la façon dont elle est nommée ; après tout, d'autres disciplines comme les mathématiques ou la chimie ne sont plus très fortement conformes à l'étymologie de leurs noms. Cependant, si j'avais la chance d'avoir à voter pour le nom de ma discipline, je choisirais de l'appeler algorithmique, mot inventé il y a 16 ans par J. F. Traub [27, p. 1].

Le lieu de notre colloque est particulièrement bien choisi pour la discussion philosophique que je désire aborder, grâce à la fois à son histoire très riche et à la grandeur de son décor. C'est le moment idéal pour nous de considérer la grande étendue de nos travaux, ce que nous n'avons pas en général le temps de faire dans nos vies mouvementées de tous les jours chez nous. Pendant la semaine qui vient nous aurons l'opportunité parfaite de jeter un coup d'œil en arrière pour revenir sur les origines de notre sujet ainsi que de penser à l'avenir et de contempler ce sur quoi portent nos travaux.

Je voulais faire un pèlerinage ici depuis plusieurs années, plus précisément depuis que j'ai appris que le mot « algorithme » est dérivé du nom al-Khwârizmî, le grand scientifique du neuvième siècle dont le nom signifie « le khworezmien ». Le mot espagnol *guarismo* (« nombre décimal ») a également cette origine. Khworezm n'était pas seulement une grande ville (l'actuelle Khiva) comme beaucoup d'occidentaux l'ont pensé, c'était et c'est encore un district plutôt étendu. En fait la mer d'Aral était alors connue comme le lac Khworezm (voir, par exemple, [17], planches 9–21). À l'époque de la conversion à l'islam de cette région, au septième siècle, une grande culture y fut développée, ayant par exemple son écriture et son calendrier propres (voir al-Bîrûnî [21]).

Les fiches du catalogue préparés par la bibliothèque du congrès des États-Unis disent qu'al-Khwârizmî a vécu entre 813 et 846. Il est intéressant de calculer la moyenne de ces deux dates, ce qui fait 829,5, presqu'exactement il y a 1150 ans. Nous sommes donc ici à un moment propice pour célébrer cet anniversaire.

Très peu de choses sûres sont connues sur la vie d'al-Khwârizmî. Son nom arabe complet est à lui seul une petite biographie : abû 'Abd Allâh Muhammad ibn Mû sâ al-Khwârizmî, ce qui signifie « Mohammed, père d'Abdullah, fils de Moïse, le khworezmien ». Cependant son nom ne prouve pas qu'il soit né ici ; il peut faire référence à ses ancêtres plutôt qu'à lui-même*. Nous savons que les travaux de ce scientifique ont été effectués à Bagdad, en tant que membre d'une académie des sciences appelée la « maison de la sagesse », à l'époque du calife al-Mamoun. Al-Mamoun était un grand mécène des sciences, qui invitait un grand nombre d'homme lettrés à sa cour afin de collecter et d'étendre la sagesse du monde. Il construisait sur des fondations posées par son prédécesseur, le calife Haroun al-Rashid, qui nous est familier grâce aux *Mille et une nuits*. L'historien al-Tabari ajoutait « al-Qutrubbullî » au nom d'al-Khwârizmî, faisant référence au district de Qutrubbull près de Bagdad. Al-Khwârizmî est peut-être né à Khworezm en ayant vécu la plus grande partie de sa vie à Qutrubbull après avoir été appelé à Bagdad par le calife ; mais la vérité ne sera certainement jamais connue.

Le charisme d'al-Khwârizmî

Quoi qu'il en soit, il est clair que les travaux d'al-Khwârizmî ont eu une énorme influence sur les générations suivantes. Suivant le *Fihrist*, une sorte de *Who's Who* accompagné d'une bibliographie datant de 987, « durant sa vie et même après, les gens étaient accoutumés à se reposer sur ses tables ». La plupart des livres qu'il a écrit ont apparemment disparu, comprenant un livre historique de chronologie et des travaux sur les cadrans solaires et l'astrolabe. Mais il a écrit un court traité sur le calendrier juif qui existe encore et il a compilé des tables astronomiques complètes qui furent largement utilisées durant plusieurs centaines d'années. Bien sûr, nul n'est parfait : quelques savants modernes ont le sentiment que ces tables ne sont pas aussi précises que ce qu'elles auraient pu être.

Les travaux les plus importants d'al-Khwârizmî sont certainement ses manuels d'algèbre et d'arithmétique, qui furent apparemment les premiers écrits arabes à porter sur ces sujets. Son livre d'algèbre est particulièrement célèbre ; au moins trois manuscrits de cette œuvre en arabe originel sont connus et ont survécu jusqu'à nos jours alors que plus de 99% des livres des autres auteurs mentionnés dans le *Fihrist* ont été perdus. L'*Algèbre* d'al-Khwârizmî a été traduite en latin au moins deux fois au douzième siècle et c'est par elles que les Européens ont appris cette discipline. En fait notre mot « algèbre » provient d'une partie du titre arabe de ce livre, *Kitâb al-jabr wa'l-muqâbala*, « le livre de l'aljabr et de l'almuqabala » (les historiens ne s'accordent pas sur la traduction

---

* Il arrive encore que dans les petits villages français on désigne familièrement certaines personnes par le corse, l'allemand... plutôt que par leur nom ou leur prénom. (ndt)

de ce titre ; mon opinion personnelle, fondée sur la lecture des travaux et sur la plus ancienne traduction latine *restaurations et oppositionis* [3, p. 2], ainsi que sur le fait que *muqâbala* signifie en quelque sorte se tenir face à face, est qu'il serait mieux d'appeler l'algèbre d'al-Khwârizmî « Le livre de la restauration et de l'égalisation »).

Nous pouvons avoir une idée des raisons du succès d'al-Khwârizmî en étudiant son *Algèbre* en détail. Le but de ce livre n'est pas de résumer toutes les connaissances du sujet mais d'en donner les éléments « les plus faciles et les plus utiles », les aspects mathématiques les plus souvents utilisés. Il a découvert que les astuces géométriques compliquées précédemment utilisées dans les mathématiques babyloniennes et grecques pouvaient être remplacées par des méthodes plus simples et plus systématiques reposant sur les seules manipulations algébriques. Le sujet est ainsi devenu accessible à une audience plus large. Il a expliqué comment réduire une équation du second degré non triviale à l'une des trois formes que nous pouvons exprimer par $x^2 + bx = c$, $x^2 = bx + c$ et $x^2 + c = bx$ en notation moderne, où b et c sont des nombres positifs. Notons qu'il s'est débarassé du coefficient de x^2 en divisant tout par celui-ci. S'il avait eu connaissance des nombres négatifs, il aurait pu aller plus loin et réduire ces trois possibilités à un seul cas.

J'ai mentionné que le calife voulait que ses scientifiques transmettent toute connaissance scientifique existant dans un autre pays dans des textes arabes. Bien qu'aucun travail antérieur ne soit connu sur l'approche élégante d'al-Khwârizmî sur les équations du second degré, la seconde partie de son *Algèbre* (qui concerne des questions de mesures géométriques) est presqu'entièrement fondée sur un traité appelé *Mishnat ha-Middot*, dont Solomon Gandz a toutes les raisons de croire qu'il fut composé par un rabbin juif appelé Nehemiah vers 150 [4]. Les différences entre le *Mishnat* et l'*Algèbre* nous aident à comprendre les méthodes d'al-Khwârizmî. Par exemple lorsque le texte hébreu dit que le périmètre d'un cercle est $3\frac{1}{7}$ fois son diamètre, al-Khwârizmî ajoute que c'est seulement une approximation traditionnelle, non un fait prouvé ; il mentionne aussi $\sqrt{10}$ et $\frac{62832}{20000}$ comme alternatives, cette dernière étant « utilisée par les astronomes ». Le texte hébreu énonce le théorème de Pythagore sans rien dire de plus alors qu'al-Khwârizmî en donne une preuve en appendice. Le changement certainement le plus important apparaît dans son traitement de l'aire d'un triangle général : le *Mishnat* donne la formule de Héron $\sqrt{s(s-a)(s-b)(s-c)}$, où $s = \frac{1}{2}(a+b+c)$ est le demi-périmètre, sans rien dire de plus alors que l'*Algèbre* emprunte une voie entièrement différente. Al-Khwârizmî veut réduire le nombre de concepts de base. Il montre donc comment calculer l'aire en général à partir de la formule plus simple $\frac{1}{2}(base \times hauteur)$, la hauteur devant être calculée seulement par l'algèbre. Disons que la perpendiculaire au plus grand côté du triangle partant du sommet opposé rencontre le plus grand côté à une distance x de son extrémité ; alors $b^2 - x^2 = c^2 - (a-x)^2$, ainsi $b^2 = c^2 - a^2 + 2ax$ et $x = (a^2 + b^2 - c^2)/(2a)$. La hauteur du triangle peut être calculée par $\sqrt{b^2 - x^2}$, aussi n'est-il pas nécessaire d'apprendre l'astuce de Héron.

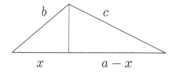

À moins que des travaux antérieurs ne viennent montrer qu'al-Khwâ-rizmî a appris cette façon d'aborder l'algèbre de quelqu'un d'autre, ces considérations montrent que nous sommes à même de l'appeler « le pè-re de l'algèbre ». En d'autres termes, nous pouvons ajouter la phrase « abû aljabr » à son nom ! L'histoire du sujet peut être schématiquement représentée de la manière suivante :

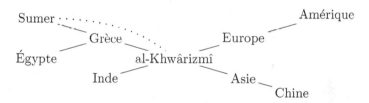

(J'ai placé une ligne discontinue depuis Sumer pour représenter un lien possible entre les anciennes traditions qui ont pu atteindre Bagdad direc-tement plutôt qu'en passant par la Grèce. Les historiens conservateurs doutent de ce lien, mais je pense qu'ils sont trop influencés par une attitude historique obsolète qui considère les philosophes grecs comme source de toute connaissance scientifique.) Al-Khwârizmî n'est bien sûr jamais allé au-delà des équations du second degré à une variable mais il a fait un saut important en passant de la géométrie au comptage abstrait et a rendu le sujet systématique et raisonnablement simple pour une utilisation pratique. Il n'était pas informé des travaux antérieurs de Dio-phante sur la théorie des nombres, qui sont encore plus abstraits et plus éloignés de la réalité et par là-même plus proches de l'algèbre moderne. Il est difficile de placer al-Khwârizmî ou Diophante plus haut l'un que l'autre puisque leurs buts étaient différents. L'unique contribution des scientifiques grecs était la poursuite des connaissances pour elles-mêmes. La version arabe originelle du petit livre d'al-Khwârizmî sur ce qu'il appelle l'art Hindou du comptage semble avoir disparu. Tout ce qui nous reste est une copie incomplète du 13ème siècle, qui est certainement une traduction du 12ème siècle de l'arabe en latin ; l'original arabe peut très bien avoir été complètement différent. Il est intéressant de regarder cette traduction latine avec des yeux modernes puisqu'il s'agit d'abord d'un document sur la façon de calculer avec les chiffres Hindous (le système décimal) mais qu'il utilise des nombres romains pour exprimer les nombres ! Le traité originel d'al-Khwârizmî était peut-être semblable sur cet aspect, bien qu'il aurait alors utilisé une notation alphabétique pour les nombres, adaptée des sources antérieures grecques et juives à l'arabe. Il est naturel de s'attendre à ce que le premier travail sur le sujet pose les problèmes et présente les solutions dans une notation familière ancienne. Je suppose que la nouvelle notation est devenue bien connue peu de temps après que le livre d'al-Khwârizmî soit paru et ceci peut expliquer pourquoi aucune copie de l'original n'ait été conservée.

La traduction latine de l'arithmétique d'al-Khwârizmî a des espaces blancs là où la plupart des chiffres hindous devaient être insérés ; le scribe ne les a jamais remplis mais il est possible de faire des suppositions correctes sur la façon de remplir ces trous. La portion du manuscrit qui survit n'a jamais été traduite du latin en anglais ou dans une autre langue occidentale* alors qu'une traduction russe a parue en 1964 [16]. Malheureusement les deux transcriptions du manuscrit latin ([3], [29]) sont loin d'être fidèles (voir [18]). Il serait souhaitable d'avoir une bonne édition de cette œuvre en anglais de façon à ce que le lecteur moderne puisse en apprécier le contenu. Les algorithmes donnés pour l'addition, la soustraction, la multiplication et la division décimales – si on peut appeler cela des algorithmes, car ils omettent plus d'un détail, bien qu'ils aient été écrits par al-Khwârizmî lui-même ! – ont été étudiés en détail par Youschkevitch [9] et Rozenfeld [16]. Ils sont intéressants car ils ne sont pas adaptés aux calculs à la main avec papier et crayon, exigeants beaucoup trop de références croisées et d'effacements. Il semble clair qu'il s'agit de simples adaptations directes des procédures qui étaient alors utilisées sur un abaque d'une certaine sorte, en Perse ou en Inde. Le développement de méthodes plus adaptées pour des calculs hors abaque semble être dû à al-Uqlîdisî à Damas près de deux siècles plus tard [22].

---

* La version de référence est maintenant l'édition de non pas un mais plusieurs manuscrits avec traduction française [35]. (ndt)

On trouvera plus de détails sur l'œuvre d'al-Khwârizmî dans l'excellent article de G. J. Toomer du *Dictionary of Scientific Biography* [26]. C'est certainement le résumé le plus complet de ce qui était connu sur Muḥammad ibn Mûsâ en 1973 bien que j'aie été surpris de n'y voir aucune mention de l'hypothèse plausible de traditions locales perdurant sans discontinuité de l'époque babylonienne jusqu'à l'ère islamique. Heinz Zemanek a maintenant rassemblé un grand nombre d'informations biographiques supplémentaires dans sa charmante et pénétrante contribution à notre colloque [32].

Avant de clore cette introduction historique, je veux mentionner un autre homme remarquable de Khworezm, Abû Rayḥân Muḥammad ibn Aḥmad al-Bîrûnî (973–1048)* : philosophe, historien, voyageur, géographe, linguiste, mathématicien, encyclopédiste, astronome, poète, physicien et informaticien, auteur d'environ 150 livres [12]. Le terme « informaticien » fait partie de cette liste pour son intérêt pour les calculs efficaces. Al-Bîrûnî a montré, par exemple, comment évaluer la somme de $1 + 2 + \ldots + 2^{63}$ grains de blé sur un échiquier si un seul grain est placé sur la première case, deux sur la seconde, deux fois plus sur la troisième, etc. : en utilisant une technique de division pour régner, il a démontré que le total est $(((16^2)^2)^2)^2 - 1$ et il a donné la réponse 18 446 744 073 709 551 615 dans trois systèmes de numération (décimal, sexagésimal et un système arabe alphabétique particulier). Il a aussi insisté sur le fait que ce nombre correspond à environ 2 305 « montagnes », si une montagne vaut 100 000 wâdîs, un wâdî 1 000 troupeaux, un troupeau 10 000 chargements, un chargement 8 bidars et un bidar 10 000 unités de blé ([20], [21, pp. 132–136], [23]).

Quelques questions

Will Durant a remarqué que « les savants sont aussi nombreux que les piliers de milliers de mosquées » pendant l'âge d'or de la science médiévale. Nous avons ici aujourd'hui une assemblée de savants ayant la chance d'être inspirés par le même environnement et j'aimerais poser plusieurs questions que je pense importante aujourd'hui. *Quelle est la relation entre les algorithmes et les mathématiques modernes ?* Y-a-t-il une différence essentielle entre un point de vue algorithmique et le point de vue des mathématiques traditionnelles ? *Est-ce que la plupart des mathématiciens ont un mode de pensée différent de celui de la plupart des informaticiens ?* Parmi les membres des départements de mathématiques des universités, pourquoi les logiciens (et dans une moindre mesure les

---

* On dispose d'une étude récente en français [37] (ndt).

combinatoriciens) sont-ils beaucoup plus intéressés par l'informatique que leurs autres collègues ?

Je pose ces questions en partie à cause de ma propre expérience en tant qu'étudiant. J'ai commencé à étudier les mathématiques supérieures en 1957, l'année même où j'ai commencé à travailler avec des ordinateurs, mais je n'ai jamais mêlé mon mode de pensée mathématique à mon mode de pensée informatique de façon autre que triviale avant 1961. Dans un bâtiment j'étais mathématicien, dans un autre j'étais informaticien, et c'était comme si j'avais une double personnalité. En 1961 j'ai ressenti que les mathématiques et l'informatique pouvaient avoir quelques fondements communs car la notation BNF ressemblait à des mathématiques, j'ai donc acheté un exemplaire de *Structures syntaxiques* de Chomsky et recherché un algorithme de décision du problème de l'ambiguïté des grammaires algébriques (j'en fus incapable puisqu'un cas particulier de cette tâche a été démontré impossible par Bar-Hillel, Perles et Shamir). Je n'ai évidemment pas pu résoudre ce problème mais j'ai trouvé certaines conditions nécessaires et suffisantes utiles pour l'ambiguïté, et j'en ai aussi déduit quelques autres résultats, comme le fait que les langages algébriques à une lettre sont réguliers. Je pensais qu'il y avait là une jolie théorie mathématique que j'étais capable de développer avec mon intuition d'informaticien. Comme c'était curieux ! Durant l'été 1962, j'ai passé un jour ou deux à analyser les performances du hachage à sondage linéaire, mais ceci ne fut pas réellement ressenti comme un mariage entre ma personnalité d'informaticien et celle de mathématicien puisque c'était une simple application de l'analyse combinatoire à un problème lié à la programmation.

Je pense qu'on croit généralement que les mathématiciens ont un mode de pensée un peu différent de celui des physiciens, lui-même différent du mode de pensée des chimistes, lui-même différent de celui des biologistes. De même, les modes de pensée respectifs des hommes de loi, des poètes, des scénaristes, des historiens, des linguistes, des agriculteurs, et ainsi de suite, semblent uniques. Chacun de ces groupes peut certainement reconnaître que les autres types de personnes ont une approche différente à l'égard de la connaissance. Il semble probable qu'une personne travaillera dans un domaine correspondant au mode de pensée avec lequel elle a grandi, lorsqu'un choix est possible. C. P. Snow a écrit un livre célèbre sur « deux cultures » [38], la culture littéraire et la culture scientifique, mais en fait il semble qu'il y en ait beaucoup plus que deux.

Les enseignants d'informatique ont souvent observé que seuls 2 pour cent des étudiants suivant un cours d'introduction à la programmation entrent réellement en phase avec le sujet et semblent être des informaticiens nés (voir, par exemple, Gruenberg [8]). J'ai eu une confirmation indépendante de ce fait lorsque j'ai appris que 220 des 11 000 étudiants diplomés de l'université de l'Illinois le sont en informatique. Puisque je crois que l'informatique est l'étude des algorithmes, j'en conclus que à peu près 2% des gens « pensent algorithmiquement », en ce sens qu'ils peuvent raisonner rapidement sur les processus algorithmiques.

En écrivant cet article, j'ai appris l'existence de données statistiques récentes compilées par Gerrit DeYoung, psychologue intéressé par l'informatique rencontré à l'université de l'Illinois. Il a récemment réalisé une expérience intéressante sur deux groupes d'étudiants choisissant des cours d'introduction à l'informatique. Le groupe I comprenait 135 étudiants en informatique alors que le groupe II comprenait 35 étudiants en sciences sociales. Les deux cours insistaient sur la programmation non numérique et sur diverses structures de données et structures de contrôle, les problèmes numériques étant également traités. DeYoung a conçu un questionnaire qui teste la prétendue aptitude quantitative de chaque étudiant, un test standard qui semble en corrélation avec la capacité mathématique. Il leur a demandé d'estimer leurs propres performances en classe. Après avoir obtenu les notes des étudiants, il disposait de trois données sur chaque étudiant :

A — l'aptitude quantitative ;

B = la propre perception de l'étudiant à l'égard de sa capacité à programmer ;

C = la perception de l'enseignant à l'égard de sa capacité à programmer.

Dans les deux groupes, B se corrélait bien avec C (le coefficient était d'à peu près 0,6), aussi pouvons-nous en conclure que les notes des enseignants n'étaient pas aléatoires et que celles-ci étaient valables. La chose intéressante est qu'il n'y avait pas de corrélation entre A et B ou entre A et C parmi les étudiants en informatique (le groupe I) alors qu'il y avait une corrélation prononcée d'à peu près 0,4 entre les nombres correspondants pour les étudiants du groupe II. La raison n'est pas claire puisque plusieurs hypothèses sont compatibles avec de tels résultats. Les psychologues ne savaient peut-être que mesurer l'habileté quantitative des personnes pensant comme des psychologues ! En tout cas le manque de corrélation entre l'habileté quantitative et les performances en programmation dans le premier groupe me rappellent fortement le sentiment que j'ai souvent eu sur les différences entre le mode de pensée mathématique et le mode de pensée informatique, aussi loin que l'étude ait été poussée.

Je crois que la véritable raison pour laquelle l'informatique est devenue une discipline prospère dans presque toutes les universités du monde, alors qu'elle y était totalement inconnue il y a vingt ans, *n'est pas* que les informaticiens existent en grande quantité ; la vraie raison est que les penseurs algorithmiques parmi les scientifiques du monde n'avaient jamais eu d'endroit à eux avant. Nous nous sommes réunis ensemble dans les départements d'informatique *parce que nous y trouvons des gens qui pensent comme nous*. Ceci semble au moins une hypothèse viable qui n'a pas été contredite par mes observations durant les six dernières années, depuis que cette possibilité m'est apparue.

Mon but, dès lors, est d'obtenir une compréhension plus profonde de ce phénomène. L'hypothèse des « différents modes de pensée » ne fait qu'égratigner la surface des choses et donne peu de vue d'ensemble. Pouvons-nous en arriver à une idée claire de ce qu'est le mode de pensée algorithmique, en contraste avec le mode de pensée mathématique classique ?

À certains moments, lorsque j'essayais de saisir ces questions, je m'étais presque convaincu que le mode de pensée algorithmique est réellement celui du mode de pensée mathématique, sauf qu'il se concentre sur plus de choses « difficiles ». Mais à d'autres moments j'avais exactement l'impression inverse, que d'une façon ou d'une autre les algorithmes ne s'attaquent qu'aux objets mathématiques « les plus simples ». Une telle approche ne conduisait clairement qu'à la confusion et ne me faisait pas avancer.

Alors que je réfléchissais à ces choses récemment, je me suis soudain souvenu de la collection d'essais appelée *Mathematics: Its Contents, Methods, and Meaning* [1], aussi ai-je relu ce que A. D. Aleksandrov a dit dans son excellent essai introductif. De façon intéressante, j'ai trouvé qu'il fait une mention honorable à al-Khwârizmî. Aleksandrov a listé les caractéristiques suivantes des mathématiques :

- abstraction, avec beaucoup de niveaux d'abstraction ;
- précision et rigueur logique ;
- relations quantitatives ;
- variété très large d'applications.

Malheureusement, cependant, ces quatre caractéristiques semblent également être celles de l'informatique. N'y a-t-il réellement aucune différence entre l'informatique et les mathématiques ?

Un plan

J'ai compris que je ne pourrais pas faire de progrès avant d'essayer de répondre assez précisément à la question « Que sont les mathématiques ? ». Beaucoup d'autres personnes ont déjà essayé de répondre à cette question et la réponse est naturellement « Les mathématiques sont ce que font les mathématiciens ». Plus précisément la question la plus appropriée devrait être « Qu'est ce que les bonnes mathématiques ? » et la réponse « Les bonnes mathématiques sont ce que font les bons mathématiciens ».

J'ai alors pris neuf livres sur mes étagères, pour la plupart des livres que j'ai utilisé comme manuels durant ma vie estudiantine mais aussi quelques autres pour varier. J'ai décidé d'étudier très soigneusement la page 100 (c'est-à-dire une page « au hasard ») de chaque livre et plus exactement le premier résultat de cette page. Je pourrai de cette façon obtenir un échantillon de ce que font les bons mathématiciens et je pourrai essayer de comprendre les modes de pensée qui semblent y être mis en jeu.

D'un point de vue informatique, la notion de « mode de pensée » n'est plus aussi vague que ce qu'elle a pu être puisque nous pouvons maintenant imaginer essayer d'écrire un programme pour découvrir les mathématiques. Quelles capacités devrions-nous avoir pour mettre tout cela dans un programme d'intelligence artificielle s'il était capable d'atteindre les résultats de la page 100 des livres que j'ai choisi ?

Afin de rendre cette expérience juste, j'ai pris grand soin de respecter les règles de base suivantes : (1) Les livres ont tous été choisis dans un premier temps, avant d'en avoir étudié un en particulier. (2) La page 100 était la page à examiner dans tous les cas, puisque je n'avais *a priori* connaissance de ce qu'il y avait sur cette page dans aucun de ces livres. S'il advenait que la page 100 soit un mauvais choix, je ne devais pas essayer de chercher un autre numéro de page qui pourrait donner des résultats plus en accord avec mes préjugés. (3) Je ne dois supprimer aucune donnée ; chaque livre que j'ai choisi doit apparaître dans l'échantillon final afin de n'introduire aucun biais en en choisissant un sous-ensemble.

Les résultats de cette expérience m'ont un peu ouvert les yeux, aussi aimerais-je les partager avec vous. Commençons par donner un résumé livre par livre de ce que j'ai trouvé.

Livre 1 : le livre d'analyse de Thomas

J'ai d'abord regardé le livre qui m'a introduit aux mathématiques supérieures, le livre d'analyse de George B. Thomas [25] que j'ai utilisé en première année de collège. La page 100 traite du problème suivant : *Quelle valeur de x minimise la durée du trajet de $(0, a)$ à $(x, 0)$ puis à $(d, -b)$ en allant à la vitesse s_1 de $(0, a)$ à $(x, 0)$ puis à la vitesse s_2 de $(x, 0)$ à $(d, -b)$?*

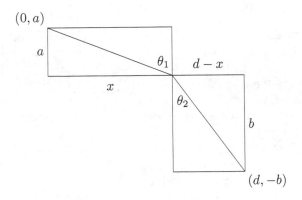

En d'autres termes, nous voulons minimiser la fonction :

$$f(x) = \frac{\sqrt{a^2 + x^2}}{s_1} + \frac{\sqrt{b^2 + (d - x)^2}}{s_2} .$$

La solution consiste à dériver $f(x)$, ce qui donne :

$$f'(x) = \frac{x}{s_1 \sqrt{a^2 + x^2}} - \frac{d - x}{s_2 \sqrt{b^2 + (d - x)^2}} = \frac{\sin \theta_1}{s_1} - \frac{\sin \theta_2}{s_2} .$$

Lorsque x parcourt 0 à d, la valeur de $(\sin \theta_1)/s_1$ part de zéro et croît alors que la valeur de $(\sin \theta_2)/s_2$ décroît vers zéro. Ainsi la dérivée part d'une valeur négative pour arriver à une valeur positive. Il doit y avoir un point où elle s'annule, à savoir lorsque $(\sin \theta_1)/s_1 = (\sin \theta_2)/s_2$, et là se trouve le minimum. Thomas remarque que c'est la « loi de Snell » en optique*. Les rayons lumineux savent comment minimiser leur durée de parcours.

---

* Seconde loi de Descartes en France. (ndt)

Les mathématiques utilisées ici semblent être une méthode systématique de minimisation, fondée sur la manipulation de formules et la correspondance entre les formules et les figures géométriques ainsi qu'un raisonnement sur les changements de signe dans les valeurs de la fonction. Gardons ceci en esprit lorsque nous étudierons les autres exemples pour voir ce que ces exemples ont en commun.

Livre 2 : le livre d'essais mathématiques

Revenons aux livres d'essais mathématiques édités par Aleksandrov et *al.* [1]. Nous nous trouvons page 100 dans le chapitre sur l'analyse par Lavrentiev et Nikolsky. Ils montrent comment déduire la dérivée de la fonction $\log_a x$ d'une façon intelligente :

$$\frac{\log_a(x+h) - \log_a x}{h} = \frac{1}{h}\log_a \frac{x+h}{x} = \frac{1}{x}\log_a \left(1 + \frac{h}{x}\right)^{x/h}.$$

La fonction logarithme étant continue, nous avons :

$$\lim_{h\to 0} \frac{1}{x}\log_a \left(1 + \frac{h}{x}\right)^{x/h} = \frac{1}{x}\log_a \lim_{h\to 0} \left(1 + \frac{h}{x}\right)^{x/h} = \frac{1}{x}\log_a e,$$

puisqu'il a déjà été montré que la quantité $(1 + \frac{1}{n})^n$ tend vers une constante appelée e lorsque n tend vers l'infini par des valeurs entières ou non entières. Ici le raisonnement implique la manipulation des formules et la compréhension du passage à la limite.

Livre 3 : La Topologie générale de Kelley

Le troisième livre que j'ai choisi est un manuel standard de topologie [11], dans lequel la page 100 contient l'exercice suivant : « *Problème A. L'image par une application continue d'un connexe est un connexe* ». Aucune solution n'est donnée mais j'imagine que quelque chose comme ce qui suit est attendu. Rappelons d'abord les définitions adéquates. Une fonction f d'un espace topologique X dans un espace topologique Y est continue lorsque l'image réciproque $f^{-1}(V)$ d'un ouvert V de Y est un ouvert dans X. Un espace topologique X est connexe lorsqu'il ne peut pas être écrit comme union disjointe de deux ensembles ouverts non vides. Essayons alors de démontrer que Y est connexe, en supposant que f est continue et que X est connexe, où $f(X) = Y$. Si $Y = V_1 \cup V_2$, avec V_1 et V_2 des ouverts disjoints, alors $X = f^{-1}(V_1) \cup f^{-1}(V_2)$, où $f^{-1}(V_1)$ et $f^{-1}(V_2)$ sont des ouverts disjoints. Il s'ensuit que soit $f^{-1}(V_1)$, soit

$f^{-1}(V_2)$ est vide, disons que $f^{-1}(V_1)$ est vide. Ainsi V_1 est vide, puisque $V_1 \subseteq f(f^{-1}(V_1))$. Q.E.D.

(Notons qu'aucune propriétés des « ouverts » n'est nécessaire dans cette preuve.)

Le mode de pensée mathématique impliqué ici est un peu différent de ce que nous avons vu jusqu'ici. Il consiste principalement à construire des chaînes d'implications allant des hypothèses aux conclusions souhaitées, en utilisant un répertoire de faits comme « $f^{-1}(A \cap B) = f^{-1}(A) \cap f^{-1}(B)$ ». C'est l'analogue de la construction de chaînes d'instructions informatiques qui transforment des entrées en sorties désirées, en utilisant un répertoire de sous-routines, bien que les faits topologiques aient un caractère plus abstrait.

Un autre mode de pensée mathématique est mis également en jeu ici, et nous prendrons soin de ne pas l'oublier : quelqu'un doit définir les concepts de continuité et de connexité d'une façon qui doit conduire à une théorie riche ayant beaucoup d'applications, généralisant ainsi beaucoup de cas particuliers ayant été démontrés avant que le modèle abstrait ne soit perçu.

Livre 4 : du 18e siècle

Un autre livre de ma liste est le *Source Book in Mathematics* de Struik, contenant des extraits d'articles célèbres écrits dans la période 1200–1800. La page 100 concerne la tentative d'Euler de démontrer le théorème fondamental de l'algèbre, au cours duquel il déduit le résultat auxiliaire suivant : « *Théorème 4. Tout polynôme du quatrième degré* $x^4 + Ax^3 + Bx^2 + Cx + D$ *à coefficients réels est le produit de deux polynômes du second degré.* »

Voyons comment il fait. Il réduit d'abord le problème au cas $A = 0$ en posant $x = y - \frac{1}{4}A$. Il se trouve alors devant le problème consistant à résoudre $(x^2 + ux + \alpha)(x^2 - ux + \beta) = x^4 + Bx^2 + Cx + D$ en u, α et β. Il veut ainsi résoudre les équations $B = \alpha + \beta - u^2$, $C = (\beta - \alpha)u$, $D = \alpha\beta$. Ces équations conduisent aux relations $2\beta = B + u^2 + C/u$, $2\alpha = B + u^2 - C/u$ et $(B + u^2)^2 - C^2/u^2 = 4D$. Mais le polynôme du troisième degré $(u^2)^3 + 2B(u^2)^2 + (B^2 - 4D)u^2 - C^2$ va de $-C^2$ à $+\infty$ lorsque u^2 va de 0 à $+\infty$, il a donc une racine positive et la factorisation est réalisée.

(Euler voulut généraliser, en disant que chaque équation de degré 2^n peut être factorisée en deux équations de degré 2^{n-1}, *via* une équation de degré impair $\frac{1}{2}\binom{2^n}{2^{n-1}}$ en u^2 ayant un terme constant négatif. Mais cette partie de sa démonstration n'est pas rigoureuse. Lagrange et Gauss y ont plus tard repéré un sérieux défaut).

Lorsque j'ai vu cet exemple pour la première fois, il m'a semblé plus « algorithmique » que les précédents, probablement parce qu'Euler expliquait en gros comment prendre un polynôme du quatrième degré comme entrée et produire deux polynômes du second degré comme sortie. Les caractéristiques entrées-sorties représentent un aspect important des algorithmes. Bien que la construction d'Euler soit relativement simple et directe, elle ne précise pas les structures de contrôle complexes qu'ont généralement les algorithmes. Les modes de pensée mis en jeu ici semblent être (a) réduire un problème général à un cas particulier plus simple (en montrant qu'on peut supposer que A est nul et en prenant conscience que l'équation du sixième degré en u en résultant est en fait une équation du troisième degré en u^2) ; (b) manipuler des formules pour résoudre un système d'équations en α, β et u ; (c) généraliser en reconnaissant le cas des équations du quatrième degré comme modèle qui pourrait apparemment s'étendre aux degrés 8, 16, etc.

Livre 5 : Algèbre abstraite

Mon choix suivant fut un autre manuel standard, *Commutative Algebra* de Zariski et Samuel [31]. Sa page 100 concerne la structure générale des corps. Supposons que k et K soient des corps avec $k \subseteq K$. Le *degré de transcendance de K par rapport à k* est défini comme cardinal d'une « base de transcendance » L de K sur k, à savoir un ensemble L tel que tous ses sous-ensembles finis sont algébriquement indépendants sur k et tel que tous les éléments de K sont algébriques sur $k(L)$, c'est-à-dire que les éléments de K sont racines d'équations polynomiales dont les coefficients appartiennent au plus petit corps contenant $k \cup L$. On vient juste de montrer dans ce livre que ce cardinal est un invariant bien défini de k et de K, c'est-à-dire que toutes les bases de transcendance de K sur k ont la même cardinalité.

Venons-en au théorème 26 : *Si $k \subseteq K \subseteq \mathcal{K}$, le degré de transcendance de $\mathcal{K}$ sur k est la somme des degrés de transcendance de K sur k et de $\mathcal{K}$ sur K.* Pour démontrer ce théorème, Zariski et Samuel considèrent une base de transcendance L de K sur k et une base de transcendance $\mathcal{L}$ de $\mathcal{K}$ sur k. Le résultat s'en déduit du fait que L et $\mathcal{L}$ sont disjoints.

La démonstration n'est pas difficile et ça vaut la peine de l'étudier en détail. Considérons un sous-ensemble fini $\{x_1, \ldots, x_m, X_1, \ldots, X_M\}$ de $L \cup \mathcal{L}$, où les x appartiennent à L et les X à $\mathcal{L}$. Supposons qu'il satisfasse une équation polynomiale sur k, disons :

$$\sum_{\substack{e_1, \ldots, e_m \geq 0 \\ E_1, \ldots, E_M \geq 0}} \alpha(e_1, \ldots, e_m, E_1, \ldots, E_M) \, x_1^{e_1} \ldots x_m^{e_m} X_1^{E_1} \ldots X_M^{E_M} = 0 \,, \quad (*)$$

où tous les $\alpha(e_1, \ldots, e_m, E_1, \ldots, E_M)$ sont dans k et seulement un nombre fini d'entre eux sont non nuls. Cette équation peut être réécrite sous la forme :

$$\sum_{E_1, \ldots, E_M \geq 0} \beta(E_1, \ldots, E_M)\, X_1^{E_1} \ldots X_M^{E_M} = 0, \qquad (**)$$

où :

$$\beta(E_1, \ldots, E_M) = \sum_{e_1, \ldots, e_m \geq 0} \alpha(e_1, \ldots, e_m, E_1, \ldots, E_M)\, x_1^{e_1} \ldots x_m^{e_m}$$

est un polynôme en X_i à coefficients dans K. Tous les coefficients sont alors nuls d'après l'indépendance algébrique de $\mathcal{L}$ sur K. Ces coefficients $\beta(E_1, \ldots, E_M)$ sont à leur tour des polynômes en x_j à coefficients dans k, et donc tous les β doivent être nuls. Il en résulte que tous les α sont nuls. En d'autres termes, tout sous-ensemble fini de $L \cup \mathcal{L}$ est algébriquement indépendant.

Finalement tous les éléments de K sont algébriques sur $k(L)$ et tous les éléments de $\mathcal{K}$ sont algébriques sur $K(\mathcal{L})$. Il résulte de la théorie des extensions algébriques précédemment développée que tous les éléments de $\mathcal{K}$ sont algébriques sur $k(L)(\mathcal{L})$, le plus petit corps contenant $k \cup L \cup \mathcal{L}$. Ainsi $L \cup \mathcal{L}$ satisfait-il tous les critères d'une base de transcendance.

Notons que la démonstration exige des « structures de données » un peu sophistiquées, c'est-à-dire la représentation d'objets complexes, dans ce cas des polynômes à plusieurs variables. L'idée clé est de faire un jeu de mots mathématique, fondé sur l'équivalence entre les polynômes sur k dans (*) et les polynômes sur $k(L)$ dans (**). En fait la théorie de la structure des corps développée dans cette partie du livre de Zariski et Samuel est essentiellement une théorie sur les structures de données grâce auxquelles tous les éléments de ce domaine peuvent être représentés et manipulés. Le théorème 26 n'est pas aussi important que la construction des bases de transcendance qui apparaît dans la démonstration.

Un autre aspect digne d'attention de cet exemple est la façon dont les ensembles infinis sont traités. Les concepts finis ont été généralisés aux concepts infinis en disant que tous les sous-ensembles finis possèdent la propriété ; ceci permet aux constructions algorithmiques de s'appliquer à ces sous-ensembles.

Livre 6 : Métamathématique

J'ai choisi l'*Introduction à la métamathématique* de Kleene [13] en tant que livre représentatif de la logique. La page 100 parle de l'« élimination de la disjonction » : supposons que nous ayons (1) $\vdash A \vee B$,

(2) $A \vdash C$ et (3) $B \vdash C$. Alors, d'après une règle qui vient juste d'être démontrée, (2) et (3) conduisent à :

$$(4) \quad A \lor B \vdash C.$$

De (1) et (4) nous pouvons maintenant conclure « (5) $\vdash C$ ». Kleene met l'accent sur le fait que ceci est l'idée familière du raisonnement par cas. Si A ou B est vrai, nous pouvons considérer le cas 1 dans lequel A est vrai (et alors C est vrai) ou le cas 2 dans lequel B est vrai (et alors C est encore vrai). Il en résulte que l'énoncé C est vrai dans tous les cas.

Le raisonnement dans cet exemple est la combinaison d'une manipulation simple des formules et de la compréhension que les modèles de pensée familiers sont généralisés et rendus formels.

J'avais espéré rencontrer un argument plus intrinsèquement métamathématique ici, quelque chose comme « toute chose qui peut être prouvée dans le système X peut aussi l'être dans le système Y », puisque de tels arguments ressemblent souvent à des algorithmes qui convertissent des X-démonstrations en des Y-démonstrations. Mais la page 100 est plus élémentaire, puisqu'il s'agit d'un livre d'introduction.

Livre 7 : Knuth

Mon propre livre [14] est-il algorithmique ? La page 100 ne l'est pas particulièrement puisque c'est une partie de l'introduction aux techniques mathématiques que j'ai présentée avant de passer au contenu informatique proprement dit. Le problème considéré sur cette page consiste à obtenir la moyenne et l'écart type du nombre de « piles » dans n lancers de pièce lorsque chaque lancer indépendant donne « pile » avec une probabilité p et « face » avec une probabilité $q = 1 - p$. J'introduis la notation p_{nk} pour la probabilité que k piles apparaissent et j'observe que :

$$p_{nk} = p \cdot p_{(n-1)(k-1)} + q \cdot p_{(n-1)k}.$$

Pour résoudre cette équation de récurrence, j'introduis la fonction génératrice :

$$G_n(z) = \sum_{k \geq 0} p_{nk} z^k$$

et j'obtiens $G_n(z) = (q + pz)G_{n-1}(z)$, $G_1(z) = q + pz$. Ainsi $G_n(z) = (q + pz)^n$ et :

$$\text{mean}(G_n) = n \times \text{mean}(G_1) = pn \; ; \quad \text{var}(G_n) = n \times \text{var}(G_1) = pqn.$$

Ainsi une relation de récurrence est introduite par un raisonnement sur les probabilités. Elle est résolue par des manipulations de formules conformes au modèle discuté plus tôt dans le livre. J'aime à penser que j'étais alors comme al-Khwârizmî – ne pas utiliser d'astuce particulière pour ce problème particulier mais illustrer une méthode générale à la place.

Livre 8 : Pólya and Szegő

La bonne vieille époque des mathématiques est représentée par les fameux *Aufgaben und Lehrsätze* de Pólya et Szegő, récemment traduit en anglais avec de nombreux nouveaux *Aufgaben* [19]. La page 100 contient un vrai défi :

$$\textbf{217.} \quad \lim_{n \to \infty} \int_{-\pi}^{\pi} \frac{n!\, 2^{2n \cos \theta}}{\left|(2ne^{i\theta} - 1) \ldots (2ne^{i\theta} - n)\right|}\, d\theta = 2\pi.$$

Heureusement les pages consacrées à la réponse fournissent assez d'indices pour révéler la démonstration que les auteurs ont à l'esprit. Nous avons $|2ne^{i\theta} - k|^2 = 4n^2 + k^2 - 4nk \cos \theta = (2n - k)^2 + 4nk(1 - \cos \theta) = (2n - k)^2 + 8nk \sin^2 \theta/2$. En remplaçant θ par $x/\sqrt{n}$, ceci nous permet de réécrire l'intégrale sous la forme :

$$\frac{n!\, 2^{2n}}{(2n - 1) \ldots (n + 1)n\sqrt{n}} \int_{-\infty}^{\infty} f_n(x)\, dx,$$

où $f_n(x) = 0$ pour $|x| > \pi\sqrt{n}$, et sinon :

$$f_n(x) = 2^{2n(\cos(x/\sqrt{n}) - 1)} \prod_{1 \le k \le n} \left(1 + \frac{8nk}{(2n - k)^2} \sin^2 \frac{x}{2\sqrt{n}}\right)^{-1/2}$$

$$= \exp\left((2 \ln 2)n \left(\cos \frac{x}{\sqrt{n}} - 1\right)\right.$$

$$\left. - \sum_{k=1}^{n} \frac{1}{2} \ln\left(1 + \frac{8nk}{(2n - k)^2} \sin^2 \frac{x}{2\sqrt{n}}\right)\right)$$

$$= \exp\left(-x^2 \ln 2 + O\left(\frac{x^4}{n}\right)\right.$$

$$\left. + \frac{1}{2} \sum_{k=1}^{n} \left(\frac{-2nk}{(2n - k)^2} \frac{x^2}{n} + O\left(\frac{x^4}{n^2}\right)\right)\right)$$

$$= \exp\left(-x^2 \ln 2 - (1 - \ln 2)x^2 + O\left(\frac{1 + x^4}{n}\right)\right).$$

Ainsi $f_n(x)$ converge uniformément vers e^{-x^2} dans tout intervalle borné. De plus nous avons $|f_n(x)| \leq 2^{2n(\cos x/\sqrt{n} - 1)}$ et :

$$\cos \frac{x}{\sqrt{n}} - 1 \leq -\frac{x^2}{2n} + \frac{x^4}{24n^2}$$

$$\leq -\left(\frac{1}{2} - \frac{\pi^2}{24}\right) \frac{x^2}{n} \qquad \text{pour } |x| \leq \pi/\sqrt{n},$$

puisque la fonction cosinus est « encadrée » par ses séries de MacLaurin. Ainsi $|f_n(x)|$ est inférieure à la fonction intégrable e^{-cx^2} pour tout n, où $c = 1 - \pi^2/12$. La convergence uniformément bornée justifie le passage à la limite sous le signe intégral :

$$\lim_{n \to \infty} \int_{-\infty}^{\infty} f_n(x)\, dx = \int_{-\infty}^{\infty} e^{-x^2} dx = \sqrt{\pi}.$$

Finalement le coefficient devant $\int_{-\infty}^{\infty} f_n(x)\, dx$ est $2^{2n+1} n!^2 / \sqrt{n}(2n)!$ est égal à $2\sqrt{\pi}\, (1 + O(1/n))$ d'après l'approximation de Stirling et le résultat s'en déduit.

Cette démonstration nous donne une idée de la façon dont les mathématiques se sont développées de l'époque d'al-Khwârizmî à 1920. Elles mettent en jeu des manipulations de formules et une compréhension du comportement asymptotique des fonctions ainsi que l'idée d'utiliser une fonction f_n adéquate qui nous permette de faire rigoureusement l'échange $\lim_{n \to \infty} \int_{-\infty}^{\infty} f_n(x)\, dx = \int_{-\infty}^{\infty} \lim_{n \to \infty} f_n(x)\, dx$. La définition de $f_n(x)$ nécessite une compréhension claire du comportement de fonctions comme $\exp x$ et $\cos x$.

Livre 9 : L'analyse constructive de Bishop

Le dernier livre que j'ai choisi comme exemple s'est révélé le plus intéressant du point de vue de ma quête. C'est *Foundations of Constructive Analysis* d'Errett Bishop [2], un livre dont j'avais entendu parler mais que je n'avais jamais lu auparavant. La chose intéressante à son propos est qu'il se lit principalement comme des mathématiques ordinaires alors qu'il est entièrement algorithmique en nature si vous savez lire entre les lignes.

La page 100 du livre de Bishop poursuit sa discussion du théorème de Stone-Weierstrass commencée page 97. Le premier résultat de la page 100 est le corollaire 3, qui s'énonce comme suit dans le cas $n = 1$: *Toute fonction uniformément continue sur un compact $X \subseteq \mathbf{R}$ peut être* *approximée sur X aussi précisément que l'on veut par une fonction polynomiale sur* **R**. Sa démonstration est la suivante : « D'après le lemme 5, la fonction $x \mapsto |x - x_0|$ peut être approximée aussi précisément que l'on veut sur X par un polynôme. Le théorème résulte alors du corollaire 2. »

Nous pouvons appeler cela une démonstration concise ! Avant de la déployer pour expliquer ce que sont le lemme 5 et le corollaire 2, je veux souligner que la démonstration de Bishop, qu'il a appelé un « programme humain » par opposition à un programme d'ordinateur [2, p. 355], est essentiellement un algorithme. Cet algorithme prend un ensemble compact X, une fonction continue f et une tolérance ϵ constructivement donnés comme entrées et il donne comme sortie un polynôme qui approxime f à moins de ϵ en tout point de X. De plus l'algorithme opère sur des algorithmes, puisque f est donnée par un algorithme d'un certain type et puisque les nombres réels sont eux-mêmes des algorithmes.

Je vais essayer de mettre l'algorithme implicite de Bishop sous une forme explicite, en utilisant un langage analogue à Pascal [30], bien que les capacités des langages de programmation d'aujourd'hui doivent être fortement contorsionnés pour refléter ses constructions. Considérons d'abord le lemme 5, qui dit que pour tout $\epsilon > 0$ il existe un polynôme $p : \mathbf{R} \to \mathbf{R}$ tel que $p(0) = 0$ et $\big||x| - p(x)\big| \leq \epsilon$ pour tout $|x| \leq 1$. La démonstration de Bishop, qui fait du lemme un algorithme, est essentiellement la suivante :

> **function** *Lemma5* (ϵ: *positive_real*): **polynomial of** *real*;
> **var** N: *integer*;
> g, p: **polynomial of** *real*;
> **begin** $N :=$ un entier qui est $\geq 4/\epsilon^2$;
> $g(t) := \sum_{n=0}^{N} \binom{1/2}{n}(-t)^n$; { une approximation de $\sqrt{1-t}$ }
> $p(t) := g(1 - t^2) - g(1)$; { une approximation de $|t|$ }
> *Lemma5* $:= p$;
> **end**.

Ici N a été choisi suffisamment grand pour que nous ayons :

$$\left|g(t) - \sqrt{1-t}\right| \leq \sum_{n=N+1}^{\infty} \left|\binom{1/2}{n}\right|$$

$$= \sum_{n=N+1}^{\infty} \frac{1 \cdot 3 \cdot \ldots \cdot (2n-3)}{2 \cdot 4 \cdot 6 \cdot \ldots \cdot 2n}$$

$$< \sum_{n=N+1}^{\infty} \frac{1}{2n^{3/2}}$$

$$< \int_N^\infty \frac{dx}{2x^{3/2}}$$

$$= \frac{1}{N^{1/2}}$$

$$\leq \frac{\epsilon}{2}$$

pour $0 \leq t \leq 1$.

Dans cet algorithme je ne donnerai pas la définition précise de N, mais tout entier $\geq 4/\epsilon^2$, facilement calculé, peut être utilisé. Un réel positif ϵ du système de Bishop n'est pas seulement un élément de donnée stocké dans la mémoire de l'ordinateur. C'est un algorithme qui définit une suite ϵ_1, ϵ_2, ... de rationnels vérifiant la propriété :

$$|\epsilon_m - \epsilon_n| \leq 1/m + 1/n \qquad \text{pour tous } m, n \geq 1,$$

et avec un indice j tel que $\epsilon_j > 1/j$. La valeur de ϵ est alors définie par $\lim_{n \to \infty} \epsilon_n$. Si nous posons $M = \lceil 2/(\epsilon_j - 1/j) \rceil$, il n'est pas difficile de démontrer que $\epsilon \geq 1/M$. Nous pouvons ainsi poser $N := 4M^2$ dans *Lemma5*. Notons qu'il *ne* serait *pas* permis de poser directement $N := \lceil 4/\epsilon^2 \rceil$, car la fonction partie entière supérieure $\lceil x \rceil$ n'est pas calculable pour des nombres réels x quelconques (nous ne pouvons pas dire en un nombre fini d'étapes si un réel donné est un entier).

L'autre composant manquant de la preuve de la page 100 du livre de Bishop est le corollaire 2, qui dit que si X est un espace métrique compact et si G est l'ensemble des fonctions $x \mapsto \rho(x, x_0)$, où $x_0 \in X$ et où $\rho(x, y)$ désigne la distance de x à y, alors « $\mathfrak{A}(G)$ est dense dans $C(X)$ ». Autrement dit les fonctions réelles uniformément continues sur X peuvent être approximées aussi près que l'on veut par les fonctions obtenues à partir des fonctions de G par un nombre fini d'additions, de multiplications et de multiplications par un nombre réel. En fait le corollaire 2 de Bishop tel qu'il est énoncé est faux dans le cas où X contient seulement un point, puisque G et $\mathfrak{A}(G)$ ne comprennent alors que la fonction nulle. J'ai noté cette inadvertance en essayant de reformuler la démonstration d'une façon explicitement algorithmique. Mais on peut facilement remédier à ce défaut.

Il vaut mieux, pour notre propos, reformuler le corollaire 2 comme suit : « *Soit X un espace métrique compact contenant au moins deux points et soit G l'ensemble des fonctions de la forme $x \mapsto c\rho(x, x_0)$, où $c > 0$ et $x_0 \in X$. Alors G est une famille séparante sur X* ». Je donnerai la définition d'une famille séparante dans une minute. Je veux d'abord mentionner le théorème 7, le théorème de Stone-Weierstrass, dont je ne donnerai pas la preuve en détail, à savoir le fait que $\mathfrak{A}(G)$ est dense dans $C(X)$ si G est une famille séparante de fonctions uniformément continues sur un espace métrique compact. Au vu de ce théorème, ma reformulation du corollaire 2 conduit au corollaire tel qu'il l'a énoncé.

Une *famille séparante* est constituée d'une collection de fonctions réelles G sur X, d'une fonction δ de $\mathbf{R}^+$ dans $\mathbf{R}^+$ et de deux algorithmes de sélection σ et τ. L'algorithme σ prend des éléments x, y de X et un réel strictement positif ϵ comme entrées, avec $\rho(x, y) \geq \epsilon$, et choisit un élément g de G tel que pour tout z dans X nous ayons :

$$\text{(i)} \quad \rho(x, z) \leq \delta(\epsilon) \text{ implique } |g(z)| \leq \epsilon,$$

$$\text{(ii)} \quad \rho(y, z) \leq \delta(\epsilon) \text{ implique } |g(z) - 1| \leq \epsilon.$$

L'algorithme τ prend un élément y de X et un réel strictement positif ϵ comme entrées, et choisit un élément g de G tel que (ii) soit vérifié pour tout z de X.

Ainsi le corollaire 2 reformulé est un algorithme qui prend un espace métrique compact non trivial X comme entrée et qui fournit une famille séparante (δ, σ, τ), où σ et τ choisissent des fonctions de la forme $c\rho(x, x_0)$. En voilà la construction, corrigée pour éviter l'erreur notée ci-dessus :

```
function Corollary2 (X: compact_metric_space;
            y₀, y₁: X-element): X-separating_family;
   { y₀ et y₁ sont supposés être des éléments distincts de X }
   var δ: function (ε: positive_real): positive_real;
      d: function (x, y: X-element): positive_real;
      σ: function (x, y: X-element; ε: positive_real): C(X);
      τ: function (y: X-element; ε: positive_real): C(X);
   begin d(x, y) := X.ρ(x, y); { c'est la fonction de distance dans X }
   δ(ε) := min(ε², ¼εd(y₀, y₁));
   σ(x, y, ε) := (function g(z: X-element): real;
          begin g := d(x, z)/d(x, y) end);
   τ(y, ε) := (function g(z: X-element): real;
          var r: rational;
          begin r := nombre rationnel tel que
                |d(y, y₁)/d(y₀, y₁) − r| ≤ 1/4;
          g := (if r ≤ 1/2 then d(y₀, z)/d(y₀, y)
                else d(y₁, z)/d(y₁, y)) end);
```

$Corollary2 := (\delta, \sigma, \tau)$;
end.

Ma notation des types complexes trouvés dans ces algorithmes n'est pas la meilleure possible mais j'espère qu'elle est raisonnablement compréhensible sans explications supplémentaires. La règle de sélection σ déterminée par cet algorithme possède la propriété voulue puisque, par exemple, $\rho(x, y) \geq \epsilon$ et $\rho(y, z) \leq \delta(\epsilon) \leq \epsilon^2$ impliquent que $|g(z) - 1| = |\rho(x, z) - \rho(x, y)|/\rho(x, y) \leq \rho(y, z)/\rho(x, y) \leq \epsilon$. La règle de sélection τ possède la propriété voulue par une démonstration semblable : si $r \leq \frac{1}{2}$ nous avons $d(y, y_1) \leq \frac{3}{4}d(y_0, y_1)$ et $d(y, y_0) \geq \frac{1}{4}d(y_0, y_1)$, sinon $d(y, y_1) \geq \frac{1}{4}d(y_0, y_1)$. Il est nécessaire de travailler directement avec un nombre rationnel r car sinon un test comme « **if** $d(y, y_1) \leq \frac{1}{2}d(y_0, y_1)$ » ne serait pas finiment calculable.

La démonstration de Bishop du corollaire 3 peut maintenant être donnée explicitement comme algorithme de la façon suivante. Si X est un sous-ensemble compact de la droite réelle **R**, d'après la définition de Bishop, nous pouvons calculer $M = \text{bound}(X)$ tel que $-M \leq x \leq M$ pour tout x de X. Considérons que son théorème 7 est une procédure dont les paramètres d'entrée sont un espace métrique compact X, une famille séparante (δ, σ, τ) sur X qui sélectionne des fonctions d'un ensemble $G \subseteq C(X)$, une fonction uniformément continue $f : X \rightarrow \mathbf{R}$ et un réel strictement positif ϵ. La sortie de cette procédure est un élément A de $\mathfrak{A}(G)$, à savoir une somme finie de termes de la forme $Cg_1(x)\ldots g_m(x)$ avec $m \geq 1$ et chaque $g_i \in G$; cette sortie satisfait $|A(x) - f(x)| \leq \epsilon$ pour tout x dans X.

Voilà la forme décompactée du corollaire 3. Nous supposons* qu'il existe une façon de déterminer dans quel cas un espace métrique compact contient au moins deux points et de calculer deux de ces points dans un tel cas.

function $Corollary3$ (X: *compact_real_set*;
        f: X-*continuous_function*;
        ϵ: *positive_real*): **polynomial of** *real*;
   var p, q, r: **polynomial of** *real*;
     M, B: *rational*;

---

*En fait Patrick Cégielski a remarqué en 2009 que cette hypothèse ne convient pas : il n'existe pas d'algorithme permettant de décider si, disons, $\{y_0, y_1\}$ contient deux points distincts, lorsque y_0 et y_1 sont des réels considérés par Bishop. Une correction supplémentaire est nécessaire.

y_0, y_1: *X-element*;
A: $\mathfrak{A}(G)$*-element*, où G est l'ensemble des
  *f*onctions $x \mapsto c|x - x_0|$;
begin $M := bound(X)$; $y_0 := element(X)$;
if *trivial*(X) **then** $r(x) := f(y_0)$ { une fonction constante }
else begin $y_1 := element(X \setminus \{y_0\})$;
  $A := Theorem7(X, Corollary2(X, y_0, y_1), f, \epsilon/2)$;
  $B :=$ fonction adéquate de A, voir le texte ci-dessus;
  $p(t) := Lemma5(\epsilon/(2MB))(t)$;
  $q(t) := 2Mp(t/(2M))$;
    { maintenant $\left| q(x - y) - |x - y| \right| \leq \epsilon/B$ pour tout x, y
    dans X }
  $r(x) :=$ substituer $cq(x - x_0)$ pour chaque facteur
            $g_i(x) = c|x - x_0|$ de chaque terme de A ;
end;
Corollary3 $:= r$;
end.

Le nombre B doit être choisi de telle façon que $\left| q(x - x_0) - |x - x_0| \right| \leq \epsilon/B$ implique $|r(x) - A(x)| \leq \frac{1}{2}\epsilon$. Cette borne dépend de M et de la structure des termes de A d'une façon directe.

Ce serait clairement un projet extrêmement intéressant d'un point de vue de la conception d'un langage de programmation de haut niveau de trouver une notation élégante dans laquelle les constructions de Bishop seraient tout à la fois lisibles et explicites.

Tentative de conclusions

Que pouvons-nous déduire de ces neuf exemples mathématiques choisis au hasard ? En premier lieu, ils montrent quelque chose qui aurait dû m'être évident dès le départ, à savoir qu'il n'existe pas un « mode de pensée mathématique » unique. Les mathématiciens utilisent toute une palette de modes de pensée et non un seul. Ma question sur le mode de pensée informatique en tant que mode de pensée distinct de celui des mathématiques a besoin d'être reformulée. En fait, lorsque je me remémore mieux l'époque de mes études, je prends conscience que je n'avais pas seulement à porter mon chapeau d'informaticien lorsque je programmais des ordinateurs et mon chapeau de mathématicien lorsque j'assistais au cours. J'avais aussi d'autres chapeaux représentant divers modes de pensée que j'utilisais lorsque j'éditais un magazine d'étudiants ou lorsque j'agissais comme membre d'une fraternité ou que je prenais rendez-vous avec ma future femme ou que je jouais du sousaphone, etc.

La biographie d'al-Bîrûnî montre qu'il avait plus de chapeaux que quiconque d'autre.

Un meilleur modèle consiste donc à considérer que les gens ont un certain nombre de modes de pensée, quelque chose comme les gènes de l'ADN. Il est probable que les modes de pensée des informaticiens et des mathématiciens se recouvrent en ce sens qu'ils partagent plusieurs modes de pensée bien qu'il existe des modes particuliers aux uns et aux autres. Suivant ce modèle, les différents domaines des sciences doivent être caractérisés par des « profils de personnalité » différents.

J'ai essayé d'extraire différents types de raisonnement de ces neuf exemples et j'en suis venu à distinguer neuf catégories que j'aimerais représenter comme suit (deux ⋆ signifient une utilisation forte de ce mode de raisonnement alors qu'une ⋆ indique un lien plus lâche).

	Manipulation de formules	Représentation de la réalité	Comportement des fonctions	Réduction à des problèmes plus simples	Manipuler l'infini	Généralisation	Raisonnement abstrait	Structures d'information	Algorithmes
1 (Thomas)	⋆⋆	⋆⋆	⋆⋆						
2 (Lavrent'ev/Nikol'skiĭ)	⋆⋆		⋆		⋆⋆				
3 (Kelley)	⋆				⋆⋆	⋆⋆			
4 (Euler)	⋆⋆		⋆⋆	⋆	⋆⋆				⋆
5 (Zariski/Samuel)	⋆			⋆	⋆⋆	⋆	⋆⋆	⋆⋆	
6 (Kleene)	⋆				⋆⋆	⋆⋆			⋆
7 (Knuth)	⋆⋆	⋆		⋆					
8 (Pólya/Szegő)	⋆⋆		⋆⋆	⋆⋆	⋆⋆				
9 (Bishop)	⋆⋆		⋆⋆	⋆⋆		⋆	⋆⋆	⋆⋆	⋆
"Pensée algorithmique	⋆	⋆⋆		⋆⋆			⋆⋆	⋆⋆	⋆⋆

Ces neuf catégories ne sont pas définies précisément. Elles sont peut-être des combinaisons de types plus fondamentaux. Par exemple, la manipulation des formules et la généralisation impliquent toutes les deux l'idée générale de reconnaissance des formes, repérant un certain ordre. Une autre distinction fondamentale pourrait être le type de « visualisation » nécessaire, géométrique ou abstrait ou récursif, etc. Ainsi je ne suis pas du tout certain des catégories. Elles se sont simplement imposées comme base pour l'étude.

J'ai ajouté une dixième ligne à la table, étiquetée mode de pensée algorithmique, essayant de lui faire jouer le rôle de ma perception des processus de pensée les plus typiques utilisés par les informaticiens. Puisque l'informatique est une discipline jeune, je ne sais pas quels livres seraient les candidats les plus appropriés pour lesquels j'aurais à examiner la page 100. Peut-être que quelques-uns d'entre vous pourraient m'aider pour cette étude. Il me semble que la plupart des modes de pensée listés dans cette table sont communs à l'informatique et aux mathématiques à l'exception notable du « raisonnement sur l'infini ». Les espaces de dimension infinie semblent être de peu d'utilité aux informaticiens alors que beaucoup d'autres branches des mathématiques les ont utilisés extensivement à diverses sauces.

Une des différences les plus frappantes que j'ai observée entre les habitudes des informatiens et celles des mathématiciens traditionnels est que l'informaticien a souvent plus à faire avec une multitude de cas très différents. Les structures de données en informatique n'ont pas besoin d'être homogènes. Les algorithmes peuvent mettre en jeu beaucoup de sortes d'étapes (voir [28] pour une étude stimulante de choses analogues). Cette flexibilité à la diversité est quelquefois une faiblesse des informaticiens, parce que nous n'essayons pas de trouver des lois uniformes aussi souvent qu'il le faudrait. Mais c'est souvent une force, parce que nous pouvons travailler facilement avec des concepts intrinsèquement non uniformes.

Les informaticiens auront aussi noté, je pense, que deux modes de pensée sont absents des exemples que nous avons étudiés. En premier lieu, il n'y a presque pas de notion de « complexité » ou d'économie des opérations dans ce que nous avons vu. Les mathématiques de Bishop sont constructives mais n'ont pas tous les composants d'un algorithme car elles ignorent le « coût » des constructions. Si nous faisons attention aux détails de son théorème de Stone-Weierstrass à l'égard des fonctions simples, nous en arriverons probablement à une approximation polynomiale de degré, disons, 10^6 là où un polynôme adéquat de degré 6 aurait pu être trouvé par un processus plus efficace. Bishop remarque [2, p. 3] qu'il considère son travail comme une première étape, après laquelle des constructions efficaces doivent être mises en évidence. Mais le contenu de son livre a un goût complètement différent.

L'autre concept manquant qui semble séparer les mathématiciens des informaticiens est relatif à l'« opération d'affectation » :=, qui change la valeur des quantités. Je devrais dire plus précisément que le concept manquant est celui de notion dynamique d'*état* d'un processus :

« Combien avons-nous ici ? Qu'est-ce qui est vrai maintenant ? Qu'est-ce qui doit arriver après si je veux arriver à la fin ? » Changer l'état des choses, ou les instantanés d'un calcul, semblent être intimement liés aux algorithmes et au mode de pensée algorithmique. La plupart des structures de données, si fondamentales en informatique, dépendent très fortement de la capacité à raisonner sur la notion d'état du processus. Nous nous reposons sur cette notion lorsque nous étudions l'interaction de collections de processus agissant simultanément.

Dans nos neuf exemples, rien ne ressemble à « $n := n + 1$ » à part dans la discussion d'Euler où il commence par poser $x := x - \frac{1}{4}A$. Les opérations d'affectation des constructions de Bishop ne sont pas réellement des affectations ; ce sont simplement des définitions de quantités et ces définitions n'ont pas besoin d'être changées. Cette différence entre les mathématiques classiques et l'informatique est bien illustrée par le fait que Burks, Goldstine et von Neumann n'avaient pas vraiment de notion d'affectation dans leurs premières notes sur la programmation des ordinateurs. Ils ont utilisé à la place un curieux concept intermédiaire (voir [15]).

La chose la plus proche de « := » en mathématiques classiques est la réduction d'un problème relativement difficile à un problème plus simple, puisque le problème plus simple remplace le premier. Al-Khwârizmî le fait lorsqu'il divise les deux côtés d'une équation du second degré par le coefficient de x^2. Ainsi conclurai-je cet exposé en payant une fois encore un tribut à al-Khwârizmî, un pionnier remarquable de notre discipline.

La préparation de cet article a été soutenue en partie par la « National Science Foundation » et l'« Office of Naval research ». Ma femme et moi remercions nos hôtes ouzbeks pour leur incomparable hospitalité. Beaucoup de personnes, trop nombreuses pour être nommées ici individuellement, ont contribué par leurs points de vue lors de discussions informelles aux points listés ici. La démonstration algorithmique du corollaire 2 de la section 9 ci-dessus corrige une erreur sérieuse de la première version de cet article ; je remercie David Gladstein pour avoir porté cette erreur à mon attention.

Références

[1] A. D. Aleksandrov, A. N. Kolmogorov, and M. A. Lavrent'ev, eds., *Mathematics: Its Content, Methods and Meaning* **1** (Cambridge, Massachusetts: MIT Press, 1963). Translated by S. H. Gould and T. Bartha from *Matematika: Eë Soderzhanie, Metody i Znachenie* (Moscow: Akademiiâ Nauk SSSR, 1956). Reed. Dover en un volume, 1120 p., 1999.

[2] Errett Bishop, *Foundations of Constructive Analysis* (New York: McGraw-Hill, 1967). Version révisée, *Constructive Analysis* by Errett Bishop and Douglas Bridges, *Grundlehren der mathematischen Wissenschaften* **279** (Springer, 1985). [L'erreur du « corollaire 2 » du livre originel est corrigée dans la version révisée, dont le « corollary (5.16) » correspondant exige que l'espace compact ait un diamètre strictement positif.]

[3] Baldassarre Boncompagni, ed., "Algoritmi de Numero Indorum," *Trattati d'Aritmetica* 1 (Rome, 1857).

[4] Solomon Gandz, "The Mishnat Ha Middot," *Proceedings of the American Academy for Jewish Research* **4** (1933), 1–104. Reprinted in S. Gandz, *Studies in Hebrew Astronomy and Mathematics* (New York: Ktav, 1970), 295–400.

[5] Solomon Gandz, "Sources of al-Khowârizmî's Algebra," *Osiris* **1** (1936), 263–277.

[6] Solomon Gandz, "The origin and development of the quadratic equations in Babylonian, Greek, and early Arabic algebra," *Osiris* **5** (1938), 405–557.

[7] Solomon Gandz, "The algebra of inheritance," *Osiris* **5** (1938) [sic], 319–391.

[8] Fred Gruenberger, "The role of education in preparing effective computing personnel," in F. Gruenberger, ed., *Effective vs. Efficient Computing* (Englewood Cliffs, New Jersey: Prentice-Hall, 1973), 112–120.

[9] A. P. Iushkevich, "Arifmeticheskiĭ traktat Mykhammeda Ben Musa Al-Khorezmi," *Trudy Institut Istorii Estestvoznaniiâ i tekhniki* **1** (1954), 85–127.

[10] Louis Charles Karpinski, ed., Robert of Chester's Latin Translation of the *Algebra* of Al-Khowarizmi, *University of Michigan Humanistic Series* **11**, part 1 (Ann Arbor, 1915), 164 pp. Reprinted in 1930. Traduction française à l'IREM de Poitiers :

http://irem.univ-poitiers.fr/irem/

[11] John L. Kelley, *General Topology* (Princeton: D. Van Nostrand, 1955). Reed. Springer Verlag, *Graduate Texts in Mathematics*, 316 p., 1975.

[12] E. S. Kennedy, "al-Bīrūnī," *Dictionary of Scientific Biography* **2** (New York: Charles Scribner's Sons, 1970), 147–158.

[13] Stephen Cole Kleene, *Introduction to Metamathematics* (Princeton: D. Van Nostrand, 1952).

[14] Donald E. Knuth, *Fundamental Algorithms* (Reading, Massachusetts: Addison–Wesley, 1968). 2nd ed. 1973, 3rd ed. 1993.

[15] Donald E. Knuth and Luis Trabb Pardo, "The early development of programming languages," *Encyclopedia of Computer Science and Technology* **7** (New York: Marcel Dekker, 1977), 419–493. Reprinted in *A History of Computing in the Twentieth Century*, N. Metropolis, J. Howlett, and G.-C. Rota, eds. (New York: Academic Press, 1980), 197–273. Reprinted in *Selected Papers on Computer Language*. Traduction française dans ce volume.

[16] Ĩu. Kh. Kopelevich and B. A. Rozenfel'd, translators, Mukhammad al'-Khorezmi: *Matematicheskie Traktaty* (Tashkent: Akademiĩa Nauk Uzbekskoĩ SSR, 1964). [Comprend l'arithmétique et l'algèbre d'al-Khwârizmî, avec des commentaires de B. A. Rozenfel'd.]

[17] Seyyed Hossein Nasr et al., *Historical Atlas of Iran* (Tehran, 1971).

[18] D. Pingree, review of [29], *Mathematical Reviews* **30** (July 1965), 1–2.

[19] G. Pólya and G. Szegő, *Problems and Theorems in Analysis* **1** (Berlin: Springer, 1972). A revised and enlarged translation of their *Aufgaben und Lehrsätze aus der Analysis* **1** (Berlin: Springer, 1925).

[20] Ed. Sachau, "Algebraisches über das Schach bei Bîrûnî," *Zeitschrift der Deutschen Morgenländischen Gesellschaft* **29** (1876), 148–156.

[21] C. Edward Sachau, transl. and ed., al-Bîrûnî's *Chronology of Ancient Nations* (London: William H. Allen, 1879), 464 p. Reed. Kessinger Publishing, 2004, 484 p.

[22] A. S. Saidan, *The Arithmetic of al-Uqlīdisī* (Dordrecht: D. Reidel, 1975).

[23] S. Kh. Sirazhdinov and G. P. Matvievskaĩa, *Abu Raĩkhan Beruni i Ego Matematicheskie Trudy* (Moscow: Prosveshchenie, 1978).

[24] D. J. Struik, ed., *A Source Book in Mathematics, 1200–1800* (Cambridge, Massachusetts: Harvard University Press, 1969).

[25] George B. Thomas, *Calculus and Analytic Geometry*, 2nd ed. (Cambridge, Massachusetts: Addison–Wesley, 1956).

[26] G. J. Toomer, "al-Khwārizmī," *Dictionary of Scientific Biography* **7** (New York: Charles Scribner's Sons, 1973), 358–365.

[27] J. F. Traub, *Iterative Methods for the Solution of Equations* (Englewood Cliffs, New Jersey: Prentice-Hall, 1964).

[28] G. S. Tseytin, "From logicism to proceduralism (An autobiograph-
      ical account)," *Lecture Notes in Computer Science* **122** (1981),
      390–396.

[29] Kurt Vogel, ed., Mohammed Ibn Musa Alchwarizmi's *Algorismus,*
      Das früheste Lehrbuch zum Rechnen mit indischen Ziffern (Aa-
      len/Osnabrück: Otto Zeller Verlagsbuchhandlung, 1963). [Cette édi-
      tion contient un facsimilé du manuscrit, à partir duquel on peut
      déduire une transcription correcte.]

[30] N. Wirth, "The programming language Pascal," *Acta Informatica*
      1 (1971), 35–63.

[31] Oscar Zariski and Pierre Samuel, *Commutative Algebra* **1** (Prince-
      ton: D. Van Nostrand, 1958). Corr. 2nd printing 1975, XI, 348 p.
      (Springer, Graduate Texts in Mathematics, Volume 28). ISBN 978-
      0-387-90089-6.

[32] Heinz Zemanek, "Al-Khorezmi: His background, his personality, his
      work and his influence," *Lecture Notes in Computer Science* **122**
      (1981), 1–81.

Cette médaille souvenir a été distribuée
aux participants de la conférence.

Note sur l'orthographe de Khwârizm : Dans la première et la seconde édition de mon livre [14], j'ai orthographié le nom de Muḥammad
ben Mûsâ « al-Khowârizmî » suivant la convention utilisée dans la plupart des livres américains jusqu'à 1930, perpétuée dans beaucoup de
textes modernes. J'ai appris récemment que « al-Khuwârizmî » serait
une translitération plus conforme aux lettres arabes puisque le caractère
en question a un son 'ou'. La bibliothèque du Congrès américain utilise
cette convention. Les savants maures qui rapportèrent les travaux arabes
en Espagne à l'époque médiévale prononçaient évidemment cette lettre
comme ils l'auraient fait pour un 'o' latin. Il n'est pas clair à quel degré
cette voyelle particulière a changé de prononciation en Orient comme en
Occident depuis cette époque. En tout cas, d'à peu près 1935 à nos jours,
les savants américains de l'histoire mathématique arabe se sont presque
tous unanimement mis d'accord sur la forme « al-Khwârizmî » (ou son

équivalent, al-Khwārizmī, qu'il est plus facile à taper sur une machine à écrire classique). Ils connaissent évidemment le sujet beaucoup mieux que moi aussi suis-je heureux de me conformer à leur pratique à partir de maintenant.

Références supplémentaires

Les explications mathématiques sur le manque de corrélation entre les mesures statistiques sur des populations non prises au hasard sont étudiées dans les articles suivants, relatifs aux données de Gerrit DeYoung :

[33] C. A. Akemann, A. M. Bruckner, J. B. Robertson, S. Simons, and Max L. Weiss, "Conditional correlation phenomena with application to university admission strategies," *Journal of Educational Statistics* **8** (1983), 5–44.

[34] C. A. Akemann, A. M. Bruckner, J. B. Robertson, S. Simons, and Max L. Weiss, "Asymptotic conditional correlation coefficients for truncated data," *Journal of Mathematical Analysis and Applications* **99** (1984), 350–434.

Références françaises

[35] Al-Khwarizmi, Muhammad Ibn Musa, *Le calcul indien : versions latines du XIIe siècle*, édition de André Allard, LXXI + 270 p. Avec traductions françaises. La meilleure édition, la version arabe étant perdue. Albert Blanchard, 1992.

[36] Chomsky, Noam, *Structures syntaxiques*, Seuil, 1979, 150 p. (Collection : Points Essais).

[37] Laurent Hertz, *Al-Biruni, un génie de l'an mil*, Éditions du Cygne, 2007, 104 p., ISBN-10: 2849240532, ISBN-13: 978-2849240533.

[38] Charles Percy Snow, *Les deux cultures, suivies de suppléments*, traduction de la deuxième édition anglaise par Claude Noël, J.-J. Pauvert, 1968, 159 p.

Chapitre 3

Le premier programme informatique de von Neumann

Une analyse de deux des premiers jeux d'instructions conçus pour des ordinateurs à programme enregistré, ainsi que du premier programme écrit pour une telle machine, nous éclaire sur les réflexions menées par John von Neumann, l'homme qui a conçu ces jeux d'instructions et écrit ce programme. Cette analyse nous montre aussi comment des pans entiers de l'informatique ont évolués depuis. Cet article s'appuie sur des documents écrits par Herman H. Goldstine et antérieurement non publiés.

[Originellement publié sous le titre *Von Neumann's First Computer Program* dans *Computing Surveys* **2** *(1970), 247–260. Réimprimé comme chapitre 12 de Selected Papers on Computer Science*.*]

Introduction

Un document manuscrit actuellement en la possession du Dr. Herman H. Goldstine contient ce qui est certainement le premier programme jamais écrit pour un ordinateur à programme enregistré. Son auteur, le très talentueux mathématicien John von Neumann (1903–1957) peaufinait alors le concept de programme enregistré quand il écrivit ce programme ; c'est pourquoi il constitue une avancée importante autant dans l'évolution de l'architecture des ordinateurs que des techniques de programmation. Par conséquent, dans cet article, nous décortiquerons certains détails du manuscrit de von Neumann, tout en nous attachant à relier ses idées à d'autres développements qui ont eu lieu au commencement de l'histoire des calculateurs rapides.

---

*Chapitre traduit par Jean-Baptiste Yunès (université Paris 7 – Denis Diderot, France).

Le programme que nous allons étudier ne ressemble en rien à ce que nous imaginerions qu'un mathématicien « ordinaire » écrive ; ce programme ne résout pas d'équation différentielle partielle ! Au lieu de cela, il traite d'un problème généralement considéré comme l'exemple typique de l'emploi d'un ordinateur à des fins non numériques, c'est-à-dire le problème du tri, en ordre ascendant, d'un paquet de données.

Von Neumann a choisi cette application pour une bonne raison. Il avait déjà esquissé un programme de calcul numérique pour ordinateur ; il n'y avait donc aucun doute que sa machine pouvait réaliser les opérations arithmétiques requises. Le point crucial était de savoir si, oui ou non, l'ensemble d'instructions proposé fournissait une logique de contrôle suffisamment satisfaisante pour des calculs complexes, et il eut le sentiment qu'un programme de tri pouvait se révéler être un test instructif. De plus, l'existence de machines IBM spécialisées dans cette tâche lui donnait l'occasion de mesurer effectivement l'efficacité de son nouvel ordinateur.

Avant de nous lancer dans l'étude du programme de von Neumann, je dois vous avertir des choses suivantes. Tout d'abord, von Neumann n'a probablement jamais eu l'intention de publier son programme, ni voulu qu'on le dissèque comme nous allons le faire ; et bien que le manuscrit soit soigneusement documenté, il n'était probablement destiné qu'à circuler parmi quelques-uns de ses collègues intéressés. C'est pourquoi lorsque nous rencontrerons quelques erreurs ou maladresses, nous devrons simplement nous rappeler qu'il s'agissait seulement d'une première ébauche, et en aucune manière d'un produit fini.

Ensuite, nous devons comprendre que l'intérêt historique de ce programme est en grande partie dû aux liens existants avec le développement de code pour ordinateurs à programme enregistré ; il ne s'agit pas du premier programme pour ordinateur. Il y avait déjà eu la description, par Lady Lovelace, d'un programme permettant de calculer les nombres de Bernoulli et que Babbage écrivit effectivement pour sa machine analytique [1, note G] ; la construction par A. M. Turing de sa machine abstraite universelle, qui nécessitait déjà l'emploi de concepts de programmation ; le premier programme conçu pour l'ENIAC par Eckert et Mauchly [4] ; ainsi qu'une collection de programmes de calculs numériques, datés de 1944 et écrits par H. H. Aiken, G. M. Hopper, R. V. D. Campbell, R. M. Bloch, B. J. Lockhart, et d'autres, conçus pour le Harvard Mark I [10, chapitres 4 et 6].

Pour terminer, le dernier avertissement concerne les notations utilisées dans cet article. Elles diffèrent notablement de celles utilisées par von Neumann de sorte que les lecteurs les plus jeunes puissent comprendre plus facilement ce qui a voulu être dit. Par exemple, là où il aurait écrit :

$$\overline{1}_5) \quad c + (m' - 1)(p + 1) \dashrightarrow \overline{1}_4 \mid p + 2$$

nous utiliserons :

MOVEIN   PIK p+1,BUFFER,[YPTR]

qui correspond à l'équivalent écrit dans un langage d'assemblage hypothétique. Cette nouvelle notation n'est pas toujours des plus claires, mais elle semble bien constituer une amélioration substantielle, sans toutefois masquer la constitution de la machine sous-jacente. (Pour plus d'information concernant la notation originelle de von Neumann, reportez-vous à la section sur « l'espace et le temps » que vous trouverez juste après la transcription du programme.)

Pour définir le cadre de notre histoire, considérons d'abord brièvement les développements antérieurs à 1945, avant que von Neumann n'écrive son programme de tri. Plusieurs calculateurs électromécaniques étaient opérationnels à la fin des années 30 et au début des années 40 : aux États-Unis, ceux de Stibitz [15] et Aiken [10] et en Allemagne celui de Zuse [3]. Il y avait aussi une machine conçue à la fin des années 30, à l'Iowa State College, par John V. Atanasoff et Clifford E. Berry [12], qui possédait une circuiterie électronique malheureusement ralentie par l'emploi d'une mémoire mécanique, destinée à résoudre des équations différentielles.

En août 1942, John W. Mauchly de la *Moore School of Electrical Engineering*, Philadelphie, États-Unis, écrivit un mémorandum, pour ses collègues, dans lequel il résumait brièvement les avantages que l'on pouvait attendre de la construction, telle qu'il l'imaginait, d'un calculateur électronique rapide. Il connaissait parfaitement le développement antérieur des calculateurs américains et il était, en particulier, conscient de l'existence, au sein du *Ballistic Research Laboratory* (BRL), d'un besoin de calculs intensifs liés à la guerre en cours ; la plupart de ces calculs étaient alors effectués sur l'analyseur différentiel de la *Moore School*. Il n'était, alors, pas du tout évident qu'un calculateur électronique puisse être construit ; mais Mauchly aidé d'un jeune ingénieur électricien nommé J. P. Eckert Jr., conçut le schéma technique général d'une telle machine, et le professeur J. G. Brainerd décida que le projet méritait que la *Moore School* prenne le risque de s'engager dans cette direction.

Une proposition technique fût soumise aux colonels Leslie E. Simon et Paul N. Gillon ainsi qu'au lieutenant Herman H. Goldstine du BRL durant le printemps 1943. Tout s'enchaîna alors très rapidement lorsque le gouvernement des États-Unis passa un contrat, le 1er juillet 1943, avec la *Moore School* afin qu'elle procède à des recherches sur la construction de calculatures électroniques rapides. Le projet, supervisé par Brainerd, avait pour ingénieur en chef Eckert et comme consultant principal Mauchly. Goldstine, lui, était en charge de la partie technique en liaison avec le BRL. Une première machine, l'ENIAC (*Electronic Numerical Integrator And Computer*), fût rapidement et définitivement conçue de sorte que les efforts puissent être surtout portés sur la construction et les tests. La machine fût présentée au public le 15 février 1946. (Pour plus de détails sur le développement de l'ENIAC, reportez-vous à [6]).

L'ENIAC était un ordinateur massivement parallèle qui pesait environ 30 tonnes, employait plus de 19 000 tubes à vide, 1 500 relais, etc. Sa circuiterie électronique lui permettait d'être incroyablement plus rapide que n'importe laquelle des machines à calculer jamais construites. Mais il ne possédait que 20 mots de mémoire interne et nécessitait pour sa programmation des opérations manuelles très complexes, et, bien avant que l'ENIAC ne soit terminé, il était clair que les équipements auraient pu être employés plus efficacement si une vision sérielle des choses avait été envisagée plutôt que l'emploi d'un parallélisme aussi prégnant. C'est pourquoi en janvier 1944, les concepteurs imaginèrent une « machine à calculer magnétique » dans laquelle les chiffres des nombres étaient transmis en série depuis la mémoire vers les circuits centraux chargés des calculs et inversement. Début 1944, Eckert et Mauchly inventèrent un dispositif de mémoire basé sur le principe des lignes à retard, ce qui rendait possible l'obtention d'une capacité de mémoire sérieusement accrue en comparaison du nombre de composants nécessaires ; il devint alors évident que de nombreuses améliorations pouvaient être apportées à l'ENIAC tout en en faisant diminuer le coût. « Par conséquent, en juillet 1944, j'étais d'accord pour entreprendre la construction d'une telle machine et ce dès que le travail sur l'ENIAC nous le permettrait. Cette machine est désormais connue sous le nom d'EDVAC (*Electronic Discrete VAriable Computer*) » [5].

Fin 1944, John von Neumann (consultant auprès du BRL) devint consultant du projet EDVAC. Il contribua à de nombreuses discussions concernant la circuiterie logique et il conçut un jeu d'instructions pouvant être utilisé. Au printemps 1945, il produisit un rapport préliminaire détaillé [17] faisant état des réflexions menées concernant la circuiterie arithmétique et des motivations qui menèrent aux choix finaux effectués par les membres de l'équipe EDVAC. C'est donc ici que commence notre histoire.

Les débuts de l'EDVAC

Le premier rapport préliminaire de von Neumann [17,18], à propos de l'EDVAC, proposait de construire un ordinateur séquentiel comprenant une mémoire principale de 3 registres de 32 bits et une mémoire secondaire de 8 192 mots de 32 bits. Les trois registres ont été originellement nommés i et j (pour l'entrée [*input* en anglais] de la circuiterie arithmétique) et o (pour la sortie [*output* en anglais]) mais pour des raisons pratiques nous les dénoterons par la suite, respectivement, I, J et A. La mémoire de l'EDVAC devait être divisée en 256 « banques » [*tanks* en anglais] de 32 mots, chaque banque fonctionnant en cycle. Le mot 0 de chaque banque devait passer devant le dispositif de lecture un bit par unité de temps à la fois, donc 32 unités de temps plus tard le mot 1 de la banque devenait disponible, ainsi de suite jusqu'au mot 31, puis à nouveau le mot 0. Ainsi le procédé d'accès aux données était en gros identique à celui disponible aujourd'hui sur les pistes des disques durs. L'unité de temps était la μsec, donc le cycle total pour une banque était de $32 \times 32 = 1\,024$ μsec. Les banques devaient être construites en utilisant des mémoires à ligne de retard conçues par Eckert et Mauchly ; ce concept ayant été utilisé plus tard pour la mémoire de l'UNIVAC I (1951). Bien que von Neumann comprit que le fonctionnement serait plus rapide avec une mémoire à accès aléatoire (*Random Access Memory* - RAM), la seule façon d'en construire une à un coût raisonnable était « l'iconoscope » (une sorte de tube cathodique permettant de créer/écrire des points blancs ou noirs en surface, additionné d'un détecteur de faisceau d'électrons permettant de lire). Il y renonça car sa fiabilité était loin d'être prouvée.

Chaque mot de 32 bits était soit un nombre (premier bit du mot à 0), soit une instruction (premier bit du mot à 1). Von Neumann suggéra de représenter les nombres en binaire en les inversant, c'est-à-dire le bit de poids faible à gauche, car de toutes façons la notation binaire n'étant pas très familière la convention habituelle pouvait être ignorée et surtout parce que les circuits séquentiels sont plus adaptés à calculer en commençant par les bits les moins significatifs. Le dernier bit d'un nombre (situé à la suite du dernier bit significatif) servait à représenter le signe. La représentation utilisée était le complément à deux. Ainsi le mot :

$$b_0 b_1 b_2 b_3 \ldots b_{30} b_{31}, \qquad b_0 = 0,$$

désignait le nombre :

$$2^{-30}b_1 + 2^{-29}b_2 + 2^{-28}b_3 + \cdots + 2^{-1}b_{30} - b_{31},$$

donc les fractions sur 30 bits dans l'intervalle $-1 \leq x < 1$ étaient représentables. Pour l'addition, la soustraction et les opérations de conversion, le nombre pouvait être vu comme l'entier :

$$b_1 + 2b_2 + 4b_3 + \cdots + 2^{29}b_{30} - 2^{30}b_{31},$$

donc les entiers dans l'intervalle $-2^{30} \leq x < 2^{30}$ étaient représentables. Les entiers représentés en binaire codé décimal $(abcdefg)_{10}$ étaient aussi utilisables, sous la forme :

$$0000a_1a_2a_3a_4b_1b_2b_3b_4 \ldots g_1g_2g_3g_4,$$

où $a_1a_2a_3a_4$ était le code du chiffre a, et $b_1b_2b_3b_4$ le code du chiffre b, etc., le tout en ordre binaire inversé (donc $0000 = 0$, $1000 = 1$, $0100 = 2$, ..., $0001 = 8$, $1001 = 9$).

Les mots représentant des instructions devaient être de la forme :

$$1a_0a_1a_2a_3a_4b_0b_1b_20000000000y_0y_1y_2y_3y_4x_0x_1x_2x_3x_4x_5x_6x_7,$$

où $a = a_0a_1a_2a_3a_4$ désignait une opération donnée, $b = b_0b_1b_2$ l'une de ces variantes, $y = y_0 + 2y_1 + 4y_2 + 8y_3 + 16y_4$ la position d'un mot dans une banque et $x = x_0 + 2x_1 + \cdots + 128x_7$ le numéro de banque. Les codes suivants correspondent aux opérations arithmétiques proposées affectant les registres I, J, et A :

- AD $(a = 00000)$. Effectue $A \leftarrow I + J$.
- SB $(a = 00001)$. Effectue $A \leftarrow I - J$.
- ML $(a = 00010)$. Effectue $A \leftarrow A + I \times J$ (avec arrondi).
- DV $(a = 00011)$. Effectue $A \leftarrow I/J$ (avec arrondi).
- SQ $(a = 00100)$. Effectue $A \leftarrow \sqrt{J}$ (avec arrondi).
- II $(a = 00101)$. Effectue $A \leftarrow I$.
- JJ $(a = 00110)$. Effectue $A \leftarrow J$.
- SL $(a = 00111)$. Si $A \geq 0$, effectue $A \leftarrow I$; si $A < 0$, effectue $A \leftarrow J$.
- DB $(a = 01000)$. Place dans A l'équivalent binaire du nombre décimal I.
- BD $(a = 01001)$. Place dans A l'équivalent décimal du nombre I.

(Comme nous l'avons indiqué dans l'introduction, nous avons changé la notation originelle de von Neumann : les mnémoniques utilisés pour nommer les opérations sont des symboles choisis de façon *ad hoc* et dans le but unique d'améliorer la lecture. On peut noter que la multiplication, la division et la racine carrée sont supposées produire des valeurs *arrondies*. Mais les détails de ces opérations ne sont pas tous décrits dans le mémo ; par exemple s'il y est indiqué que la division et l'extraction de racine carrée devaient changer le contenu du registre I, rien n'indique si le reste de l'opération devait y être stocké. Les opérations de conversions (décimal-binaire ou binaire-décimal) n'y sont pas été décrites non plus. Apparemment, les différents dépassements de capacité ne provoquaient rien de particulier.)

Chacune des opérations arithmétiques ci-dessus pouvait être employée en utilisant l'une des nombreuses variantes disponibles et spécifiée par $b = b_0 b_1 b_2$:

- H ($b = 111$). Efffectue l'opération décrite et conserve le résultat dans A.

- A ($b = 100$). Effectue l'opération et réalise les affectactions $J \leftarrow I$, $I \leftarrow A$, $A \leftarrow 0$.

- S ($b = 000$). Effectue l'opération, enregistre le résultat A à l'emplacement mémoire yx puis réalise l'affectation $A \leftarrow 0$.

- F ($b = 101$). Effectue l'opération, enregistre le résultat dans le mot mémoire situé immédiatement derrière cette instruction, réalise l'affectation $A \leftarrow 0$, puis exécute l'instruction suivante qui vient d'être modifiée.

- N ($b = 110$). Effectue l'opération, enregistre le résultat dans le mot mémoire situé immédiatement après cette instruction, réalise l'affectation $A \leftarrow 0$, puis *saute* l'instruction suivante.

Ainsi, par exemple, ADS yx a pour effet de placer la valeur $I + J$ à l'adresse yx et de positionner A à 0 ; JJA a pour effet d'échanger les contenus de I et J et de réinitialiser A à 0 ; SLH a pour effet de donner à A la valeur de I ou J, selon que le signe de A était 0 ou 1. (L'adresse mémoire yx n'est utilisée que dans la variante S.)

Outre les opérations arithmétiques, la machine pouvait réaliser les choses suivantes :

- JMP ($a = 11000, b = 000$). Exécute l'instruction située à l'adresse yx (puis $1 + yx$, etc.).

- LOD ($a = 10000, b = 000$). Réalise l'affectation $J \leftarrow I$, puis affecte la valeur contenue à l'adresse yx à I.

Les autres codes $a = 01010, 01011, 01100, 01101, 01110$ et 01111 étaient réservés pour des opérations d'entrées-sorties (lesquelles n'étaient pas spécifiées) et pour arrêter la machine.

Les opérations telles que nous les avons décrites avaient une particularité très importante : seuls des nombres pouvaient être contenus dans les registres I, J et A, pas des instructions. Lorsqu'une opération LOD spécifiait une adresse mémoire contenant une instruction, seule la partie yx de cette instruction était chargée dans I ; les autres bits étaient remis à 0. Inversement, lorsqu'une affectation concernait la mémoire, par l'emploi d'une variante S, F ou N, et dans le cas où cette mémoire contenait une instruction, seuls les 13 bits les moins significatifs du nombre A étaient enregistrés dans la partie yx.

Les instructions devaient être exécutées dans l'ordre de leur emplacement en mémoire, à moins que la séquence ne soit modifiée par une instruction JMP. Si jamais le contrôle parvenait sur un nombre (et non pas sur une instruction), l'effet devait être le même qu'une instruction LOD sur ce nombre.

La plupart des instructions devaient être réalisées en une unité de temps-mot (32 unités élémentaires), de sorte que la machine puisse se caler sur la vitesse des « banques » dans lesquelles les instructions étaient stockées. Mais la multiplication, la division, l'extraction de racine ou la conversion nécessitaient 33 temps-mot (1 066 μsec). Les références à la mémoire, comme dans LOD ou les variantes de type S, prenaient encore 1 024 μsec supplémentaires à moins que l'adresse en question ne soit parfaitement synchronisée avec le flux. (Pour la multiplication, la division et l'extraction de racine, il y avait une petite marge, car ces opérations ne nécessitaient en réalité que 950 μsec.)

Le lecteur notera qu'un grand gâchis d'espace réside dans la représentation des instructions. Von Neumann s'en aperçut, mais ne pensa pas que c'était important, car les problèmes de programmation qu'il avait considérés alors, voir [17, p. 96], ne nécessitaient qu'une petite fraction de l'espace total pour l'enregistrement des instructions. Nous verrons comment il changea d'avis plus tard.

La machine dont nous parlons ici diffère légèrement de la description initiale de von Neumann, voir [17], par les modifications décrites dans la lettre [18] et qui ont été incorporées ici. Il a écrit, de Los Alamos à Philadelphie, « Le contenu de cette lettre, correspond, bien sûr, au manuscrit [17], et je vais le continuer et y intégrer ces choses aussi, ensuite je le récupèrerai — si possible avec vos commentaires [...] à vous, Pres Eckert, John Mauchly et les autres ». Mais le manuscrit n'a jamais été achevé, ni les modifications incorporées lorsqu'il a été transcrit un mois plus tard, probablement parce qu'il y avait beaucoup d'autres choses à faire. Il est intéressant de noter que la lettre de von Neumann [18] proposait aussi l'élaboration d'une machine à écrire spéciale pour préparer des programmes à partir de la saisie de mnémoniques. L'appui sur une touche marquée + aurait causé l'assemblage des bits 100 000 (les six premiers bits de l'instruction d'addition) ; puis l'appui sur la touche H aurait inséré, à la suite, les bits 111000...00, afin de former une instruction complète sur une bande magnétique.

Les principales différences entre [17] et la description faite ici concernent essentiellement les améliorations introduites dans la logistique des instructions. (a) Il n'y a pas de variante N ; à la place, la variante F ne traite pas le mot mémoire modifié comme une instruction s'il s'avère être un nombre. (b) La convention consistant à ne lire que les 13 bits utiles d'un mot d'instruction n'était pas présente (bien que celle consistant à n'en écrire que 13 l'était). (c) Il y avait à l'origine trois autres variantes analogues à S, A et F mais qui ne réinitialisaient pas le registre A.

L'EDVAC suivant

Dans [18], von Neumann dit, « J'ai aussi travaillé sur la question du tri [...] Je vous en donnerai les détails très bientôt. » Il indiqua qu'il avait écrit un programme de tri interne nécessitant environ 130 mots mémoire, et qui pouvait trier 500 objets, chacun de taille p mots, sur une clé de la taille d'un mot en environ $1 + 0,425\,(p-1)$ minutes. « Je pressens que tout ceci, qui ne constitue qu'un premier essai, pourrait être amélioré ».

« En tous cas, la morale semble indiquer que l'EDVAC, avec la logique de contrôle conçue pour résoudre des problèmes 'mathématiques', et sans aucune modification orientée 'tri', est définitivement plus rapide que les trieuses IBM [environ 400 cartes/minutes]. [...] Comme les IBM sont reconnues être excellentes, en accord avec ce que je viens d'indiquer, trier est une opération intégrable parmi les autres opérations de l'EDVAC, sans intervention humaine ni équipement spécial, etc. La situation est, à mes yeux, raisonnablement satisfaisante. [...] Il est donc légitime d'en conclure, en ne se basant uniquement que sur les faits, que l'EDVAC est au plus près d'une machine 'à tout faire', et que les principes actuels de sa logique fonctionnelle sont les bons ».

Malheureusement le code de von Neumann permettant de trier n'a pas survécu ; nous pouvons simplement dire que ces estimations du temps d'exécution semblent raisonnables, car pour de grandes valeurs de p cela converge vers environ 5 millisecondes par passe et par mot transféré. Le programme qui est actuellement en possession du Dr. Goldstine est environ 80 fois plus rapide grâce aux très importantes améliorations conceptuelles de la machine apportées peu après par von Neumann. Cette seconde conception de l'EDVAC n'a apparemment jamais été décrite avec autant de détails que la précédente, mais une brève description de son jeu d'instructions apparaît dans [5, p. 76] et nous pouvons déduire de l'étude du programme de von Neumann certaines autres de ses propriétés. Il nous est ainsi possible de reconstruire les principales fonctionnalités de la machine modifiée.

La principale amélioration introduite dans cette version de l'EDVAC était les « banques courtes » de capacité un mot ; celles-ci fournissaient une mémoire à accès très rapide qui, dans son essence, correspondait à une augmentation du nombre de registres, ainsi les anciens registres I et J disparurent. Les transferts par blocs entre les banques courtes et longues permirent d'accélérer de nombreux processus. Les brouillons, voir [5], indiquent la nécessité d'avoir 32 banques courtes et 2 048 mots répartis en 64 banques longues. « La combinaison de tout cela avec la capacité mémoire quasi-illimitée de la bande magnétique (même si les chiffres ne sont pas disponibles ici) semble que seuls de rares problèmes excéderont cette capacité » [5, p. 81].

Voici les opérations de base autorisées dans le nouveau jeu d'instructions de l'EDVAC, à l'exclusion de la multiplication et de la division. Notons $C(s)$ le contenu de la banque courte de numéro s.

- PIK s, t, x. Transfère s mots consécutifs de la banque longue x vers les s banques courtes t à $t + s - 1$. Si x n'était pas spécifié, les s mots suivant cette instruction étaient utilisés comme source du transfert, et le $(s + 1)$-ième était l'instruction suivante.

- PUT s, t, x. Transfère le contenu des s banques courtes t à $t + s - 1$ vers la banque longue x. Si x n'était pas spécifié, les s mots suivant cette instruction étaient utilisés comme source du transfert, et le $(s + 1)$-ième était l'instruction suivante.

- ADD s, t. Effectue $A \leftarrow C(s) + C(t)$.

- SUB s, t. Effectue $A \leftarrow C(s) - C(t)$.

- SEL s, t. Si $A \geq 0$, effectue $A \leftarrow C(s)$; si $A < 0$, effectue $A \leftarrow C(t)$.

- TRA x. Saute vers l'instruction contenue dans la banque longue x (puis $x + 1$, etc.).

- JMP s. Saute vers l'instruction contenue dans la banque courte s (puis $s + 1$, etc.).

- STO s. Effectue $C(s) \leftarrow A$.

- SET s, t. Effectue $C(s) \leftarrow C(t)$.

Comme auparavant, les opérations qui ne faisaient pas référence à une banque longue ne prenaient qu'un temps-mot (32 μsec), à l'exception des opérations arithmétiques « longues ». Lorsqu'une adresse de banque longue était spécifiée, la machine attendait que le mot en question devienne accessible. Au moins deux temps-mot étaient nécessaires pour l'instruction TRA x si elle était exécutée depuis une banque courte, à cause du changement de contexte nécessaire vers la banque longue considérée.

Une distinction était faite, comme auparavant, entre les nombres et les instructions : lorsque STO ou SET étaient employées pour enregistrer une nouvelle valeur dans un emplacement mémoire contenant une instruction, seuls les bits d'instruction qui spécifiaient une adresse de banque longue x étaient affectés, et la valeur de A était vue comme un entier.

Une tentative de description de la représentation des instructions en mémoire est brièvement évoquée dans [5, pp. 83–86].

Le programme de tri

Nous sommes maintenant prêts à analyser le programme de von Neumann. Son manuscrit, entièrement écrit à l'encre, fait 23 pages ; la première page garde encore la trace du « TOP SECRET » écrit au crayon, et qui semble avoir été effacée par la suite. (En 1945, tous les travaux concernant les ordinateurs étaient classifiés à cause de leur utilisation militaire.) Un facsimilé de la page 5, la première page du programme lui-même, apparaît à la figure 1.

Von Neumann commence son mémo par définir l'idée de tri d'enregistrements selon un ordre donné, et de fusion de deux listes d'enregistrements triées séparemment en une seule séquence intégralement triée. Il indique ensuite quel est le but recherché : « Nous voulons écrire une suite d'instructions permettant de trier et de fusionner, et voir combien d'instructions sont nécessaires et combien de temps cela nécessite ».

Il n'est pas parvenu à coder l'intégralité de la routine de tri dans ce document, seul le procédé de fusion y est décrit. Pour la fusion, nous supposerons que n enregistrements $x_0, x_1, \ldots, x_{n-1}$ sont donnés, chacun constitué de p mots ; le premier mot étant appelé sa « clé », lesquelles vérifient clé$(x_0) \leq$ clé$(x_1) \leq \cdots \leq$ clé(x_{n-1}). D'autre part, sont donnés m autres enregistrements $y_0, y_1, \ldots, y_{m-1}$ avec pour clés respectives clé$(y_0) \leq$ clé$(y_1) \leq \cdots \leq$ clé(y_{m-1}). Le problème est de fusionner les x et les y pour parvenir à la séquence $z_0, z_1, \ldots, z_{n+m-1}$ telle que clé$(z_0) \leq$ clé$(z_1) \leq \cdots \leq$ clé(z_{n+m-1}).

Il formula sa méthode de fusion ainsi (méthode inspirée d'une procédure utilisée sur le collecteur d'IBM) : supposons que nous ayons déjà trouvé les l premiers enregistrements $z_0, \ldots, z_{l-1}$ tels que $0 \leq l \leq n + m$ et que ces l enregistrements soient exactement les enregistrements $x_0, \ldots, x_{n'-1}$ et $y_0, \ldots, y_{m'-1}$ placés dans un certain ordre (avec $0 \leq n' \leq n$, $0 \leq m' \leq m$ et $n' + m' = l$), alors quatre cas se présentent :

(α) $n' < n$, $m' < m$. Deux sous-cas :

(α1) clé($x_{n'}$) $\leq$ clé($y_{m'}$). Alors $z_l = x_{n'}$; continuer en remplaçant (l, n', m') par $(l + 1, n' + 1, m')$.

(α2) clé($x_{n'}$) $>$ clé($y_{m'}$). Alors $z_l = y_{m'}$; continuer en remplaçant (l, n', m') par $(l + 1, n', m' + 1)$.

(β) $n' < n, m' = m$. Continuer comme dans le cas (α1).

(γ) $n' = n, m' < m$. Continuer comme dans le cas (α2) .

(δ) $n' = n, m' = m$. Le processus est terminé.

Son programme est structuré à l'image des cas évoqués ci-dessus, à la manière d'un « arbre de décision ». Pour rendre son programme plus facile à lire, il est retranscrit dans un langage d'assemblage symbolique tel qu'on pourrait l'imaginer si la machine existait aujourd'hui. Nous utiliserons la pseudo-operation σ RST k (RST signifiant « *reserve short tank* » [*allocation de banque courte* en français]) afin d'indiquer que le symbole σ fait référence à k numéros consécutifs de banques courtes. La première RST d'un programme réserve l'emplacement court numéro 0, les autres étant réservés à la suite et consécutivement. Les autres notations encore utilisées dans notre langage d'assemblage sont plus familières : EQU dénote l'égalité, CON une constante entière, une astérisque l'adresse courante, et ∗∗ une adresse qui sera déterminée dynamiquement lors de l'exécution du programme.

La première étape dans le codage du programme fût de considérer la décomposition en quatre cas ; voir (A) à la suite de la figure 1. Tous les nombres manipulés dans le programme sont des entiers. Le code de la routine COMPARE suppose que les emplacement des banques courtes ont été correctement initialisés, en particulier l'emplacement dénommé SWITCH qui doit contenir une instruction TRA. L'instruction de la ligne 22 de (A) positionne l'adresse de cette instruction TRA à l'une des valeurs ALPHA, BETA, GAMMA ou DELTA.

On trouve ensuite le code des routines (α), (β), (γ) et (δ), voir (B). Nous avons affaire ici à un code assez délicat ; von Neumann trouva une astuce pour réduire les cas (β) et (γ) au seul cas (α) en attribuant artificiellement les valeurs 0 et -1 aux clé($y_{m'}$) et clé($x_{n'}$). Il ne réalisa pas que la réduction de (β) et (γ) aux cas (α1) et (α2), respectivement,

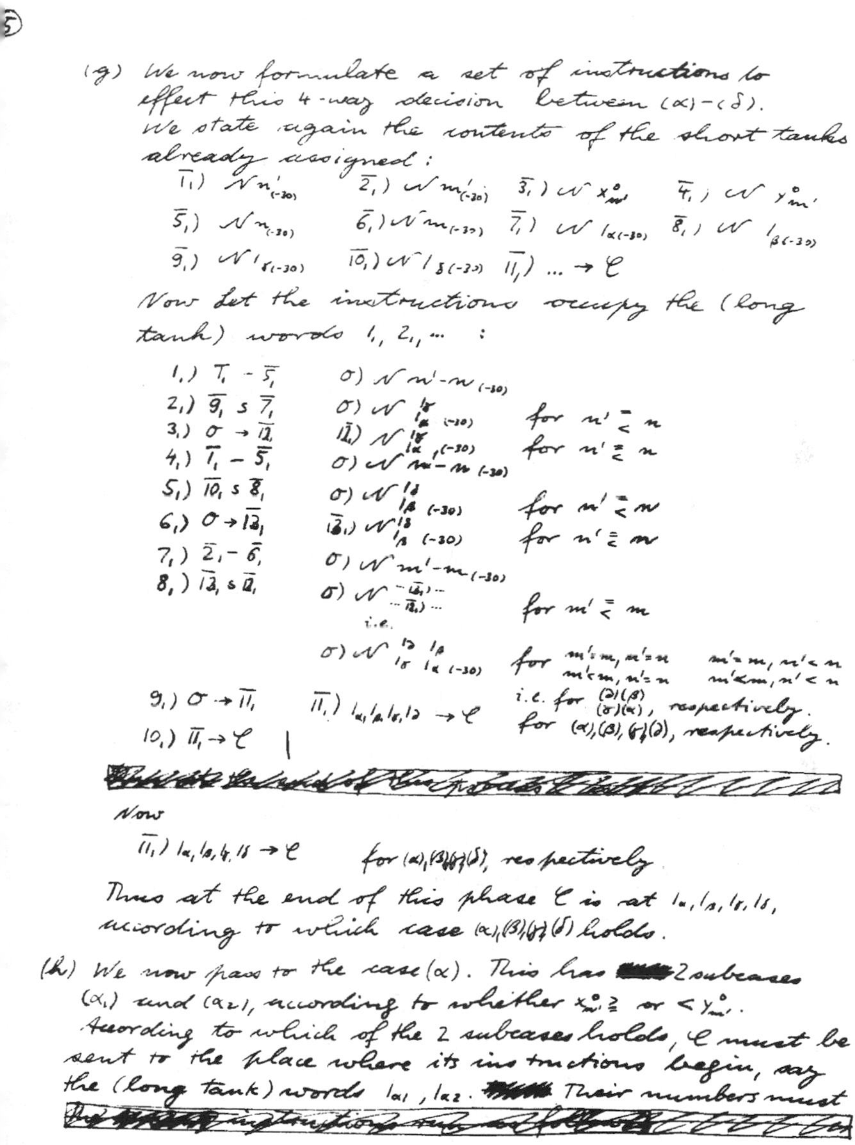

FIGURE 1. Le manuscrit original.

était bien plus simple. Sinon, il aurait pu simplement changer la ligne 27 en « SEL LBETA, LGAMMA », et supprimer les lignes 24, 25, 30, 31, 32, 33, 34 et 35 ; cela lui aurait permis d'utiliser, dans le reste du programme, BETA et GAMMA en lieu et place de ALPHA1 et ALPHA2. Tout ceci aurait alors permis d'économiser quatre des précieuses adresses de banque courte et le calcul en aurait été accéléré d'autant. De façon analogue, la ligne 36 est inutile car l'adresse EXIT aurait pu être enregistrée dans LDELTA. Apparemment l'idée de fusionner les états équivalents d'un programme n'était pas un concept naturel, car von Neumann passa à côté.

(Il est peut-être exagéré de faire de telles critiques à propos de la programmation car von Neumann n'essayait pas d'écrire un programme de tri optimal. Il ne faisait qu'expérimenter l'écriture de code. Tout grand mathématicien possède une corbeille pleine de choses dont il n'aimerait pas que n'importe qui puisse les examiner attentivement ! D'un autre côté, ce manuscrit si particulier n'est pas qu'un simple brouillon ; il a, de toute évidence, été construit avec beaucoup de soin. C'est pourquoi il semble bien légitime de le regarder avec attention dans l'espoir d'y entr'apercevoir les difficultés de programmation apparues lors de la conception du code. L'idée n'est pas de se gausser du fait que le programme de von Neumann n'est pas parfait mais plutôt de réaliser que ses imperfections nous donnent des indications historiques sur l'époque à laquelle il a été écrit.)

Le programme de tri continue par la routine traitant le cas $(\alpha1)$: dans (C) un bloc de $p+1$ mots (incluant la clé de l'enregistrement suivant) est transféré dans les banques courtes et p mots sont déplacés dans la zone réservée à z. C'est une bonne façon de s'affranchir du problème de latence temporelle due à l'emploi des lignes à retard, et cela permet d'obtenir une augmentation importante de la vitesse de calcul en comparaison de ce qui était possible dans la première version du code de l'EDVAC.

Une petite amélioration aurait pu être apportée, si ZPTR avait été omis, en conservant l'adresse courante de z dans l'instruction contenue dans MOUVEOUT. Une banque courte aurait pu être économisée ainsi que l'instruction de la ligne 47 (et pareillement pour le cas $(\alpha2)$). Toutefois cette astuce aurait rendu plus difficile la symétrisation du tout. La ligne 58 aurait pu être omise si le code pour COMPARE avait été placé juste après la ligne 57. Si la ligne 51 avait été « SUB PRIME,MONE », une autre banque courte aurait pu être économisée. Comme von Neumann n'a jamais mentionné ces simplifications, alors même que son travail sur la conception logique suggère qu'il y a songé, il est plausible

(A)

Ligne	Adresse	Op	Adresse(s)	Commentaires
1	NPRIME	RST	1	n'
2	MPRIME	RST	1	m'
3	XKEY	RST	1	clé($x_{n'}$)
4	YKEY	RST	1	clé($y_{m'}$)
5	N	RST	1	n
6	M	RST	1	m
7	LALPHA	RST	1	ALPHA
8	LBETA	RST	1	BETA
9	LGAMMA	RST	1	GAMMA
10	LDELTA	RST	1	DELTA
11	SWITCH	RST	1	Instruction TRA **
12	TEMP1	RST	1	Mémoire temporaire
13	TEMP2	RST	1	Mémoire temporaire
14	COMPARE	SUB	NPRIME,N	$A \leftarrow n' - n$.
15		SEL	LGAMMA,LALPHA	$A \leftarrow$ **if** $n' \geq n$ **then** GAMMA **else** ALPHA.
16		STO	TEMP1	TEMP1 $\leftarrow A$.
17		SUB	NPRIME,N	$A \leftarrow n' - n$.
18		SEL	LDELTA,LBETA	$A \leftarrow$ **if** $n' \geq n$ **then** DELTA **else** BETA.
19		STO	TEMP2	TEMP2 $\leftarrow A$.
20		SUB	MPRIME,M	$A \leftarrow m' - m$.
21		SEL	TEMP2,TEMP1	$A \leftarrow$ **if** $m' \geq m$ **then** [TEMP2] **else** [TEMP1].
22		STO	SWITCH	SWITCH $\leftarrow$ TRA [A].
23		JMP	SWITCH	

(B)

Ligne	Adresse	Op	Adresse(s)	Commentaires
24	LALPHA1	RST	1	ALPHA1
25	LALPHA2	RST	1	ALPHA2
26	ALPHA	SUB	YKEY,XKEY	$A \leftarrow$ clé($y_{m'}$) − clé($x_{n'}$).
27		SEL	LALPHA1,LALPHA2	**if** $A \geq 0$ **then** $A \leftarrow$ ALPHA1 **else** $A \leftarrow$ ALPHA2.
28		STO	SWITCH	
29		JMP	SWITCH	
30	ZERO	RST	1	0
31	MONE	RST	1	−1
32	BETA	SUB	ZERO,ZERO	$A \leftarrow 0$.
33		TRA	ALPHA+1	Saut vers ALPHA + 1.
34	GAMMA	SUB	MONE,ZERO	$A \leftarrow -1$.
35		TRA	ALPHA+1	Saut vers ALPHA + 1.
36	DELTA	TRA	EXIT	Fusion terminée.

(C)

Ligne	Adresse	Op	Adresse(s)	Commentaires
37	XPTR	RST	1	Adresse de $x_{n'}$
38	YPTR	RST	1	Adresse de $y_{m'}$
39	ZPTR	RST	1	Adresse de $z_{n'+m'}$
40	SIZE	RST	1	p
41	MOVEIN	RST	1	Instruction PIK $p+1$, BUFFER,**
42	MOVEOUT	RST	1	Instruction PUT p, BUFFER,**
43	RETURN	RST	1	Instruction TRA BACK1 ou TRA BACK2
44	ONE	RST	1	Constante 1
45	BUFFER	RST	$p+1$	Emplacement pour le transfert de l'enregistrement
46	ALPHA1	SET	MOVEIN,XPTR	MOVEIN $\leftarrow$ PIK $p+1$, BUFFER,[XPTR]
47		SET	MOVEOUT,ZPTR	MOVEOUT $\leftarrow$ PUT p, BUFFER,[ZPTR]
48		PIK	1,RETURN	RETURN $\leftarrow$ TRA BACK1
49		⌈TRA	BACK1	(paramètre de la précédente)
50		JMP	MOVEIN	Exécute les 3 instructions situées dans les banques courtes
51	BACK1	ADD	NPRIME,ONE	$A \leftarrow n'+1$
52		STO	NPRIME	$n' \leftarrow A$
53		SET	XKEY,BUFFER+p	MàJ clé($x_{n'}$)
54		ADD	XPTR,SIZE	$A \leftarrow$ [XPTR]+p
55		STO	XPTR	MàJ de l'adresse de $x_{n'}$
56		ADD	ZPTR,SIZE	$A \leftarrow$ [ZPTR]+p
57		STO	ZPTR	MàJ de l'adresse de $z_{n'+m'}$
58		TRA	COMPARE	Retour vers COMPARE

de penser qu'il n'était pas vraiment préoccupé par l'économie d'espace dans les banques courtes, bien qu'il mentionne que la rareté de celles-ci limite la taille p des enregistrements. (Il indique que si l'on n'avait que 32 banques courtes à disposition alors la limite était $p \leq 8$, alors que pour 64 banques courtes la limite était $p \leq 40$. Peut-être qu'il a très consciemment gâché des banques courtes afin de convaincre ses collègues qu'il en fallait absolument 64!)

Il n'est pas nécessaire de discuter du code pour le cas ($\alpha 2$) car c'est en gros le même que pour le cas ($\alpha 1$). Par conséquent, tout ce qui manque est une routine d'initialisation permettant au tout de fonctionner correctement. À cet effet, von Neumann revisita l'allocation des banques courtes de sorte que les six premières contiennent les valeurs des paramètres qui devaient être initialisés en dehors de la routine elle-même (il s'agit de N, M, XPTR, YPTR, ZPTR et SIZE). Immédiatement à leur suite étaient placées deux valeurs un peu spéciales (XKEY et YKEY qui devaient contenir clé(x_0) et clé(y_0) respectivement), puis suivaient ensuite 14 banques courtes contenant certaines constantes. Pour finir on trouvait les deux emplacements utilisés pour des valeurs temporaires de travail. La figure 2 contient le programme complet, y compris l'initialisation des banques courtes. (À ce moment de la description, von Neumann avait apparemment oublié TEMP1 et TEMP2 que le programme de la figure 2 a assigné à la zone tampon - BUFFER.)

Comme à peu près tous les programmes, celui-ci contient un bogue : l'avant-dernière ligne de la figure 2, « CON 1 », aurait dû se trouver deux lignes au-dessus. Si von Neumann avait eu un EDVAC pour exécuter son programme, il aurait découvert le déboguage !

L'espace et le temps

Bien que von Neumann n'utilisa pas de langage symbolique pour écrire ses instructions, contrairement à ce que nous avons fait ici, sa notation n'était toutefois pas intégralement numérique. Il utilisa $\overline{1}_1$, $\overline{2}_1$, ... pour désigner les banques courtes NPRIME, MPRIME, ..., dans la première partie du code, puis $\overline{1}_2$, $\overline{2}_2$, ... dans la seconde partie du code, etc. Les emplacements des banques longues étaient représentés par des nombres non barrés et indicés ; par exemple les lignes 32 et 33 étaient, dans sa notation, écrites comme suit :

$$1_\beta) \quad \overline{3}_2 - \overline{3}_2 \qquad \sigma) \quad \mathcal{N}\,0$$
$$2_\beta) \quad 2_\alpha \rightarrow \mathcal{C}$$

Il s'agit essentiellement d'une technique d'adressage local qui fût employée par de nombreux programmeurs dans la décennie qui suivit.

Après avoir écrit le programme, il assigna les véritables adresses. Mais pour en faire un code relogeable qui puisse être utilisé comme routine d'usage général, il calcula les adresses relativement à une adresse de départ non spécifiée et notée e. Ces adresses sont visibles juste à droite des instructions listées dans la figure 2.

Il a commis une erreur de jugement très intéressante et non moins subtile à propos des temps de latence. Comme l'instruction à l'adresse ALPHA1+4 (ligne 50 du programme de la section précédente) saute vers les banques courtes afin d'y exécuter trois instructions et de transférer le contrôle vers BACK1, il n'a pas voulu faire en sorte que BACK1 soit à l'emplacement ALPHA1+5 car la banque longue n'aurait pas été prête avant 33 unités de tempts-mot après ALPHA1+4. C'est pourquoi il intercala 4 mots vides entre ALPHA1+4 et BACK1 « de sorte à éviter

```
N         RST 1
M         RST 1
XPTR      RST 1
YPTR      RST 1
ZPTR      RST 1
SIZE      RST 1
XKEY      RST 1
YKEY      RST 1
NPRIME    RST 1
MPRIME    RST 1
LALPHA    RST 1
LBETA     RST 1
LGAMMA    RST 1
LDELTA    RST 1
SWITCH    RST 1
LALPHA1   RST 1
LALPHA2   RST 1
ZERO      RST 1
MONE      RST 1
ONE       RST 1
MOVEIN    RST 1
MOVEOUT   RST 1
RETURN    RST 1
BUFFER    RST p+1
TEMP1     EQU BUFFER
TEMP2     EQU BUFFER+1

COMPARE   SUB NPRIME,N           e+27
          SEL LGAMMA,LALPHA     e+28
          STO TEMP1             e+29
          SUB NPRIME,N          e+30
          SEL LDELTA,LBETA      e+31
          STO TEMP2             e+32
          SUB MPRIME,M          e+33
          SEL TEMP2,TEMP1       e+34
          STO SWITCH            e+35
          JMP SWITCH            e+36
ALPHA     SUB YKEY,XKEY         e+43
          SEL LALPHA1,LALPHA2   e+44
          STO SWITCH            e+45
          JMP SWITCH            e+46
BETA      SUB ZERO,ZERO         e+39
          TRA ALPHA+1           e+40
GAMMA     SUB MONE,ZERO         e+41
          TRA ALPHA+1           e+42
DELTA     TRA EXIT              e+81
ALPHA1    SET MOVEIN,XPTR       e+47
          SET MOVEOUT,ZPTR      e+48

              PIK 1,RETURN         e+49
            ⌈ TRA BACK1            e+50
            ⌊ JMP MOVEIN           e+51
BACK1         ADD NPRIME,ONE       e+56
              STO NPRIME           e+57
              SET XKEY,BUFFER+p    e+58
              ADD XPTR,SIZE        e+59
              STO XPTR             e+60
              ADD ZPTR,SIZE        e+61
              STO ZPTR             e+62
              TRA COMPARE          e+63
ALPHA2        SET MOVEIN,YPTR      e+64
              SET MOVEOUT,ZPTR     e+65
              PIK 1,RETURN         e+66
            ⌈ TRA BACK2            e+67
            ⌊ JMP MOVEIN           e+68
BACK2         ADD MPRIME,ONE       e+73
              STO MPRIME           e+74
              SET YKEY,BUFFER+p    e+75
              ADD YPTR,SIZE        e+76
              STO YPTR             e+77
              ADD ZPTR,SIZE        e+78
              STO ZPTR             e+79
              TRA COMPARE          e+80
BRING         EQU NPRIME
MERGE       ⌈ PIK 3,BRING          e+0
            | PIK 1,XKEY,**        e+1
            | PIK 1,YKEY,**        e+2
            ⌊ TRA BACK3            e+3
              SET BRING,XPTR       e+4
              SET BRING+1,YPTR     e+5
              JMP BRING            e+6
BACK3       ⌈ PIK 14,NPRIME        e+11
            | CON 0                e+12
            | CON 0                e+13
            | CON ALPHA            e+14
            | CON BETA             e+15
            | CON GAMMA            e+16
            | CON DELTA            e+17
            | TRA **               e+18
            | CON ALPHA1           e+19
            | CON ALPHA2           e+20
            | CON 0                e+21
            | CON −1               e+22
            | PIK p+1,BUFFER,**    e+23
            | PUT p,BUFFER,**      e+24
            ⌊ CON 1                e+25
              TRA COMPARE          e+26
```

FIGURE 2. Le programme de fusion au grand complet.

le délai de longueur environ une banque ». Mais comme les instructions dans MOVEIN et MOVEOUT faisaient essentiellement référence aux banques longues, un argument élémentaire peut être donné afin de prouver que le temps moyen de calcul entre l'instruction située en ALPHA1+4 et celle située en BACK1 est $2p + 49,5$ unités de temps-mot, ce qui est absolument indépendant de l'adresse de BACK1 ! En conséquence, BACK1 devrait être réellement placé de sorte que ses propres instructions soient placées de façon optimales, c'est-à-dire de sorte que TRA COMPARE prenne le moins de temps possible. Von Neumann a aussi inséré des blancs supplémentaires dans la routine d'initialisation pour les mêmes raisons fallacieuses. D'un autre côté, l'allocation des variables ALPHA, BETA et GAMMA vis-à-vis des autres ainsi que de la routine COMPARE a été correctement réalisée. L'instruction contenue dans SWITCH ne fait pas référence à une adresse quelconque, et son intuition, ici, ne le trompa pas. (ALPHA1 et ALPHA2 sont mal placés ce qui semble être un oubli.)

Von Neumann a examiné la possibilité de reloger sa routine en examinant les neuf instructions dépendant de p, d'EXIT ou de l'emplacement de logement e. Il n'a pas réellement indiqué comment ces instructions devaient être modifiées après avoir été lues sur la bande magnétique. Il n'a apparemment pas non plus réalisé que le jeu d'instructions limité de l'EDVAC qu'il avait proposé (sans instruction de décalage par exemple) rendait difficile, voire impossible, d'insérer p dans les instructions « PIK » et « PUT », puisque la machine ne pouvait modifier que le champ d'adresse des instructions.

Il est peut-être important de constater qu'il a pensé à son programme comme à une routine ouverte, puisqu'il n'a pas considéré EXIT comme étant un paramètre comme les autres (n, m, etc.).

Il a conclu son mémo par une analyse du temps d'exécution, qui lui donna un temps total de $2,60 + (n + m)(p/16 + 2,61)$ millisecondes. (Le chiffre réel donné qui était 1,61 au lieu de 2,61 était dû à une erreur arithmétique.) Son analyse était légèrement faussée à cause d'erreurs introduites dans les calculs des temps de latence et relatives à celles indiquées ci-dessus ; le lecteur peut vérifier que le temps d'exécution (moyenné sur l'ensemble des placement possibles de x_0, y_0 et z_0 dans les banques longues) est $3056 + (N + m)(64p + 4016)$ μsec. Si l'on incorpore l'ensemble des améliorations que nous avons mentionné dans le texte, le temps moyen est ramené à $2576 + (n + m)(64p + 2560)$ μsec.

La suite

Après la fin de seconde guerre mondiale, le groupe originel travaillant à l'EDVAC a été dissous. Eckert et Mauchly restèrent à Philadelphie pour fonder leur propre entreprise, alors que Goldstine et von Neumann se rendirent à Princeton pour rejoindre l'« Institute for Advanced Study » (NdT : Institut de Recherches Avancées). Le voile du secret qui couvrait les ordinateurs électroniques ne fût levé que lorsque l'ENIAC fût inauguré, et l'énorme potentiel offert par les calculs rapides devint évident pour un plus grand nombre. Les principes de construction de l'EDVAC influencèrent fortement l'ensemble des ordinateurs construits dans la dizaine d'années qui suivit (voir [14]).

Après que les deux jeux d'instructions de von Neumann aient été digérés par un nombre suffisant de personnes, d'autres variations ont été proposées : en novembre 1945, Calvin N. Mooers a conçu un code à trois adresses comme alternative à l'idée de von Neumann ; en 1946, il a enseigné à la *Moore School* où il a parlé d'un autre développement possible utilisant des données étiquetées pour terminer les boucles [13, vol. 4, lecture 39]. Un autre code à trois adresses, dû à John Mauchly, a été décrit par Eckert dans la même série de cours [13, vol. 1, lecture 10]. Entre temps, von Neumann avait développé ses idées bien plus encore ; Goldstine et lui, en collaboration avec Arthur W. Burks, avaient préparé une monographie traitant des ordinateurs rapides afin de la faire circuler le plus possible, « Preliminary discussion of the logical design of an electronic computing instrument » (Préambule à la conception logique d'un instrument de calcul électronique) [2]. À ce moment, leur proposition avait changé du tout au tout : elle devait avoir une mémoire à accès aléatoire de 4 096 mots de 40 bits utilisant la technique de l'iconoscope. Les instructions utilisaient 20 bits et étaient regroupées par paire dans un mot mémoire. Les opérations avaient différentes déclinaisons, à la manière de l'instruction « Clear and add x » du moderne IBM 7094, etc. Les décalages à gauche et à droite apparurent pour la première fois.

Le projet EDVAC continua à la Moore School jusqu'en août 1949 lorsqu'il a été livré au BRL. Dans sa forme finale, l'EDVAC avait un code à quatre adresses (la quatrième servait à spécifier l'adresse de l'instruction suivante) conçu par Samuel Lubkin. Sa mémoire était constituée de 128 banques longues de huit mots de 44 bits, plus six banques courtes non adressables d'un mot, et d'un tambour auxiliaire. La seule chose qui n'avait pas été modifiée tout au long de son histoire était la pulsation de base de l'horloge à raison d'une μsec par bit. La machine traitait un mot toutes les 48 μsec en laissant quatre « blancs » entre deux mots. Des développements furent encore nécessaires concernant les périphériques d'entrées-sorties avant que l'EDVAC ne devienne opérationnel fin 1951. Il commença alors à fonctionner de façon relativement stable et sans trop de coûts annexes en autorisant, par exemple, en moyenne 145 heures de fonctionnement continu par semaine durant l'année 1961, voir [11]. Il a ensuite été retiré du service en décembre 1962.

Pour en savoir plus sur von Neumann ainsi que sur les contributions des autres pionniers de l'informatique, reportez-vous au dernier écrit de Goldstine [6]. Goldstine et von Neumann ont publié trois suppléments importants à [2] pendant les années qui suivirent. Ces fameux documents [7–9] ont fondé les techniques de programmation des ordinateurs, en couvrant un large spectre de domaines depuis les organigrammes jusqu'à l'analyse numérique ou les routines relogeables. La référence [8, section 11] traite des problèmes de tri et fusion en détail. Von Neumann y termina soigneusement le travail qu'il avait esquissé en 1945.

Remerciements

Je souhaite remercier les Docteurs Goldstine et Mauchly, pour leur incommensurable assistance apportée par leur relecture détaillée des faits historiques présentés dans ce papier, ainsi que pour les nombreuses discussions, utiles et délicieuses.

Références

[1] Augusta Ada, Countess of Lovelace, traduction annotée de L. F. Menabrea « Sketch of the Analytical Engine invented by Charles Babbage », dans *Charles Babbage and his Calculating Engines*, édité par Philip Morrison et Emily Morrison (New York: Dover, 1961), 225–297 ; voir aussi page 68.

[2] Arthur W. Burks, Herman H. Goldstine et John von Neumann, *Preliminary Discussion of the Logical Design of an Electronic Computing Instrument* (Princeton, New Jersey: Institute for Advanced Study, 28 June 1946 ; 2nd edition, 2 September 1947), 42 pp. Disponible dans von Neumann, *Collected Works* 5, édité par A. H. Taub (New York: Pergamon, 1963), 34–79.

[3] William H. Desmonde et Klaus J. Berkling, « The Zuse Z-3 », *Datamation* 12, 9 (September 1966), 30–31.

[4] J. Presper Eckert, Jr. et John W. Mauchly, « Application of analyzer to a set of equations for external ballistics », dans *Proposal for an Electronic Difference Analyzer*, édité par J. G. Brainerd (Philadelphia: Moore School of Electrical Engineering, University

of Pennsylvania, 10 April 1943), Appendix C, 4 pp. (Originellement classifié « Confidentiel. »)

[5] J. Presper Eckert, Jr. et John W. Mauchly, *Automatic High-Speed Computing: A Progress Report on the EDVAC* (Philadelphia: Moore School of Electrical Engineering, University of Pennsylvania, 30 September 1945), 111 pp. (Originellement classifié « Confidentiel. »)

[6] Herman H. Goldstine, « Early electronic computers », dans *Computers and Their Role in the Physical Sciences*, édité by S. Fernbach et A. H. Taub (New York: Gordon Breach, 1970), 51–102.

[7] Herman H. Goldstine et John von Neumann, *Planning and Coding of Problems for an Electronic Computing Instrument* 1 (Princeton, New Jersey: Institute for Advanced Study, 1 April 1947), 69 pp. Disponible dans von Neumann's *Collected Works* 5, édité by A. H. Taub (New York: Pergamon, 1963), 80–151.

[8] Herman H. Goldstine et John von Neumann, *Planning and Coding of Problems for an Electronic Computing Instrument* 2 (Princeton, New Jersey: Institute for Advanced Study, 15 April 1948), 68 pp. Disponible dans von Neumann's *Collected Works* 5, édité by A. H. Taub (New York: Pergamon, 1963), 152–214.

[9] Herman H. Goldstine et John von Neumann, *Planning and Coding of Problems for an Electronic Computing Instrument* 3 (Princeton, New Jersey: Institute for Advanced Study, 16 August 1948), 23 pp. Disponible dans von Neumann's *Collected Works* 5, édité by A. H. Taub (New York: Pergamon, 1963), 215–235.

[10] Harvard University, Staff of the Computation Laboratory, « A manual of operation for the automatic sequence-controlled calculator », édité par H. H. Aiken et al., *Annals of the Computation Laboratory* 1 (Cambridge, Massachusetts: Harvard University Press, 1946), 561 pp.

[11] Karl Kempf, *Electronic Computers Within the Ordnance Corps* (Aberdeen, Maryland: Aberdeen Proving Ground, November 1961), 140 pp.

[12] Angeline Pantages, « Computing's early years », *Datamation* 13, 10 (October 1967), 60–65.

[13] George W. Patterson, éditeur, *Theory and Techniques for the Design of Electronic Digital Computers* (Philadelphia: Moore School of Electrical Engineering, University of Pennsylvania, 1946), 4 volumes.

[14] Saul Rosen, « Electronic computers: A historical survey », *Computing Surveys* **1** (March 1969), 7–36.

[15] George R. Stibitz, comme communiqué à Mrs. Evelyn Loveday, « The relay computers at Bell Labs », *Datamation* **13**, 4 (April 1967), 35–44 ; **13**, 5 (May 1967), 45–49.

[16] A. M. Turing, « On computable numbers, with an application to the Entscheidungsproblem », *Proceedings of the London Mathematical Society* (2) **42** (1936), 230–265 ; **43** (1937), 544–546. Reprinted in Martin Davis, *The undecidable: Basic papers on undecidable propositions, unsolvable problems and computable functions*, Raven press, New-York, 1965, pp.116–154; reed. Dover, 2004, 413 p., ISBN 0486432289. Traduction française dans Alan Turing et Jean-Yves Girard, *La machine de Turing*, Seuil, 1995, pp. 47–102.

[17] John von Neumann, *First Draft of a Report on the EDVAC* (Philadelphia: Moore School of Electrical Engineering, University of Pennsylvania, 30 June 1945), 101 pp. (Cette esquisse a été écrite pendant les mois de mars et avril 1945.) Réimprimé, avec des corrections de M. D. Godfrey, dans *IEEE Annals of the History of Computing* **15**, 4 (1993), 27–75. (Disponible en ligne.)

[18] John von Neumann, lettre à Herman H. Goldstine datée du 8 mai 1945.

Chapitre 4

Les premiers développements des langages de programmation

[Écrit avec Luis Trabb Pardo. Originellement publié comme The early development of programming languages dans Encyclopedia of Computer Science and Technology, edited by Jack Belzer, Albert G. Holzman, and Allen Kent, Volume 7 (New York: Marcel Dekker, 1977), 419–493. Réimprimé dans A History of Computing in the Twentieth Century, N. Metropolis, J. Howlett, and G.-C. Rota, eds. (New York: Academic Press, 1980), 197–273 et dans Selected Papers on Computer Languages, chapitre 1.]

Cet article étudie l'évolution des langages de programmation de « haut niveau » lors de la première décade d'activité de programmation des ordinateurs. Nous allons étudier les contributions de Zuse en 1945 (le « Plankalkül »), de Goldstine et von Neumann en 1946 (« Flow Diagrams »), de Curry en 1948 (« Composition »), de Mauchly et al. en 1949 (« Short Code »), de Burks en 1950 (« Intermediate PL »), de Rutishauser en 1951 (« Klammerausdrücke »), de Böhm en 1951 (« Formules »), de Glennie en 1952 (« AUTOCODE »), de Hopper et al. en 1953 (« A-2 »), de Laning et Zierler en 1953 (« Algebraic Interpreter »), de Backus et al. en 1954–1957 (« FORTRAN »), de Brooker en 1954 (« Mark I AUTOCODE »), de Kamynin et Liubimskiĭ en 1954 (« ПП-2 »), de Ershov en 1955 (« ПП »), de Grems et Porter en 1955 (« BACAIC »), de Elsworth et al. en 1955 (« Kompiler 2 »), de Blum en 1956 (« ADES »), de Perlis et al. en 1956 (« IT »), de Katz et al. en 1956–1958 (« MATH-MATIC ») et de Bauer et Samelson en 1956–1958 (U.S. Patent 3 047 228).

Les caractéristiques principales de chacune de ces contributions sont illustrées et commentées. Pour les comparer, un algorithme donné a été écrit autant que faire se peut dans chacun de ces langages.

La description de ces premiers travaux est essentiellement fondée sur des matériaux non publiés. les auteurs espèrent qu'ils ont été capables de donner un panorama complet des développements pionniers de ce domaine.

Introduction

Il est intéressant et instructif d'étudier l'histoire d'un sujet, non seulement parce que cela nous aide à comprendre comment les idées importantes sont nées et de voir comment le « facteur humain » est intervenu dans chacun des développements, mais aussi parce que cela nous aide à apprécier les progrès qui ont été accomplis. Ceci est particulièrement frappant dans le cas des langages de programmation, sujet qui a longtemps été sous-évalué par les informaticiens. Après avoir appris un langage de haut niveau, les gens pensent la plupart du temps aux améliorations qu'ils aimeraient voir (tous les langages pouvant être améliorés). Il est très facile de sous-estimer les difficultés de créer une première version de ce langage. Pour prendre conscience de la profondeur réelle du sujet, nous avons besoin de nous rendre compte du temps que cela a pris pour développer les concepts importants, que nous considérons maintenant comme évidents. Ces idées n'étaient pas du tout naturelles *a priori*. Beaucoup d'années de travail de la part de gens brillants, qui y consacraient tout leur temps, ont été nécessaires avant que l'état actuel des connaissances ne soit atteint.

Le but de cet article est de donner un compte rendu adéquat du début de l'histoire des langages de programmation de haut niveau, en couvrant pratiquement toute la première décade de leur développement. Notre histoire nous mènera jusqu'en 1957, année où l'importance pratique des compilateurs algébriques fut démontrée pour la première fois et où les ordinateurs commencèrent à être disponibles en grand nombre. Nous verrons comment les conceptions fondamentales de ces personnes sur les algorithmes et les processus de programmation ont évolué durant ces années - pas toujours en allant de l'avant d'aileurs - en culminant par des langages tel que FORTRAN I. Les meilleurs langages que nous rencontrerons sont, bien sûr, très primitifs à l'aune des standards actuels mais ils sont suffisamment bons pour raviver une croissance explosive dans le développement des langages. La décade suivante, d'une intense activité, a été décrite en détails dans les 785 pages du livre de Jean Sammet [SA 69]. Nous sommes concernés par l'atmosphère plus décontractée de l'époque « pré-Babel », lorsque les gens qui travaillaient avec des ordinateurs prévoyaient la nécessité des aides importantes à la programmation qui n'existaient pas encore. Dans beaucoup de cas ces développements furent si en avance sur leur temps qu'ils sont restés non publiés et qu'ils sont encore assez mal connus de nos jours.

Nous allons considérer une vingtaine de langages différents. Nous n'avons donc ni la place ni le temps de caractériser chacun d'eux complètement. Il serait d'ailleurs plutôt lassant d'énoncer plein de règles techniques. La meilleure façon de saisir l'esprit d'un langage de programmation est de lire des exemples de programmes. Nous avons donc adopté la stratégie suivante : un algorithme donné, que nous appellerons l'« algorithme TPK » à défaut de meilleur nom[1], sera exprimé dans tous les langages que nous étudierons. Les explications informelles sur ce programme devraient alors suffire à comprendre l'essentiel du langage correspondant bien que l'agorithme TPK ne permette pas, bien sûr, d'explorer de façon exhaustive toutes les fonctionnalités de ce langage. Une fois que nous aurons compris un programme pour TPK, nous serons capables d'étudier les fonctionnalités importantes de ce langage non dévoilées par l'algorithme.

Notons que le même algorithme sera écrit dans chaque langage afin de fournir un moyen simple de comparaison. On a apporté une attention toute particulière à écrire chaque programme dans le style originel utilisé par les auteurs des langages correspondants. Lorsque des commentaires sont donnés après le texte du programme, ils essaient de s'approcher de la terminologie utilisée par les auteurs d'origine à cette époque. Notre traitement ressemblera ainsi à un récital de « baguettes » qui aurait pu être joué par Bach, Beethoven, Brahms et Brubeck. Les programmes en résultant ne sont pas d'authentiques extraits d'enregistrements historiques mais ils nous serviront de répliques de bonne qualité. Le lecteur intéressé peut poursuivre l'étude de chaque langage en consultant les références bibliographiques données.

L'algorithme TPK pris en exemple, que nous allons utiliser si souvent, peut être écrit de la façon suivante dans un dialecte d'ALGOL 60 :

```
01      TPK: begin integer i;  real y;  real array a[0:10];
02             real procedure f(t);  real t;  value t;
03               f := sqrt(abs(t)) + 5 × t ↑ 3;
04             for i := 0 step 1 until 10 do read(a[i]);
05             for i := 10 step −1 until 0 do
06               begin y := f(a[i]);
```

---

[1] En tenant compte de la « loi de Grimm » en linguistique comparée, et/ou du mot « typique » et/ou des noms des auteurs de cet article.

```
07                    if y > 400 then write(i, 'TROP GRAND')
08                              else write(i, y);
09            end
10        end TPK.
```

[ALGOL 60 n'est pas l'un des langages dont nous allons parler, puisqu'il a été développé plus tard, mais le lecteur est censé le connaître suffisamment pour comprendre TPK. Si ce n'est pas le cas, voici une brève description de ce que fait le programme : la ligne *01* dit que i est une variable entière alors que y est un flottant qui approxime des valeurs réelles ; $a_0, a_1, \ldots, a_{10}$ sont également des réels. Les lignes *02* et *03* définissent la fonction $f(t) = \sqrt{|t|} + 5t^3$ qui sera utilisée dans l'algorithme proprement dit, débutant à la ligne *04*. La ligne *04* lit onze valeurs d'entrée $a_0, a_1, \ldots, a_{10}$, dans cet ordre. La ligne *05* dit d'exécuter les lignes *06*, *07*, *08*, *09* (délimitées par **begin** et **end**) pour $i = 10, 9, \ldots, 0$, dans *cet* ordre. Les dernières lignes donnent à y la valeur $f(a_i)$ et un des deux messages est affiché. Le message est soit la valeur en cours de i suivie des mots 'TROP GRAND', ou les valeurs en cours de i et de y, selon que $y > 400$ ou non.]

Cet algorithme est bien entendu sans utilité mais il est utile de penser que nous sommes intéressés par ce processus pour la suite. Imaginons que la fonction $f(t) = \sqrt{|t|} + 5t^3$ ait une signification pratique et qu'il soit extrêmement important d'afficher les valeurs $f(a_i)$ de la fonction dans l'ordre inverse de la réception des a_i. Ceci nous placera dans le bon état d'esprit pour lire les programmes ci-dessous. (Si un algorithme vraiment utile était considéré ici, il serait nécessaire d'être beaucoup plus long pour illustrer autant de fonctionnalités différentes des langages de programmation.)

La plupart des programmes dont nous allons parler auront des numéros de ligne en italique dans la marge gauche, comme dans le code ALGOL ci-dessus. De tels nombres ne font pas vraiment partie des programmes. Ils sont seulement là pour que le texte acompagnateur puisse facilement se référer à une ligne particulière.

Il s'avère que la plupart des premiers langages de haut niveau sont incapables de manipuler l'algorithme TPK de la façon exacte dont il est présenté ici. Nous devrons donc lui apporter quelques modifications. En premier lieu, lorsqu'un langage ne traite que des variables entières, nous supposerons que les entrées et les sorties sont entières et que '*sqrt*(x)' signifie le plus grand entier inférieur à $\sqrt{x}$. En second lieu, si le langage ne permet pas de sorties alphabétiques, le mot 'TROP GRAND' sera remplacé par le nombre 999. Troisièmement, quelques langages ne permettent aucune entrée-sortie ; dans un tel cas nous supposerons que les valeurs d'entrée a_0, a_1, ..., a_{10} ont été apportées par un processus extérieur et que notre travail consiste à calculer 22 valeurs de sortie b_0, b_1, ..., b_{21}. Dans ce cas b_0, b_2, ..., b_{20} seront les « valeurs i » 10, 9, ..., 0 et les emplacements alternés b_1, b_3, ..., b_{21} contiendront les valeurs correspondantes $f(a_i)$ et/ou 999. Enfin, si un langage ne permet pas aux programmeurs de définir leurs propres fonctions, l'instruction '$y := f(a[i])$' sera remplacée par la forme déployée '$y := sqrt(abs(a[i])) + 5 \times a[i] \uparrow 3$'.

Développements antérieurs

Avant de parler des langages de programmations réels, essayons de situer la scène en revoyant le contexte très rapidement. Comment les algorithmes étaient-ils décrits avant 1945 ?

Les algorithmes connus les plus anciens ont été écrits en Mésopotamie, vers 2000 avant J.-C. Les descriptions écrites ne contiennent que des suites de calculs sur des ensembles particuliers de données et non un énoncé abstrait d'une procédure particulière. Il est clair que des procédures strictes étaient suivies à la lettre (puisque, par exemple, des multiplications par 1 sont explicitement effectuées) mais elles ne semblent pas avoir été consignées par écrit. Des itérations comme '**for** $i := 0$ **step until** 10' sont rares mais, lorsqu'elles sont présentes, elles consistent en une suite complètement déployée de calculs (voir [KN 72] pour une étude des algorithmes babyloniens).

À l'époque de la civilisation grecque plusieurs algorithmes abstraits non triviaux ont été étudiés à fond. Voir, par exemple, [KN 69, §4.5.2] pour une paraphrase de la présentation d'Euclide de l'« algorithme d'Euclide ». Cependant la description des algorithmes était toujours informelle, exprimée en langage naturel.

Les mathématiciens n'ont pas inventé de bonne notation permettant de décrire les processus dynamiques durant les siècles suivants alors que, bien sûr, des notations permettant de décrire les relations fonctionnelles (statiques) ont été bien développées. Lorsqu'une procédure traitait de suites non triviales de décisions, les méthodes disponibles pour une description précise restaient informelles et plutôt lourdes.

Les instances de programmes écrits pour les premiers calculateurs, tels que ceux pour la machine de Babbage, étaient naturellement présentés en « langage machine » et non dans un vrai langage de programmation. Par exemple, le code à trois adresses pour la machine de Babbage était prévu pour contenir des instructions telles que '$V_4 \times V_0 = V_{10}$', où les signes d'opération comme '×' devaient apparaître sur une carte d'opération et les nombres en indices comme (4, 0, 10) devaient apparaître sur une autre carte, des variables. Le programme le plus élaboré conçu par Babbage et Lady Lovelace pour cette machine est une routine pour calculer les nombres de Bernoulli (voir [BA 61, pages 68 et 286–297]). Un exemple de programme Mark I donné en 1946 par Howard Aiken et Grace Hopper (voir [RA 73, pages 216–218]) montre que son langage machine était bien plus compliqué.

Bien que ces premiers programmes soient écrits en langage machine, il est intéressant de noter que Babbage a déjà remarqué le 9 juillet 1836 que les machines, comme les gens, pourraient produire des programmes en sortie [RA 73, page 349] :

> J'ai pour la première fois ce jour une conception générale mais encore floue de la possibilité de faire une machine qui réaliserait des développements *algébriques*. J'entends bien sans *aucune* référence à la *valeur* des lettres. Les cartes (Jacquard) de la machine à calculer dirigeraient une série d'opérations puis recommenceraient avec la première de façon telle qu'il serait peut-être possible aux mêmes cartes d'en perforer d'autres équivalentes à tout nombre donné de répétitions. Mais ces trous [*sic*] peuvent peut-être être de petites parties de formules effectuées antérieurement par les premières cartes.

En 1914, Leonardo Torres y Quevedo a utilisé une langue naturelle pour décrire les étapes d'un petit programme pour son automate hypothétique. Helmut Schreyer a donné une description analogue en 1939 pour la machine qu'il a aidé Konrad Zuse à construire (voir [RA 73, pages 95–98 et 167]).

Pour conclure cette étude des développements antérieurs, considérons le célèbre article mathématique de A. M. Turing 1936 [TU 36], dans lequel le concept de machine à calculer universelle a été introduit pour des raisons théoriques. Le langage machine de Turing est plus que primitif, n'ayant aucune capacité arithmétique. Il définit un programme complexe en présentant une grande quantité de macro-extensions ou de sous-routines ouvertes. Voici, par exemple, son programme pour que la machine se déplace jusqu'au '*a*' le plus à gauche de son ruban :

m-config.	symbole	comportement	m-config. finale
$\mathfrak{f}(\mathfrak{C}, \mathfrak{B}, a)$	$\begin{cases} \ni \\ \text{pas } \ni \end{cases}$	L L	$\mathfrak{f}_1(\mathfrak{C}, \mathfrak{B}, a)$ $\mathfrak{f}(\mathfrak{C}, \mathfrak{B}, a)$

m-config.	symbole	comportement	$\dot{m}$-config. finale
$\mathfrak{f}_1(\mathfrak{C}, \mathfrak{B}, a)$	$\begin{cases} a \\ \text{pas } a \\ \text{aucun} \end{cases}$	R R	$\mathfrak{C}$ $\mathfrak{f}_1(\mathfrak{C}, \mathfrak{B}, a)$ $\mathfrak{f}_2(\mathfrak{C}, \mathfrak{B}, a)$
$\mathfrak{f}_2(\mathfrak{C}, \mathfrak{B}, a)$	$\begin{cases} a \\ \text{pas } a \\ \text{aucun} \end{cases}$	R R	$\mathfrak{C}$ $\mathfrak{f}_1(\mathfrak{C}, \mathfrak{B}, a)$ $\mathfrak{B}$

[Afin d'effectuer cette opération, on doit d'abord placer la machine dans l'état $\mathfrak{f}(\mathfrak{C}, \mathfrak{B}, a)$. Elle commence alors immédiatement à chercher à gauche sur le ruban (L) jusqu'à ce qu'elle rencontre le symbole ə. Elle se déplace alors à droite jusqu'à ce qu'elle rencontre le symbole a ou deux blancs consécutifs. Dans le premier cas, elle entre dans l'état $\mathfrak{C}$, cherchant encore a. Dans le second cas, elle entre dans l'état $\mathfrak{B}$ après s'être déplacée à droite du second blanc. Turing utilisait le terme « m-configuration » pour état.]

De telles « tables squelette », présentées par Turing, ont représenté les notations de niveau le plus élevé concernant la description précise des algorithmes développés avant que notre histoire ne commence—à part, peut-être, la « notation λ » d'Alonzo Church [CH 36], qui représente une approche entièrement différente des calculs. Les mathématiciens devaient traditionellement présenter les mécanismes de contrôle des algorithmes de façon informelle. Les calculs nécessaires devaient être exprimés au moyen d'équations. Il n'y avait pas de concept d'affectation (c'est-à-dire de remplacement de la valeur d'une variable par une nouvelle valeur). Au lieu d'écrire $s \leftarrow -s$ on devait écrire $s_{n+1} = -s_n$, en donnant un nouveau nom à chaque quantité qui pouvait apparaître durant la suite de calculs.

Le « plan calcul » de Zuse

Vers la fin de la Seconde Guerre mondiale les bombes alliées ont détruit presqu'entièrement les calculateurs à relais sophistiqués que Konrad Zuse avait construit en Allemagne depuis 1936. Seule sa machine Z4 en a réchappé, ce que Zuse décrit d'une façon [abenteuerlich] à faire dresser les cheveux sur la tête. Il a déménagé la machine un petit peu plus loin dans un petit village des Alpes appelé Hinterstein.

Il était impensable de continuer un quelconque travail pratique sur l'équipement. Mon petit groupe de douze personnes était dissous. C'était donc maintenant le moment idéal de poursuivre des études théoriques. Le calculateur Z4 qui en avait réchappé pouvait à peine être remis en marche et aucun langage algorithmique n'était vraiment nécessaire pour le programmer. [Les instructions conditionnelles avaient consciemment été omises ; voir [RA 73, page 181].] Ainsi le PK [*Plankalkül*] apparaissait-il comme un simple projet, sans savoir si des machines adéquates pour les programmes PK seraient disponibles dans un futur prévisible. [ZU 72, page 6].

Zuse s'était précédemment aperçu du manque de notations formelles pour les algorithmes alors qu'il travaillait à son doctorat [ZU 44]. Il a alors développé une notation à trois adresses semblable à celle de Babbage mais indépendemment de lui. Pour calculer, par exemple, les racines x_1 et x_2 de $x^2 + ax + b = 0$, étant donnés $a = V_1$ et $b = V_2$, il a préparé le *Rechenplan* suivant [page 26] :

$$V_1 : 2 = V_3$$
$$V_3 \cdot V_3 = V_4$$
$$V_4 - V_2 = V_5$$
$$\sqrt{V_5} = V_6$$
$$V_3(-1) = V_7$$
$$V_7 + V_6 = V_8 = x_1$$
$$V_7 - V_6 = V_9 = x_2$$

Il a pris conscience que sa notation était limitée à des programmes linéaires [aussi appelés *starre Pläne*] et a conclu son manuscrit précédent par la remarque suivante [ZU 44, page 31] :

Le *Unstarre Rechenpläne* constitue le niveau le plus élevé des calculs de combinatoire mais il ne peut pas être traité ici.

Compléter ce travail fut la tâche théorique que Zuse s'est donné lui-même en 1945 et il l'a poursuivie très énergiquement. Le résultat fut un langage assez complet qu'il a appelé *Plankalkül* [calcul des programmes], extension des *Aussagenkalkül* [calcul propositionnel] et *Prädikatenkalkül* [calcul des prédicats] de Hilbert. Avant de poser les bases de ce projet, Zuse a écrit un long manuscrit contenant des programmes bien plus complexes que tous ceux qui ont été écrits. Entre autres choses, il y avait des algorithmes de tri, de test de connexité des graphes représentés par une liste d'arcs, d'arithmétique entière (y compris le calcul des racines carrées) en numération binaire et d'arithmétique en flottant. Il a même conçu des algorithmes pour tester si une formule logique donnée est syntaxiquement bien formée et si une telle formule contient des parenthèses redondantes — en considérant six niveaux de priorité entre les opérateurs. Pour terminer en beauté, il a aussi écrit 49 pages d'un algorithme pour jouer aux échecs. Qui aurait pu croire que de telles conceptions pionnières auraient pu émergées du village isolé de Hinterstein ? Ses projets d'inclure des algorithmes pour des calculs sur les matrices, le développement en série, etc. sont tombés à l'eau car il lui manquait les contacts nécessaires sur place pour les réaliser. De plus son programme pour jouer aux échecs traitait les « captures en passant » de façon incorrecte car il ne pouvait trouver personne qui connaissait les échecs mieux que lui [ZU 72, pages 32 et 35] !

Le manuscrit de 1945 de Zuse n'a malheureusement pas été publié avant 1972 bien que de brefs extraits soient parus en 1948 et en 1959 [ZU 48, ZU 59]. Voir aussi [BW 72], où son travail fut porté à l'attention des lecteurs anglophones pour la première fois. Il est intéressant de se demander ce qui aurait pu arriver s'il avait publié tout cela à temps. Beaucoup de gens auraient-ils été capables de comprendre de telles idées radicalement nouvelles ?

La monographie [ZU 45] sur le *Plankalkül* commence par exprimer ses motivations :

> Aufgabe des Plankalküls ist es, beliebige Rechenvorschriften rein formal darzustellen. [La mission du calcul de programmes est de donner une description purement formelle de toute procédure de calcul.]

Le *Plankalkül* devrait donc, en particulier, être capable de décrire l'algorithme TPK et nous n'avons rien de mieux à faire que de s'atteler à ce programme avant d'oublier ce qu'est TPK. La notation de Zuse peut apparaître un peu effrayante à première vue mais nous verrons rapidement qu'elle n'est pas réellement difficile à comprendre.

$$
\begin{array}{lll}
01 & \text{S2} = (\text{S1.4}, \text{S}\Delta 1) \\
02 & \text{P1} & \left| \begin{array}{ccc} \text{R(V)} \Rightarrow \text{R} \\ \end{array} \right. \\
03 & & \text{V} \left| \begin{array}{ccc} 0 & & 0 \end{array} \right. \\
04 & & \text{S} \left| \begin{array}{ccc} \Delta 1 & & \Delta 1 \end{array} \right. \\
05 & & \left| \begin{array}{ccc} \sqrt{|V|} + 5 \times V^3 \Rightarrow \text{R} \end{array} \right. \\
06 & & \text{V} \left| \begin{array}{ccc} 0 & 0 & 0 \end{array} \right. \\
07 & & \text{S} \left| \begin{array}{ccc} \Delta 1 & \Delta 1 & \Delta 1 \end{array} \right.
\end{array}
$$

08	P2	R(V)	$\Rightarrow$	R	
09		V 0		0	
10		S 11 $\times$ Δ1		11 $\times$ 2	

11		W2(11)	R1(V) $\Rightarrow$ Z	
12	V		0 0 0	
13	K		i	
14	S		Δ1 Δ1	

$$
\begin{array}{llll}
15 & & Z > 400 \,.\, (i, +\infty) \Rightarrow R \ulcorner(10 - i) \\
16 & V & \quad 0 \qquad\qquad\qquad\quad 0 \\
17 & K & \\
18 & S & \Delta 1 \qquad\qquad 1.4 \qquad 2
\end{array}
$$

$$
\begin{array}{llll}
19 & & \overline{Z > 400} \,.\, (i,\ Z) \Rightarrow R \ulcorner(10 - i) \\
20 & V & \quad 0 \qquad\qquad\quad 0 \quad 0 \\
21 & K & \\
22 & S & \Delta 1 \qquad\quad 1.4 \ \Delta 1 \quad 2
\end{array}
$$

La ligne *01* de ce code est la déclaration d'un type de données composé et, avant d'étudier le reste du programme, nous devons mettre l'accent sur la richesse des structures de données fournies par le langage de Zuse (y compris dans sa forme antérieure [ZU 44]). Cette caractéristique est, en fait, l'un des plus grands points forts du Plankalkül ; aucun des autres langages que nous allons étudier n'a une telle notion perspicace des données, celle de Zuse étant, de plus, simple et élégante. Il part des données du type S0, un simple bit [*Ja-Nein-Wert*] dont la valeur est soit '$-$', soit '$+$'. À partir des types de données σ_0, ..., σ_{k-1}, un programmeur peut définir le type de données composé $(\sigma_0, \ldots, \sigma_{k-1})$; on peut accéder aux composantes individuelles de ce type composé en mettant les indices $0, \ldots, k - 1$ aux variables de ce type. Les tableaux peuvent également être définis en écrivant $m \times \sigma$, ce qui signifie m composants identiques du type σ. On peut répéter cette opération afin d'obtenir des tableaux de la dimension voulue. Enfin m peut être '$\square$', indiquant une liste de longueur *variable*. Zuse fait bon usage de telles structures de liste dans ses algorithmes traitant des graphes, des formules algébriques et du jeu d'échec.

Le *Plankalkül* comprend donc l'important concept de données structurées hiérarchiquement, se ramenant toutes au niveau du bit. De telles structures de données avancées ne réapparaîtront pas dans les langages de programmation avant la fin des années 1950, sur le « Commercial

Translator » d'IBM. L'idée finira par apparaître dans beaucoup d'autres langages, comme FACT, COBOL, PL/I et des extensions de ALGOL 60 (voir [CL 61] et [SA 69, page 325]).

Les nombres binaires à n bits sont représentés dans le *Plankalkül* par le type S1.n. Un autre type spécial est utilisé pour les *flottants en binaire*, à savoir :

$$S\Delta 1 = (S1.3, \ S1.7, \ S1.22).$$

La première composante à trois bits sert ici pour le signe et les marques spéciales — indiquant, par exemple, si le nombre est réel, imaginaire ou nul. La seconde composante sert d'exposant à sept bits en notation à complément à deux. La dernière composante de 22 bits représente la partie fractionnaire à 23 bits d'un nombre sous forme normalisée, le bit dominant '1' redondant étant supprimé. Ainsi, par exemple, le nombre flottant +400.0 pourrait apparaître comme :

$$(-+-, \ ---+---, \ ----------------------+--+),$$

et il pourrait aussi être écrit :

$$(LO, \ LOOO, \ LOOLOOOOOOOOOOOOOOOOOOOO).$$

[La notation $+$ et $-$ a ses bits numérotés $0, 1, \ldots$, de gauche à droite alors que la notation L et O correspond aux nombres binaires tels que nous les connaissons maintenant, avec leurs bits les plus significatifs à gauche.] Il existe une représentation particulière pour les quantités « infini » et « très petit », par exemple :

$$+\infty = (LLO, \ LOOOO, \ O).$$

Notre programme TPK utilise $+\infty$ au lieu de 999 à la ligne *15* puisqu'une telle valeur semble une façon appropriée d'exprimer le concept 'TROP GRAND'.

Revenons maintenant au programme lui-même. La ligne *01* introduit le type de données S2, à savoir une couple dont la première composante est un entier de 4 bits (type S1.4) et dont la seconde composante est un flottant (type $S\Delta 1$). Ce type de données sera utilisé plus loin pour les onze sorties de l'algorithme TPK. Les lignes *02–07* définissent la fonction $f(t)$ et les lignes *08–22* le programme TPK principal.

La chose la plus difficile à prendre en main à propos de la notation de Zuse est le fait que chaque opération s'étend sur plusieurs lignes ; les lignes *11–14*, par exemple, doivent être lues comme une unité. La seconde ligne de chaque groupe (étiquetée 'V') est utilisée pour identifier les indices des quantités nommées à la ligne du dessus ; ainsi :

$$\begin{matrix} R, & V, & Z \\ 0 & 0 & 0 \end{matrix} \quad \text{représente les variables } R_0, V_0, Z_0.$$

Les opérations sont effectuées sur les variables de sortie [*Resultatwerte*] R_k, les variables d'entrée [*Variablen*] V_k et les variables intermédiaires [*Zwischenwerte*] Z_k. La ligne 'K' est utilisée pour désigner les composants d'une variable ; on a ainsi dans notre exemple :

$$\begin{matrix} V \\ 0 \\ i \end{matrix} \quad \text{qui signifie la composante } i \text{ de la variable d'entrée } V_0.$$

(Une ligne 'K' complètement blanche est en général omise.) Des indices complexes peuvent être manipulés en mettant une barre en zigzag partant de la ligne K et en allant à la ligne supérieure, comme à la ligne *17* du programme où la notation indique la composante $10 - i$ de R_0. La ligne supérieure de chaque groupe est étiquetée par A ou S. Elle est utilisée pour spécifier le type de chaque variable. Ainsi le '2' de la ligne *18* de notre exemple indique que R_0 est du type S2, le '$\Delta 1$' que Z_0 est un flottant (type $S\Delta 1$) et '1.4' que i est représenté par un entier binaire à 4 bits (type S1.4).

Zuse a remarqué [ZU 45, page 10] que le nombre de types de données possibles est si grand qu'il aurait été impossible d'indiquer un type de variable simplement en utilisant des conventions typographiques analogues à celles des mathématiques classiques. Il a donc pris conscience de l'importance d'appréhender le type de chaque variable en chaque point d'un programme bien qu'une telle information soit en général redondante. C'est certainement l'une des raisons principales pour lesquelles il a introduit cette notation multi-lignes si particulière. Soit dit en passant, une notation multi-lignes un peu analogue a été utilisée récemment pour décrire les notes de musique [SM 73] ; il est intéressant de se demander si la notation musicale évoluera de la même façon que les langages de programmation.

Nous sommes maintenant prêts à pénétrer plus avant dans la signification du code ci-dessus. Chaque plan commence par une partie spécification [*Randauszug*], donnant les types des entrées et des sorties. Ainsi les lignes *02–04* signifient que P1 est une procédure qui prend une entrée V_0 de type $S\Delta 1$ (flottant) et produit un R_0 du même type. Les lignes *08–10* disent que P2 prend V_0 de type $11 \times S\Delta 1$ (à savoir un vecteur de 11 flottants, le tableau $a[0{:}10]$ de notre algorithme TPK) et donne R_0 de type $11 \times S2$ (à savoir le vecteur des 11 couples décrits ci-dessus).

La flèche double $\Rightarrow$, que Zuse appelle le *Ergibt-Zeichen* (le signe conduit à), a été introduite pour désigner l'opération d'affectation ; la signification des lignes *05–07* devrait donc être claire. Comme nous l'avons remarqué, les mathématiciens n'ont jamais utilisé de tel opérateur avant cela ; en fait, l'utilisation systématique des affectations constitue une fracture entre le mode de pensée informatique et le mode de pensée mathématique. Zuse a introduit un nouveau symbole en toute connaissance de cause pour cette nouvelle opération, en remarquant [ZU 45, page 15] que :

$$Z + 1 \Rightarrow Z$$
$$ 3 3$$

est l'analogue de l'équation :

$$Z + 1 = Z$$
$$3.i 3.i + 1$$

des mathématiques traditionnelles (soit dit en passant, les éditeurs de [ZU 48] ont utilisé le signe $\leftthreetimes$ au lieu de $\Rightarrow$, mais Zuse n'a jamais utilisé ce signe $\leftthreetimes$ lui-même). Notons que la variable recevant une nouvelle valeur apparaît à droite alors que la plupart des langages actuels la placent à gauche. Nous verrons qu'il y aura une tendance « gauchiste » au fur et à mesure que les langages seront conçus.

Il reste à comprendre les lignes *11–22* de l'exemple. La notation 'W2(n)' représente une itération, de $i = n - 1$ à 0 ; ainsi W2(11) joue le rôle de la seconde boucle **for** de l'algorithme TPK (l'index d'une telle itération est toujours noté i, ou $i.0$; si une autre itération est imbriquée à l'intérieur de celle-ci, son index doit être appelé $i.1$, etc.). La notation :

$$R1(x)$$
$$ 0 $$

de la ligne *11* désigne le résultat R_0 de l'application de la procédure P1 à l'entrée x. Les lignes *15–18* du programme signifient :

if $Z_0 > 400$ **then** $R_0[10 - i] := (i, +\infty);$

Notons-y la nouvelle notation de Zuse ‚. pour les tests. Les lignes *19–22* sont analogues, avec une barre sur '$Z_0 > 400$' pour indiquer la négation de cette relation. Il n'y a pas d'équivalent de '**else**' dans le Plankalkül, ni d'instruction **go to**. Cependant Zuse utilise la notation 'Fin' avec des indices pour indiquer un saut à un numéro donné d'itération et/ou au début d'un nouveau cycle d'itération (voir [ZU 72, page 28 ; ZU 45, page 32]). Cette idée a été récemment remise au goût du jour dans le langage BLISS [WR 71].

Le lecteur devrait maintenant être capable de comprendre tout le code donné ci-dessus. Dans les textes accompagnant ses programmes en notation *Plankalkül*, Zuse insiste sur les relations mathématiques qui apparaissent entre les variables. Il appelle une telle relation un *impliziten Ansatz* ; nous l'appellerions maintenant un « invariant ». C'est encore une autre idée fondamentale de programmation. Comme les structures de données de Zuse, elle a disparu des langages de programmation au cours des années 1950, en attendant d'être reçue d'une façon enthousiaste lorsque le temps fut devenu propice [HO 71].

Zuse avait l'intention d'utiliser un jour le *Plankalkül* comme fondement d'un langage de programmation qui pourrait être traduit par une machine (voir [ZU 72, pages 5, 18, 33, 34]). Mais en 1945 il considérait les premières choses d'abord — à savoir qu'il avait besoin de décider quels concepts devaient apparaître dans une notation pour la programmation. Nous pouvons résumer ce qu'il a accompli en disant que le Plankalkül a introduit beaucoup d'idées extrêmement importantes mais qu'il manquait un « édulcorant syntaxique » pour exprimer les programmes dans un format lisible et que l'on écrit facilement.

Zuse dit qu'il a fait des essais modestes les années suivantes pour implémenter *Plankalkül* dans sa propre entreprise, « mais ce projet ne pouvait absolument pas aboutir puisque le prix de conception et d'implémentation des compilateurs dépassait les ressources de ma petite firme ». Il mentionne aussi son désappointement du fait que beaucoup d'idées de *Plankalkül* n'aient pas été incorporées dans ALGOL 58 alors que certains des concepteurs de l'ALGOL originel connaissaient ses travaux [ZU 72, page 7]. Ceci était certainement inévitable du fait que *Plankalkül* était trop en avance sur son temps du point de vue du matériel disponible et du développement du logiciel. La plupart des autres langages que nous allons étudier partent de l'autre bout, en se demandant ce qu'il est possible d'implémenter plutôt que ce qu'il serait possible d'écrire. Cela a pris naturellement plusieurs années pour que ces deux approches se rejoignent et qu'une synthèse adéquate voie le jour.

Les diagrammes de flux

De l'autre côté de l'Atlantique, Herman H. Goldstine et John von Neumann se débattaient avec le même type de problèmes que Zuse : comment devait-on représenter les algorithmes d'une façon précise, à un niveau plus élevé que celui du langage machine ? Leur réponse, qui est due dans une large mesure à l'analyse faite par Goldstine du problème et à des suggestions de von Neumann, Adele Goldstine et Arthur W. Burks [GO 72, pages 266–268], est très différente de *Plankalkül* : ils ont proposé une représentation picturale avec des boîtes reliées par des flèches, qu'ils ont appelée « diagramme de flux » (*flow diagram* en anglais). Au cours des années 1946 et 1947, ils ont préparé un gros traité soigneusement travaillé sur la programmation fondée sur les diagrammes de flux [GV 47]. Il est intéressant de comparer leur travail à celui de Zuse. Il y a des différences marquantes, telle que la mise en avant du calcul numérique au lieu des structures de données. Il y a aussi des parallèles marquants, tel que l'utilisation du terme « plan » dans le titre des deux documents. Bien qu'aucun des deux travaux n'ait été publié dans des revues de l'époque, la différence la plus significative est que le traité de Goldstine et von Neumann fut joliment tapé à la machine et distribué en grande quantité, à la plupart des gens intéressés par les ordinateurs à cette époque. Ceci, ajouté à la haute qualité de la présentation et au prestige de von Neumann, a fait que leur rapport a eu un impact énorme, devenant le fondement des techniques de programmation dans le monde entier. Le terme « diagramme de flux » a été raccourci en « organigramme » (*flow chart* en anglais, qui est même devenu « flowchart » par la suite) — un mot qui est entré dans notre langue comme nom (et aussi comme verbe en anglais).

Nous savons tous ce que sont les organigrammes mais très peu de gens ont vu un authentique diagramme de flux originel de nos jours. Il est en fait très intructif de revenir au style d'origine de Goldstine et von Neumann, puisque leurs diagrammes de flux représentent un point de transition entre la notation de l'« égalité » mathématique et l'opération d'« affectation » informatique. La figure 1 montre comment l'algorithme TPK aurait probablement été dessiné si Goldstine et von Neumann avaient eu à le traiter en 1947.

On a besoin d'expliquer plusieurs points de cette notation originelle. Le plus important est certainement le fait que les boîtes contenant '$10 \rightarrow i$' et '$i-1 \rightarrow i$' n'étaient *pas* destinées à spécifier un quelconque calcul. Le point de vue de Goldstine et von Neumann était très différent de celui auquel nous sommes habitués. Les lecteurs trouveront

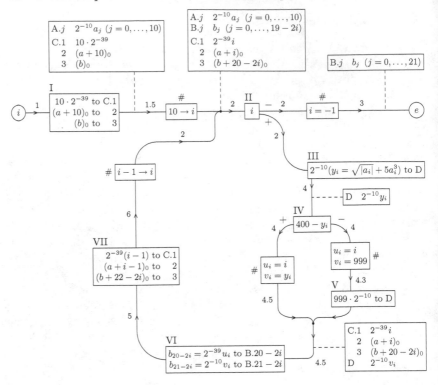

FIGURE 1. Un diagramme de flux dans le style de Goldstine–von Neumann originel.

qu'il vaut la peine de réfléchir à cette différence conceptuelle jusqu'à ce qu'ils soient capables de la percevoir. La boîte '$i-1 \to i$' représente un simple changement de *notation*, lorsque le flux de contrôle passe par ce point, plutôt qu'une action que l'ordinateur doit effectuer. La boîte VII, par exemple, a effectué le calcul nécessaire pour placer $2^{-39}(i - 1)$ à l'emplacement mémoire C.1. Ainsi lorsque nous passons par la boîte '$i-1 \to i$' et que nous allons au point de jonction suivant à la boîte II, l'emplacement C.1 contient maintenant $2^{-39}i$. La notation externe a changée mais pas l'emplacement C.1 ! Cette distinction entre notations externe et interne intervient partout, la notation externe étant orientée problème alors que le contenu réel de la mémoire est orienté machine. Les nombres associés à chaque flèche dans le diagramme indiquent ce qui est appelé les « intervalles de constance » (*constancy interval* en anglais), où tous les emplacements de mémoire ont des contenus constants et toutes les variables liées de la notation externe ont une signification constante.

Une « table de stockage » est reliée par une ligne discontinue aux intervalles de constance, pour montrer les relations adéquates entre les valeurs externes et internes en ce point. Ainsi, par exemple, remarquons que la boîte '10 → i' ne spécifie pas un calcul mais qu'elle fournit la transition appropriée de l'intervalle de constance 1.5 à l'intervalle de constance 2 (voir [GV 47, §7.6 et §7.7].)

De tels diagrammes contiennent généralement quatre types de boîtes : (a) Les boîtes d'opération, étiquetées par un nombre en chiffres romains ; c'est à cet endroit que le programme de l'ordinateur est supposé effectuer les transitions appropriées du stockage. (b) Les boîtes d'alternative, également étiquetées par un nombre en chiffres romains, ayant deux sorties étiquetées + et − ; c'est à cet endroit que se font les branchements suivant le signe de la quantité nommée. (c) Les boîtes de substitution, étiquetées par # et utilisant le symbole '→' ; c'est à cet endroit que la notation externe pour une variable liée change, de la façon expliquée ci-dessus. (d) Les boîtes d'assertion, également étiquetées par # ; c'est à cet endroit que les importantes relations entre les notations externes et l'état actuel du contrôle sont spécifiées. L'exemple comprend trois boîtes d'assertion, une qui dit '$i = -1$' et deux disant que les sorties u_i et v_i (dans une notation appropriée au problème) prennent maintenant certaines valeurs. Comme les boîtes de substitution, les boîtes d'assertion n'indiquent aucune action de la part de l'ordinateur ; elles donnent seulement des relations aidant à démontrer la validité du programme et pouvant aider le programmeur à écrire le code pour les boîtes d'opération.

La caractéristique suivante la plus importante des diagrammes de flux originels est le fait que les programmeurs avaient besoin d'avoir une idée de l'*échelle* (c'est-à-dire de l'emplacement de la virgule binaire) de tous les nombres présents dans la mémoire de l'ordinateur. Un mot ordinateur avait une longueur de 40 bits ; sa valeur était une fraction en binaire x de l'intervalle $-1 \leq x < 1$. Ainsi, par exemple, l'organigramme de la figure 1 suppose que $2^{-10}a_j$ est initialement présent à l'emplacement mémoire A.j, pas la valeur a_j elle-même ; les sorties b_j sont également mises à l'échelle.

Le dernier mystère qui doit être révélé est la signification des notations telles que $(a + i)_0$, $(b)_0$, etc. En général, 'x_0' était utilisé lorsque x était une adresse machine entière ; elle représentait le nombre $2^{-19}x + 2^{-39}x$, à savoir un mot binaire avec x apparaissant deux fois, aux emplacements des bits 9 à 20 et 29 à 40 (en comptant à partir de la gauche). Un tel nombre pouvait être utilisé en machine pour modifier les adresses des instructions à 20 bits qui étaient placées dans l'une des deux moitiés d'un mot de 40 bits.

Une fois un diagramme de flux tel que celui-ci dessiné, la tâche restante consistait à préparer ce qui était appelé le « code statique » pour les boîtes étiquetées par des nombres en chiffres romains. Pour cette tâche, les programmeurs devaient utiliser leur capacité à résoudre les problèmes ainsi qu'une connaissance du langage machine et des informations sur les tables de stockage et les boîtes d'assertion, pour effectuer les transitions voulues. Par exemple, dans la boîte VI on doit utiliser le fait que $u_i = i$, que l'emplacement D contient $2^{-10}v_i$, que l'emplacement C.1 contient $2^{-39}i$ et que l'emplacement C.3 contient $(b+20-2i)_0$ (un mot correspondant à l'emplacement de la variable B.20−2i) pour exprimer les affectations spécifiées. Le travail dans la boîte VII est légèrement plus compliqué : une des tâches, par exemple, consiste à stocker $(b+22-2i)_0$ à l'emplacement C.3 ; le programmeur est supposé résoudre ce problème en ajoutant $2 \cdot (2^{-19}+2^{-39})$ au contenu précédent de C.3. En général, le travail de codage statique exigeait un niveau d'habileté assez élevé pour résoudre les problèmes et on était très éloigné de l'état de l'art de cette époque permettant d'obtenir un ordinateur qui fasse de telles choses. Comme avec *Plankalkül*, la notation avait besoin d'être simplifiée si on voulait l'implémenter sur une machine.

Faisons une remarque finale sur les diagrammes de flux sous leur forme originelle : Goldstine et von Neumann n'ont pas suggéré de notation pour les appels de sous-routines ; la fonction $f(t)$ de l'algorithme TPK a donc été écrite en ligne. Dans [GV 47, §12] il y a un diagramme de flux pour l'algorithme qu'une routine de chargement doit suivre pour reloger des sous-routines d'une bibliothèque mais il n'y a pas d'exemple de diagramme de flux pour un programme utilitaire qui appelle une sous-routine. Une extension des diagrammes de flux pour les appels de sous-routines aurait sûrement pu être faite, mais un tel changement aurait rendu notre exemple moins « authentique ».

L'approche d'un logicien

Venons-en maintenant aux propositions faites par Haskell B. Curry, qui travaillait alors au *Naval Ordnance Laboratory* à Silver Spring, dans le Maryland. Son activité a été en partie contemporaine de celle de Goldstine et von Neumann, puisque la dernière partie de [GV 47] n'a pas été distribuée avant 1948.

Curry a écrit deux longs mémorandums [CU 48, CU 50], qui n'ont jamais été publiés ; la seule référence à ses travaux dans la littérature est un résumé concis et plutôt obscur [CU 50']. Il a préparé un programme assez complexe pour l'ENIAC, en 1946, et cette expérience l'a conduit à suggérer une notation pour la construction des programmes plus compacte que les organigrammes.

Son but, qui correspond à des aspects importants de ce que nous appelons maintenant la « programmation structurée », est digne d'éloges [CU 50, paragraphe 34] :

> La première étape de la préparation d'un programme consiste à analyser les calculs dans des parties principales, appelées ici divisions, de façon à ce que le programme puisse être écrit à partir de celles-ci. Ces parties principales doivent effectuer, ou tout au moins certaines d'entre elles, des calculs indépendants de leur propre chef ou être des variantes de tels calculs.

Mais en pratique ses propositions n'ont pas connu de succès particulier, parce que la façon dont il a décomposé un problème n'était pas très naturelle. Ses composants avaient tendance à avoir plusieurs entrées et plusieurs sorties et peut-être que son habileté mathématique l'a trop fortement influencé à rassembler les pièces d'une façon trop complexe. Le résultat est que la notation qu'il a conçue est un peu excentrique et que le travail est resté inachevé. Voilà comment nous pouvons représenter l'algorithme TPK :

$$F(t) = \{\sqrt{|t|} + 5t^3 : A\}$$
$$I = \{10 : i\} \to \{t = L(a + i)\} \to F(t) \to \{A : y\}$$
$$\to II \to It_7(0, i) \to O_1 \& I_2$$
$$II = \{x = L(b + 20 - 2i)\} \to \{i : x\} \to III$$
$$\to \{w = L(b + 21 - 2i)\} \to \{y : w\}$$
$$III = \{y > 400\} \to \{999 : y\} \& O_1$$

Les explications suivantes devraient suffire à éclairer cet exemple, bien qu'elles ne révèlent pas toute la généralité de ce langage :

$\{E : x\}$ signifie « calculer la valeur de l'expression E et la stocker à l'emplacement x ».

On note A l'accumulateur de la machine.

$\{x = L(E)\}$ signifie « calculer la valeur de l'expression E en tant qu'emplacement machine et la substituer dans toutes les occurrences de 'x' dans les groupes d'instructions suivants ».

$X \to Y$ signifie « substituer le groupe d'instructions Y à la première sortie du groupe d'instructions X ».

On note I_j la j-ième entrée de cette routine, à savoir le début de son j-ième groupe d'instructions.

On note O_j la j-ième sortie de cette routine (il utilisait les mots anglais « input » et « output » et non *entrance* et *exit*).

$\{x > y\} \rightarrow O_1 \,\&\, O_2$ signifie « si $x > y$ aller à O_1, sinon à O_2 ».

$It_7(m, i) \rightarrow O_1 \,\&\, O_2$ signifie « décrémenter i de 1 puis si $i \geq m$ aller à O_2, sinon à O_1 » (« It » est une abréviation de *iterate*).

En fait la chose la plus intéressante de ce travail de Curry n'est pas son langage de programmation mais les algorithmes qu'il a étudiés pour convertir des parties de celui-ci en langage machine. Il a donné une description récursive d'une procédure convertissant des expressions arithmétiques assez générales en code pour un ordinateur à une adresse, devenant ainsi la première personne à décrire la phase de génération du code d'un compilateur (l'analyse syntaxique n'était pas spécifiée ; il a donné des règles de réduction récursives pour les constructions bien connues en logique mathématique, en supposant que toute formule pourrait être analysée convenablement). Sa motivation pour faire ça a été donnée dans [CU 50′, page 100] :

> Von Neumann et Goldstine ont remarqué que, de la façon dont les programmes sont conçus jusqu'à présent, nous ne devrions pas utiliser la technique de composition des programmes pour écrire les types les plus simples de programmes — ils devraient être programmés directement — mais seulement éviter les répétitions pour les programmes d'une certaine complexité. Néanmoins il y a trois raisons de repousser la formation des programmes les plus simples en des programmes de base [c'est-à-dire en des instructions en langage machine], à savoir : (1) L'expérience en logique et en mathématiques montre que l'apprentissage des principes est souvent mieux perçu en considérant des cas trop simples pour un usage pratique — on a, par exemple, une meilleure perception de la nature d'un groupe en considérant les permutations de trois lettres, etc.... (2) Il se peut que la technique de composition des programmes puisse remplacer complètement les méthodes sophistiquées de Goldstine et von Neumann ; cependant ceci peut ne pas marcher du tout mais on doit au moins en considérer la possibilité. (3) La technique de composition des programmes peut être mécanisée ; s'il s'avérait souhaitable de faire écrire des programmes, ou tout au moins

certains d'entre eux, par la machine, ceci serait certainement fait en les analysant pour les réduire à des programmes de base.

Le programme que son algorithme aurait construit pour F(t), si l'expression t^3 avait été remplacée par $t \cdot t \cdot t$, est :

$$\{|t| : A\} \to \{\sqrt{A} : A\} \to \{A : w\} \to \{t : R\} \to \{tR : A\} \to \{A : R\}$$
$$\to \{tR : A\} \to \{A : R\} \to \{5R : A\} \to \{A + w : A\}.$$

Ici w est un emplacement mémoire temporaire et R un registre utilisé pour la multiplication.

Un interpréteur algébrique

Les trois langages que nous avons vu jusqu'ici n'ont jamais été implémentés ; ils ont seulement servis d'aide conceptuelle durant le processus de programmation. De telles aides conceptuelles étaient évidemment importantes mais elles laissaient encore le programmeur avec beaucoup de choses mécaniques à faire et il y avait beaucoup de chances que des erreurs apparaissent.

Le premier langage de « haut niveau » à avoir été implémenté est le *Short Code*, originellement suggéré par John W. Mauchly en 1949. William F. Schmitt l'a codé pour le BINAC à cette époque. Plus tard, en 1950, Schmitt a codé à nouveau *Short Code* pour l'UNIVAC, avec l'aide de Albert B. Tonik et J. Robert Logan a révisé le programme en janvier 1952. Les détails de ce système n'ont jamais été publiés et le plus ancien manuel du programmeur un peu consistant [RR 55] semble n'avoir été écrit dans sa première version qu'en 1952.

L'absence de données sur le premier *Short Code* indique qu'il n'a pas eu un succès immédiat en dépit de sa valeur historique ultérieure. Ce manque de popularité n'est pas surprenant lorsqu'on considère le petit nombre d'utilisateurs scientifiques de l'équipement UNIVAC à cette époque ; en fait, la chose la plus surprenante est qu'un langage algébrique tel que celui-ci n'ait pas été développé avant dans les centres d'activité des ordinateurs orientés mathématiques. La raison en est peut-être que les mathématiciens étaient si préoccupés de considérations d'efficacité qu'ils ne pouvaient pas imaginer perdre un seul instant pour quelque chose qu'un programmeur pouvait faire à la main. Mauchly avait une plus grande largesse de vue et J. R. Logan l'a exprimée de cette façon [RR 55] :

Au moyen du *Short Code*, toute équation mathématique peut être évaluée rien qu'en l'écrivant. Il existe une transformation simple en symboles de l'équation en code comme expliqué dans l'article joint. La nécessité d'une programmation particulière a été éliminée.

Dans nos comparaisons du temps de calcul par rapport au temps passé par des méthodes manuelles, nous avons trouvé un rapport des vitesses d'au moins cinquante contre un. Nous espérons de meilleurs résultats pour les opérations futures.

[...] On s'attend à ce que l'utilisation future du *Short Code* démontre sa puissance comme outil en recherche mathématique et comme outil de vérification pour certains problèmes à grande échelle.

Nous ne pouvons pas être certains de ce à quoi le Short Code UNIVAC ressemblait en 1950 mais il était probablement très proche de la version de 1952, aussi TPK pourrait avoir été codé de la façon suivante :

Équivalents mémoire : $i \equiv$ W0, $t \equiv$ T0, $y \equiv$ Y0.

Les onze entrées parviennent dans les mots respectifs U0, T9, T8, ..., T0.

Constantes : Z0 = 000000000000

Z1 = 010000000051	[1.0 en flottant décimal]
Z2 = 010000000052	[10.0]
Z3 = 040000000053	[400.0]
Z4 = ΔΔΔTOOΔLARGE	['TROP GRAND']
Z5 = 050000000051	[5.0]

Les numéros d'équations rappellent des informations [étiquettes] :

0 = line *01*,   1 = line *06*,   2 = line *07*

Short code :

	Équations	*Représentation codée*
00	$i = 10$	00 00 00 W0 03 Z2
01	0: $y = (\sqrt{} \text{ abs } t) + 5 \text{ cube } t$	T0 02 07 Z5 11 T0
02		00 Y0 03 09 20 06
03	y 400 if≤to 1	00 00 00 Y0 Z3 41
04	i print, 'TOO LARGE' print-and-return	00 00 Z4 59 W0 58
05	0 0 if=to 2	00 00 00 Z0 Z0 72
06	1: i print, y print-and-return	00 00 Y0 59 W0 58
07	2: T0 U0 shift	00 00 00 T0 U0 99
08	$i = i - 1$	00 W0 03 W0 01 Z1
09	0 i if≤to 0	00 00 00 Z0 W0 40
10	stop	00 00 00 00 ZZ 08

Chaque mot UNIVAC comprenait douze « sextets » de 6 bits et les équations en *Short Code* étaient translittérées « en symboles » en groupes de six paquets de 2 sextets en utilisant les équivalents suivants (entre autres) :

01 −	06 abs	1n	puissance $(n+2)$
02)	07 +	2n	racine $(n+2)$
03 =	08 pause	4n	si$\leq$à n
04 /	09 (	58	imprime et tab
		59	imprime et retour chariot
		7n	si=à n
		99	rotation cyclique de la mémoire
		Sn, Tn, ..., Zn	quantités

Ainsi '$i = 10$' doit être codé par le mot '00 00 00 W0 03 Z2' comme on l'a vu ; des paquets de 00 doivent être utilisés à gauche pour compléter un mot. La multiplication était simplement indiquée par la juxtaposition (voir la ligne *01*).

Le système était un *interpréteur algébrique*, à savoir une routine d'interprétation qui analysait répétitivement la représentation codée et qui effectuait les opérations adéquates. L'interpréteur traitait chaque mot en allant de droite à gauche de telle façon qu'il puisse voir le signe '$=$' d'une opération d'affectation en dernier. Ce fait avait besoin d'être compris par le programmeur, qui devait découper les longues équations de façon appropriée en plusieurs mots (voir les lignes *01* et *02*). Remarquer également les instructions d'affichage aux lignes *04* et *06*, où les codes se lisent de droite à gauche.

Ces explications devraient suffire à expliquer le programme TPK cidessus, sauf pour le 'shift' de la ligne *07*. Short Code n'admet pas de variables indicées mais il a une instruction **99**, qui effectue un déplacement cyclique dans un bloc spécifié de la mémoire. Par exemple la ligne *07* du programme pris en exemple signifie :

$$temp = \text{T0}, \quad \text{T0} = \text{T1}, \quad ..., \quad \text{T9} = \text{U0}, \quad \text{U0} = temp;$$

et heureusement c'est tout ce dont l'algorithme TPK a besoin.

Le communiqué de presse suivant de la Remington Rand a paru dans le *Journal of the Association for Computing Machinery* **2** (1955), page 291 :

La programmation automatique, essayée et testée depuis 1950, évite la communication avec l'ordinateur dans un code ou langage spécial. [...] Le *Short-Order Code* est en effet un « dictionnaire électronique » faisant appel à [...] une routine interprétative conçue pour la solution de problèmes mathématiques et d'ingénierie utilisés une seule fois.

(Plusieurs autres systèmes de programmation automatique, comprenant « B-zero » — que nous étudierons plus loin — ont été également annoncés à cette même époque.) C'est l'un des rares endroits où *Short Code* a été mentionné dans la littérature. Grace Hopper y a fait brièvement référence dans [HO 52, page 243] (l'appelant « short-order code »), dans [HO 53, page 142] (« short-code ») et dans [HO 58, page 165] (« Short Code »). Il est dit dans [HM 53, page 1252] que le système « short code » était « seulement une première approximation d'un projet plus complet lorsqu'il a été conçu à l'origine ». Ceci est probablement vrai mais plusieurs écarts entre [HM 53] et [RR 55] indiquent que les auteurs de [HM 53] n'étaient pas pleinement familiers avec *Short Code* UNIVAC tel qu'il existait.

Le « Intermediate PL » de Burks

De façon indépendante, des efforts pour simplifier le travail de codage ont été réalisés à cette époque par Arthur W. Burks et ses collègues à l'université du Michigan. Le but général de leurs activités était de rechercher un processus permettant de passer d'une vague description en « anglais des affaires ordinaire » d'un problème de traitement des données en une description en « langage de programmation interne » d'un programme en langage machine pour ce problème, et en particulier de diviser ce processus en une suite d'étapes moins conséquentes [BU 51, page 12] :

Ceci a deux avantages principaux. D'abord des étapes plus petites peuvent être plus facilement mécanisées que de plus grandes étapes. Ensuite les différents travaux peuvent être confiés à différentes étapes du processus et à des spécialistes différents.

En 1950, Burks a esquissé ce qu'il appelle un « langage de programmation intermédiaire » qui était une des étapes vers le langage de programmation interne ci-dessus. Au lieu d'énoncer les règles complètes pour ce langage intermédiaire, il a pris des parties de deux programmes machine précédemment publiés dans [BU 50] et il a montré comment elles pourraient être exprimées à un plus haut niveau d'abstraction. À partir de ces deux exemples, il est possible de deviner de façon raisonnable comment il pourrait avoir écrit l'algorithme TPK à cette époque :

    1. $10 \to i$
To 10

From 1, 35
    10. $A + i \to 11$ Calcule l'emplacement de a_i
    11. $[A + i] \to t$ Cherche a_i et le sauvegarde
    12. $|t|^{1/2} + 5t^3 \to y$ $y_i = \sqrt{|a_i|} + 5a_i^3$
    13. $400, y; 20, 30$ Regarde si $v_i = y_i$
To 20 if $y > 400$
To 30 if $y \leq 400$

From 13
    20. $999 \to y$ $v_i = 999$
To 30

From 13, 20
    30. $(B + 20 - 2i)' \to 31$ Calcule l'emplacement de b_{20-2i}
    31. $i \to [B + 20 - 2i]$ $b_{20-2i} = i$
    32. $(B + 20 - 2i) + 1 \to 33$ Calcule l'emplacement de b_{21-2i}
    33. $y \to [(B + 20 - 2i) + 1]$ $b_{21-2i} = v_i$
    34. $i - 1 \to i$ $i \to i + 1$
    35. $i, 0; 40, 10$ Répète le cycle tant que i est positif
To 40 if $i < 0$
To 10 if $i \geq 0$

From 35
    40. F   Arrête l'exécution

Les commentaires à droite du programme essaient d'imiter le style d'écriture des commentaires de Burks à cette époque ; ils arrivent à rendre le programme presque complètement compréhensible. Remarquons que l'instruction d'affectation est maintenant bien établie ; Burks l'utilisait également sous la forme un peu inhabituelle '$i \to i + 1$' montrée dans le commentaire de l'instruction 34 [BU 50, page 41].

Le symbole prime apparaissant à l'instruction 30 signifie que l'ordinateur doit sauvegarder ce résultat intermédiaire en tant que sous-expression commune qui sera réutilisée sans être calculée à nouveau. Burks a mentionné que plusieurs des idées utilisées dans ce langage sont dues à Janet Wahr, Don Warren et Jesse Wright. Il a également fait quelques commentaires sur la faisabilité d'automatisation du processus [BU 51, page 13] :

    Les méthodes d'affectation des adresses et de déploiement des commandes abrégées en suites de commandes peuvent être effectuées à l'avance. On pourra donc apprendre à l'ordinateur

$$\boxed{\text{XI}}$$

$$c, d^* \, (= 1 \, \text{inst})$$

$$\underset{1\,\text{ult}\le d<d^*}{\angle}(d, [k, s, u], [a, r])$$

$$\sum_{d<1\,\text{ult}} (s - r) \qquad \sum_{d<1\,\text{ult}} (s - r) + \sum_{1\,\text{ult}\le d<d^*} (s - r)$$

Fiche XI : énoncé du client

à effectuer ce travail. [...] On doit cependant insister sur le fait que, même s'il n'est pas aussi efficace d'utiliser un ordinateur pour effectuer cette traduction, l'Intermediate PL devrait néanmoins être utile au programmeur humain pour préparer et construire des programmes.

À l'autre bout du spectre, plus proche du langage ordinaire des affaires, Burks et ses collègues ont proposé plus tard une forme abstraite de description qui peut être d'un intérêt indépendant, même s'il n'est pas relatif au reste de notre histoire. L'exemple ci-joint suffit à donner une idée de leur « langage de première abstraction », proposé en 1954. À la première ligne, c désigne le nom du client ainsi que son adresse et d^* est '1 inst', c'est-à-dire le premier du mois en cours. Le symbole $\angle_i(x_1, \ldots, x_n)$ est utilisé pour désigner la liste de tous les n-uplets $(x_1, \ldots, x_n)$ de catégorie i, triée dans l'ordre croissant de la première composante x_1. La signification de la seconde ligne est « un listing, ordonné suivant la date d, de toutes les factures et de tous les encaissements du mois dernier ». Ici $[k, s, u]$ est une facture, caractérisée par son numéro k, son montant s en dollars et sa ristourne u ; de même, $[a, r]$ est un encaissement de r dollars, identifié par son numéro a ; enfin '1 ult' désigne le premier du mois précédent. La ligne du bas donne l'ancien dû du client pour le mois précédent et le nouveau dû à droite. « La notation est conçue de façon à ne pas dépendre de la méthode de préparation de l'instruction » [BC 54]. Cependant de telles notations n'ont pas conquis la communauté des affaires, peut-être pour les raisons expliquées par Grace Hopper dans [HO 58, page 198] :

J'ai été professeur de mathématiques. À cette époque je me suis aperçue qu'il y avait un certain nombre d'étudiants qui ne pouvaient pas apprendre les mathématiques. Je fus alors chargée de rendre plus facile l'utilisation des ordinateurs aux hommes d'affaires. Je me suis aperçue que la question n'est pas « peuvent-ils apprendre les mathématiques ? » mais « le veulent-ils ? ». [...] Ils disaient « En ce qui concerne ces symboles — je ne sais pas ce qu'ils signifient, je n'ai pas le temps d'apprendre des symboles ». Je suggère une réponse à ceux qui aimeraient que les spécialistes du traitement des données utilisent des symboles mathématiques : qu'ils commencent d'abord par les enseigner aux vice-présidents ou à un colonel ou à un amiral. Je vous assure que j'ai essayé.

La contribution de Rutishauser

Reportons maintenant notre attention une fois de plus en Europe, où le premier rapport publié sur des méthodes de génération du code machine commençait à paraître. Heinz Rutishauser travaillait sur l'ordinateur Z4, qui avait alors été reconstruit et transporté à l'Institut Fédéral Suisse de Technologie [Eidgenössische Technische Hochschule (ETH)] à Zürich. Il était aussi question d'y construire une nouvelle machine. La meilleure façon d'expliquer les prérequis de la contribution de Rutishauser est de citer une lettre qu'il m'a écrite quelques années plus tard [RU 63] :

Je suis flatté que vous ayez pris le temps de vous plonger dans mon article de 1952. D'un autre côté cela me rend triste car cela me rappelle la mort prématurée d'une activité que j'avais commencée avec plein d'espoir en 1949 mais que je n'ai pas pu continuer après 1951 parce que j'ai dû faire autre chose : faire fonctionner pratiquement seul un ordinateur, heureusement lent, en tant qu'analyste mathématicien, programmeur, opérateur et même dépanneur (mais pas comme ingénieur). Cette activité m'a forcé aussi à développer de nouvelles méthodes numériques, tout simplement parce que celles que je connaissais ne marchaient pas pour les grandes valeurs. Lorsque j'ai disposé de plus de temps plus tard, je ne suis pas revenu à la programmation automatique car j'ai été plus attiré par l'analyse numérique. J'ai été invité seulement beaucoup plus tard — plus pour des raisons historiques, en tant que fossile vivant, que pour mes capacités réelles — à rejoindre l'aventure ALGOL. L'article de 1952 reflète simplement l'étape où j'en étais arrivé sur la programmation automatique et j'étais même heureux d'avoir été capable de rédiger ce rapport par intérim (même si je savais que ce serait le rapport final).

Le traité complet de Rutishauser [RU 52] décrit un ordinateur hypothétique, un langage algébrique ainsi qu'un organigramme complet de deux compilateurs pour ce langage. L'un des compilateurs déploie les boucles complètement alors que l'autre produit du code compact en utilisant des registres d'index. Son langage source est un peu restrictif puisqu'il n'y avait qu'une seule structure de contrôle non séquentielle (l'instruction **for**), mais cette structure de contrôle était en elle-même une contribution importante au développement ultérieur des langages de programmation. Voilà comment il aurait écrit l'algorithme TPK :

01   Für $i = 10(-1)0$

02 $a_i \ggcurly t$

03 $(\text{Sqrt Abs } t) + (5 \times t \times t \times t) \ggcurly y$

04 $\text{Max}(\text{Sgn}(y - 400), 0) \ggcurly h$

05   Z $0_i \ggcurly b_{20-2i}$

06 $(h \times 999) + ((1 - h) \times y) \ggcurly b_{21-2i}$

07   Ende Index i

08   Schluss

Puisqu'aucune construction 'if . . . then' — et encore moins **go to** — n'était présente dans le langage de Rutishauser, le calcul de « y si $y \leq 400$, ou 999 si $y > 400$ » a été effectué ici à l'aide des fonctions Max et Sgn dont il disposait ainsi que d'astuces arithmétiques appropriées (voir les lignes *04* et *06* ; la fonction Sgn(x) est 0 si $x = 0$, ou +1 si $x > 0$, ou -1 si $x < 0$). Un autre problème est qu'il n'a donné aucun mécanisme facile pour les conversions entre indices et les autres variables ; les indices étaient complètement liés aux boucles Für–Ende. Notre programme utilise donc une astuce pour obtenir i dans la formule principale à la ligne *04* : 'Z 0_i' utilise l'instruction Z, qui transfère une adresse indexée dans l'accumulateur dans la machine de Rutishauser [RU 52, page 10] ; nous avons utilisé cette instruction de façon à ce que son compilateur produise le code correct. Il n'est pas clair qu'il aurait approuvé cette astuce ; si ce n'était pas le cas, nous aurions pu introduire une autre variable, de valeur toujours égale à i. Mais puisqu'il a écrit plusieurs années plus tard un article [RU 61] intitulé « Interférence avec une procédure ALGOL », il y a toutes raisons de croire qu'il aurait été très content de cette astuce.

Comme pour *Short Code*, les symboles du code source algébrique doivent être translittérés avant que le programme puisse être confié à l'entrée de l'ordinateur et le programmeur doit allouer les emplacements mémoire pour les variables et les constantes. Voici comment notre programme TPK aurait été converti en une suite de nombres (flottants)

sur le ruban de papier perforé, en utilisant les allocations mémoire $a_i \equiv$
$100 + i$, $b_i \equiv 200 + i$, $0 \equiv 300$, $1 \equiv 301$, $5 \equiv 302$, $400 \equiv 303$, $999 \equiv 304$,
$y \equiv 305$, $h \equiv 306$ et $t \equiv 307$:

	Für	i	$= 10$	(-1)	0		
01	10^{12},	50,	10,	-1,	0,	Q,	

	begin stmt	a	sub i	⇥	t		
02	010000,	100,	.001,	200000,	307,	Q,	

	begin stmt	(	t	Abs	dummy	Sqrt	
03	010000,	010000,	307,	110000,	0,	350800,	

dummy	)	+	(	5	×	t	
0,	200000,	020000,	010000,	302,	060000,	307,	

×	t	×	t	)	⇥	y	
060000,	307,	060000,	307,	200000,	200000,	305,	Q,

	begin stmt	(	(	y	−	400	)
04	010000,	010000,	010000,	305,	030000,	303,	200000,

Sgn	dummy	)	Max	0	⇥	h	
100000,	0,	200000,	080000,	300,	200000,	306,	Q,

	begin stmt	Z	0 sub i	⇥	b_{20} sub $-2i$		
05	010000,	0, 230000,	0, .001,	200000,	220,	$-.002$,	Q,

	begin stmt	(	h	×	999	)	+
06	010000,	010000,	306,	060000,	304,	200000,	020000,

(	(	1	−	h	)	×	y
010000,	010000,	301,	030000,	306,	200000,	060000,	305,

)	⇥	b_{21} sub $-2i$			
200000,	200000,	221,	$-.002$,	Q,	

	Ende	
07	Q, Q,	

	Schluss	
08	Q, Q.	

Q représente ici un drapeau spécial que l'on peut distinguer de tous les
nombres. La translittération est directe sauf pour les opérateurs unaires tels que 'Abs x', qui doivent être convertis en opérateurs binaires
'x Abs 0'. Une parenthèse gauche supplémentaire est insérée devant
chaque formule, pour apparier le ⇥ (qui a le même code que la parenthèse droite). Les variables indicées dont l'adresse est $\alpha + \Sigma c_j i_j$ sont
spécifiées en écrivant l'adresse de base α suivie d'une suite de valeurs
$c_j 10^{-3j}$; cette façon de faire permet de traiter les indices multiples
d'une façon simple. Le code des opérateurs a été choisi de façon à ce

que le compilateur ait la vie facile ; par exemple, 020000 est l'opération machine 'add' en même temps que le code d'entrée pour +, ainsi le compilateur peut traiter presque toutes les opérations de la même façon. Les codes pour les parenthèses gauche et droite sont les mêmes que pour les opérations machine de chargement et de stockage de l'accumulateur, respectivement.

Puisque son algorithme de compilation est publié et est raisonnablement simple, nous pouvons donner le code objet exact qui aurait été généré à partir de l'entrée source ci-dessus. La sortie est relativement longue mais nous allons l'étudier complètement au vu de son importance pour l'histoire des compilateurs. Chaque mot de la machine de Rutishauser contient deux instructions. Il y a 12 chiffres décimaux par mot instruction. L'accumulateur de la machine était appelé Op.

Instructions machine	Forme symbolique
230010 200050	$10 .. \mathrm{Op}, \quad \mathrm{Op} .. i$
230001 120000	$1 .. \mathrm{Op}, \quad -\mathrm{Op} .. \mathrm{Op}$
200051 230000	$\mathrm{Op} .. i', \quad 0 .. \mathrm{Op}$
200052 220009	$\mathrm{Op} .. i'', \quad * + 1 .. \mathrm{IR}_9$
239001 200081	$1 + \mathrm{IR}_9 .. \mathrm{Op}, \quad \mathrm{Op} .. \mathrm{L}_1$
000000 230100	no-op, $\quad$ loc $a_0 .. \mathrm{Op}$
200099 010050	$\mathrm{Op} .. \mathrm{T}, \quad i .. \mathrm{Op}$
020099 210001	$\mathrm{Op} + \mathrm{T} .. \mathrm{Op}, \quad \mathrm{Op} .. \mathrm{IR}_1$
011000 200307	$(\mathrm{IR}_1) .. \mathrm{Op}, \quad \mathrm{Op} .. t$
010307 110000	$t .. \mathrm{Op}, \quad |\mathrm{Op}| .. \mathrm{Op}$
220009 350800	$* + 1 .. \mathrm{IR}_9, \quad$ go to Sqrt
000000 000000	no-op, $\quad$ no-op
200999 010302	$\mathrm{Op} .. \mathrm{P}_1, \quad 5 .. \mathrm{Op}$
060307 060307	$\mathrm{Op} \times t .. \mathrm{Op}, \quad \mathrm{Op} \times t .. \mathrm{Op}$
060307 200998	$\mathrm{Op} \times t .. \mathrm{Op}, \quad \mathrm{Op} .. \mathrm{P}_2$
010999 020998	$\mathrm{P}_1 .. \mathrm{Op}, \quad \mathrm{Op} + \mathrm{P}_2 .. \mathrm{Op}$
200305 010305	$\mathrm{Op} .. y, \quad y .. \mathrm{Op}$
030303 200999	$\mathrm{Op} - 400 .. \mathrm{Op}, \quad \mathrm{Op} .. \mathrm{P}_1$
010999 100000	$\mathrm{P}_1 .. \mathrm{Op}, \quad$ Sgn $\mathrm{Op} .. \mathrm{Op}$
200998 010998	$\mathrm{Op} .. \mathrm{P}_2, \quad \mathrm{P}_2 .. \mathrm{Op}$
080300 200306	$\mathrm{Max}(\mathrm{Op}, 0) .. \mathrm{Op}, \quad \mathrm{Op} .. h$
230000 200099	$0 .. \mathrm{Op}, \quad \mathrm{Op} .. \mathrm{T}$
010050 020099	$i .. \mathrm{Op}, \quad \mathrm{Op} + \mathrm{T} .. \mathrm{Op}$
210001 230220	$\mathrm{Op} .. \mathrm{IR}_1, \quad$ loc $b_{20} .. \mathrm{Op}$
200099 230002	$\mathrm{Op} .. \mathrm{T}, \quad 2 .. \mathrm{Op}$
120000 060050	$-\mathrm{Op} .. \mathrm{Op}, \quad \mathrm{Op} \times i .. \mathrm{Op}$
020099 210002	$\mathrm{Op} + \mathrm{T} .. \mathrm{Op}, \quad \mathrm{Op} .. \mathrm{IR}_2$
010000 231000	$(0) .. \mathrm{Op}, \quad \mathrm{IR}_1 .. \mathrm{Op}$
202000 230221	$\mathrm{Op} .. (\mathrm{IR}_2), \quad$ loc $b_{21} .. \mathrm{Op}$

200099	230002	$\text{Op} .. \text{T}, \quad 2 .. \text{Op}$
120000	060050	$-\text{Op} .. \text{Op}, \quad \text{Op} \times i .. \text{Op}$
020099	210001	$\text{Op} + \text{T} .. \text{Op}, \quad \text{Op} .. \text{IR}_1$
010301	030306	$1 .. \text{Op}, \quad \text{Op} - h .. \text{Op}$
200999	010306	$\text{Op} .. \text{P}_1, \quad h .. \text{Op}$
060304	200998	$\text{Op} \times 999 .. \text{Op}, \quad \text{Op} .. \text{P}_2$
010999	060305	$\text{P}_1 .. \text{Op}, \quad \text{Op} \times y .. \text{Op}$
200997	010998	$\text{Op} .. \text{P}_3, \quad \text{P}_2 .. \text{Op}$
020997	201000	$\text{Op} + \text{P}_3 .. \text{Op}, \quad \text{Op} .. (\text{IR}_1)$
010081	210009	$\text{L}_1 .. \text{Op}, \quad \text{Op} .. \text{IR}_9$
010050	220008	$i .. \text{Op}, \quad * + 1 .. \text{IR}_8$
030052	388003	$\text{Op} - i'' .. \text{Op}, \quad \text{to } (\text{IR}_8 + 3) \text{ if Op} = 0$
010050	020051	$i .. \text{Op}, \quad \text{Op} + i' .. \text{Op}$
200050	359000	$\text{Op} .. i, \quad \text{go to } (\text{IR}_9)$
000000	999999	no-op, stop
999999		stop

(On a dû corriger plusieurs bogues des pages 39–40 de [RU 52] pour produire ce code, mais l'intention originelle de Rutishauser est assez claire. L'erreur la plus fréquente faite par une personne qui essaie pour la première fois d'écrire un compilateur est de confondre la phase de compilation et la phase du code objet ; Rutishauser a l'honneur d'être le premier à avoir commis cette erreur !)

Le code ci-dessus possède l'intéressante propriété d'être complètement relogeable— même si nous déplaçons toutes les instructions en avant ou en arrière d'un demi-mot. L'étude soigneuse de la sortie montre que les registres d'index étaient traités assez maladroitement mais, après tout, c'était en 1951 et même aujourd'hui certains compilateurs produisent du code bien plus disgracieux que ça.

Rutishauser a publié de légères extensions de sa notation du langage source dans [RU 55] et dans [RU 55'].

Le compilateur de Böhm

Un étudiant italien venant d'obtenir sa maîtrise, Corrado Böhm, a développé un compilateur en même temps et au même endroit que Rutishauser, aussi est-il naturel de penser — comme beaucoup de gens l'ont fait — qu'ils ont travaillé ensemble. Mais en fait leurs méthodes n'ont presque rien en commun. Böhm (qui était étudiant d'Eduard Stiefel) a développé un langage, une machine et une méthode de traduction de son crû dans les années 1950, ne connaissant que [GV 47] et [ZU 48]. Il n'a pris connaissance des intérêts analogues de Rutishauser qu'après avoir soumis sa thèse de doctorat en 1951. Il a rectifié sa thèse à ce moment-là, afin de clarifier les différences entre leurs deux approches.

La thèse de Böhm [BO 52] est particulèrement remarquable puisqu'il ne se contente pas de décrire un compilateur complet, il définit aussi ce compilateur dans son propre langage ! De plus le langage est intéressant en lui-même car *chaque* instruction (y compris les instructions d'entrée, les instructions de sortie et les instructions de contrôle) sont un cas particulier d'une instruction d'affectation. Voici à quoi ressemble TPK dans le langage de Böhm :

A. Posons $i = 0$ (plus
   l'adresse de base 100 pour
   le tableau d'entrée a).

$$\pi' \to A$$
$$100 \to i$$
$$B \to \pi$$

B. Notons a_i une nouvelle entrée
   donnée. Incrémentons i d'une unité,
   et passons à C si $i > 10$,
   sinon répétons B.

$$\pi' \to B$$
$$? \to \downarrow i$$
$$i + 1 \to i$$
$$[(1 \cap (i \dot- 110)) \cdot C] + [(1 \dot- (i \dot- 110)) \cdot B] \to \pi$$

C. Posons $i = 10$.

$$\pi' \to C$$
$$110 \to i$$

D. Appelons x le nombre a_i,
   et préparons-nous à calculer
   sa racine carrée r (en utilisant
   la sous-routine R), puis retournons à E.

$$\pi' \to D$$
$$\downarrow i \to x$$
$$E \to X$$
$$R \to \pi$$

E. Calculons $f(a_i)$ et
   donnons cette valeur à y.
   Si $y > 400$,
   continuons en F, autrement en G.

$$\pi' \to E$$
$$r + 5 \cdot \downarrow i \cdot \downarrow i \cdot \downarrow i \to y$$
$$[(1 \cap (y \dot- 400)) \cdot F] + [(1 \dot- (y \dot- 400)) \cdot G] \to \pi$$

F. Sortons la valeur actuelle
   de i, puis la valeur
   999 ("trop grand").
   Aller à H.

$$\pi' \to F$$
$$i \dot- 100 \to ?$$
$$999 \to ?$$
$$H \to \pi$$

G. Sortons les valeurs
   actuelles de i et de y.

$$\pi' \to G$$
$$i \dot- 100 \to ?$$
$$y \to ?$$
$$H \to \pi$$

H. Décrémentons i d'une unité,
   et retournons à D si $i \geq 0$.
   Sinon s'arrêter.

$$\pi' \to H$$
$$i \dot- 1 \to i$$
$$[(1 \dot- (100 \dot- i)) \cdot D] + [(1 \cap (100 \dot- i)) \cdot \Omega] \to \pi$$

Les commentaires dans une approximation du style de Böhm apparaissent ici à gauche alors que le programme lui-même est à droite. Comme nous l'avons remarqué ci-dessus, les seules instructions du langage de Böhm sont les affectations. L'instruction '$B \to \pi$' signifie « aller à B », c'est-à-dire donner au compteur de programme la valeur de la variable B. L'instruction '$\pi' \to B$' signifie « ceci est l'étiquette B » ; une routine de chargement prétraite le code objet, en utilisant de telles instructions pour donner la valeur initiale des variables comme B au lieu de stocker une instruction en mémoire. Le symbole '?' désigne le monde externe ; ainsi l'instruction '$? \to x$' signifie « entrer une valeur et l'affecter à x » et l'instruction '$x \to ?$' signifie « sortir la valeur actuelle de x ». Une flèche '$\downarrow$' est utilisée pour indiquer un adressage indirect (restreint à un niveau) ; ainsi '$? \to \downarrow i$' dans la partie B signifie « lire une entrée à l'emplacement dont la valeur est i », à savoir dans a_i.

La machine de Böhm opérait seulement sur les *entiers positifs* à 14 chiffres décimaux. Par conséquent son opération $x \mathbin{\dot-} y$ était la « soustraction saturante » des logiciens :

$$x \mathbin{\dot-} y = \begin{cases} x - y, & \text{si } x > y \text{ ;} \\ 0, & \text{si } x \leq y. \end{cases}$$

Il utilisait également la notation $x \cap y$ pour $\min(x, y)$. On peut donc vérifier que :

$$1 \cap (i \mathbin{\dot-} j) = \begin{cases} 1, & \text{si } i > j \text{ ;} \\ 0, & \text{si } i \leq j \text{ ;} \end{cases}$$

$$1 \mathbin{\dot-} (i \mathbin{\dot-} j) = \begin{cases} 0, & \text{si } i > j \text{ ;} \\ 1, & \text{si } i \leq j. \end{cases}$$

Grâce à ces identités, la formule compliquée à la fin de la partie B est équivalente à un branchement conditionnel :

$$\begin{aligned} C \to \pi & \qquad \text{si } i > 110 \text{ ;} \\ B \to \pi & \qquad \text{si } i \leq 110. \end{aligned}$$

On lit facilement le programme de Böhm si on a ces notations en tête. Remarquons que la partie C ne se termine pas par '$D \to \pi$', bien que ceci aurait pu être le cas ; nous aurions dû de même enlever '$B \to \pi$' après la partie A (Böhm a omis une instruction go-to redondante seulement une fois sur les six chances qu'il avait de le faire dans [BO 52]).

La partie D montre comment on manipule facilement les sous-routines dans ce langage bien qu'il ne l'ait pas mentionné explicitement. La sous-routine de la racine carrée entière peut être programmée de la façon suivante, étant donné l'entrée x et l'emplacement de sortie X :

R. Poser $r = 0$ et $t = 2^{46}$.

$$\pi' \to R$$
$$0 \to r$$
$$70368744177664 \to t$$
$$S \to \pi$$

S. Si $r + t \le x$, aller à T,
sinon aller à U.

$$\pi' \to S$$
$$r + t \mathbin{\dot-} x \to u$$
$$[(1 \mathbin{\dot-} u) \cdot T] + [(1 \cap u) \cdot U] \to \pi$$

T. Décrémenter x de $r + t$,
diviser r par 2,
incrémenter r de t,
et aller à V.

$$\pi' \to T$$
$$x \mathbin{\dot-} r \mathbin{\dot-} t \to x$$
$$r : 2 + t \to r$$
$$V \to \pi$$

U. Diviser r par 2.

$$\pi' \to U$$
$$r : 2 \to r$$

V. Diviser t par 4.
Si $t = 0$, sortir sur X,
sinon retourner à S.

$$\pi' \to V$$
$$t : 4 \to t$$
$$[(1 \mathbin{\dot-} t) \cdot X] + [(1 \cap t) \cdot S] \to \pi$$

(Cet algorithme est équivalent à la méthode classique avec papier et crayon de calcul des racines carrées, adapté à la numération binaire. Il avait été donné sous une forme orientée matériel comme exemple P9.18 par Zuse dans [ZU 45, pages 143–159]. Pour démontrer sa validité, on peut vérifier que les relations d'invariances suivantes sont satisfaites lorsqu'on atteint la partie S :

> t est une puissance 4 ;
>
> r est un multiple de $4t$;
>
> $r^2/4t + x$ est la valeur initiale de x ;
>
> $0 \le x < 2r + 4t$.

À la fin de l'algorithme ces conditions sont vérifiées avec $t = 1/4$, donc r est la racine carrée entière et x le reste).

Le compilateur à une passe de Böhm était capable de générer les instructions rapidement lorsque les entrées étaient lues sur un ruban de papier perforé. Contrairement à Rutishauser, Böhm a prévu le traitement de priorité des opérateurs dans son langage ; par exemple, $r : 2 + t$ était interprété comme $(r : 2) + t$ puisque l'opérateur de division ':' avait priorité sur l'addition. Cependant Böhm n'a pas permis de mélanger parenthèses et priorités : si une expression commençait par une parenthèse gauche, l'expression devait être *entièrement* parenthésée même si des opérateurs associatifs étaient présents ; d'autre part, si une expression *ne* commençait *pas* par une parenthèse gauche, on considérait les priorités mais aucune parenthèse n'était permise dans l'expression. Le programme complet de son compilateur comportait 114 instructions, réparties de la façon suivante :

  i) 59 instructions pour manipuler les formules avec parenthèses ;
  ii) 51 instructions pour manipuler les formules avec priorité des opérateurs ;
  iii) 4 instructions pour décider entre (i) et (ii).

Il y avait aussi une routine de chargement, décrite par 16 instructions d'affectation. Le compilateur comportait donc seulement 130 instructions en tout, y compris 33 instructions qui n'étaient que des étiquettes ($\pi' \to \cdots$). Une telle concision est particulièrement surprenante lorsque nous prenons conscience qu'une bonne partie du programme était seulement dévolue à vérifier que l'entrée avait une syntaxe correcte ; cette vérification n'était cependant pas complète (il est nécessaire de lui ajouter une instruction de plus afin de rectifier un bogue de son programme, causé par une information recouvrante lorsqu'une parenthèse gauche suit une symbole d'opérateur ; mais, même avec cette « rustine », le compilateur est très élégant).

La technique d'analyse syntaxique de Rutishauser exigeait souvent de l'ordre de n^2 étapes pour traiter une formule de longueur n. Son idée était de trouver le couple de parenthèses le plus à gauche qui ait le niveau le plus élevé, qui déterminait alors une formule sans parenthèses α, puis de compiler le code pour '$\alpha \to P_q$' ; la sous-formule '(α)' était alors tout simplement remplacée par 'P_q', q incrémenté de 1 et le processus était itéré jusqu'à ce qu'il ne reste plus de parenthèse. Par contre la technique d'analyse syntaxique de Böhm était d'ordre n, générant des instructions dans un arbre binaire lié pendant que la formule était lue. D'une certaine manière, son algorithme anticipait les techniques modernes de manipulation des listes, qui furent rendues explicites par Newell, Shaw et Simon vers 1956 (voir [KN 68, §2.6]).

La table de la page suivante indique brièvement comment l'algorithme de Böhm aurait traduit l'instruction $((a : (b{\cdot}c)) + ((d{\cap}e) \dot- f)) \to g$, en supposant que le bogue vu ci-dessus ait été rectifié. Après les opérations montrées dans la table, le contenu de l'arbre aurait été perforé, en préordre inverse :

$$d \cap e \to ⑤$$
$$⑤ \dot- f \to ④$$
$$b \cdot c \to ③$$
$$a : ③ \to ②$$
$$② + ④ \to ①$$

Entrée	Instruction partielle actuelle	Position actuelle dans l'arbre	Contenu de l'arbre (instructions et pointeurs de pile)				
			1	2	3	4	5
⌣		①	⓪				
⌣		②	⓪	①			
a	a	②	⓪	①			
..	a :	②	⓪	①			
⌣		③	⓪	a : ③, ①	②		
b	b	③	⓪	a : ③, ①	②		
.	b ·	③	⓪	a : ③, ①	②		
c	b · c	③	⓪	a : ③, ①	②		
⌢	③	②	⓪	a : ③, ①	b · c … ③		
⌢	②	①	⓪	a : ③ .. ②	b · c … ③		
+	② +	①	⓪	a : ③ .. ②	b · c … ③		
⌣		④	② + ④, ⓪	a : ③ .. ②	b · c … ③	①	④
⌣		⑤	② + ④, ⓪	a : ③ .. ②	b · c … ③	①	④
d	d	⑤	② + ④, ⓪	a : ③ .. ②	b · c … ③	①	④
∩	d ∩	⑤	② + ④, ⓪	a : ③ .. ②	b · c … ③	①	④
e	d ∩ e	⑤	② + ④, ⓪	a : ③ .. ②	b · c … ③	①	d ∩ e … ⑤
⌢	⑤	④	② + ④, ⓪	a : ③ .. ②	b · c … ③	①	d ∩ e … ⑤
·⁻	⑤ ·⁻	④	② + ④, ⓪	a : ③ .. ②	b · c … ③	①	d ∩ e … ⑤
f	⑤ ·⁻ f	④	② + ④ … ①	a : ③ .. ②	b · c … ③	①	d ∩ e … ⑤
⌢	④	①	② + ④ … ①	a : ③ .. ②	b · c … ③	⑤ ·⁻ f … ④	d ∩ e … ⑤
⌢	①	⓪	② +	a : ③ .. ②	b · c … ③	⑤ ·⁻ f … ④	d ∩ e … ⑤
:	① …	⓪	② +	a : ③ .. ②	b · c … ③	⑤ ·⁻ f … ④	

et le symbole suivant '*g*' aurait appelé l'instruction finale '① → *g*.'

Le compilateur de Böhm exige que l'entrée du code source soit trans-littérée sous forme numérique mais, dans un brevet italien demandé en 1952, Böhm a proposé qu'il soit en fait perforé sur un ruban en utilisant une machine à écrire dont le clavier est montré à la figure 2 [BO 52', figure 9] (son opération '$a \div b$' signifie $|a - b| = (a \dot- b) + (b \dot- a)$). Les constantes du programme source doivent être assignées à un nom de variable et être entrées séparément. Bien que les programmes de Böhm soient écrits avec des crochets, des accolades et des parenthèses, il a remarqué qu'on n'avait besoin que d'une seule sorte de parenthèses.

FIGURE 2. Clavier pour l'entrée du programme, proposé par Corrado Böhm en 1952.

De tous les auteurs que nous étudions, Böhm est le seul qui ait donné un argument montrant que son langage est *universel*, à savoir capable de calculer toute fonction calculable.

Pendant ce temps, en Angleterre

Notre histoire nous a montré beaucoup de premières : le premier interpréteur algébrique, les premiers algorithmes d'analyse syntaxique et de génération du code, le premier compilateur écrit dans son propre langage, etc. Venons-en maintenant au premier *vrai* compilateur, en ce sens qu'il a vraiment été implémenté et utilisé ; il prenait réellement des instructions algébriques et les traduisait en langage machine.

Le héros méconnu de cette première est Alick E. Glennie de Fort Halstead, l'établissement de recherche des armements royaux (*Royal Armaments Research Establishment*). Nous pouvons dire « méconnu » à juste titre car il est très difficile de déduire l'identité de la personne responsable de ce travail pionnier de la littérature publiée. Lorsque Christopher Strachey y a fait favorablement référence dans [ST 52, pages 46–47], il n'a pas mentionné le nom de Glennie. Il était difficile à Glennie de faire part de ses propres contributions lorsqu'il a publié un article écrit avec J. M. Bennett à cette époque [BG 53, pages 112–113]. En fait, il y a apparemment seulement deux références publiées donnant Glennie comme auteur de ce premier compilateur : l'une est une remarque un peu hermétique insérée par un anonyme dans une recension d'un article de Böhm [TA 56] cependant que l'autre est parue dans une publication relativement inaccessible [MG 53].

Glennie a appelé son système AUTOCODE et il se peut que celui-ci ait inspiré la conception d'autres routines « AUTOCODE », de sophistication croissante, développées à la fin des années 1950. Strachey a dit qu'AUTOCODE a commencé à émerger en septembre 1952. Le langage machine du Manchester Mark I était particulièrement obscur — voir [WO 51] pour une introduction à ses complexités, en particulier la complexité du code de télétype (utilisé pour une arithmétique en base 32, à l'envers) — et son opacité a peut-être été la cause du fait que cet ordinateur particulier ait connu le premier compilateur au monde. Glennie a motivé ses travaux de la façon suivante, au début d'une conférence donnée à l'université de Cambridge en février 1953 [GL 52] :

> Les problèmes de programmation étaient devenus la principale difficulté de l'utilisation des machines. Aiken a exprimé l'opinion que la solution à ce problème pourrait être la construction d'une machine de codage et il en a construit une. Cependant on a remarqué qu'il n'était pas nécessaire de construire une machine particulière pour le codage, puisque l'ordinateur lui-même, étant un outil généraliste, pouvait être utilisé. [...] *Pour qu'il soit facile, on doit rendre le codage compréhensible.* Ceci peut seulement être fait en améliorant la notation de la programmation. Les notations actuelles ont plusieurs inconvénients : toutes sont incompréhensibles au novice, elles sont toutes différentes (une pour chaque machine) et elles ne sont jamais faciles à lire. Il est assez difficile de déchiffrer les programmes codés, même avec des notes, et même si vous avez écrit le programme vous-même il y a quelques mois.
>
> En supposant que ces problèmes puissent être contournés, il est évident que la meilleure notation pour les programmes est la notation mathématique usuelle puisqu'elle est déjà connue. [...] Utiliser une notation familière pour la programmation possède de très grands avantages, pour l'élimination des erreurs des programmes et la simplicité qu'elle apporte.

La dernière phrase provient en fait du résumé.

On doit clarifier ici sa référence à Aiken, en particulier parce que Glennie a dit plusieurs années plus tard [GL 65] que « j'avais emprunté le concept d'une idée attribuée au Professeur Aiken de Harvard, qui a proposé qu'une machine soit construite pour déterminer le code des machines à relais de Harvard ». La machine à coder de Aiken pour le Mark III de Harvard est également citée par Böhm [BO 52, page 176] et est décrite dans [HA 52, pages 36–38 et 229–263, illustrée aux pages 20, 37 et 230]. En appuyant sur les boutons adéquats de la console de l'engin proposé, un ou plusieurs codes machine appropriés pouvaient être perforés sur un ruban, donnant l'équivalent des instructions à trois adresses telles que '$-b3 \times |ci|$ .. ai' ou '$1/\sqrt{x9}$ .. $r0$' ; il y avait une colonne de touches pour choisir le signe du premier opérande, son nom à une lettre et son chiffre d'indice, puis une autre colonne de touches pour choisir le nom de la fonction, etc. (Remarquons en passant qu'Heinz Rutishauser apparaît dans la liste des 56 auteurs du rapport de Harvard [HA 52] ; sa visite en Amérique en 1950 est l'une des raisons pour lesquelles Rutishauser et Böhm n'ont pas travaillé ensemble.)

Notre algorithme TPK peut être exprimé dans l'AUTOCODE de Glennie de la façon suivante :

```
01    cQVA tQIC xQ½C yQRC zQNC
02    INTEGERS +5→c
03    →t
04    +t TESTA Z
05    -t
06    ENTRY Z
07    SUBROUTINE 6 →z
08    +tt →y →x
09    +tx →y →x
10    +z +cx    CLOSE WRITE 1

11    aQ/½ bQMA cQGA dQOA eQPA fQHA iQVE xQME
12    INTEGERS +20→b +10→c +400→d +999→e +1→f
13    LOOP 10n
14    n →x
15    +b -x →x
16    x →q
17    SUBROUTINE 5 →aq
18    REPEAT n
19    +c →i
20    LOOP 10n
21    +an SUBROUTINE 1 →y
```

```
22   +d -y TESTA Z
23   +i SUBROUTINE 3
24   +e SUBROUTINE 4
25   CONTROL X
26   ENTRY Z
27   +i SUBROUTINE 3
28   +y SUBROUTINE 4
29   ENTRY X
30   +i -f →i
31   REPEAT n
32   ENTRY A CONTROL A WRITE 2 START 2
```

Bien que ce langage soit beaucoup plus simple que le code machine du Mark I, il était encore très orienté machine comme nous le verrons (Rutishauser et Böhm ont eu l'avantage considérable sur Glennie d'avoir conçu leur propre langage machine depuis le début). Les lignes *01–10* de ce programme représentent une sous-routine pour calculer $f(t)$; 'CLOSE WRITE 1' à la ligne *10* dit que les lignes précédentes constituent la sous-routine numéro 1. Les lignes restantes concernent le programme principal ; 'WRITE 2 START 2' à la ligne *32* dit que les lignes précédentes constituent la sous-routine numéro 2 et que l'exécution débute au numéro 2.

Commençons par le début de ce programme et essayons de donner une description étape par étape de ce qu'il signifie. La ligne *01* est une instruction de stockage des variables c, t, x, y et z, en termes d'emplacement machine absolu représenté dans le code télétype bien aimé. La ligne *02* assigne la valeur 5 à c ; comme tous les concepteurs des premiers compilateurs, Glennie se méfie des constantes dans les formules. En fait son langage a été étendu dans notre exemple : Glennie disposait seulement de l'instruction 'FRACTIONS' pour produire des constantes comprises entre $-\frac{1}{2}$ et $\frac{1}{2}$, en supposant qu'une certaine convention pour l'emplacement de la virgule était utilisée sur la machine de Manchester. Puisque les opérations de mise à l'échelle étaient très compliquées sur cet ordinateur, il n'aurait pas été approprié à notre propos de parler de telles considérations ou de défigurer l'algorithme TPK ; l'instruction INTEGERS (qui garde suffisamment l'esprit de ce langage) a donc été introduite pour simplifer notre exposé.

À propos de l'entrée dans la sous-routine 1, l'argument de la sous-routine se trouvait dans l'accumulateur inférieur de la machine ; la ligne *03* l'affecte à la variable t. La ligne *04* signifie « aller à l'étiquette Z si t est positif » ; la ligne *05* place $-t$ dans l'accumulateur et la ligne *06* définit l'étiquette Z. Les lignes *04–06* consistent donc à placer $|t|$ dans l'accumulateur inférieur. La ligne *07* applique la sous-routine 6 (racine carrée entière) à cette valeur et la stocke dans z. À la ligne *08*, on calcule le produit de t par lui-même ; ceci remplit à la fois les accumulateurs inférieur et supérieur et la moitié supérieure (supposée nulle) est stockée dans y, la moitié inférieure dans x. La ligne *09* est analogue ; x contient alors t^3. Enfin la ligne *10* complète le calcul de $f(t)$ tout en laissant $z+5x$ dans l'accumulateur. L'opérateur 'CLOSE' dit au compilateur d'oublier la signification de l'étiquette Z alors que les adresses machine des variables c, x, y et z demeurent.

La ligne *11* introduit de nouvelles instructions de stockage et réassigne en particulier les adresses de c et de x. Les nouvelles valeurs constantes sont definies à la ligne *12*. Les lignes *13–18* constituent la boucle d'entrée, délimitée par LOOP 10n ... REPEAT n ; ici n désigne un des registres d'index (les célèbres B-lignes de Manchester), les lettres k, l, n, o, q, r étant réservées à ce but. Dans le langage de Glennie, les boucles étaient toujours exécutées pour les valeurs *décroissantes* de l'index, allant jusqu'à zéro compris ; dans notre cas la boucle est exécutée pour $n = 20, 18, 16, \ldots, 2, 0$. Ces valeurs sont le double de ce à quoi nous pourrions nous attendre, puisque les adresses du Mark I concernaient des demi-mots. Les lignes *14–16* donnent à l'index q la valeur $20 - n$; on a besoin de faire ceci en plusieurs étapes (en transférant d'abord n dans une variable normale, en effectuant ensuite l'opération arithmétique puis en transférant enfin le résultat dans la variable d'index). Le compilateur reconnaît les conversions entre les variables d'index et les variables normales en exigeant que toutes les autres instructions algébriques commencent par un signe + ou −. La ligne *17* dit de stocker le résultat de la sous-routine 5 (une sous-routine d'entrée d'une valeur entière) dans la variable a_q.

Les lignes *20–31* constituent la boucle de sortie. Comme ci-dessus, n a la valeur $2i$, la vraie valeur de i a donc été conservée en parallèle (voir les lignes *19* et *30*). La ligne *21* applique la sous-routine 1, à savoir notre sous-routine de calcul de $f(t)$, à a_n et place le résultat dans y. La ligne *22* est un saut à l'étiquette Z si $400 \geq y$; la ligne *25* est un saut inconditionnel à l'étiquette X. La ligne *23* affiche l'entier i en utilisant la sous-routine 3 ; la sous-routine 4 de la ligne *24* est analogue, à part qu'un retour chariot et un passage à la ligne sont également envoyés vers la sortie. Ainsi la sortie est correctement exécutée par les lignes *22–29*.

Les opérations 'ENTRY A CONTROL A' à la ligne *32* définissent une boucle infinie 'A: **go to** A' ; c'est ce qui était appelé l'*arrêt dynamique*, utilisé pour terminer un calcul au bon vieux temps.

Nous avons terminé notre analyse du programme exemple. Le langage de Glennie fut une avancée importante, mais il est bien sûr resté très proche de la machine elle-même. Il était destiné aux programmeurs expérimentés. Comme il est dit au début du manuel utilisateur [GL 52'], « le côté gauche de l'équation représente le passage de l'information de l'accumulateur à l'additionneur, au soustracteur ou au multiplicateur, alors que le côté droit représente un transfert du résultat accumulé en mémoire ». L'existence de deux accumulateurs complique l'affaire ; par exemple, après la multiplication aux lignes *08* et *09*, l'accumulateur supérieur avait toute sa signification (à travers la notation . . y) alors qu'ailleurs seul l'accumulateur inférieur était utilisé. L'expression '$+a + bc$' signifiait « charger l'accumulateur *inférieur* avec a, puis l'ajouter au produit de longueur double bc » alors que '$+bc + a$' signifiait « former le produit de longueur double bc puis ajouter a à la partie *supérieure* de l'accumulateur ». Des expressions comme $+ab+cd+ef$ étaient permises mais pas les produits de trois facteurs ou plus ; il n'y avait pas de parenthèses. Le langage était conçu pour être utilisé avec le code télétype de 32 caractères, sans distinction entre majuscule et minuscule. Les symboles '+', '-' et '→' étaient perforés comme codes télétype 'p', 'm' et '"', respectivement.

Nous avons fait remarquer que les articles de Glennie n'ont jamais été publiés ; ceci est peut-être dû au fait que ses employeurs, du projet d'armement atomique britannique, avaient l'habitude de garder les documents classifiés. Le travail de Glennie était, cependant, plein de remarques de choix, aussi est-il intéressant d'en citer un certain nombre, faites à cette époque [GL 52] :

> Il y a certaines autres règles de perforation qui sont simplement une matière de bon sens comme de ne pas laisser d'espaces au milieu des mots ou de mal les orthographier. Je me suis arrangé pour que de tels accidents concernant le programme entré fasse apparaître des symptomes de détresse. [. . .] Le programme s'arrête alors et la machine ne fait plus aucun mouvement.

> [Le programme] est assez long mais pas trop, de l'ordre de 750 instructions. [. . .] La partie traitant la traduction de la notation algébrique constitue le programme le plus sophistiqué que j'aie jamais conçu [. . . mais le nombre d'instructions nécessaires] ne représente qu'une petite fraction du total, environ 140.

> Mon expérience de cette méthode de programmation a plutôt été limitée, mais j'ai été très impressionné par la vitesse à

laquelle il est possible d'écrire des programmes ainsi que la certitude d'avoir obtenu des programmes corrects. [...] La caractéristique la plus importante est, je pense, la facilité avec laquelle il est possible de lire le programme et de le vérifier mentalement. Bien sûr c'est sur des caractéristiques comme celles-ci que ce type de programmation sera jugé.

Au début du manuel utilisateur [GL 52′], Glennie a mentionné que « la perte d'efficacité (dans le sens de l'espace supplémentaire occupé par les routines d'AUTOCODE) est inférieure à 10% ». Cette remarque est également faite dans [BG 53, page 113] et c'est peut-être la source de l'opinion souvent entendue que les compilateurs sont « efficaces à 90% ».

Cependant le compilateur de Glennie a en fait eu très peu d'impact tangible sur les autres utilisateurs de la machine de Manchester. Pour cette raison, Brooker ne le mentionne même pas dans son article de 1958 intitulé « Les programmes Autocode conçus pour les ordinateurs de l'université de Manchester » [BR 58]. Ce manque d'influence est peut-être dû en partie au fait que Glennie ne résidait pas à Manchester, mais la raison principale est certainement que ce système ne résolvait qu'une petite partie des problèmes sérieux auxquels les programmeurs avaient à faire face à cette époque des machines petites et peu fiables. Une amélioration dans l'étape du codage n'était pas considérée comme une avancée très importante, puisque le codage était souvent la partie la plus simple de la tâche des programmeurs. Lorsqu'on doit se battre avec des problèmes d'analyse numérique, de mise à l'échelle et de stockage à deux niveaux, tout en adaptant un de ses programmes à l'état de malfonctionnement actuel de la machine, le codage lui-même est presqu'insignifiant.

Ainsi, lorsque Glennie a mentionné son système dans l'étude suivante [MG 53], il a rencontré une réception glaciale. Le commentaire de Stanley Gill, par exemple, reflète l'attitude générale [MG 53, page 79] :

Il semble avisé de se concentrer moins sur la capacité d'écrire, disons :

$$+ a + b + ab \rightarrow c$$

puisqu'il est relativement facile au programmeur d'écrire :

A a
A b
H a

V *b*

T *c* .

Nous dirions aujourd'hui que Gill n'a pas vu un point vital mais, en 1953, sa remarque était parfaitement valide.

Glennie fait les réflexions suivantes [GL 65] environ 13 ans plus tard :

> [Le compilateur] fut une expérience heureuse mais préma-
> turée. Je crois que deux choses étaient fausses : (a) le matériel
> pour la virgule flottante n'était pas apparu. Ceci signifiait que
> la plus grande part des efforts des programmeurs était dirigée
> vers la mise à l'échelle de ses calculs et non vers le codage. (b)
> Le climat de pensée n'était pas bon. Les machines étaient trop
> lentes et trop petites. C'était un cauchemar pour les program-
> meurs que de coincer les problèmes dans le plus petit espace
> possible. [...]
>
> Je me souviens que le codage automatique en tant que con-
> cept n'était pas un concept nouveau au début des années cin-
> quantes. La plupart des programmeurs cultivés le savaient, je
> pense. C'était une possibilité bien connue, comme la possibilité
> des ordinateurs de jouer aux échecs ou aux dames. [... Écrire
> un compilateur] était un passe-temps que j'avais entrepris en de-
> hors du travail pour mes employeurs : ils l'ont appris bien après.
> [...] Il m'a fallu environ trois mois d'activité non continue pour
> terminer le compilateur.

Les premiers « compilateurs » américains

Aucun des auteurs mentionnés jusqu'ici n'a utilisé le mot « compilateur » en relation avec ce qu'il était en train de faire ; les termes étaient
*codage automatique, codification automatique** et *Rechenplanfertigung*.
En fait la raison pour laquelle un compilateur doit s'appeler ainsi n'est
pas particulièrement claire au programmeur d'aujourd'hui. Nous pouvons mieux le comprendre en considérant brièvement les autres types
d'aides à la programmation qui étaient en usage à cette époque.

Les premiers outils de programmation importants ont été, bien sûr,
des sous-routines généralistes pour des processus communément nécessaires, comme les conversions d'entrées-sorties, l'arithmétique en virgule
flottante et les fonctions transcendantes. Une fois une bibliothèque de
telles sous-routines constituée, les gens ont commencé à penser à d'autres façons de simplifier la programmation et deux idées principales sont

---

* En français.

apparues : (a) On pourrait rendre le codage en langage machine beaucoup moins rigide en utilisant des blocs dont les adresses sont relogables [WH 50]. Cette idée a été étendue par M. V. Wilkes à la notion de « routine assemblée » (*assembly routine* en anglais), capable d'associer un certain nombre de sous-routines et d'allouer l'emplacement mémoire [WW 51, pages 27–32]. Wilkes a encore étendu plus tard [WI 52, WI 53] le concept afin d'y inclure les adresses symboliques, qui n'étaient pas seulement relatives à un petit nombre d'origines. Durant plusieurs années de tels symboles furent appelés « adresses flottantes » (*floating addresses* en anglais). Des développements analogues dans les systèmes d'assemblage sont apparus en Amérique et ailleurs (voir [RO 52]). (b) Un langage machine artificiel ou *pseudocode* a été conçu, fournissant en général des utilitaires d'utilisation facile pour l'arithmétique à virgule flottante, comme si elle était câblée. Une « routine interprétative » (*interpretive routine* en anglais, et quelquefois *interpretative*) aurait traité ces instructions, émulant un ordinateur hypothétique. Les premières routines interprétatives sont apparues dans le premier manuel de programmation, celui de Wilkes, Wheeler et Gill [WW 51, pages 34–37, 74–77, 162–164]. Le but principal de leur livre était de présenter une bibliothèque de sous-routines et la méthodologie d'utilisation des sous-routines. Peu de temps après, une routine interprétative raffinée pour les calculs en virgule flottante a été décrite par Brooker et Wheeler [BW 53], incluant une pile grâce à laquelle les sous-routines pouvaient être imbriquées à n'importe quelle profondeur. Des routines interprétatives sous leur forme compacte plus familière ont été introduites par J. M. Bennett (voir [WW 51, préface et pages 162–164], [BP 52]). Celle qui a eu le plus d'influence fut peut-être le *Speedcoding System* de l'IBM 701 de John Backus [BA 54, BH 54]. Comme nous l'avons déjà fait remarquer, « Short Code » était un type différent de routine interprétative. Le début de l'histoire des sous-routines de bibliothèque, des routines d'assemblage et des routines interprétatives reste à écrire ; nous les avons juste passées brièvement en revue ici afin de placer le développement des langages de programmation dans leur contexte.

Durant la seconde moitié de 1951, Grace Murray Hopper s'est aperçue que les pseudocodes n'avaient pas besoin d'être interprétés ; les pseudocodes pouvaient aussi être traduits directement en instructions du langage machine. Elle et ses associés à UNIVAC étaient en train de construire un programme expérimental qui réaliserait une telle traduction ; ils l'ont appelé *routine de compilation* [MO 54, page 15].

Compilé signifie composé de matériaux pris dans d'autres documents. Ainsi la méthode de compilation de la programmation automatique consiste à assembler et organiser un programme à partir de programmes ou de routines ou, plus généralement, d'une suite de codes d'ordinateur écrits antérieurement.

(voir aussi [HO 55, page 22]). Le premier « compilateur » en ce sens, nommé A-0, fut opérationnel au printemps 1952, au moment où Hopper parlait du sujet à l'une des premières rencontres nationales de l'ACM [HO 52]. Soit dit en passant, M. V. Wilkes vint avec une idée assez analogue, qu'il appelait la méthode des « ordres synthétiques » [WI 52] ; nous l'appellerions aujourd'hui une macro.

Le « compilateur » A-0 a été amélioré en A-1 (janvier 1953) puis en A-2 (août 1953) ; les implémenteurs originels furent Richard K. Ridgway et Margaret H. Harper. Quelques références à l'A-2 sont parues dans la littérature d'alors [HM 53, HO 53, HO 53', MO 54, WA 54] mais les auteurs de ces articles n'ont donné aucun exemple du langage lui-même. Il sera donc utile d'étudier ici l'état de l'A-2 tel qu'il existait au début de 1953, lorsqu'on a commencé à le distribuer aux clients d'UNIVAC à des fins de tests [RR 53]. Comme nous le verrons, le langage était assez primitif en comparaison de ceux que nous avons étudiés ; nous choisissons donc d'attribuer à Glennie le premier compilateur, bien que A-0 ait été terminé avant. Cependant le point principal est de comprendre ce qui était appelé « compilateur » en 1954 afin de mieux apprécier le développement historique des langages de programmation.

Voici à quoi aurait ressemblé TPK en A-2 fin 1953 :

Utilisation de la mémoire de travail :

00	02	04	06	08	10	12	14..34	36	38	40	42..58
10	5	400	-1	∞	4	3	$a_0..a_{10}$	i	y, y', y''	t, t', t''	tampon

Programme :

```
0.  GMI000 000002
    ITEM01 WS.000   Lire les entrées et les constantes nécessaires
                    à partir du ruban 2
    SERVQ2 BLQCKA
    1RG000 000000
```

```
1.  GMM000 000001
    000180 020216   10.0 = i
    1RG000 001000
```

```
2.  AM0034 034040   a²₁₀ = t
3.  RNA040 010040   ⁴√t = t'
4.  APN034 012038   a³₁₀ = y
5.  AM0002 038038   5y = y'
```

2. AM0034 034040 $a_{10}^2 = t$
3. RNA040 010040 $\sqrt[4]{t} = t'$
4. APN034 012038 $a_{10}^3 = y$
5. AM0002 038038 $5y = y'$

6.	AA0040 038038	$t' + y' = y''$
7.	AS0004 038040	$400 - y'' = t''$
8.	QWNΔCQ DEΔ003	
	K00000 K00000	
	F00912 E001RG	Si $t'' \geq 0$, aller à Op. 10
	000000 Q001CN	
	1RG000 008040	
	1CN000 000010	
9.	GMM000 000001	
	000188 020238	'ΔΔΔTQQ ΔLARGE ΔΔΔΔΔΔ ΔΔΔΔΔΔ' $= y''$
	1RG000 009000	
10.	YTQ036 038000	Imprimer i, y''
11.	GMM000 000001	
	000194 200220	Déplacer 20 mots de WS14 en WS40
	1RG000 011000	
12.	GMM000 000001	
	000220 200196	Déplacer 20 mots de WS40 en WS16
	1RG000 012000	
13.	ALL012 F000Ti	
	1RG000 013036	Remplacer i par $i + (-1)$
	2RG000 000037	et aller à Op. 2 si $i > -1$,
	3RG000 000006	sinon aller à Op. 14
	4RG000 000007	
	5RG000 000006	
	6RG000 000007	
	1CN000 000002	
	2CN000 000014	
	1RS000 000036	
	2RS000 000037	
14.	QWNΔCQ DEΔ002	
	810000 820000	Rembobiner les rubans 1 et 2 et s'arrêter.
	900000 900000	
	1RG000 014000	
	ꓘØENDΔ INFQ.ꓘ	

Il y avait 60 mots en mémoire de travail ; chaque nombre en virgule flottante occupait deux mots. Ces emplacements de travail étaient en général adressés par les nombres 00, 02, . . . , 58, sauf dans l'instruction GMM (concernant les déplacements) dans laquelle ils étaient adressés par 180, 182, . . . , 238, respectivement ; voir les opérations 1, 9, 11 et 12. Puisqu'il n'y avait pas de valeur absolue, les opérations 2 et 3 de ce programme trouvent $\sqrt{|a_{10}|}$ en calculant $\sqrt[4]{a_{10}^2}$ (le compilateur A-2 devait remplacer la plupart des opérateurs par une sous-routine entièrement déployée en ligne ; cette sous-routine devait être copiée à nouveau chaque fois qu'on y faisait appel, sauf s'il s'agissait de l'une des quatre opérations de base de l'arithmétique en virgule flottante). Puisqu'il n'y avait pas de variables indicées, les opérations 11 et 12 déplacent les éléments du tableau après chaque itération.

La plupart des instructions arithmétiques étaient spécifiées par un code à trois adresses, comme on le voit pour les opérations 2–7. Mais à ce point du développement de l'A-2, il n'y avait pas moyen de tester la relation '$\geq$' sans passer au langage machine ; seul un test d'égalité était implémenté. L'opération 8 spécifie donc les instructions UNIVAC nécessaires (le premier mot de l'opération 8 dit que les 003 lignes suivantes contiennent du code UNIVAC. Ces trois lignes extraient (E) le signe du premier argument numérique (1RG) en utilisant une constante système de l'emplacement 912, et si elle est positive elles disent à la machine d'aller à l'opérateur du programme 1CN. Les deux lignes suivantes disent que 1RG doit être t'' (espace de travail 40) et que 1CN doit être l'adresse de l'opération 10. Le '008' de la spécification 1RG dit au compilateur que c'est l'opération 8 ; de telles informations redondantes étaient vérifiées au moment de la compilation. Le compilateur devait substituer les adresses adéquates pour 1RG et 1CN dans les instructions du langage machine. Puisqu'il n'y avait pas de notation pour '1RG + 1', le programmeur devait la remplacer par dix lignes de paramètres différents pour la routine d'incrémentation et de test de l'opération 13).

En 1955 A-2 est devenu plus caréné, et la nécessité de 'QWN CQDE' de TPK a disparue ; les opérations 7–14 seraient maintenant devenues :

```
 7.  QT0038 004000   À Op. 9 si y'' > 400
     1CN000 000009
 8.  QU0038 038000   Aller à Op. 10
     1CN000 000010
 9.  MV0008 001038 ⎫
10.  YTQ036 038000 ⎪
11.  MV0014 010040 ⎪
12.  MV0040 010016 ⎬ Même signification qu'avant, mais nouvelle syntaxe.
13.  AAL036 006006 ⎪
     1CN000 000002 ⎪
     2CN000 000014 ⎪
14.  RWS120 000000 ⎪
     ENDΔCQ DINGΔΔ ⎭
```

(une description du codage A-2, version 1955, est parue dans [PR 55] et aussi dans [TH 55], où le même exemple est présenté).

Laning et Zierler

Grace Hopper était particulièrement active en tant que porte-parole de la programmation automatique durant les années 1950 ; elle allait en tournée dans tout le pays, aidant beaucoup à accélérer le progrès. Une des choses les plus importantes qu'elle ait accomplie fut d'aider à organiser deux colloques clés sur le sujet, en 1954 et en 1956, avec le soutien financier de l'*Office of Naval Research*. Ces colloques rapprochèrent beaucoup de gens et d'idées à ce moment crucial (on doit cependant remarquer que les contributions de Zuse, de Curry, de Burks, de Mauchly, de Böhm et de Glennie n'ont été mentionnées à aucun de ces colloques et que le travail de Rutishauser ne fut cité qu'une fois, et de façon pas très exacte [GO 54, page 76]. La communication n'était pas exubérante !)

Rétrospectivement, l'événement le plus important du colloque de 1954 sur la programmation automatique fut l'annonce du système que J. Halcombe Laning, Jr. et Niel Zierler avaient récemment implémenté pour l'ordinateur Whirlwind au MIT. Cependant la signification de cette annonce n'est pas particulièrement évidente dans les actes publiés [NA 54], 97% étant consacrés à des descriptions enthousiastes d'assembleurs, d'interpréteurs et de « compilateurs » style 1954. Nous connaissons son impact principalement par les remarques introductives de Grace Hopper au colloque de 1956, étudiant les progrès des deux dernières années [HO 56] :

> La description du système de Laning et Zierler de pseudo-codage algébrique pour l'ordinateur Whirlwind a conduit au développement du BACAIC de Boeing pour le 701, du FORTRAN pour le 704, du AT-3 pour l'UNIVAC et du Purdue System pour le Datatro et a montré la nécessité de continuer les efforts dans le domaine des traducteurs algébriques.

Un indice de l'importance de la contribution de Laning et Zierler peut aussi être trouvé dans les dernières pages de l'article de John Backus et Harlan Herrick du colloque de 1954. Après avoir décrit le *Speedcoding* de l'IBM 701 et les compromis entre les interpréteurs et les « compilateurs », ils concluent en s'interrogeant sur le futur de la programmation automatique [BH 54] :

> Un programmeur pourrait ne pas être considéré comme trop déraisonnable s'il voulait seulement produire les formules de la solution numérique de son problème, ainsi peut-être qu'un plan montrant comment les données doivent être déplacées d'un niveau hiérarchique de mémoire à un autre, et demander alors

que la machine produise les résultats de son problème. Il est probable que s'il insistait trop la semaine suivante sur cette sorte de choses, il pourrait être conduit en observation psychiatrique. Cependant l'année prochaine il pourrait être pris plus au sérieux.

Après avoir listé les nombreux avantages des langages de haut niveau, ils disent : « Si un tel système de programmation automatique élaboré est possible ou faisable, il reste encore à concevoir ». Comme nous allons le voir dans un instant, le système de Laning et Zierler a montré qu'un tel système est en fait possible.

Une brève mention de leur système a été faite par Charles Adams au colloque de 1954 [AL 54] ; mais le manuel utilisateur complet [LZ 54] devra être réimprimé un jour puisque leur langage est allé bien plus loin que ce qui a été implémenté avant lui. Le programmeur n'a plus besoin de connaître beaucoup de choses sur l'ordinateur et le manuel utilisateur était (pour la première fois) adressé à un novice complet. Voici à quoi TPK ressemblerait dans leur système :

01		$v\|N = \langle\text{entrée}\rangle,$
02		$i = 0,$
03	1	$j = i + 1,$
04		$a\|i = v\|j,$
05		$i = j,$
06		$e = i - 10.5,$
07		CP 1,
08		$i = 10,$
09	2	$y = F^1(F^{11}(a\|i)) + 5(a\|i)^3,$
10		$e = y - 400,$
11		CP 3,
12		$z = 999,$
13		PRINT $i, z.$
14		SP 4,
15	3	PRINT $i, y.$
16	4	$i = i - 1,$
17		$e = -0.5 - i,$
18		CP 2,
19		STOP

Le programme était tapé sur une *Flexowriter*, machine perforatrice de rubans de papier ayant un ensemble de caractères relativement important (comprenant à la fois les majuscules et les minuscules) ; au MIT elle avait également des chiffres en exposant [0], [1], ..., [9] et une barre verticale

$|$. Le langage utilisait la barre verticale pour indiquer les *indices* : ainsi '5$(a|i)^3$' à la ligne *09* signifie $5a_i^3$.

Le programmeur doit insérer onze entrées pour l'algorithme TPK, aux emplacements indiqués à la ligne *01* ; ces valeurs devaient être converties en notation binaire et stockées sur le tambour magnétique en tant que variables $v_1, v_2, \ldots, v_{11}$. Si les nombres avaient un motif arithmétique simple, une abréviation pouvait être tilisée ; par exemple :

$$v|N = 1\,(.5)\,2\,(.25)\,3.5\,(1)\,5.5$$

aurait désigné :

$$(v_1, \ldots, v_{11}) \leftarrow (1, 1.5, 2, 2.25, 2.5, 2.75, 3, 3.25, 3.5, 4.5, 5.5).$$

Si on le souhaitait, un code spécial pouvait être perforé sur le ruban de la *Flexowriter* à la ligne *01*, activant l'opérateur de substitution d'un ruban de données à cet endroit avant de lire le reste du programme source.

Les lignes *02–07* constituent une boucle faisant passer le contenu des variables $v_1, \ldots, v_{11}$ du tambour aux variables $a_0, \ldots, a_{10}$ de la mémoire centrale (toutes les variables étaient en mémoire centrale à moins qu'elles ne soient spécifiquement affectées au tambour grâce à l'instruction ASSIGN ou $|N$. Ceci constituait une caractéristique avancée du système non nécessaire pour les petits problèmes). La seule chose non évidente dans les lignes *02–07* est la ligne *07* : 'CP k' signifie « si la dernière expression calculée est négative, aller à l'instruction étiquetée k ».

À la ligne *09*, F^1 désigne la racine carrée et F^{11} la valeur absolue. À la ligne *14*, 'SP' désigne un saut inconditionnel (CP et SP étaient les mnémoniques standard pour les sauts dans le langage machine du Whirlwind). Ainsi, à part pour les instructions de contrôle — pour lesquelles il n'existait pas de convention mathématique — la notation de Laning et Zierler était assez facile à lire. Leurs expressions vérifiaient les règles de priorité habituelles des opérateurs et permettaient la multiplication et l'exponentiation ; ils avaient même inclus un mécanisme de Runge–Kutta pour intégrer un système d'équations différentielles si le programmeur écrivait des formules telles que :

$$Dx = y + 1,$$
$$Dy = -x,$$

où D désigne d/dt ! Une autre innovation, conçue pour faciliter le débogage, consistait à exécuter l'instruction numéro 100 après tout message d'erreur arithmétique, si 100 était une instruction PRINT*.

---

* Il s'agit donc de la première apparition du traitement des exceptions ! (ndt)

Selon [LM 70], Laning a d'abord écrit un prototype de traducteur algébrique l'été 1952. Lui et Zierler l'ont étendu en un système utilisable en mai 1953, alors que Whirlwind avait seulement 1 024 mots de 16 bits de mémoire centrale en plus de son tambour. La version décrite dans [LZ 54] utilise 2 048 mots et le tambour, mais les compromis du début dûs à de telles limitations extrêmes l'ont rendu très lent. Le code source était traduit en blocs d'appels de sous-routines, stockées sur le tambour ; après avoir été transférées en mémoire centrale, ces sous-routines faisaient appel aux routines interprétatives standard de virgule flottante du Whirlwind [AL 54, page 64].

L'utilisation d'un petit nombre de sous-routines standard possède certains avantages de simplicité logique ; cependant, elle conduit également souvent à l'exécution de nombreuses opérations non nécessaires. Ce fait, plus les références fréquentes au tambour exigées dans l'appel des équations, a pour conséquence une réduction de la vitesse de calcul d'un ordre de grandeur de dix à un par rapport à un programme efficace.

D'un point de vue pratique, c'étaient des mots accablants. Laning se souvenait, onze ans plus tard [LA 65], que :

C'était à l'époque où le temps machine était roi et le temps des gens sans importance (en particulier parce que je ne faisais même pas partie de l'équipe du Whirlwind). [... Le programme] fut intéressant les quelques fois où un problème complexe exigeait une solution dans les vingt-quatre heures.

En cherchant récemment dans ses archives, Laning trouva le listing de la première application substantielle du compilateur du Whirlwind [LA 76] :

Le problème concerné est celui d'une course poursuite tridimensionnelle d'un avion en attaquant un autre, y compris les équations de contrôle du tir. Ce qui rend ce problème intéressant à mes yeux est qu'à peu près cinq ans auparavant le laboratoire [d'instrumentation du MIT] avait travaillé avec l'analyseur différentiel Rockefeller du MIT dans le but principal de résoudre cette classe générale de problèmes. Malheureusement, le problème tridimensionnel complet exigeait plus d'intégrateurs que ce que le RDA n'en possédait.

Mes collègues qui avaient formulé le problème étaient très sceptiques sur le fait qu'il pourrait être résolu d'une façon raisonnable. Par défi, Zierler et moi y consacrâmes une session de codage de $2\frac{1}{2}$ heures, au moins la moitié du temps passée à définir la notation. Le ruban fut perforé et, avec la chance habituelle des débutants, il s'exécuta avec succès dès la première tentative ! Bien que nous n'ayons jamais compté sérieusement sur ses capacités, pour des raisons de coût et de disponibilité de l'ordinateur, mon propre ego n'a certainement jamais avant ou depuis connu un tel survoltage.

Le programme source du problème de poursuite comptait 79 instructions, dont 29 affectant seulement les valeurs des données initiales. Les instructions restantes comprenaient sept appels à des équations différentielles.

Laning décrit sa technique d'analyse lexicale de la façon suivante [LA 76] :

> Les parenthèses imbriquées étaient manipulées par une suite de générations d'instructions de branchement (SP). Dans une opération à une passe, les symboles étaient lus et le code généré un symbole à la fois ; la vraie suite d'exécution était utilisée dans les instructions SP en ligne pour raccrocher un point à un autre. Le code utilisait des piles rudimentaires, mais il était suffisamment compliqué pour que je ne le comprenne pas sans une extrême concentration même lorsque je l'avais écrit. [...] Les programmes structurés n'étaient pas connus en 1953 !
>
> La notion de priorité des opérateurs en tant que concept formel ne m'apparut pas à cette époque ; je vivais dans la crainte que quelqu'un écrive une expression algébrique parfaitement raisonnable que mon système ne pourrait pas analyser correctement.

Des plans pour un compilateur Whirlwind beaucoup plus étendu furent abandonnés lorsque le laboratoire d'instrumentation du MIT acquit son propre ordinateur, un IBM 650. Laning et ses collègues, Philip C. Hankins et Charles P. Werner, ont conçu un compilateur appelé MAC pour cette machine en 1957 et en 1958. Bien que MAC ne tombe pas dans la période couverte par notre histoire, il faut le mentionner brièvement ici à cause de son format inhabituel à trois lignes, un peu comme le langage originel de Zuse, proposé par R. H. Battin aux environs de 1956. Par exemple, l'instruction :

```
E                              3
M | Y = SQRT(ABS(A   )) + 5 A
S                I+1           I+1
```

devait être perforée sur trois cartes. Bien que ce langage ne soit jamais devenu très répandu, il a connu un certain succès local : des compilateurs MAC furent ultérieurement conçus pour être utilisés avec les ordinateurs IBM 704, 709, 7090 et 360, ainsi que pour les Honeywell H800 et H1800 et le CDC 3600 (voir [LM 70]). « En fait, MAC et FORTRAN ont été d'une utilisation égale au CSDL », suivant [LA 76], écrit en 1976 ; ici CSDL signifie C. S. Draper Laboratory, le successeur du laboratoire d'instrumentation du MIT.

Mais il vaut mieux retourner à notre histoire des premiers temps.

FORTRAN 0

Durant la première moitié de 1954, John Backus a commencé à rassembler un groupe chez IBM Corporation pour travailler sur des systèmes améliorés de programmation automatique (voir [BA 76]). Très rapidement après avoir pris connaissance du système de Laning et Zierler au colloque ONR en mai, Backus écrivit à Laning que « notre formulation du problème est très semblable à la vôtre : cependant, nous n'avons fait aucun programme ou planning détaillé ». Pendant deux semaines, Backus et ses collègues Harlan Herrick et Irving Ziller ont visité le MIT afin de voir le système de Laning–Zierler en activité. Le gros problème auquel ils avaient à faire face était d'implémenter un tel langage avec une efficacité adéquate [BH 64, page 382] :

À cette époque, la plupart des programmeurs n'écrivaient que des instructions machines symboliques (quelques-uns utilisaient même des instructions machine en octal ou en décimal). Ils croyaient fermement, comme un seul homme, qu'aucune méthode de codage mécanique ne pourrait remplacer cette ingéniosité versatile que chaque programmeur sentait qu'il possédait et dont il avait constamment besoin dans son travail. On était donc d'accord que les compilateurs pourraient seulement coder de façon intolérablement moins efficace que le codage humain (intolérable, c'est-à-dire à moins que cette inefficacité puisse être négligée en regard des inefficacités encore plus grandes, mais souhaitables, telles que l'utilisation d'une arithmétique à virgule flottante programmée, habituellement nécessaire à cette époque). [...]

[Notre groupe de développement] avait une crainte principale. Après avoir beaucoup travaillé pour produire un bon programme de traduction, une application importante pourrait révéler rapidement ce qui confirmerait le point de vue des sceptiques : [. . .] son programme objet tournerait à la moitié de la vitesse d'une version écrite à la main. On sentait qu'une telle occurrence, ou plusieurs, bloquerait presque complètement l'acceptation du système.

En novembre 1954, le groupe de Backus a spécifié « le système de TRADuction de FORmules mathématiques d'IBM, FORTRAN » (avec évidemment un 'N' pour l'anglais *translation* ; presque tous les langages que nous étudierons à partir de maintenant ont des acronymes). Le premier paragraphe de leur rapport [IB 54] insistait sur le fait que les systèmes précédents avaient offert le choix entre codage facile et exécution lente ou codage laborieux et exécution rapide mais que FORTRAN fournirait le meilleur des deux mondes. Il insiste également sur l'IBM 704 ; l'indépendance par rapport à la machine n'était pas le but principal bien qu'une notation mathématique concise qui « ne ressemble pas à un langage machine » soit définitivement considérée comme importante. Ils disaient de plus que « chaque futur calculateur IBM devrait être fourni avec un système analogue à FORTRAN » [IB 54].

On sent que FORTRAN offre le langage le plus commode qui soit connu actuellement pour écrire les problèmes. [. . .] Après un cours d'une heure en notation FORTRAN, le programmeur moyen peut entièrement comprendre les étapes d'une procédure écrite en langage FORTRAN sans commentaires supplémentaires.

Ils décrivaient ensuite les avantages économiques considérables de la programmation dans un tel langage.

Les lecteurs de cette étude imaginent probablement qu'ils connaissent déjà FORTRAN, puisque FORTRAN est certainement le plus ancien langage de haut niveau qui soit encore en usage. Mais relativement peu de gens ont vu la version 1954 originelle de ce langage, il est donc instructif d'étudier TPK tel qu'il aurait pu être exprimé en « FORTRAN 0 » :

```
01          DIMENSION A(11)
02          READ A
03       2  DO 3,8,30 J=1,11
04       3  I = 11-J
05          Y=SQRT(ABS(A(I+1)))+5*A(I+1)**3
06          IF (400 )= Y) 8,4
07       4  PRINT I,999.
08          GO TO 2
```

```
09        8  PRINT I,Y
10       30  STOP
```

Les instructions `READ` et `PRINT` n'ont pas ici de formats bien qu'une extension avec des spécifications de formats soit considérée [page 26] ; les fonctions définies par le programmeur étaient également possibles [page 27]. L'instruction `DO` de la ligne *03* signifie « FAIRE les instructions 3 à 8 et aller à l'instruction 30 » ; les abréviations 'DO 8 J =1,11' étaient également permises à cette époque, mais nous montrons ici la forme générale originelle à titre de curiosité. Notons que l'instruction `IF` était à l'origine seulement un branchement à deux voies (ligne *06*) ; la relation pouvait être =, 〉 ou 〉=. À la ligne *05*, notons que les noms de fonction n'ont pas besoin de se terminer par `F` ; ils devaient comporter au moins trois caractères et il n'y avait pas de limite maximum (si ce n'est que les expressions ne pouvaient pas comporter plus de 750 caractères). Par contre les noms des variables ne pouvaient comporter qu'au plus *deux* caractères à cette époque ; mais c'était une innovation : FORTRAN était le premier langage algébrique dans lequel le nom d'une variable pouvait comporter plus d'une lettre, contrairement aux conventions mathématiques établies. Notons aussi que le mode arithmétique mixte était permis ; le compilateur devait convertir '5' en '5.0' à la ligne *05*. Enfin une curiosité de ce programme est le `GO TO` de la ligne *08* ; cette instruction ne commence pas la boucle `DO` mais initialise seulement l'itération suivante.

Plusieurs choses concernant le mode arithmétique mixte furent permises en FORTRAN 0 mais retirées durant l'implémentation, en particulier : (a) un niveau d'indices indicés tel que `A(M(I,J),N(K,L))` ; (b) des indices de la forme `N*I+J`, à condition qu'au moins deux des variables *N*, *I*, *J* soient déclarées « relativement constantes » (c'est-à-dire sans changement fréquent) ; (c) une instruction `RELABEL` de permutation cyclique des indices d'un tableau sans déplacement physique du tableau en mémoire. Par exemple, '`RELABEL A(3)`' revenait à poser :

$$(A_1, A_2, A_3, \ldots, A_n) \leftarrow (A_3, \ldots, A_n, A_1, A_2).$$

Les instructions étaient appelées *formules* tout au long du document de 1954. Il y avait les formules arithmétiques, les formules `DO`, les formules `GO TO`, etc. Une terminologie analogue a été utilisée par Böhm alors que Laning et Zierler et Glennie parlaient d'« équations » ; Grace Hopper les appelaient « opérations ». De plus, le mot « compilateur » n'est jamais utilisé dans [IB 54] ; il y a un langage FORTRAN et un système FORTRAN mais pas de compilateur FORTRAN.

Le document FORTRAN 0 représente le premier essai de définition rigoureuse de la syntaxe d'un langage de programmation. L'importante notation de Backus [BA 59], qui deviendra par la suite 'BNF' [KN 64], peut être vue sous forme embryonnaire ici.

Une fois le langage FORTRAN défini, il restait « seulement » à implémenter le système. Il est clair, d'après la lecture de [IB 54], que des plans conséquents ont déjà été faits pour l'implémentation en 1954 ; mais le travail complet prit 2,5 années de plus (18 personnes-années) [BA 79], aussi laisserons-nous le groupe d'IBM au travail pendant que nous étudierons d'autres développements.

L'AUTOCODE de Brooker

Revenu à Manchester, R. A. Brooker a introduit un nouveau type d'AUTOCODE pour la machine MARK I. Ce langage était beaucoup plus « propre » que celui de Glennie, étant presqu'indépendant de la machine et utilisant une arithmétique à virgule flottante programmée. Mais il ne permettait qu'une opération par ligne, il y avait peu de noms mnémotechniques et il n'y avait pas moyen pour un utilisateur de définir une sous-routine. Les premiers plans de ce langage, ceux de mars 1954, sont parus dans [BR 55] ; le langage finalement implémenté est presque le même [BR 56, pages 155–157]. L'insistance de Brooker sur l'économie de description en définissant les règles d'AUTOCODE doit être particulièrement notée : « Le but de l'auteur était les deux côtés d'une feuille de papier ministre avec la possibilité d'un troisième côté pour décrire un exemple » [BR 55].

Les variables à virgule flottante du langage de Brooker étaient nommées $v1$, $v2$, ... alors que les variables entières, qui pouvaient également être utilisées comme indices, étaient nommées $n1$, $n2$, ... L'AUTO-CODE pour TPK est facilement lisible à l'aide de seulement quelques commentaires auxiliaires, étant données les affectations mémoire $a_i \equiv v_{1+i}$, $y \equiv v_{12}$, $i \equiv n_2$:

6	$n1 = 1$	poser $n_1 = 1$
1	$vn1 = \mathrm{I}$	lire l'entrée dans v_{n_1}
	$n1 = n1 + 1$	
	$j1, 11 \geq n1$	aller à 1 si $n_1 \leq 11$
	$n1 = 11$	
2	$*n2 = n1 - 1$	imprimer $i = n_1 - 1$
	$v12 = vn1$	
	$j3, v12 \geq 0{\cdot}0$	
	$v12 = 0{\cdot}0 - v12$	poser $v_{12} = |v_{12}|$
3	$v12 = \mathrm{F}1(v12)$	$(v_{12} = \sqrt{|a_i|})$

$$v13 \ = \ 5{\cdot}0 \otimes vn1$$
$$v13 \ = \ vn1 \otimes v13$$

	$v13 \ = \ vn1 \otimes v13$	$(v_{13} = 5a_i^3)$
	$v12 \ = \ v12 + v13$	$(y = f(a_i))$
	$j4,\ v12 \ > \ 400{\cdot}0$	
	$*v12 \ = \ v12$	imprimer y
	$j5$	
4	$*v12 \ = \ 999{\cdot}0$	imprimer 999
5	$n1 \ = \ n1 - 1$	
	$j2,\ n1 \ > \ 0$	tester s'il s'agit du dernier cycle
	H	s'arrêter
	$(j6)$	démarrer le programme

La dernière instruction illustre une innovation intéressante : une instruction ou un groupe d'instructions entre parenthèses était effectué immédiatement au lieu d'être ajouté au programme. Ainsi '$(j6)$' saute à l'instruction 6.

Ce langage n'est pas d'un très haut niveau mais la principale préoccupation de Brooker était la simplicité et le désir de garder le flux d'informations le plus proche possible de la mémoire électrostatique rapide. La mémoire électrostatique du Mark I ne comprenait que 512 mots de 20 bits ; il était nécessaire d'effectuer de fréquents transferts du ou vers le tambour de 32K mots ; les sous-routines de virgule flottante pouvaient être exécutées alors que le bloc suivant du programme était en train d'être lu. Ainsi deux des principales difficultés auxquelles un programmeur devait faire face, la mise à l'échelle et travailler avec deux niveaux de mémoire, avaient disparu avec son système AUTOCODE. Il fut largement utilisé. Par exemple [BR 58, page 16] :

> Depuis sa mise en service en 1955, l'AUTOCODE du Mark I a été utilisé environ 12 heures par semaine par le service de calcul par lequel les clients écrivaient leurs propres programmes et nous les postaient.

George E. Felton, qui a conçu le premier AUTOCODE pour le Pegasus de Ferranti, dit dans [FE 60] que sa spécification « doit clairement beaucoup à M R. A. Brooker ». Soit dit en passant, l'AUTOCODE suivant de Brooker — pour l'ordinateur Mark II ou « Mercury », livré en 1957 — était considérablement plus ambitieux (voir [BR 58, BR 58', BR 60]).

Les programmes de programmation russes

En Russie, les travaux sur la programmation automatique ont commencé à l'Institut de Mathématiques de l'Académie Soviétique des Sciences et au centre de calcul de l'Académie, qui à l'origine faisait partie de l'Institut de Mécanique Exacte et des Techniques de Calcul. Les premiers systèmes russes étaient appelés, de façon appropriée, programmes de programmation [Programmiruĭoshchye Programmy] — ou ПП en abrégé. Un programme expérimental ПП-1 pour l'ordinateur STRELA a été conçu par E. Z. Lĭubimskiĭ et S. S. Kamynin l'été 1954 ; ces deux auteurs, joints à M. R. Shura-Bura, É. S. Lukhovitskaĭa et V. S. Shtarkman, ont terminé un compilateur de production appelé ПП-2 en février 1955. Leur compilateur est décrit dans [KL 58]. Pendant ce temps, A. P. Ershov commençait en décembre 1954 à concevoir un autre programme de programmation, pour l'ordinateur BESM, avec l'aide de L. N. Korolev, L. D. Panova, V. D. Podderĭugin et V. M. Kurochkin ; leur compilateur, appelé tout simplement ПП, fut terminé en mars 1956 et est décrit dans le livre d'Ershov [ER 58]. Une étude de ces développements est parue dans [KO 58].

Dans tous ces cas, ainsi que dans le système ultérieur ПП-C terminé en 1957 (voir [ER 58']), le langage était fondé sur une notation d'expression des programmes conçue par A. A. Lĭapunov en 1953. Les schémas d'opérateurs de Lĭapunov [LJ 58] fournissent un moyen concis de représenter la structure d'un programme d'une façon linéaire ; d'une certaine manière cette façon de faire est analogue aux idées de Curry que nous avons déjà étudiées, mais elle est un peu plus élégante et surtout a été largement utilisée en Russie.

Considérons d'abord comment l'algorithme TPK (à l'exclusion des entrées-sorties) peut être décrit dans ПП-2. Le schéma d'opérateurs doit être écrit :

$$A_1 \underset{13}{\rfloor} Z_2 A_3 R_4 \overset{6}{\ulcorner} A_5 \overset{4}{\urcorner} A_6 R_7 \underset{10}{\llcorner} A_8 N_9 \overset{11}{\ulcorner} \underset{7}{\rfloor} A_{10} \overset{9}{\urcorner} A_{11} F_{12} R_{13} \underset{2}{\llcorner} N_{14}.$$

Les opérateurs sont numérotés ici de 1 à 14 ; les notations :

$$\overset{n}{\ulcorner} \quad \text{et} \quad \underset{m}{\llcorner}$$

signifient « aller à l'opérateur n si vrai » et « aller à l'opérateur m si faux », respectivement, alors que :

$$\overset{i}{\urcorner} \quad \text{et} \quad \underset{i}{\rfloor}$$

sont les notations correspondantes pour « venant de l'opérateur i ». Ce schéma d'opérateurs n'était pas lui-même explicitement une entrée dans le programme de programmation ; il devait être gardé par le programmeur à titre de documentation dans un organigramme. Les détails des opérateurs devaient être écrits séparément et entrés dans ПП-2 après les avoir répartis en opérateurs des types R (relationnel), A (arithmétique), Z (expédition), F (modification d'adresse), O (restauration) et N (non standard, c'est-à-dire en langage machine). Dans notre exemple, les détails sont essentiellement ceux-ci :

$R_4.$	$p_1 ; 6, 5$	[si p_1 est vrai aller à 6 sinon à 5]
$R_7.$	$p_2 ; 8, 10$	[si p_2 est vrai aller à 8 sinon à 10]
$R_{13}.$	$p_3 ; 14, 2$	[si p_3 est vrai aller à 14 sinon à 2]
$p_1.$	$c_3 < v_2$	$[0 < x]$
$p_2.$	$c_4 < v_3$	$[400 < y]$
$p_3.$	$v_6 < c_3$	$[i < 0]$
$A_1.$	$c_6 = v_6$	[$10 = i$, c'est-à-dire poser i égal à 10]
$A_3.$	$v_1 = v_2$	$[a_i = x]$
$A_5.$	$c_3 - v_2 = v_2$	$[0 - x = x]$
$A_6.$	$(\sqrt{v_2}) + (c_5 \cdot v_1 \cdot v_1 \cdot v_1) = v_3$	$[\sqrt{x} + (5 \cdot a_i \cdot a_i \cdot a_i) = y]$
$A_8.$	$v_6 = v_4, \ c_2 = v_5$	$[i = b_{20-2i}, \ 999 = b_{21-2i}]$
$A_{10}.$	$v_6 = v_4, \ v_3 = v_5$	$[i = b_{20-2i}, \ y = b_{21-2i}]$
$A_{11}.$	$v_6 - c_1 = v_6$	$[i - 1 = i]$
$Z_2.$	$v_1 ; 3, 6$	[expédier a_i à une cellule particulière, dans les opérateurs 3 à 6]
$F_{12}.$	$v_6 ; 2, 10$	[modifier les adresses suivant le paramètre i, dans les opérateurs 2 à 10]
$N_9.$	BP 11	[aller à l'opérateur 11]
$N_{14}.$	OST	[stop]

Dépendance du paramètre $v_6.$ $v_1, v_1, -1; \quad v_4, v_5, +2$
[lorsque i change, v_1 redescend de 1, et v_4 à v_5 remontent de 2]

$c_1.$	$.1 \cdot 10^1$	$[1]$
$c_2.$	$.999 \cdot 10^3$	$[999]$
$c_3.$	0	$[0]$
$c_4.$	$.4 \cdot 10^3$	$[400]$
$c_5.$	$.5 \cdot 10^1$	$[5]$
$c_6.$	$.1 \cdot 10^2$	$[10]$

Cellules de travail : 100, 119   [le programme compilé peut utiliser les emplacements 100–119 pour un stockage temporaire]

$v_1.$	130	[adresse initiale de a_i]
$v_2.$	131	[adresse de x]
$v_3.$	132	[adresse de y]

v_4.   133   [adresse initiale de b_{20-2i}]
v_5.   134   [adresse initiale de b_{21-2i}]
v_6.   154   [adresse de i]

L'opérateur 1 initialise i, puis les opérateurs 2–13 constituent la boucle sur i. L'opérateur 2 déplace a_i dans une cellule fixée de la mémoire et s'assure que les opérateurs 3–6 utilisent des cellules fixées ; cette optimisation fournie par le programmeur réduit le nombre d'adresses dans les instructions devant être modifiées lorsque i change. Les opérateurs 3 à 5 effectuent $x = |a_i|$ et l'opérateur 6 effectue $y = f(a_i)$ (notons les parenthèses dans l'opérateur 6 ; il n'y avait pas de règles de priorité). Les opérateurs 7–10 stockent les sorties souhaitées en mémoire. Les opérateurs 11 et 12 décrémentent i et ajustent de façon appropriée les adresses des quantités qui dépendent de i. Les opérateurs 13 et 14 contrôlent la boucle et l'arrêt.

Les algorithmes utilisés pour ΠΠ-2 sont très intéressants du point de vue de l'histoire des compilateurs. Ils évitent, par exemple, de recalculer les sous-expressions communes dans une même formule et optimisent soigneusement l'utilisation de l'espace de travail. Ils produisent également du code efficace pour les opérateurs relationnels composés d'une série de relations élémentaires ; par exemple :

$$(p_1 \vee (p_2 \cdot p_3) \vee \overline{p_4}) \cdot p_5 \vee p_6$$

doit être compilé comme montré à la figure 3.

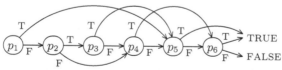

FIGURE 3. Optimisation des expressions booléennes dans un des premiers compilateurs russes.

Le langage ΠΠ d'Ershov améliore ΠΠ-2 sous plusieurs aspects, en particulier : (a) les opérateurs individuels n'ont pas besoin d'être numérotés et peuvent être mélangés dans la suite naturelle ; (b) aucune modification d'adresse n'a besoin d'être spécifiée et il existe une notation particulière pour les boucles ; (c) le stockage des variables est alloué de façon semi-automatique ; (d) la priorité des opérateurs peut être utilisée pour réduire le nombre de parenthèses dans les expressions. L'algorithme TPK ressemble à ceci en ΠΠ :

01   Massiv a (11 fàcheek)   [déclare un tableau de 11 cellules]

02 $a_0 = 0$ [adresse dans le tableau a]

03 $a_j = -1 \cdot j + 10$ [adresse dans le tableau a dépendant de j]

04 $j : j_{\text{nach}} = 0, j_{\text{kon}} = 11$ [informations sur les indices de boucle]

05 $0, 11, 10, 5, y, 400, 999, i$ [les autres constantes et variables]

06 $(\text{Ma}, 080, 0, a_0); (\text{Mb}, 0, 0\overline{1}, 0);$

07 $\left[\underset{j}{10 - j} \Rightarrow i; \underset{0101}{\sqrt{\ }} \bmod a_j + 5 \times a_j^3 \Rightarrow y;\right.$

08 $\mathrm{R}(y, 0102; \overline{\ulcorner\ } (400, \infty));$

09 $\underset{0101}{\llcorner\!\underline{\ }}$ Vyd $i, \Rightarrow 0;$ Vyd $999, \Rightarrow 0;$ $\overset{0103}{\ulcorner\ };$

10 $\underset{0102}{\llcorner\!\underline{\ }}$ Vyd $i, \Rightarrow 0;$ Vyd $y, \Rightarrow 0;$ $\underset{0103}{\llcorner\!\underline{\ }}];$ stop.

Après les déclarations des lignes *01–05*, le programme apparaît ici aux lignes *06–10*. Dans ПП, chaque boucle est associée à un nom d'index différent ; la dépendance linéaire des variables de tableau sur les indices de boucle est spécifiée à la ligne *03* ; la notation a_j ne signifie pas le j-ième élément de a mais un élément de a qui *dépend* de j. Les instructions de la ligne *06* sont des instructions du langage machine BESM qui lisent 11 mots et les placent en mémoire en partant de a_0. La ligne *07* montre le début de la boucle sur j, qui se termine avec le ']' de la ligne *10* ; tous les indices de boucle augmentent de $+1$ à chaque étape (les valeurs initiale et finale-plus-un pour la boucle j sont spécifiées à la ligne *04*). La ligne *08* est un opérateur relationnel signifiant « si y est dans l'intervalle $(400, \infty)$, c'est-à-dire si $y > 400$, aller à l'étiquette 0101, sinon aller à 0102 ». Les étiquettes sont exprimées par des nombres hexadécimaux. La notation $\llcorner\!\underline{\ }$ désigne l'emplacement du programme d'étiquette n. L'instruction 'Vyd' des lignes *09* et *10* signifie convertir en décimal. L'instruction '$\Rightarrow 0$' signifie imprimer. Tout le reste peut se comprendre de lui-même.

Les ordinateurs russes n'avaient pas d'entrées ou de sorties alphabétiques ; les programmes écrits en ПП-2 et en ПП étaient donc convertis en codes numériques. C'était une étape plutôt harassante et compliquée, en général effectuée par deux spécialistes qui devaient comparer leurs translittérations effectuées à la main de façon indépendante afin d'éviter les erreurs. Comme exemple de cette étape de codage, voici comment le programme ci-dessus doit être converti en mots BESM sous la forme exigée par ПП. [Les chiffres hexadécimaux étaient écrits 0, 1, ..., 9, $\overline{0}$, $\overline{1}$, ..., $\overline{5}$. Un mot de 39 bits de BESM devait être représenté soit en format d'instruction :

$$bbh\ bqhh\ bqhh\ bqhh,$$

où b désigne un chiffre binaire (0 ou 1), q un chiffre quaternaire (0, 1, 2 ou 3) et h un chiffre hexadécimal ; ou en format numérique binaire à virgule flottante :

$$\pm\ 2^k,\ hh\ hh\ hh\ hh,$$

où k et un entier décimal compris entre -32 et $+31$ inclusivement. Ces deux représentations étaient utilisées à des moments différents pour le codage des programmes ПП, comme montré ci-dessous.]

Emplacement	Contenu	Signification
07	000 0000 0000 0000	Pas d'espace nécessaire pour les sous-routines spéciales
08	000 0000 0000 0013	dernière entrée dans la table des descripteurs de tableaux
09	000 0000 0000 0015	première entrée pour les constantes et les variables
$0\bar{0}$	000 0000 0000 001$\bar{2}$	dernière entrée pour les constantes et les variables
$0\bar{1}$	000 0000 0000 002$\bar{5}$	adresse de base pour le schéma de programme codé
$0\bar{2}$	000 0000 0000 0042	dernière entrée pour le programme codé
$0\bar{3}$	000 0000 0000 029$\bar{5}$	adresse de base du « block γ »
$0\bar{4}$	000 0000 0000 02$\bar{1}\bar{5}$	adresse de base du « block α »
$0\bar{5}$	000 0000 0000 02$\bar{3}\bar{5}$	adresse de base du « block β »
10	01$\bar{5}$ 0000 000$\bar{1}$ 0000	a = tableau de taille 11
11	000 1001 0000 0000	coefficient de -1 pour la dépendance linéaire
12	2^1, 00 00 00 00	$a_0 = 0$ relatif à a
13	2^2, 14 00 00 0$\bar{0}$	$a_j = -1 \cdot j + 10$ relatif à a
14	000 0015 0016 0000	j = index de boucle de 0 à 11
15	2^{-32}, 00 00 00 00	0
16	2^4, $\bar{1}0$ 00 00 00	11
17	2^4, $\bar{0}0$ 00 00 00	10
18	2^3, $\bar{0}0$ 00 00 00	5
19	2^9, $\bar{2}8$ 00 00 00	400
$1\bar{0}$	2^{10}, $\bar{5}9$ $\bar{2}0$ 00 00	999
$1\bar{1}$	000 0000 0000 0000	i
$1\bar{2}$	000 0000 0000 0000	y
30	016 0080 0000 0012	$(\mathrm{Ma}, 080, 0, a_0)$
31	017 0000 000$\bar{1}$ 0000	$(\mathrm{Mb}, 0, 0\bar{1}, 0)$
32	018 0014 0000 0000	$[_j$
33	2^0, 17 04 14 08	$10 - j \Rightarrow$

34	2^0, $\bar{1}1$ $\bar{5}3$ $\bar{5}2$ 13	$i \sqrt{\ } \bmod a_j$
35	2^0, 03 18 09 13	$+\,5 \times a_j$
36	2^0, $\bar{0}2$ 08 $\bar{1}2$ 00	$^3 \Rightarrow y$
37	018 0000 $00\bar{1}2$ 0102	R$(y, 0102;$
		$\quad$ 0101
38	008 0019 0000 0101	$\ulcorner$ $(400, \infty))$
39	018 0101 0000 0000	$\llcorner$
		$\quad$ 0101
$3\bar{0}$	2^0, $\bar{5}4$ $\bar{1}1$ 07 00	Vyd i, $\Rightarrow 0$
$3\bar{1}$	2^0, $\bar{5}4$ $\bar{1}0$ 07 00	Vyd 999, $\Rightarrow 0$
		$\quad$ 0103
$3\bar{2}$	$01\bar{1}$ 0000 0000 0103	$\ulcorner$
$3\bar{3}$	018 0102 0000 0000	$\llcorner$
		$\quad$ 0102
$3\bar{4}$	2^0, $\bar{5}4$ $\bar{1}1$ 07 00	Vyd i, $\Rightarrow 0$
$3\bar{5}$	2^0, $\bar{5}4$ $\bar{1}2$ 07 00	Vyd y, $\Rightarrow 0$
40	018 0103 0000 0000	$\llcorner$
		$\quad$ 0103
41	$01\bar{5}$ $13\bar{5}5$ $13\bar{5}5$ $13\bar{5}5$	]
42	$01\bar{5}$ 0000 0000 0000	stop

Le BESM avait 1 024 mots de mémoire centrale, plus de la mémoire rapide en lecture seulement et un tambour magnétique de $5 \times 1\,024$ mots. Le compilateur ПП travaillait en trois passes (formules et relations, boucles, assemblage final) et comprenait 1 200 instructions plus 150 constantes. Ershov a publié les spécifications détaillées de sa structure et tous ses algorithmes dans [ER 58], livre qui a eu beaucoup d'influence à cette époque (une traduction chinoise fut, par exemple, publiée à Pékin en 1959). Le livre montre qu'Ershov était au courant des travaux de Rutishauser [page 9] mais il ne donne pas d'autres références à des sources non russes.

Un développement occidental

Les spécialistes des ordinateurs de la compagnie des avions Boeing de Seattle, Washington, sentaient qu'« à l'âge du jet, il est vital de raccourcir la durée entre la définition d'un problème et sa solution ». Ils ont donc introduit BACAIC, le système *Boeing Airplane Company Algebraic Interpretive Computing* pour l'ordinateur IBM 701.

BACAIC est un langage intéressant et son compilateur a été conçu par Mandalay Grems et R. E. Porter, qui ont commencé à travailler sur le système fin 1954 ; ils l'ont présenté à la *Western Joint Computer Conference* tenue à San Francisco en février 1956 [GP 56]. Bien que le 'I' de BACAIC soit là pour « interpretive », leur système traduisait en fait les expressions algébriques en appels en langage machines de sous-routines, en respectant les parenthèses et les règles de priorité, aussi devrions-nous l'appeler maintenant un compilateur.

Le langage BACAIC n'était pas habituel par plusieurs aspects, en particulier par ses structures de contrôle, qui supposaient des itérations à un niveau sur le programme en entier ; un programme était considéré comme un calcul presque ligne à ligne qui doit être appliqué à divers « cas » de données. Il n'y avait pas de variables indicées. Cependant l'algorithme TPK peut être exécuté en entrant les données dans l'ordre inverse en utilisant le programme suivant :

1. $I - K1 * I$
2. X
3. WHN X GRT $K2$ USE 5
4. $K2 - X * 2$
5. SRT $2 + K3 . X$ PWR $K4$
6. WHN 5 GRT $K5$ USE 8
7. TRN 9
8. $K6 * 5$
9. TAB I 5

On utilise ici '$*$' pour l'affectation et '$.$' pour la multiplication ; les variables sont données par des noms à une seule lettre (sauf K) et les constantes désignées par $K1$ à $K99$. Le programme ci-dessus doit être utilisé avec les entrées suivantes :

Case 1. $K1 = 1.0$ $K2 = 0.0$ $K3 = 5.0$ $K4 = 3.0$
              $K5 = 400.0$ $K6 = 999.0$ $I = 11.0$ $X = a_{10}$
Case 2. $X = a_9$
Case 3. $X = a_8$
$\vdots$
Case 11. $X = a_0$

Les données pour BACAIC sont identifiées par un nom lorsqu'elles sont entrées. Toutes les variables ont initialement la valeur zéro ; les valeurs sont reportées d'un cas au suivant à moins qu'elles soient changées. Par exemple, l'expression 1 signifie '$I - 1 \rightarrow I$', donc la valeur initiale $I = 11$ a seulement besoin d'être entrée dans le cas 1.

Les expressions 2 à 4 nous assurent que la valeur de l'expression 2 est la valeur absolue de X lorsque nous allons à l'expression 5 (le '2' dans l'expression 4 signifie *expression* 2, pas la constante 2). L'expression 5 a ainsi la valeur $f(X)$.

Une façon typique d'utiliser BACAIC était d'imprimer les valeurs associées à toutes les expressions 1, 2, ... ; ceci était une bonne façon de localiser les erreurs. L'expression 7 du programme ci-dessus est un saut inconditionnel ; l'expression 9 dit que les valeurs de I et de l'expression 5 doivent être tabulées (imprimées).

Le système BACAIC était facile à apprendre et à utiliser mais le langage était trop restrictif pour des calculs généralistes. Une fonctionnalité nouvelle était le « mode vérification » (*check-out mode* en anglais), dans lequel l'utilisateur fournissait des données calculées à la main et la machine ne devait imprimer que les différences qu'elle trouvait.

Selon [BE 57], BACAIC devint également opérationnel sur l'ordinateur IBM 650, en août 1956.

Kompilers

Un autre développement indépendant a pris place presqu'en même temps au Laboratoire des Radiations de l'université de Californie à Livermore, Californie ; ces travaux n'ont apparemment jamais été publiés, à part un rapport interne [EK 55]. En 1954, A. Kenton Elsworth a commencé à expérimenter la traduction d'équations algébriques en langage machine IBM 701 et a appelé son programme Kompiler 1 ; à cette époque il ne traitait que les formules individuelles, sans instruction de contrôle, sans constante et sans entrée-sortie. Elsworth et ses associés Robert Kuhn, Leona Schloss et Kenneth Tiede ont implémenté un système de travail appelé Kompiler 2 l'année suivante. Ce dernier système était un peu analogue au ПП-2, à part qu'il était fondé sur des diagrammes de flux au lieu de schémas d'opérateur. Ils caractérisaient son statut de la façon suivante [EK 55, page 4] :

> De beaucoup de points de vue Kompiler est un modèle expérimental ; il est donc assez limité dans les applications. Il est, par exemple, conçu pour manipuler seulement les données sur un mot complet et est restreint à l'arithmétique à virgule flottante. En même temps, un effort a été fait pour concevoir une routine qui marche et qui en vaut la peine : le code compilé devrait beaucoup se rapprocher de l'efficacité d'un code écrit à la main sur mesure ; apprendre à l'utiliser devrait être relativement facile ; la compilation en elle-même est très rapide.

Afin de compenser l'arithmétique à virgule flottante, des fonctionnalités particulières furent incluses pour faciliter la mise sous forme canonique. Comme nous le verrons, c'est peut-être là l'aspect le plus remarquable de Kompiler 2.

Pour résoudre le problème TPK, commençons par mettre les nombres sous forme canonique en écrivant :

$$A_i = 2^{-10}a_i, \qquad Y = 2^{-10}y, \qquad I = 2^{-35}i.$$

Nous avons de plus besoin d'utiliser des constantes sous forme canonique :

$$V = 5 \cdot 2^{-3}, \quad F = 400 \cdot 2^{-10}, \quad N = 999 \cdot 2^{-10}, \quad W = 1 \cdot 2^{-35}.$$

L'étape suivante consiste à dessiner un type particulier de diagramme de flux pour le programme, comme montré à la figure 4.

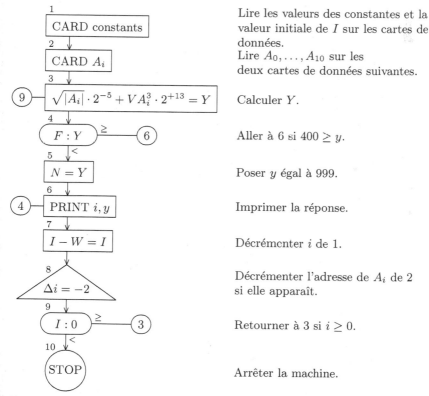

1 CARD constants	Lire les valeurs des constantes et la valeur initiale de I sur les cartes de données.
2 CARD A_i	Lire $A_0, \ldots, A_{10}$ sur les deux cartes de données suivantes.
3 $\sqrt{|A_i|} \cdot 2^{-5} + V A_i^3 \cdot 2^{+13} = Y$	Calculer Y.
4 $F : Y \overset{\geq}{} 6$	Aller à 6 si $400 \geq y$.
5 $N = Y$	Poser y égal à 999.
6 PRINT i, y	Imprimer la réponse.
7 $I - W = I$	Décrémenter i de 1.
8 $\Delta i = -2$	Décrémenter l'adresse de A_i de 2 si elle apparaît.
9 $I : 0 \overset{\geq}{} 3$	Retourner à 3 si $i \geq 0$.
10 STOP	Arrêter la machine.

FIGURE 4. Ce diagramme de flux pour l'entrée du Kompiler doit être transcrit en format numérique et perforé sur des cartes.

La troisième étape consiste à allouer les emplacements des données, par exemple de la façon suivante :

$$61 \equiv I, \quad 63 \equiv Y, \quad 65 \equiv V, \quad 67 \equiv F, \quad 69 \equiv N, \quad 71 \equiv W;$$
$$81 \equiv A_0, \quad 83 \equiv A_1, \quad \ldots, \quad 101 \equiv A_{10}.$$

(Les adresses de l'IBM 701 concernent les demi-mots mais les variables du Kompiler 2 occupent des mots entiers. L'adresse 61 désigne les demi-mots 60 et 61 de la « seconde trame » de la mémoire.)

L'étape finale consiste à transcrire les informations du diagramme de flux dans le format conçu pour la perforation. Une entrée source du Kompiler 2 a deux parties : les « cartes de diagramme de flux », une carte par boîte du diagramme de flux, et les « cartes algébriques », une par équation complexe. Dans notre cas, les cartes du diagramme de flux sont :

```
1CARD    61   2        235   0     103 310   310 135     0  61
2CARD    81   2        310 310     310 310   310 310   310  95  14
3CALC   101   8         65         101   8    63
4TRPL    67  63   6
5PLUS    69       63
6PRNT    61  63    2     1   35   10
7MINS    71  61   61
8DECR     2
9TRPL    61   Z    3
10STOP
```

et il y a trois cartes algébriques :

```
1*ΔCARD
2*ΔPRNT
3ΔSRTΔABSA.-05+VA3.+13=Y
```

Voici une traduction libre de la signification des cartes du diagramme de flux :

1. Lire les cartes de données et placer celles-ci dans les emplacements débutant à 61 par pas de 2. Les mots des données doivent être convertis en utilisant les codes de mise à l'échelle respectifs 235, 0, 103, ..., 0 ; les cartes de lecture s'arrêtent dès que l'emplacement de début est devenu 61, c'est-à-dire immédiatement. [Le code de mise à l'échelle ddbb signifie considérer la donnée à 10 chiffres comme une fraction décimale, la multiplier par 10^{dd}, convertir en binaire et diviser par 2^{bb}. Dans notre cas, la première donnée entrée sera perforée comme 1000000000 et le

code de mise à l'échelle 235 signifie qu'elle est d'abord considérée comme $(10.00000000)_{10}$ puis finalement convertie en $(.00\ldots01010)_2 = 10 \cdot 2^{-35}$, la valeur initiale de I. La valeur initiale de N, avec son code de mise à l'échelle 310, sera alors perforée 9990000000. Jusqu'à sept mots de données sont perforés par carte de données.]

2. Lire les cartes de données aux emplacements commençant à 81 par pas de 2. Les mots des données doivent être convertis en utilisant les codes de mise à l'échelle respectifs 310, 310, $\ldots$, 310 ; arrêter la lecture des cartes après que l'emplacement de début soit devenu 95. L'emplacement de début doit avancer de 14 entre les cartes de données (ainsi exactement deux cartes doivent être lues).

3. Évaluer une formule en utilisant les variables des emplacements respectifs 101 (qui change à l'étape 8), 65, 101 (qui change à l'étape 8) et 63.

4. Si le contenu de l'emplacement 67 moins le contenu de l'emplacement 63 est positif, aller à l'étape 6.

5. Stocker le contenu de l'emplacement 69 à l'emplacement 63.

6. Imprimer les contenus des emplacements 61 à 63, avec 2 mots par ligne et 1 ligne par bloc. Les facteurs de mise à l'échelle respectifs sont 35 et 10.

7. Soustraire le contenu de l'emplacement 71 du contenu de l'emplacement 61 et stocker le résultat à l'emplacement 61.

8. Décrémenter de 2 tous les emplacements auxquels il est fait référence à l'étape 8 (voir l'étape 3).

9. Si l'emplacement 61 contient une valeur positive (Z désigne zéro), aller à l'étape 3.

10. Arrêter la machine.

Les deux premières cartes algébriques de notre exemple ont simplement pour effet de charger dans le programme objet les sous-routines de bibliothèque pour la lecture des cartes et l'impression d'une ligne. La troisième carte est utilisée pour coder :

$$\sqrt{|A_i|} \cdot 2^{-5} + V A_i^3 \cdot 2^{13} = Y.$$

Les noms des variables d'une carte algébrique ne sont en fait rien d'autre que des marqueurs muets, puisque les emplacements mémoire doivent être spécifiés sur la carte CALC correspondante. La troisième carte algébrique aurait donc pu être perforée de la façon suivante :

```
3ΔSRTΔABSX.-05+XX3.+13=X
```

sans aucun effet sur le résultat.

Kompiler 2 a été utilisé pour plusieurs programmes de production importants à Livermore. En 1959 il a été remplacé par Kompiler 3, système nettement plus sophistiqué pour l'IBM 704 qui utilisait un format sur trois lignes analogue à la notation de MAC (bien qu'il ait apparemment été conçu indépendamment).

Un langage déclaratif

En 1955 et 1956, E. K. Blum a conçu un langage d'un type complètement différent au *U.S. Naval Ordnance Laboratory*. Son langage, ADES (*Automatic Digital Encoding System*), a été présenté au colloque national de l'ACM de 1955 (pour lequel aucun acte n'a été publié) ainsi qu'en 1956 [BL 56''], et au colloque de l'ONR en 1956 [BL 56']. Il le décrit de la façon suivante :

> Le langage ADES est essentiellement mathématique dans sa structure. Il est fondé sur la théorie des fonctions récursives et les schémas de telles fonctions, donnés par Kleene [BL 56', page 72].
>
> Nous pensons que l'approche ADES de la programmation automatique est entièrement nouvelle. Mathématiquement, elle a ses fondations dans le lit creusé dans le roc de la théorie des fonctions récursives. Appliquer cette théorie à la programmation automatique a d'abord été faite par C. C. Elgot, un ancien collègue de l'auteur. À la même époque, au *Naval Ordnance Laboratory*, Elgot a effectué des recherches sur un langage de programmation automatique. Quelques-unes de ses idées ont été adaptées à ADES [BL 56, page iii].

Une description complète de ce langage a été donnée dans un long rapport [BL 56]. Plusieurs aspects d'ADES sont plutôt difficiles à comprendre et nous nous contenterons d'un bref coup d'œil à sa structure en considérant le programme ADES suivant pour TPK. Les conventions de [BL 57'] sont suivies ici parce qu'elle sont légèrement plus simples que les notations originales de [BL 56].

$$01 \quad a_0 11 : q_0 11,$$
$$02 \quad f_{50} = + \sqrt{} \ \text{abs} \ c_1 \cdots 5 \ c_1 \ c_1 \ c_1,$$
$$03 \quad d_{12} b_1 = r_0,$$
$$04 \quad d_{22} b_2 = \leq b_3 \ 400, \ b_3, \ 999,$$
$$05 \quad b_3 = f_{50} \ a_0 \ r_0,$$
$$06 \quad r_0 = - \ 10 \ q_0,$$

07 $\forall\ 0\ q_0\ 10\ b_0 = f_0\ b_1\ b_2,$

En voici une traduction grossière : la ligne 01 est ce qui est appelé la « table de l'ordinateur », disant que le tableau d'entrées a_0 a 11 emplacements et que le « symbole d'index indépendant » q_0 prend 11 valeurs. La ligne 02 définit la fonction auxiliaire f_{50}, notre $f(t)$; les expressions arithmétiques sont définies dans la notation sans parenthèse de Łukasiewicz [LU 51, chapitre 4], en général connue de nos jours comme « polonaise gauche » (soit dit en passant, la notation « polonaise droite » semble avoir été proposée pour la première fois un petit peu avant par C. L. Hamblin en Australie ; voir [HA 57]). La variable c_1 désigne ici le premier paramètre de la fonction.

La ligne 03 dit que la variable dépendante b_1 est égale à l'index dépendant r_0 ; le 'd_{12}' signifie ici que cette quantité doit être sortie comme première coordonnée d'un couple. La ligne 04 définit de même b_2, qui doit être la seconde coordonnée. Cette ligne est une « équation de branchement » disant 'si $b_3 \leq 400$ **alors** b_3 **sinon** 999' (de telles équations de branchement sont une forme embryonnaire des expressions conditionnelles introduites plus tard par McCarthy dans LISP et dans ALGOL). Blum a remarqué que l'équation '$\leq\ x\ a, f, g,$' pourrait être remplacée par $\varphi f + (1 - \varphi)g$, où φ est une fonction qui prend la valeur 1 ou 0 suivant que $x \leq a$ ou $x > a$ [BL 56, page 16]) :

> La fonction φ est une fonction primitive récursive et devrait être incorporée dans la bibliothèque comme une des fonctions données du système. Néanmoins, l'équation de branchement est incluse dans le langage pour des raisons pratiques. Beaucoup de mathématiciens sont accoutumés à cette terminologie et elle conduit à des programmes plus efficaces.

En dépit de ces remarques, Blum peut avoir eu l'intention que f ou g ne soit pas évaluée ni même définie lorsque $\varphi = 0$ ou 1, respectivement.

La ligne 05 dit que b_3 est le résultat de l'application de f_{50} au r_0-ième élément de a_0. La ligne 06 explique que r_0 est $10 - q_0$. Finalement, la ligne 07 est ce qui appelé une « équation de phase » qui spécifie le flux du programme en son entier, en disant que b_1 et b_2 doivent être évalués pour $q_0 = 0, 1, \ldots, 10$.

Le langage ADES est « déclaratif » en ce sens que le programmeur donne des relations entre les quantités variables sans spécifier explicitement l'ordre de leur évaluation. John McCarthy l'a exprimé de cette façon, en 1958 [ER 58', page 275] :

La notation mathématique telle qu'elle existe à l'heure actuelle a été conçue pour faciliter l'énoncé de faits mathématiques, c'est-à-dire exprimer des énoncés déclaratifs. Un programme donne des ordres à une machine et est donc généralement construit avec des énoncés impératifs. Ceci suggère qu'il sera nécessaire d'inventer de nouvelles notations pour décrire les procédures compliquées et qu'il ne suffira pas de prendre telles quelles les notations que les mathématiciens ont utilisées pour exprimer des énoncés déclaratifs.

La transcription d'une discussion tenue en 1965 comparant les langages déclaratifs et impératifs, avec des commentaires de P. Abrahams, P. Z. Ingerman, E. T. Irons, P. Naur, B. Raphael, R. V. Smith, C. Strachey et J. W. Young, est parue dans les *Communications of the ACM* **9** (1966), 155–156, 165–166.

Bien qu'ADES soit fondé sur la théorie des fonctions récursives, il n'inclut pas de procédures récursives au sens d'ALGOL 60 ; il traitait principalement de types particuliers d'équations récursives sur les entiers et insistait sur l'étude des besoins en mémoire pour évaluer de telles récurrences.

Une version expérimentale d'ADES a été implémentée sur l'IBM 650 et décrite dans [BL 57, BL 57′]. Le schéma de traduction de Blum est ce que nous reconnaissons maintenant comme une approche récursive du problème, mais la récurrence n'était pas explicitement énoncée ; en gros il déplaçait des choses sur diverses piles durant l'exécution de l'algorithme. Cette implémentation pointe les problèmes sévères auxquels les gens de cette époque avaient à faire face : le codeur ADES comprenait 3 500 instructions alors que l'IBM 650 ne pouvait en contenir que 2 000 ; il était donc nécessaire d'insérer les paquets de cartes du programme dans la machine l'un après l'autre, un pour chaque équation ! À cause de limitations supplémentaires, le programme ci-dessus aurait été entré dans l'ordinateur en perforant les informations suivantes sur six cartes :

A00	011	P02	Q00	011	P01	F50	E00	F02	F20
F06	C01	F04	F04	F04	005	C01	C01	C01	P01
D12	B01	E00	R00	P01	D22	B02	E00	F11	B03
400	P01	B03	P01	999	P01	B03	E00	F50	A00
R00	P01	R00	E00	F03	010	Q00	P01	P03	000
Q00	010	B00	E00	F00	B01	B02	P01	–	–

Ici Pnn était un signe de ponctuation, Fnn un code de fonction, etc. En fait la version implémentée d'ADES était un sous-ensemble ne permettant pas de définir les f-équations auxiliaires, la définition de b_3 à la ligne *05* devait donc être écrite explicitement.

L'IT

En septembre 1955, quatre membres du laboratoire de calcul de l'université de Purdue — Mark Koschman, Sylvia Orgel, Alan Perlis et Joseph W. Smith — ont commencé une série de conférences pour discuter des méthodes de codage automatique. Joanne Chipps s'est jointe au groupe en mars 1956. Un compilateur, programmé pour être utilisé sur le Datatron, en fut le but et le résultat [OR 58, page 1].

Purdue a reçu un des premiers ordinateurs Datatron, fabriqués par Electrodata Corporation (voir *Journal of the Association for Computing Machinery* **2** (1955), 122, and [PE 55]) ; cette machine fut connue plus tard sous le nom de Burroughs 205. L'été 1956, le groupe de Purdue a terminé un plan d'ensemble de la logique de base et du langage de son compilateur et a présenté quelques-unes de ses idées à la rencontre annuelle de l'ACM [CK 56] (cet article, soit dit en passant, utilisait les deux mots « compilateur » et « instruction » dans leur sens moderne ; une comparaison des actes des colloques ONR 1954 et 1956 montre clairement que le mot « compilateur » a dorénavant acquis sa nouvelle signification. De plus les manuels contemporains de FORTRAN [IB 56, IB 57] utilisent également le terme « instruction » là où [IB 54] avait dit « formule ». La terminologie était en train de se cristalliser.)

À ce moment Perlis et Smith mutèrent au *Carnegie Institute of Technology*, prenant des copies des organigrammes avec eux ; ils ont adapté leur langage à l'IBM 650 (une machine plus petite) avec l'aide de Harold Van Zoeren. Le compilateur a été mis en service en octobre 1956 (voir [PS 57, page 102]) et est devenu connu sous le nom de IT, *Internal Translator* (traducteur interne).

La compilation procède en deux phases : 1) la traduction d'un programme IT en un programme en langage symbolique, PIT, et 2) l'assemblage d'un programme PIT en un programme en langage machine particulier, SPIT [PS 57', page 1.23].

Le programme intermédiaire « PIT » était en fait un programme en langage SOAP [PM 55], code source pour un excellent programme d'assemblage symbolique pour l'IBM 650. Perlis a dit que l'existence de SOAP fut un facteur de simplification important pour leur implémentation de IT, qui fut terminé environ trois mois après que ses auteurs aient appris le langage machine du 650.

Ce système logiciel a été le premier compilateur vraiment *utile* ; IT et les dérivés d'IT furent utilisés fréquemment et avec succès sur des centaines d'installations d'ordinateur jusqu'à ce que le 650 devienne obsolète (en effet, R. B. Wise a dit en octobre 1958 que « le langage IT est à peu près la chose la plus proche de ce que nous avons aujourd'hui comme langage universel pour les ordinateurs » [WA 58, page 131]). Les systèmes que nous avons étudiés précédemment étaient des étapes importantes du parcours, mais aucun d'eux n'était la combinaison d'un langage puissant, d'une implémentation adéquate et de la documentation nécessaire pour avoir un impact significatif dans l'utilisation des machines. De plus, IT montrait que des compilateurs utiles pouvaient être construits pour des petits ordinateurs sans énormes investissements en moyens humains.

Voici le programme IT pour TPK :

```
 1:  READ
 2:  3, I1, 10, −1, 0,
 5:  Y1 ← "20E, AC(I1 + 1)"
              + (5 × (C(I1 + 1) * 3))
 6:  G3 IF 400.0 ≥ Y1
 7:  Y1 ← 999
 3:  TI1 TY1
10:  H
```

Chaque instruction a un numéro d'identification, mais les nombres n'ont pas besoin d'être dans l'ordre. L'instruction READ ne spécifie pas les noms des variables qui doivent être entrées, puisqu'une telle information apparaît sur les cartes de données elles-mêmes. Les variables à virgule flottante sont appelées Y1, Y2, ..., ou C1, C2, ... ; le programme exemple suppose que les données entrées spécifieront onze valeurs pour C1 à C11.

L'instruction numéro 2 constitue une itération du programme suivant à partir de l'instruction numéro 3 incluse ; la variable I1 va de 10 par pas de −1 jusqu'à 0. L'instruction 5 pose Y1 égal à $f(C_{I1+1})$; la notation "20E, x" est utilisée pour l'« extension de langage 20 appliqué à x », où extension 20 est la sous-routine de racine carrée en virgule flottante. Notons l'utilisation d'une arithmétique mixte entière et à virgule flottante sur la seconde ligne de l'instruction 5. Les parenthèses redondantes montrent qu'IT ne traitait pas la priorité des opérateurs, bien que dans ce cas les parenthèses n'eussent pas besoin d'être écrites puisqu'IT évaluait les expressions de droite à gauche.

La lettre A est utilisée pour désigner la valeur absolue et le signe $*$ pour l'exponentiation. L'instruction 6 dit d'aller à 3 si Y1 ≤ 400 et l'instruction 3 imprime I1 et Y1. L'instruction 10 signifie « arrêt ».

Puisque l'IBM 650 ne disposait pas d'un tel ensemble de caractères, assez riche, le programme ci-dessus devait être perforé sur les cartes sous la forme suivante — en utilisant K pour la virgule, M pour moins, Q pour les apostrophes, L et R pour les parenthèses, etc. :

```
0001 READ                          F
0002 3K I1K 10K M1K OK             F
0005 Y1 Z Q 20EK ACLI1S1R Q
0005    S L5 X LCLI1S1R P 3RR      F
0006 G3 IF 400J0 W Y1              F
0007 Y1 Z 999                      F
0003 TI1 TY1                       F
0010 H                             FF
```

Le programmeur fournissait également une « carte d'en-tête » (*header card* en anglais), donnant les limites des indices de tableau réellement utilisés ; dans notre cas, la carte d'en-tête devrait spécifier une variable I, une variable Y, 11 variables C, 10 instructions. Un tableau des emplacements des instructions était conservé dans le programme en train de s'exécuter, puisque le langage permettait au programmeur d'utiliser une instruction 'go to' au numéro n, où n était la valeur d'une expression entière quelconque.

Le langage du compilateur de Purdue étudié dans [CK 56] était plus riche que celui-ci sous certains aspects ; il permettait de sortir des informations alphabétiques et de définir de nouvelles extensions (fonctions) en langage source. Par contre, [CK 56] ne mentionne pas les instructions d'itération ou l'entrée des données. Joanne Chipps et Sylvia Orgel ont terminé l'implémentation sur le Datatron l'été 1957 ; le langage a cependant perdu les fonctionnalités les plus riches dans [CK 56], probablement parce qu'elles étaient trop difficiles à implémenter. Notre programme aurait ressemblé à ceci dans le langage du compilateur de Purdue [OR 58] :

input $i0$ $y0$ $c10$ $s10$ f	[indices maximum utilisés]
1 e "800e" f	[lire les entrées]
2 s $i0 = 10$ f	[poser $i_0 = 10$]
5 s $y0 = $ "200e, $aci0$" $+ (5 \times (ci0p3))$ f	
6 r $g8$, r $y0 \leq 400.0$ f	[aller à 8 si $y_0 \leq 400.0$]
7 s $y0 = 999$ f	
8 o $i0$ f	[sortir i_0]
9 o $y0$ f	[sortir y_0]
4 s $i0 = i0 - 1$ f	
3 r $g5$, r $0 \leq i0$ f	[aller à 5 si $i_0 \geq 0$]
10 h f	[arrêter]

Noter que les indices peuvent maintenant partir de 0 et que chaque instruction commence par une lettre identifiant son type. Il y a suffisamment de différences entre ce langage et IT pour que la traduction mécanique ne soit pas triviale.

L'arrivée de FORTRAN

Pendant ce temps les travaux à venir sur FORTRAN faisaient l'objet d'une large publicité. Max Goldstein a certainement résumé le sentiment de beaucoup de gens lorsqu'il fait la remarque suivante en juin 1956 : « Nous avons théorisé la programmation automatique autant que possible et c'est dans cet esprit scientifique que nous avons l'intention d'essayer de sortir FORTRAN lorsqu'il sera disponible. Cependant [...] » [GO 56, page 40].

Le jour approchait. Octobre 1956 fut le témoin d'une autre « première » dans l'histoire des langages de programmation, à savoir la première description d'un langage soigneusement écrite et joliment typographiée, proprement reliée avec une couverture glacée. Elle commence ainsi [IB 56] :

Ce manuel remplace toutes les informations antérieures sur le système FORTRAN. Il décrit le système qui sera disponible fin 1956 et a pour but de permettre de prévoir et préparer du code FORTRAN à l'avance [page 1].

Les programmes objets produits par FORTRAN seront presqu'aussi efficaces que ceux écrits par de bons programmeurs [page 2].

« Fin 1956 » fut bien sûr un euphémisme pour avril 1957. Voici comment Saul Rosen a décrit les débuts de FORTRAN [RO 64, page 4] :

Comme la plupart des premiers systèmes matériels et logiciels, FORTRAN fut en retard pour sa livraison et ne marchait pas vraiment lorsqu'il fut livré. Au début, les gens pensaient qu'il ne serait jamais opérationnel. Puis quand il entra dans la phase de test avec de nombreux bogues, et avec quelques-unes des parties les plus importantes non terminées, beaucoup pensèrent qu'il ne marcherait jamais. Il en arrivèrent graduellement au point où un programme FORTRAN avait une chance raisonnable de se compiler jusqu'au bout et peut-être même de tourner.

En dépit de ces difficultés, il était clair que cela valait la peine d'attendre FORTRAN I ; il fut rapidement accepté, et même de façon plus enthousiaste que ce que ses créateurs avaient rêvé [BA 58, page 246] :

> Un étude d'avril de cette année [1958] de vingt-six installations du 704 indique que plus de la moitié d'entre elles utilisent FORTRAN pour plus de la moitié de leurs problèmes. Beaucoup l'utilisent pour 80% ou plus de leurs travaux (en particulier pour les nouvelles installations) et presque tous l'utilisent pour certains de leurs travaux. Les dernières données de l'organisation des utilisateurs du 704, SHARE, montrent qu'il y a quelque soixante installations equipées pour utiliser FORTRAN (représentant 66 machines) et les rapports récents d'utilisation indiquent que plus de la moitié des instructions machine pour ces machines ont été produites par FORTRAN.

Par contre, personne n'a été converti. La seconde édition du premier manuel de programmation, celui de Wilkes, Wheeler et Gill, fut publiée en 1957 ; les auteurs concluent leur nouveau chapitre sur la « programmation automatique » avec les remarques d'avertissement suivantes [WW 57, pages 136–137] :

> La machine pourrait accepter des formules écrites en notation mathématique ordinaire, perforées sur un perforateur avec un clavier spécialement conçu à cet effet. Ceci peut apparaître à première vue comme une avancée très importante, promettant de réduire grandement le travail de programmation. Un certain nombre de schémas de reconnaissance de formules ont été décrits ou proposés, mais ils ont été trouvés à l'examen d'une utilité plus limitée que ce qu'on aurait pu espérer. [...] Le mieux qu'on puisse espérer de ce qu'une routine de reconnaissance de formules généraliste fasse, serait d'accepter un exposé du problème après qu'il ait été examiné, et si nécessaire transformé, par un analyste numéricien. [...] Même dans les cas les plus favorables, les programmeurs expérimentés seront capables d'obtenir une plus grande efficacité en utilisant des méthodes plus classiques de programmation.

Un excellent article des auteurs de FORTRAN I, décrivant à la fois le langage et l'organisation du compilateur, fut présenté à la *Western Joint Computer Conference* de 1957 [BB 57]. Les nouvelles techniques d'analyse du flux global du programme et l'optimisation, dues à Robert

A. Nelson, Irving Ziller, Lois M. Haibt et Sheldon Best, étaient particulièrement importantes. En exprimant TPK en FORTRAN I nous pouvons voir la plupart des changements de FORTRAN 0 adoptés :

```
C    THE TPK ALGORITHM, FORTRAN STYLE
     FUNF(T) = SQRTF(ABSF(T))+5.0*T**3
     DIMENSION A(11)
1    FORMAT(6F12.4)
     READ 1, A
     DO 10 J = 1, 11
     I = 11 - J
     Y = FUNF(A(I+1))
     IF (400.0-Y) 4, 8, 8
4    PRINT 5, I
5    FORMAT(I10, 10H TOO LARGE)
     GO TO 10
8    PRINT 9, I, Y
9    FORMAT(I10, F12.7)
10   CONTINUE
     STOP 52525
```

Les innovations principales furent :

1) La possibilité de commentaires : aucun concepteur de langage de programmation n'avait pensé à le faire avant cela ! (les langages d'assemblage avaient des cartes de commentaires mais les programmes écrits en langages de niveau supérieur étaient en général considérés comme auto-explicatifs).

2) Les fonctions arithmétiques furent introduites. Elles ne sont pas mentionné dans [IB 56] mais apparurent dans [BB 57] et (en détails) dans le *Programmer's Primer* [IB 57, pages 25 and 30–31].

3) Des formats sont fournis pour les entrées et les sorties. Cette fonctionnalité, due à Roy Nutt, fut une innovation majeure dans les langages de programmation ; elle a certainement eu un effet important en rendant FORTRAN populaire, car les conversions des entrées-sorties étaient très compliquées à effectuer sur le 704.

4) Des fonctionnalités moindres non présentes dans [IB 54] furent l'instruction CONTINUE et la possibilité d'afficher un nombre *octal* à cinq chiffres lorsque la machine s'arrêtait sur une instruction STOP.

MATH-MATIC et FLOW-MATIC

Pendant ce temps, le groupe de programmation de Grace Hopper à UNIVAC était également au travail. Il a commencé par concevoir un langage algébrique en 1955, projet dirigé par Charles Katz, et le compilateur fut mis en service sur deux installations pour des tests expérimentaux en 1956 (voir [BE 57, page 112]). Le langage fut originellement appelé AT-3, mais il reçut le nom plus attractif MATH-MATIC en avril 1957, lorsque son manuel préliminaire [AB 57] fut mis à jour. Le programme suivant pour TPK donne une idée de MATH-MATIC :

```
(1)  READ-ITEM A(11) .
(2)  VARY I 10(-1)0 SENTENCE 3 THRU 10 .
(3)  J = I+1 .
(4)  Y = SQR |A(J)| + 5*A(J)³ .
(5)  IF Y > 400 JUMP TO SENTENCE 8 .
(6)  PRINT-OUT I, Y .
(7)  JUMP TO SENTENCE 10 .
(8)  Z = 999 .
(9)  PRINT-OUT I, Z .
(10) IGNORE .
(11) STOP .
```

Le langage était assez lisible ; noter la barre verticale et la puissance 3 de l'instruction (4), indiquant un ensemble de caractères étendu qui doit être utilisé pour certains périphériques. Mais les programmeurs MATH-MATIC *ne* partageaient *pas* l'enthousiasme du groupe FORTRAN pour du code machine efficace ; ils traduisaient le langage source MATH-MATIC en A-3 (une extension de A-2) et ceci produisait des programmes très inefficaces, en particulier lorsque nous considérons le fait que toute l'arithmétique faisait appel à des sous-routines en virgule flottante. L'ordinateur UNIVAC était loin d'être l'analogue de l'IBM 704, même programmé de façon experte, aussi MATH-MATIC fut-il d'une utilité limitée.

L'autre produit de l'équipe de programmation de Grace Hopper a eu beaucoup plus d'influence et de succès, puisqu'il a labouré de nouvelles terres vierges importantes. C'est ce qu'elle a originellement appelé le compilateur de traitement des données (*data processing compiler* en anglais) en janvier 1955 ; il fut rapidement connu comme 'B-0', plus tard comme le « traducteur de procédures » (*Procedure Translator* en anglais) [KM 57] et finalement comme FLOW-MATIC [HO 58, TA 60]. Le langage FLOW-MATIC utilisait des mots anglais, un peu comme MATH-MATIC mais sur une plus grande ampleur, et ses opérations se concentraient sur les applications de gestion. Les exemples suivants sont typiques des opérations FLOW-MATIC :

```
(1) COMPARE PART-NUMBER (A) TO PART-NUMBER (B); IF
    GREATER GO TO OPERATION 13; IF EQUAL GO TO
    OPERATION 4; OTHERWISE GO TO OPERATION 2 .
```

(2) READ-ITEM B; IF END OF DATA GO TO OPERATION 10 .

Les patrons anglais permis sont donnés dans [SA 69, pages 317–322]. Le premier compilateur expérimental B-0 fut opérationnel en 1956 [HO 58, page 171]. Il a été revu pour les clients UNIVAC en 1958 [SA 69, page 316]. FLOW-MATIC a eu une grande influence sur la conception de COBOL en 1959.

Un ordinateur contrôlé par des formules

Au colloque international de calcul tenu à Dresde, 1955, Klaus Samelson a présenté les rudiments d'une approche particulièrement élégante pour la reconnaissance des formules algébriques [SA 55], améliorant la technique de Böhm. Samelson et son collègue F. L. Bauer ont développé cette méthode les années suivantes et leur article la décrivant [SB 59] devint célèbre.

Une des premières choses qu'ils ont faite avec leur approche a été de concevoir un ordinateur dans lequel les formules algébriques *elles-mêmes* faisaient partie du langage machine. La conception de cet ordinateur fut soumise au bureau des brevets allemand au printemps 1957 [BS 57] et au bureau des brevets américain (avec en plus les diagrammes de câblage) un an plus tard. Bien que le brevet allemenad ne fut jamais accordé et que les machines ne furent jamais construites, Bauer et Samelson finirent par obtenir le brevet américain, U.S. Patent 3 047 228 [BS 62].

Leur brevet décrit quatre niveaux possibles de langage et de machine. Au plus bas niveau, ils ont introduit un langage analogue à celui utilisé sur les calculettes de poche des années 1970, permettant les formules formées uniquement d'opérateurs, de parenthèses et de nombres ; leur plus haut niveau fournissait un langage de programmation complet, incorporant des fonctionnalités telles que les variables avec des indices multiples et une arithmétique décimale de précision arbitraire.

Nous nous intéresserons ici principalement au langage de la machine de Bauer et Samelson de plus haut niveau. Un programme pour TPK devait être entré sur son clavier en tapant :

01	◇	$0000.00000000 \Rightarrow a{\downarrow}11{\uparrow}$
02		$2.27 \Rightarrow a{\downarrow}1{\uparrow}$
	...	
12		$5.28764 \Rightarrow a{\downarrow}11{\uparrow}$
13		$10 \Rightarrow i$
14	44∗	$a{\downarrow}i{+}1{\uparrow} \Rightarrow t$
15		$\sqrt{\mathrm{B}t} + 5 \times t \times t \times t \Rightarrow y$
16		$i = \square\square \Rightarrow i$

17 $y > 400 \to 77*$
18 $y = \Box\Box\Box.\Box\Box\Box \Rightarrow y$
19 $\to 88*$
20 77* $999 = \Box\Box\Box \Rightarrow y$
21 88* $i - 1 \Rightarrow i$
22 $i > -1 \to 44*$

(Ceci est la version américaine ; la version allemande est la même avec tous les points décimaux remplacés par des virgules.)

Le « $\Diamond$ »du début de ce programme est optionnel ; il signifie que les instructions suivantes jusqu'à la prochaine étiquette (44*) ne sont pas entrées dans la « mémoire des formules » (*formula storage* en anglais) mais qu'elles sont simplement exécutées puis oubliées. Le reste de la ligne *01* spécifie une allocation mémoire : il dit que a est un tableau à 11 éléments dont les entrées contiendront au plus 12 chiffres.

Les lignes *02–12* entrent les données dans le tableau a. La machine comprenait un lecteur de ruban papier en plus de son clavier ; si les données devaient être entrées à partir du ruban papier, les lignes *02–12* devaient être remplacées par le code :

$$1 \Rightarrow i$$
$$33* \quad \bullet\bullet\bullet\bullet\bullet\bullet \Rightarrow a{\downarrow}i{\uparrow}$$
$$i + 1 \Rightarrow i$$
$$i < 12 \to 33*$$

En fait cette convention pour les entrées n'était pas vraiment mentionnée dans le brevet mais Bauer [BA 76′] rappelle qu'un tel format était prévu.

Le couple de symboles $\downarrow$ et $\uparrow$ spécifiant les indices pouvait être entré au clavier mais n'apparaissait pas sur les pages imprimées : le mécanisme d'impression plaçait des indices. Les signes d'égalité suivis de boîtes carrées aux lignes *16*, *18* et *20* indiquent une sortie ayant un nombre spécifié de chiffres, montrant l'emplacement souhaité du point décimal. Le reste du programme ci-dessus devrait se comprendre de lui-même, à part peut-être le B de la ligne *15*, qui désigne la valeur absolue (*Betrag*).

Résumé

Nous sommes maintenant arrivés à la fin de notre histoire, ayant couvert presque tous les langages de haut niveau dont la conception a débuté avant 1957. Il est impossible de résumer tous les langages que nous avons étudiés en préparant un petit schéma très propre ; mais puisque tout le monde aimerait en voir un, nous avons essayé une comparaison grossière mais peut-être utile (voir tableau 1).

TABLEAU 1

Langage	Auteur(s) principaux	Année	Arithmétique	Implémentation	Lisibilité	Structures de contrôle	Structures de données	Indépendant de la machine	Impact	Premières
Plankalkül	Zuse	1945	X, S, F	F	D	B	A	B	C	Langage de programmation, données hiérarchiques
Flow diagrams	Goldstine von Neumann	1946	X, S	F	A	D	C	B	A	Méthodologie de programmation acceptée
Composition	Curry	1948	X	F	D	C	D	C	F	Algorithme de génération de code
Short Code	Mauchly	1950	F	C	C	F	F	B	D	Langage de haut niveau implémenté
Intermediate PL	Burks	1950	?	F	A	D	C	A	F	Notation commune des sous-expressions
Klammer-ausdrücke	Rutishauser	1951	F	F	B	F	C	B	B	Génération de code simple, déroulement des boucles
Formules	Böhm	1951	X	F	B	D	C	B	D	Compilateur dans son langage
AUTOCODE	Glennie	1952	X	C	C	C	C	D	D	Compilateur utile
A-2	Hopper	1953	F	C	D	F	F	C	B	Macros
Whirlwind translator	Laning Zierler	1953	F	B	A	D	C	A	B	Constantes dans les formules, un manuel
AUTOCODE	Brooker	1954	X, F	A	B	D	C	A	C	Stockage à deux niveaux
IIII-2	Kamynin Liubimskiï	1954	F	B	C	D	C	B	D	Optimisation du code
IIII	Ershov	1955	F	B	B	C	C	B	C	Livre sur un compilateur
BACAIC	Grems Porter	1955	F	A	A	D	F	A	D	Utilisé sur deux machines
Kompiler 2	Elsworth Kuhn	1955	S	C	C	D	C	C	F	Aides de mise à l'échelle
PACT I	Comité de travail	1955	X, S	A	C	D	C	A	C	Effort coopératif
ADES	Blum	1956	X, F	D	D	B	C	A	F	Langage déclaratif
IT	Perlis	1956	X, F	A	B	C	C	A	A	Succès du compilateur
FORTRAN I	Backus	1956	X, F	A	A	C	C	A	A	Formats, commentaires, optimisation globale
MATH-MATIC	Katz	1956	F	B	A	C	C	A	D	Presqu'en anglais
Patent 3 047 228	Bauer Samelson	1957	F	D	B	D	C	B	C	Ordinateur contrôlé

Le tableau 1 montre les principaux langages orientés mathématiques que nous avons étudiés, avec leurs auteurs principaux et l'année approximative de leur plus grande activité de développement ou de recherche. La colonne « arithmétique » contient X pour les langages qui manipulent les entiers, F pour ceux qui manipulent les nombres à virgule flottante et S pour ceux qui manipulent les nombres mis à l'échelle. Les colonnes restantes du tableau 1 sont remplies avec une « note » hautement subjective des langages et des systèmes de programmation correspondant à divers critères.

Implémentation : le langage était-il implémenté sur un vrai ordinateur ? Si oui, son utilisation était-elle efficace et/ou facile ?

Lisibilité : était-il facile de lire les programmes dans ce langage ? (Cet aspect comprend des choses telles que la diversité des symboles utilisables pour les variables et la proximité avec les notations familières.)

Structures de contrôle : à quelle hauteur sont les structures de contrôle ? Les structures de contrôle existantes étaient-elles suffisamment puissantes ? (Par « hauteur du niveau » nous entendons niveau d'abstraction — quelque chose que le langage a mais que la machine n'a pas.)

Structures de données : à quel hauteur de niveau sont les structures de données ? (par exemple, les variables peuvent-elles être indicées ?)

Indépendance par rapport à la machine : le programmeur a-t-il besoin de garder en mémoire la structure de la machine sous-jacente ?

Impact : combien de gens sont connus pour avoir été directement influencés par ce travail à cette époque ?

Enfin il y a une colonne « premières », qui donne les nouvelles fonctionnalités que ce langage ou système particulier a introduit.

Et ensuite ?

Qu'est-ce que nous n'avons pas vu, parmi tous ces langages? Les oublis les plus importants sont le manque de *structures de données* de haut niveau autres que les tableaux (à part dans le langage non publié de Zuse), le manque de *structures de contrôle* de haut niveau autres que l'itération contrôlée par une variable index et le manque de *récurrence*. Ces trois concepts, qui sont maintenant considérés comme absolument fondamentaux en informatique, n'ont pas su se frayer un chemin dans les langages de haut niveau avant les années 1960. Nos langages d'aujourd'hui ont certainement trop de fonctionnalités mais les langages jusqu'à FORTRAN I n'en avaient pas assez.

Au moment où nous avons quitté notre histoire, un développement explosif dans la conception des langages a pris place, puisque le succès des compilateurs a donné lieu à un essor des langage. Les langages de programmation ont atteint une étape lorsque des gens ont commencé à écrire des traducteurs d'IT à FORTRAN [GR 58] et de FORTRAN à IT ; voir [IB 57'] et [BO 58], qui décrivent le compilateur FORTRANSIT, conçu par Robert W. Bemer, David A. Hemmes, Otto Alexander, Florence H. Pessin et Leroy May. Une excellente étude de l'état de la programmation automatique à cette époque a été préparé par R. W. Bemer [BE 57].

Le développement certainement le plus important alors dans le vent était un projet international essayant de définir un langage algorithmique « standard ». Juste après une importante rencontre à Darmstadt, en 1955, un groupe d'informaticiens européens a commencé à planifier un nouveau langage (voir [LE 55]), sous les auspices de la *Gesellschaft für Angewandte Mathematik und Mechanik* (GAMM, l'*Association pour les Mathématiques Appliquées et la Mécanique*). Ils y ont plus tard invité des participants américains et un comité *ad hoc* de l'ACM, dirigé par Alan Perlis, s'est réuni plusieurs fois à partir de janvier 1958. L'été de la même année, Zürich a été le lieu d'une rencontre à laquelle ont participé des représentants des comités américain et européen : J. W. Backus, F. L. Bauer, H. Bottenbruch, C. Katz, A. J. Perlis, H. Rutishauser, K. Samelson et J. H. Wegstein (voir [BB 58] pour le langage proposé par les délégués européens).

Il semble adéquat de terminer notre histoire en exprimant l'algorithme TPK dans le « langage algébrique international » (*international algebraic language* ou IAL, plus tard appelé ALGOL 58) conçu lors de cette rencontre historique de Zürich [PS 58] :

```
procedure TPK(a[ ]) =: b[ ];
array (a[0:10], b[0:21]);
comment Étant donnés 11 valeurs d'entrée a[0],...,a[10], cette
        procédure produit 22 valeurs de sortie b[0],...,b[21],
        en suivant l'algorithme classique TPK ;
begin for i := 10(−1)0;
    begin  y := f(a[i]);
        f(t) := sqrt(abs(t)) + 5 × t↑3↓;
        if (y > 400); y := 999;
        b[20 − 2 × i] := i;
        b[21 − 2 × i] := y
```

```
    end;
    return;
    integer (i)
end TPK
```

La préparation de cet article a été financée en partie par la *National Science Foundation* (Grant MCS 72-03752 A03), par l'*Office of Naval Research* (contrat N00014-76-C-0330) et par IBM Corporation. Les auteurs désirent remercier les concepteurs des langages cités pour leurs commentaires très utiles sur les premières esquisses de cet article.

Références

[AB 57] R. Ash, E. Broadwin, V. Della Valle, C. Katz, M. Greene, A. Jenny, and L. Yu, *Preliminary Manual for MATH-MATIC and ARITH-MATIC systems (for Algebraic Translation and Compilation for UNIVAC I and II)* (Philadelphia, Pennsylvania: Remington Rand Univac, 1957), ii + 125 pages.

[AL 54] Charles W. Adams and J. H. Laning, Jr., "The M.I.T. systems of automatic coding: Comprehensive, Summer Session, and Algebraic," *Symposium on Automatic Programming for Digital Computers* (Washington: Office of Naval Research, 1954), 40–68. [Bien que Laning soit cité comme co-auteur, il n'écrivit pas l'article et n'alla pas à la conférence ; il a dit qu'il a appris qu'il était « co-auteur » seulement 10 ou 15 ans plus tard !]

[BA 54] J. W. Backus, "The IBM 701 Speedcoding system," *Journal of the Association for Computing Machinery* 1 (1954), 4–6.

[BA 58] J. W. Backus, "Automatic programming: Properties and performance of FORTRAN systems I and II," in *Mechanisation of Thought Processes*, National Physical Laboratory Symposium 10 (London: Her Majesty's Stationery Office, 1959), 231–255.

[BA 59] J. W. Backus, "The syntax and semantics of the proposed International Algebraic Language of the Zürich ACM–GAMM conference," in *International Conference on Information Processing*, Proceedings (Paris: UNESCO, 1959), 125–131.

[BA 61] Philip Morrison and Emily Morrison (eds.), *Charles Babbage and his Calculating Engines* (New York: Dover, 1961), xxxviii+ 400 pages.

[BA 76] John Backus, "Programming in America in the 1950s — Some personal impressions," in *A History of Computing in the Twentieth Century*, edited by N. Metropolis, J. Howlett, and Gian-Carlo Rota (New York: Academic Press, 1980), 125–135.

[BA 76'] F. L. Bauer, lettre à D. E. Knuth (7 juillet 1976), 2 pages.

[BA 79] John Backus, "The history of FORTRAN I, II, and III," *Annals of the History of Computing* 1 (1979), 21–37. Version étendue dans *History of Programming Languages*, édité par Richard L. Wexelblat (New York: Academic Press, 1981), 25–73.

[BB 57] J. W. Backus, R. J. Beeber, S. Best, R. Goldberg, L. M. Haibt, H. L. Herrick, R. A. Nelson, D. Sayre, P. B. Sheridan, H. Stern, I. Ziller, R. A. Hughes, and R. Nutt, "The FORTRAN automatic coding system," *Proceedings of the Western Joint Computer Conference* 11 (1957), 188–197.

[BB 58] F. L. Bauer, H. Bottenbruch, H. Rutishauser, and K. Samelson, "Proposal for a universal language for the description of computing processes," in *Computer Programming and Artificial Intelligence*, edited by John W. Carr III (Ann Arbor, Michigan: College of Engineering, University of Michigan, 1958), 353–373. [Traduction du brouillon allemand originel daté du 9 mai 1958, à Zürich.]

[BC 54] Arthur W. Burks, Irving M. Copi, and Don W. Warren, *Languages for Analysis of Clerical Problems*, Informal Memorandum 5 (Ann Arbor, Michigan: Engineering Research Institute, University of Michigan, 1954), iii + 24 pages.

[BE 57] R. W. Bemer, "The status of automatic programming for scientific problems," *Computer Applications Symposium* 4 (Chicago, Illinois: Armour Research Foundation, 1957), 107–117.

[BG 53] J. M. Bennett and A. E. Glennie, "Programming for high-speed digital calculating machines," in *Faster Than Thought*, edited by B. V. Bowden (London: Pitman, 1953), 101–113.

[BH 54] John W. Backus and Harlan Herrick, "IBM 701 Speedcoding and other automatic-programming systems," *Symposium on Automatic Programming for Digital Computers* (Washington: Office of Naval Research, 1954), 106–113.

[BH 64] J. W. Backus and W. P. Heising, "FORTRAN," *IEEE Transactions on Electronic Computers* **EC-13** (1964), 382–385.

[BL 56] E. K. Blum, *Automatic Digital Encoding System. II (ADES II)*, NAVORD Report 4209, Aeroballistic Research Report 326 (Washington: U.S. Naval Ordnance Laboratory, 8 February 1956), v + 45 pages plus appendices.

[BL 56′] E. K. Blum, "Automatic Digital Encoding System, II," *Symposium on Advanced Programming Methods for Digital Computers*, ONR Symposium Report ACR-15 (Washington: Office of Naval Research, 1956), 71–76.

[BL 56″] E. K. Blum, "Automatic Digital Encoding System, II (ADES II)," *Proceedings of the ACM National Meeting* **11** (1956), paper 29, 4 pages.

[BL 57] E. K. Blum, *Automatic Digital Encoding System II (ADES II), Part 2: The Encoder*, NAVORD Report 4411 (Washington: U.S. Naval Ordnance Laboratory, 29 November 1956), 82 pages plus appendix.

[BL 57′] E. K. Blum and Shane Stern, *An ADES Encoder for the IBM 650 Calculator*, NAVORD Report 4412 (Washington: U.S. Naval Ordnance Laboratory, 19 December 1956), 15 pages.

[BO 52] Corrado Böhm, "Calculatrices digitales : Du déchiffrage de formules logico-mathématiques par la machine même dans la conception du programme [Digital computers: On the deciphering of logical-mathematical formulae by the machine itself during the conception of the program]," *Annali di Matematica Pura ed Applicata* (4) **37** (1954), 175–217.

[BO 52′] Corrado Böhm, "Macchina calcolatrice digitale a programma con programma preordinato fisso con tastiera algebrica ridotta atta a comporre formule mediante la combinazione dei singoli elementi simbolici [Machine à calculer numérique et programmable ayant un programme de démarrage fixé et un clavier algébrique capable de composer des formules au moyen de combinaison d'éléments symboliques simples]," Domanda di brevetto per invenzione industriale [Demande de brevet] No. 13567 di Verbale (Milan: 1 October 1952), 26 pages plus 2 tables.

[BO 54] Corrado Böhm, "Sulla programmazione mediante formule [Sur la programmation au moyen de formules]," *Atti 4° Sessione Giornate della Scienza*, supplément à *La ricerca scientifica* (Rome: 1954), 1008–1014.

[BO 58] B. C. Borden, "FORTRANSIT, a universal automatic coding system," *Canadian Conference for Computing and Data Processing* (Toronto: University of Toronto Press, 1958), 349–359.

[BP 52] J. M. Bennett, D. G. Prinz, and M. L. Woods, "Interpretative sub-routines," *Proceedings of the ACM National Meeting* (Toronto: 1952), 81–87.

[BR 55] R. A. Brooker, "An attempt to simplify coding for the Manchester electronic computer," *British Journal of Applied Physics* **6** (1955), 307–311. [Cet article fut reçu en mars 1954.]

[BR 56] R. A. Brooker, "The programming strategy used with the Manchester University Mark I computer," *Proceedings of the Institution of Electrical Engineers* **103**, Supplement, Part B, Convention on Digital Computer Techniques (London: 1956), 151–157.

[BR 58] R. A. Brooker, "The Autocode programs developed for the Manchester University computers," *The Computer Journal* **1** (1958), 15–21.

[BR 58'] R. A. Brooker, "Some technical features of the Manchester Mercury AUTOCODE programme," in *Mechanisation of Thought Processes*, National Physical Laboratory Symposium 10 (London: Her Majesty's Stationery Office, 1959), 201–229.

[BR 60] R. A. Brooker, "MERCURY Autocode: Principles of the program library," *Annual Review in Automatic Programming* **1** (1960), 93–110.

[BS 57] Friedrich Ludwig Bauer and Klaus Samelson, "Verfahren zur automatischen Verarbeitung von kodierten Daten und Rechenmaschine zur Ausübung des Verfahrens," *Auslegeschrift 1 094 019* (Deutsches Patentamt, 30 mars 1957, publié en décembre 1960), 26 colonnes plus 6 figures.

[BS 62] Friedrich Ludwig Bauer and Klaus Samelson, "Automatic computing machines and method of operation," *U.S. Patent 3,047,228* (31 July 1962), 32 colonnes plus 17 figures.

[BU 50] Arthur W. Burks, "The logic of programming electronic digital computers," *Industrial Mathematics* **1** (1950), 36–52.

[BU 51] Arthur W. Burks, *An Intermediate Program Language as an Aid in Program Synthesis*, Report for Burroughs Adding Machine Company (Ann Arbor, Michigan: Engineering Research Institute, University of Michigan, 1951), ii + 15 pages.

[BW 53] R. A. Brooker and D. J. Wheeler, "Floating operations on the EDSAC," *Mathematical Tables and Other Aids to Computation* **7** (1953), 37–47.

[BW 72] F. L. Bauer and H. Wössner, "The 'Plankalkül' of Konrad Zuse: A forerunner of today's programming languages," *Communications of the ACM* **15** (1972), 678–685.

[CH 36] Alonzo Church, "An unsolvable problem of elementary number theory," *American Journal of Mathematics* **58** (1936), 345–363. Reprinted in [DA 65], pp. 88-107.

[CK 56] J. Chipps, M. Koschmann, S. Orgel, A. Perlis, and J. Smith, "A mathematical language compiler," *Proceedings of the ACM National Meeting* **11** (1956), paper 30, 4 pages.

[CL 61] R. F. Clippinger, "FACT — A business compiler: Description and comparison with COBOL and Commercial Translator," *Annual Review in Automatic Programming* **2** (1961), 231–292.

[CU 48] Haskell B. Curry, *On the Composition of Programs for Automatic Computing*, Memorandum 9806 (Silver Spring, Maryland: Naval Ordnance Laboratory, 1949), 52 pages. [Écrit en juillet 1948.]

[CU 50] H. B. Curry, *A Program Composition Technique as Applied to Inverse Interpolation*, Memorandum 10337 (Silver Spring, Maryland: Naval Ordnance Laboratory, 1950), 98 pages plus 3 figures.

[CU 50'] H. B. Curry, "The logic of program composition," *Applications Scientifiques de la Logique Mathématique: Actes de 2e Colloque International de Logique Mathématique, Paris, 25–30 août 1952* (Paris: Gauthier–Villars, 1954), 97–102. [Article écrit en mars 1950.]

[DA 65] Martin Davis, *The undecidable: Basic papers on undecidable propositions, unsolvable problems and computable functions*, Raven press, New-York, 1965. Reed. Dover, 2004, 413 p., ISBN 0486432289.

[EK 55] A. Kenton Elsworth, Robert Kuhn, Leona Schloss, and Kenneth Tiede, *Manual for KOMPILER 2*, Report UCRL-4585 (Livermore, California: University of California Radiation Laboratory, 7 November 1955), 66 pages.

[ER 58] A. P. Ershov, Программирующая Программа для Быстро-действующей Электронной Счетной Машины = *Program-mirui͡ushchai͡a Programma dli͡a Bystrodeĭstvui͡ushcheĭ Elek-tronnoĭ Schetnoĭ Mashiny* (Moscow: USSR Academy of Sciences, 1958), 116 pages. English translation, *Programming Programme for the BESM Computer*, translated by M. Nadler (London: Pergamon, 1959), v + 158 pages.

[ER 58′] A. P. Ershov, "The work of the Computing Centre of the Academy of Sciences of the USSR in the field of automatic programming," in *Mechanisation of Thought Processes*, National Physical Laboratory Symposium 10 (London: Her Majesty's Stationery Office, 1959), 257–278.

[FE 60] G. E. Felton, "Assembly, interpretive and conversion programs for PEGASUS," *Annual Review in Automatic Programming* 1 (1960), 32–57.

[GL 52] A. E. Glennie, "The automatic coding of an electronic computer," notes de cours non publiées (14 décembre 1952), 15 pages. [Ce cours fut donné à l'université de Cambridge en février 1953.]

[GL 52′] A. E. Glennie, *Automatic Coding*, manuscrit non publié (non daté, certainement de 1952), 18 pages. [C'est une esquisse du manuel utilisateur qui sera intitulé "The Routine AUTOCODE and Its Use."]

[GL 65] Alick E. Glennie, lettre à D. E. Knuth (15 septembre 1965), 6 pages.

[GO 54] Saul Gorn, "Planning universal semi-automatic coding," *Symposium on Automatic Programming for Digital Computers* (Washington: Office of Naval Research, 1954), 74–83.

[GO 56] Max Goldstein, "Computing at Los Alamos, Group T-1," *Symposium on Advanced Programming Methods for Digital Computers*, ONR Symposium Report ACR-15 (Washington: Office of Naval Research, 1956), 39–43.

[GO 57] Saul Gorn, "Standardized programming methods and universal coding," *Journal of the Association for Computing Machinery* 4 (1957), 254–273.

[GO 72] Herman H. Goldstine, *The Computer from Pascal to von Neumann* (Princeton, New Jersey: Princeton University Press, 1972), xi + 378 pages.

[GP 56] Mandalay Grems and R. E. Porter, "A truly automatic computing system," *Proceedings of the Western Joint Computer Conference* **9** (1956), 10–21.

[GR 58] Robert M. Graham, "Translation between algebraic coding languages," *Proceedings of the ACM National Meeting* **13** (1958), paper 29, 2 pages.

[GV 47] Herman H. Goldstine and John von Neumann, *Planning and Coding of Problems for an Electronic Computing Instrument: Report on the Mathematical and Logical Aspects of an Electronic Computing Instrument* (Princeton, New Jersey: Institute for Advanced Study, 1947–1948), Volume 1, iv + 69 pages; Volume 2, iv + 68 pages; Volume 3, iii + 23 pages. Reprinted in von Neumann's *Collected Works* **5**, edited by A. H. Taub (Oxford: Pergamon, 1963), 80–235.

[HA 52] Staff of the Computation Laboratory [Howard H. Aiken et 55 autres], "Description of a Magnetic Drum Calculator," *The Annals of the Computation Laboratory of Harvard University* **25** (Cambridge, Massachusetts: Harvard University Press, 1952), xi + 318 pages.

[HA 57] C. L. Hamblin, "Computer languages," *The Australian Journal of Science* **20** (1957), 135–139.

[HM 53] Grace M. Hopper and John W. Mauchly, "Influence of programming techniques on the design of computers," *Proceedings of the Institute of Radio Engineers* **41** (1953), 1250–1254.

[HO 52] Grace Murray Hopper, "The education of a computer," *Proceedings of the ACM National Meeting* (Pittsburgh, Pennsylvania: 1952), 243–250.

[HO 53] Grace Murray Hopper, "The education of a computer," *Symposium on Industrial Applications of Automatic Computing Equipment* (Kansas City, Missouri: Midwest Research Institute, 1953), 139–144.

[HO 53′] Grace M. Hopper, "Compiling routines," *Computers and Automation* **2**, 4 (May 1953), 1–5.

[HO 55] G. M. Hopper, "Automatic coding for digital computers," *Computers and Automation* **4**, 9 (September 1955), 21–24.

[HO 56] Grace M. Hopper, "The interlude 1954–1956," *Symposium on Advanced Programming Methods for Digital Computers*, ONR Symposium Report ACR-15 (Washington: Office of Naval Research, 1956), 1–2.

[HO 57] Grace M. Hopper, "Automatic programming for business applications," *Computer Applications Symposium* **4** (Chicago, Illinois: Armour Research Foundation, 1957), 45–50.

[HO 58] Grace Murray Hopper, "Automatic programming: Present status and future trends," in *Mechanisation of Thought Processes*, National Physical Laboratory Symposium 10 (London: Her Majesty's Stationery Office, 1959), 155–200.

[HO 71] C. A. R. Hoare, "Proof of a program: FIND," *Communications of the ACM* **14** (1971), 39–45.

[IB 54] Programming Research Group, I.B.M. Applied Science Division, *Specifications for The IBM Mathematical FORmula TRANslating System, FORTRAN*, Preliminary report (New York: I.B.M. Corporation, 1954), i + 29 pages.

[IB 56] J. W. Backus, R. J. Beeber, S. Best, R. Goldberg, H. L. Herrick, R. A. Hughes, L. B. Mitchell, R. A. Nelson, R. Nutt, D. Sayre, P. B. Sheridan, H. Stern, and I. Ziller, *Programmer's Reference Manual: The FORTRAN Automatic Coding System for the IBM 704 EDPM* (New York: Applied Science Division and Programming Research Department, I.B.M. Corporation, 15 October 1956), 51 pages.

[IB 57] International Business Machines Corporation, *Programmer's Primer for FORTRAN Automatic Coding System for the IBM 704* (New York: I.B.M. Corporation, 1957), iii + 64 pages.

[IB 57′] International Business Machines Corporation, Applied Programming Department, *FOR TRANSIT: Automatic Coding System for the IBM 650* (New York: I.B.M. Corporation, 1957). Voir aussi David A. Hemmes, "FORTRANSIT recollections," *Annals of the History of Computing* **8** (1986), 70–73.

[KA 57] Charles Katz, "Systems of debugging automatic coding," in *Automatic Coding*, Franklin Institute Monograph No. 3 (Lancaster, Pennsylvania: 1957), 17–27.

[KL 58] S. S. Kamynin, E. Z. Lîubimskiĭ, and M. R. Shura-Bura, "Об автоматизации программирования при помощи программирующей программы = Ob avtomatizatsii programmirovaniîa pri pomoshchi programmiruîushcheĭ programmy," *Problemy Kibernetiki* **1** (1958), 135–171. English translation, "Automatic programming with a programming programme," *Problems of Cybernetics* **1** (1960), 149–191.

[KM 57] Henry Kinzler and Perry M. Moskowitz, "The procedure translator — A system of automatic programming," in *Automatic Coding*, Franklin Institute Monograph No. 3 (Lancaster, Pennsylvania: 1957), 39–55.

[KN 64] Donald E. Knuth, "Backus Normal Form vs. Backus Naur Form," *Communications of the ACM* 7 (1964), 735–736. [Réimprimé comme chapitre 2 de *Selected Papers on Computer Language*. Traduction française dans ce recueil.]

[KN 68] Donald E. Knuth, *Fundamental Algorithms*, Volume 1 of *The Art of Computer Programming* (Reading, Massachusetts: Addison–Wesley, 1968), xxi + 634 pages.

[KN 69] Donald E. Knuth, *Seminumerical Algorithms*, Volume 2 of *The Art of Computer Programming* (Reading, Massachusetts: Addison–Wesley, 1969), xi + 624 pages.

[KN 72] Donald E. Knuth, "Ancient Babylonian algorithms," *Communications of the ACM* **15** (1972), 671–677; **19** (1976), 108. [Réimprimé comme chapitee 11 de *Selected Papers on Computer Science*, CSLI Lecture Notes 59 (Stanford, California: Center for the Study of Language and Information, 1996), 185–203. Traduction française dans ce recueil.]

[KO 58] L. N. Korolev, "Some methods of automatic coding for BESM and STRELA computers," in *Computer Programming and Artificial Intelligence*, edited by John W. Carr III (Ann Arbor, Michigan: College of Engineering, University of Michigan, 1958), 489–507.

[LA 65] J. H. Laning, lettre à D. E. Knuth (13 janvier 1965), 1 page.

[LA 76] J. H. Laning, lettre à D. E. Knuth (2 juillet 1976), 11 pages.

[LE 55] N. Joachim Lehmann, "Bemerkungen zur Automatisierung der Programmfertigung für Rechenautomaten (Zusammenfassung)," *Elektronische Rechenmaschinen und Informationsverarbeitung*, proceedings of a conference in October 1955 at Darmstadt (Nachrichtentechnische Gesellschaft, 1956), 143. English summary on page 224.

[LJ 58] A. A. Lîapunov, "О логических схемах программ = O logicheskikh skhemakh programm," *Problemy Kibernetiki* 1 (1958), 46–74. English translation, "The logical structure [sic] of programs," *Problems of Cybernetics* 1 (1960), 48–81.

[LM 70] J. Halcombe Laning and James S. Miller, *The MAC Algebraic Language*, Report R-681 (Cambridge, Massachusetts: Instrumentation Laboratory, Massachusetts Institute of Technology, November 1970), 23 pages.

[LU 51] Jan Łukasiewicz, *Aristotle's Syllogistic from the Standpoint of Modern Formal Logic* (Oxford: Clarendon Press, 1951), xii + 141 pages. Traduction française *La syllogistique d'Aristote*, Vrin, 2009, 272 p.

[LZ 54] J. H. Laning Jr. and N. Zierler, *A Program for Translation of Mathematical Equations for Whirlwind I*, Engineering Memorandum E-364 (Cambridge, Massachusetts: Instrumentation Laboratory, Massachusetts Institute of Technology, January 1954), v + 21 pages.

[MG 53] E. N. Mutch and S. Gill, "Conversion routines," in *Automatic Digital Computation*, Proceedings of a symposium at the National Physical Laboratory on 25–28 March 1953 (London: Her Majesty's Stationery Office, 1954), 74–80.

[MO 54] Nora B. Moser, "Compiler method of automatic programming," *Symposium on Automatic Programming for Digital Computers* (Washington: Office of Naval Research, 1954), 15–21.

[NA 54] U.S. Navy Mathematical Computing Advisory Panel, *Symposium on Automatic Programming for Digital Computers* (Washington: Office of Naval Research, 1954), v + 152 pages.

[OR 58] Sylvia Orgel, *Purdue Compiler: General Description* (West Lafayette, Indiana: Purdue Research Foundation, 1958), iv+33 pages.

[PE 55] A. J. Perlis, "DATATRON," transcript of a lecture given 11 August 1955, in *Digital Computers and Data Processors*, edited by J. W. Carr III and N. R. Scott (Ann Arbor, Michigan: College of Engineering, University of Michigan, 1956), Section VII.20.1.

[PE 57] Richard M. Petersen, "Automatic coding at G.E.," in *Automatic Coding*, Franklin Institute Monograph No. 3 (Lancaster, Pennsylvania: 1957), 3–16.

[PM 55] Stanley Poley and Grace Mitchell, *Symbolic Optimum Assembly Programming (SOAP)*, 650 Programming Bulletin 1, Form 22-6285-1 (New York: IBM Corporation, November 1955), 4 pages.

[PR 55] Programming Research Section, Eckert Mauchly Division, Remington Rand, "Automatic programming: The A-2 Compiler System," *Computers and Automation* **4**, 9 (September 1955), 25–29; **4**, 10 (October 1955), 15–27.

[PS 57] A. J. Perlis and J. W. Smith, "A mathematical language compiler," in *Automatic Coding*, Franklin Institute Monograph No. 3 (Lancaster, Pennsylvania: 1957), 87–102.

[PS 57′] A. J. Perlis, J. W. Smith, and H. R. Van Zoeren, *Internal Translator (IT): A Compiler for the 650* (Pittsburgh, Pennsylvania: Computation Center, Carnegie Institute of Technology, March 1957), iv + 47 + 68 + 12 pages. Part I, Programmer's Guide; Part II, Program Analysis (le listing complet du code source); Part III, Addenda; les organigrammes sont promis à la page 3.12 mais ils n'ont jamais été finalisés. Réimprimé dans *Applications of Logic to Advanced Digital Computer Programming* (Ann Arbor, Michigan: College of Engineering, University of Michigan, 1957); ce rapport était également disponible auprès d'IBM Corporation en tant que 650 Library Program, File Number 2.1.001. [Note autobiographique : D. E. Knuth a appris la programmation en lisant les listings des programmes de la Partie II l'été 1957 ; cette expérience a changé sa vie.]

[PS 58] A. J. Perlis and K. Samelson, "Preliminary report, International Algebraic Language," *Communications of the ACM* **1**, 12 (December 1958), 8–22. Report on the Algorithmic Language ALGOL by the ACM Committee on Programming Languages and the GAMM Committee on Programming, *Numerische Mathematik* **1** (1959), 41–60. Reprinted in *Annual Review in Automatic Programming* **1** (1960), 268–290.

[RA 73] Brian Randell, *The Origins of Digital Computers: Selected Papers* (Berlin: Springer, 1973), xvi + 464 pages. Third ed. 1982, ISBN 3540113193, 9783540113195, 580 pages. Version électronique lisible en partie sur GoogleBooks.

[RO 52] Nathaniel Rochester, "Symbolic programming," *IRE Transactions on Electronic Computers* **EC-2**, 1 (March 1953), 10–15.

[RO 64] Saul Rosen, "Programming systems and languages, a historical survey," *Proceedings of the Spring Joint Computer Conference* **25** (1964), 1–16. Reed. in Saul Rosen, *Programming systems and languages*, 1967, McGraw-Hill.

[RR 53] Remington Rand, Inc., *The A-2 Compiler System Operations Manual* (15 November 1953), ii + 54 pages. (Préparé par

Richard K. Ridgway et Margaret H. Harper sous la direction de Grace M. Hopper.)

[RR 55] Remington Rand UNIVAC, *UNIVAC Short Code*, une collection non publiée de notes éparses. Preface by A. B. Tonik (25 October 1955), 1 page; preface by J. R. Logan (non datée mais apparemment de 1952), 1 page; Preliminary Exposition (1952?), 22 pages, où les pages 20–22 paraissent être un remplacement ultérieur ; Short Code Supplementary Information, Topic One, 7 pages; Addenda #1–4, 9 pages.

[RU 52] Heinz Rutishauser, *Automatische Rechenplanfertigung bei programmgesteuerten Rechenmaschinen [Automatic Machine-Code Generation on Program-Directed Computers]*, Mitteilungen aus dem Institut für Angewandte Mathematik an der ETH Zürich, No. 3 (Basel: Birkhäuser, 1952), ii + 45 pages.

[RU 55] Heinz Rutishauser, "Some programming techniques for the ERMETH," *Journal of the Association for Computing Machinery* **2** (1955), 1–4.

[RU 55'] H. Rutishauser, "Maßnahmen zur Vereinfachung des Programmierens (Bericht über die in fünfjähriger Programmierungsarbeit mit der Z4 gewonnenen Erfahrungen)," *Elektronische Rechenmaschinen und Informationsverarbeitung*, proceedings of a conference in October 1955 at Darmstadt (Nachrichtentechnische Gesellschaft, 1956), 26–30. English summary on page 225.

[RU 61] H. Rutishauser, "Interference with an ALGOL procedure," *Annual Review in Automatic Programming* **2** (1961), 67–76.

[RU 63] H. Rutishauser, lettre à D. E. Knuth (11 octobre 1963), 2 pages.

[SA 55] Klaus Samelson, "Probleme der Programmierungstechnik," in *Aktuelle Probleme der Rechentechnik*, edited by N. Joachim Lehmann, Bericht über das Internationale Mathematiker-Kolloquium, Dresden, 22–25 November 1955 (Berlin: Deutscher Verlag der Wissenschaften, 1957), 61–68.

[SA 69] Jean E. Sammet, *Programming Languages: History and Fundamentals* (Englewood Cliffs, New Jersey: Prentice–Hall, 1969), xxx + 785 pages.

[SB 59] K. Samelson and F. L. Bauer, "Sequentielle Formelübersetzung," *Elektronische Rechenanlagen* **1** (1959), 176–182; "Sequential formula translation," *Communications of the ACM* **3** (1960), 76–83, 351.

[SM 73] Leland Smith, "Editing and printing music by computer," *Journal of Music Theory* **17** (1973), 292–309.

[ST 52] C. S. Strachey, "Logical or non-mathematical programmes," *Proceedings of the ACM National Meeting* (Toronto: 1952), 46–49.

[TA 56] D. Tamari, review of [BO 52], *Zentralblatt für Mathematik und ihre Grenzgebiete* **57** (1956), 107–108.

[TA 60] Alan E. Taylor, "The FLOW-MATIC and MATH-MATIC automatic programming systems," *Annual Review in Automatic Programming* **1** (1960), 196–206.

[TH 55] Bruno Thüring, "Die UNIVAC A-2 Compiler Methode der automatischen Programmierung," *Elektronische Rechenmaschinen und Informationsverarbeitung*, actes d'une conférence tenue en octobre 1955 à Darmstadt (Nachrichtentechnische Gesellschaft, 1956), 154–156. English summary on page 226.

[TU 36] A. M. Turing, "On computable numbers, with an application to the Entscheidungsproblem," *Proceedings of the London Mathematical Society* (2) **42** (1936), 230–265; "Correction", *ibid.*, **43**, 544–546. Reprinted in [DA 65], pp. 116–154. Tr. fr. in Turing, Alan et Girard, Jean-Yves, *La machine de Turing*, Seuil, Paris, 1995, pages 47–102.

[WA 54] John Waite, "Editing generators," *Symposium on Automatic Programming for Digital Computers* (Washington: Office of Naval Research, 1954), 22–29.

[WA 58] F. Way III, "Current developments in computer programming techniques," *Computer Applications Symposium* **5** (Chicago, Illinois: Armour Research Foundation, 1958), 125–132.

[WH 50] D. J. Wheeler, "Programme organization and initial orders for the EDSAC," *Proceedings of the Royal Society* **A202** (1950), 573–589.

[WI 52] M. V. Wilkes, "Pure and applied programming," *Proceedings of the ACM National Meeting* (Toronto: 1952), 121–124.

[WI 53] M. V. Wilkes, "The use of a 'floating address' system for orders in an automatic digital computer," *Proceedings of the Cambridge Philosophical Society* **49** (1953), 84–89.

[WO 51] M. Woodger, "A comparison of one and three address codes," *Manchester University Computer, Inaugural Conference* (Manchester: 1951), 19–23.

[WR 71] W. A. Wulf, D. B. Russell, and A. N. Habermann, "BLISS, a language for systems programming," *Communications of the ACM* **14** (1971), 780–790.

[WW 51] Maurice V. Wilkes, David J. Wheeler, and Stanley Gill, *The Preparation of Programs for an Electronic Digital Computer: With special reference to the EDSAC and the use of a library of subroutines* (Cambridge, Massachusetts: Addison–Wesley, 1951), xi + 170 pages. Reprinted, with an introduction by Martin Campbell-Kelly, as Volume 1 in the Charles Babbage Institute Reprint Series for the History of Computing (Los Angeles: Tomash, 1982).

[WW 57] Maurice V. Wilkes, David J. Wheeler, and Stanley Gill, *The Preparation of Programs for an Electronic Digital Computer*, second edition (Reading, Massachusetts: Addison–Wesley, 1957), xii + 238 pages.

[ZU 44] K. Zuse, "Ansätze einer Theorie des allgemeinen Rechnens unter besonderer Berücksichtigung des Aussagenkalküls und dessen Anwendung auf Relaisschaltungen [Début d'une théorie des calculs en général, considérant en particulier le calcul propositionnel et ses application aux circuits à relais]," manuscrit préparé en 1944. Le chapitre 1 a été publié dans *Berichte der Gesellschaft für Mathematik und Datenverarbeitung* **63** (1972), Part 1, 32 pages. English translation, **106** (1976), 7–20.

[ZU 45] K. Zuse, *Der Plankalkül*, manuscrit préparé en 1945. Publié dans *Berichte der Gesellschaft für Mathematik und Datenverarbeitung* **63** (1972), Part 3, 285 pages. Traduction anglaise sauf les pages 176–196, **106** (1976), 42–244.

[ZU 48] K. Zuse, "Über den Allgemeinen [sic] Plankalkül als Mittel zur Formulierung schematisch-kombinativer Aufgaben," *Archiv der Mathematik* **1** (1949), 441–449.

[ZU 59] K. Zuse, "Über den Plankalkül," *Elektronische Rechenanlagen* **1** (1959), 68–71.

[ZU 72] Konrad Zuse, "Kommentar zum Plankalkül," *Berichte der Gesellschaft für Mathematik und Datenverarbeitung* **63** (1972), Part 2, 36 pages. English translation, **106** (1976), 21–41.

Addendum

Deux autres langages, « Transcode » et PACT I, méritent également de faire partie de notre histoire, ils ont donc été inclus dans le tableau 1 ci-dessus bien qu'ils aient été malheureusement oubliés par les auteurs lorsque nous avons compilé cette histoire pour la première fois.

« Transcode » a été conçu pour l'ordinateur FERUT, un clone du Mark I de Ferranti installé à l'université de Toronto en 1952. Les auteurs de ce langage, J. N. P. Hume et B. H. Worsley, ont inventé une façon de copier avec le stockage gauche à deux niveaux du FERUT qui soit plus efficace que la façon de faire de l'AUTOCODE entreprise indépendamment par Brooker à Manchester, puisqu'ils s'attendaient à ce que les programmeurs en « Transcode » soient conscients de toutes les caractéristiques du FERUT. Pour exécuter l'algorithme TPK, ils auraient dû perforer les codes suivants sur une bande de papier :

000	INST 020	Entre les 20 instructions suivantes.
001	READ 001.0 000.0 X00.0	Copie l'emplacement 1 du tambour à la page X.
002	ADDN C01.0 C01.0 Z01.0	Donne la valeur initiale de $i = 10 - j$.
003	BSET 000.5 000.0 000.0	Donne la valeur initiale de B_5.
004	LOOP 011.0 000.6 000.0	Se prépare à boucler 11 fois, en utilisant B_6.
005	KOMP X11.5 C02.0 Z02.0	Forme $|a_i| - 0$.
006	½QRT Z02.0 000.0 Z02.0	Forme $|a_i|^{1/2}$.
007	MULT X11.5 X11.5 Z03.0	Forme $a_i \cdot a_i$.
008	MULT X11.5 Z03.0 Z03.0	Forme $a_i \cdot a_i \cdot a_i$.
009	MULT C01.0 Z03.0 Z03.0	Forme $5a_i \cdot a_i \cdot a_i$.
010	ADDN Z02.0 Z03.0 Z02.0	Forme $f(a_i)$.
011	SUBT Z02.0 C03.0 Z03.0	Forme $f(a_i) - 400$.
012	TRNS 014.0 000.0 Z03.0	Transfère le contrôle si $f(a_i) - 400 \geq 0$.
013	TRNS 015.0 000.0 000.0	Transfère le contrôle sans condition.
014	OVER C04.0 000.0 Z02.0	Entre 999 à la place de $f(a_i)$.
015	PRNT 002.2 010.0 Z01.0	Imprime les réponses.
016	SUBT Z01.0 C05.0 Z01.0	Ajuste i à la valeur suivante.
017	INCB 000.5 003.0 000.0	Ajuste B_5 à la valeur suivante.
018	TRNS 005.0 000.6 000.0	Termine la boucle, en ajustant B_6.
019	HALT 000.0 000.0 000.0	Programme un arrêt.
020	QUIT 000.0 000.0 000.0	Termine les instructions.
021	CNST 5++ 1+100- 4+2+ 999+2+ 1++ "	Spécifie les cinq constantes.
022	NUMB a_0 a_1 ... a_{10} "	Spécifie les données d'entrée.
023	DRUM 001	Stocke le bloc 1 de données numériques.
024	ENTR	Débute la compilation et l'exécution.

Les variables de « Transcode », autres que celles des registres B, étaient des nombres flottants X01, X02, ..., Y01, Y02, ..., Z01, Z02, ..., de trois mots de 20 bits chacun, à savoir une mantisse signée de 40 bits et un exposant signé de 20 bits. Mais les programmeurs en « Transcode » n'avaient pas à manipuler la notation binaire : les cinq constantes C01 = 5, C02 = 0, C03 = 400, C04 = 999, C05 = 1 du programme ci-dessus sont, par exemple, spécifiées à la ligne *021* dans le format décimal ⟨mantissa⟩ ⟨sign⟩ ⟨exponent⟩ ⟨exponent sign⟩. La constante $-0,0073$ doit être écrite '73-3-' ; les mêmes conventions s'appliquent aux données d'entrée dans une spécification NUMB, comme à la ligne *022*. La commande PRNT de la ligne *015* sort Z01 et Z02 sur une ligne de la machine à écrire du FERUT, en notation à virgule flottante avec dix chiffres significatifs.

Les variables étaient stockées à l'envers dans la mémoire, l'adresse du premier mot de X02 était donc *inférieure* de 3 à celle de l'adresse de X01. La boucle principale du programme, pilotée par les instructions *003*, *004*, *017* et *018*, est exécutée par onze registres d'index dont les valeurs sont $(B_5, B_6) = (0, 30), (3, 27), \ldots, (30, 0)$: ainsi X11.5 a la valeur X11 la première fois, puis X10, ..., et enfin X01. Pendant ce temps, la variable $i = $ Z01 prend les valeurs 10, 9, ..., 0, conformément aux instructions *002* et *016*.

Les programmeurs pouvaient écrire KOPY à la fin, après ENTR : les instructions compilées étaient alors perforées sur un ruban papier, pour une utilisation ultérieure en tant que sous-routine dans d'autres programmes. Puisque le code sur le ruban papier était équivalent au code télétype, les programmes pouvaient également être transmis « en ligne » de Toronto à d'autres sites distants au Canada. [Pour plus de détails, voir J. N. P. Hume and Beatrice H. Worsley, "Transcode: A system of automatic coding for FERUT," *Journal of the Association for Computing Machinery* **2** (1955), 243–252; J. N. Patterson Hume, "Development of systems software for the Ferut computer at the University of Toronto, 1952 to 1955," *IEEE Annals of the History of Computing* **16**, thinspace2 (Summer 1994), 13–19.]

Le « Project for the Advancement of Coding Techniques » (PACT) a été un effort commun aux programmeurs de différentes installations d'ordinateurs IBM 701 en Californie du sud, qui voulaient que leurs programmes soient plus facilement codés, debogués et portables sur les machines futures sans augmenter leur temps d'exécution.

Leur solution a consisté à introduire un langage presqu'indépendant de la machine avec une étape par carte et une mise à l'échelle automatique de l'arithmétique à virgule fixe. TPK aurait, par exemple, ressemblé à ceci :

Région	Étape	Op	Indice	Facteur	S_1	S_2	
F	1			X			[Prendre X]
F	2	ABS					[Calculer la valeur absolue]
F	3	SQRT					[Calculer la racine carrée]
F	10			X			[Prendre X]
F	11	X					[Multiplier par lui-même]
F	12	X		X			[Multiplier par X]
F	13	X		5			[Multiplier par 5]
F	20	+	R	3			[Ajouter le résultat de l'étape 3]
F	30	EQ		Y			[Stocker dans Y]
TPK	0	READ					[Lire toutes les cartes de données]
TPK	2			11			[Prendre 11]
TPK	3	EQ		II			[Stocker dans II]
TPK	4	SET			I	1	[Commencer à boucler, avec $I = 1$]
TPK	6	USE			J	II	[Commencer sans boucler,]
							[avec $J = II$]
TPK	10				A	J	[Prendre A_J]
TPK	11	EQ		X			[Stocker dans X]
TPK	12	DO		F			[Effectuer F]
TPK	15		N	Y			[Prendre l'opposé de Y]
TPK	16	+		400			[Ajouter 400]
TPK	17	TP		25			[Transférer à l'étape 25 si ≥ 0]
TPK	18			999			[Prendre 999]
TPK	19	EQ		Y			[Stocker dans Y]
TPK	25	LIST					[Imprimer II et Y]
TPK	26	ID		II			
TPK	27	ID		Y			
TPK	30			II			[Prendre II]
TPK	31	–		1			[Soustraire 1]
TPK	32	EQ		II			[Stocker dans II]
TPK	33	TEST			II	11	[$I \leftarrow I+1$, répéter la boucle si ≤ 11]
TPK	40	HALT					[Stop]

Variable	Q	D_1	D_2	
X	25			[X contient une fraction de 25 bits]
Y	25			[Y contient une fraction de 25 bits]
II	0			[II est un entier]
A	25	11		[$A_1, \ldots, A_{11}$ contiennent des fractions de 25 bits]

On peut en trouver les détails dans une série de sept articles écrits par quelques-uns des principaux contributeurs : Wesley S. Melahn, "A description of a cooperative venture in the production of an automatic coding system," *Journal of the Association for Computing Machinery* **3** (1956), 266–271; Charles L. Baker, "The PACT I coding system for the IBM Type 701," *Journal of the Association for Computing Machinery* **3** (1956), 272–278; Owen R. Mock, "Logical organization of the PACT I compiler," *Journal of the Association for Computing Machinery* **3** (1956), 279–287; Robert C. Miller, Jr. et Bruce G. Oldfield, "Producing computer instructions for the PACT I compiler," *Journal of the Association for Computing Machinery* **3** (1956), 288–291; Gus Hempstead et Jules I. Schwartz, "PACT loop expansion," *Journal of the Association for Computing Machinery* **3** (1956), 292–298; J. I. Derr et R. C. Luke, "Semi-automatic allocation of data storage for PACT I," *Journal of the Association for Computing Machinery* **3** (1956), 299–308; I. D. Greenwald et H. G. Martin, "Conclusions after using the PACT I advanced coding technique," *Journal of the Association for Computing Machinery* **3** (1956), 309–313.

Ce projet a été accompli par un effort commun de plusieurs entreprises dans lesquelles la compétition est extrêmement dure et dans lesquelles presque toutes les découvertes et les techniques sont considérées comme des informations propriétaires. Au sein de cette industrie hautement compétitive, un groupe d'homme aux vues larges, en charge des groupes de calcul, a pris conscience de la nécessité d'une meilleure technique de codage et a établi ce qui est maintenant connu sous le nom de *Project for the Advancement of Coding Techniques.* La formation d'un tel projet est unique à ce jour et nous ressentons le résultat du projet comme également unique. Notre désir le plus sincère est que l'esprit de coopération dont on a un exemple ici continue et devienne même contagieux.

Un des premiers fruits de cette coopération fut la fondation fin 1955 de SHARE, la première organisation des utilisateurs d'ordinateurs. Voir Paul Armer, "SHARE, a eulogy to cooperative effort," *Annals of the History of Computing* **2** (1980), 122–129, transcription d'un exposé donné en 1956, et Fred J. Gruenberger, "A short history of digital computing in Southern California," *Annals of the History of Computing* **2** (1980), 246–250.

Un article intéressant de Martin Campbell-Kelly, "Programming the EDSAC: Early programming activity at the University of Cambridge," *Annals of the History of Computing* **2** (1980), 7–36 [réimprimé dans *IEEE Annals of the History of Computing* **20**, 4 (October–December 1998), 46–67] reconstruit comment l'algorithme TPK pourrait avoir été programmé sur l'EDSAC 1 fin 1949 ou début 1950. David J. Wheeler a de même expliqué comment TPK serait apparu en 1958 sur l'EDSAC 2, dans un appendice à son article "The EDSAC programming systems," *IEEE Annals of the History of Computing* **14**, 4 (1992), 34–40.

Chapitre 5

Une histoire de la conception des compilateurs

Les compilateurs : leur origine, leur développement et les opérations. L'auteur, lui-même créateur de trois compilateurs, donne une dose utile de compilateur en écrivant « comment le faire ».

*[Fondé sur un exposé donné à l'*Annual Meeting of the Association for Computing Machinery, *Syracuse, New York, 4–7 septembre 1962. Originellement publié comme* History of Writing Compilers *dans* Computers and Automation **11**, 12 *(December 1962), 8–18. Réimprimé comme chapitre 20 de* Selected Papers on Computer Languages.*]*

Dans le domaine de la programmation des ordinateurs, il semble que le temps soit venu de jeter un coup d'oeil en arrière sur l'évolution des techniques utilisées pour écrire les compilateurs algébriques. Les personnes ayant déjà conçu un traducteur devraient profiter de ces réflexions sur les tendances historiques ; les personnes plus habituées à utiliser les compilateurs qu'à les créer se sentiront peut-être plus familières avec les compilateurs lorsqu'elles auront vu comment ces programmes ont évolué. On essaie dans cet article de donner un bref compte-rendu de l'histoire des techniques de conception des compilateurs.

Un grand développement de *langages* de compilateur a, bien sûr, eu lieu en même temps que celui des techniques pour les traduire, mais nous ne serons concernés ici qu'avec les techniques.

Les premiers compilateurs sont apparus au moment où j'ai moi-même découvert les ordinateurs. J'ai principalement appris l'informatique en lisant le listing, écrit en langage d'assemblage SOAP (*Symbolic Optimum Assembly Program*), du premier compilateur IT (*Internal Translator*)[1]. Un grand nombre de compilateurs ont été écrits depuis lors ; je

---

[1] *Internal Translator (IT): A Compiler for the 650,* by A. J. Perlis, J. W. Smith, and H. R. Van Zoeren (Pittsburgh, Pennsylvania: Computation Center, Carnegie Institute of Technology, 1957).

ne peut évidemment pas dire que je sois familier ne serait-ce qu'avec la plupart d'entre eux. Je ne suis que vaguement au courant des développements en Union Soviétique et en Europe. Mais j'ai examiné de près le travail interne et le code en langage machine d'un grand nombre de compilateurs américains conçus par divers groupes à travers le pays ; j'espère que ceux que j'ai examinés sont suffisamment représentatifs. J'ai aussi écrit trois compilateurs (aux étés 1958, 1960 et 1962) ; chacun de ces trois semble suffisamment différent des deux autres, reflétant le changement de l'époque. Cette expérience est le fondement à partir duquel cet article a été écrit.

Une vraie histoire donne des dates d'événements et le nom de personnes, mais je ne le ferai pas. Dans notre domaine, il y a eu un nombre inhabituel de découvertes faites en parallèle de la même technique par des personnes travaillant indépendamment les unes des autres. Vous vous souvenez peut-être de l'époque où trois personnes différentes, le même mois, envoyaient la même idée aux *Communications of the ACM* pour compter en binaire sur un ordinateur[2]. La littérature sur la compilation a donné lieu à beaucoup de communications de ce qui est en gros la même chose, par des personnes qui n'étaient évidemment pas au courant de ce que les autres avaient fait la même découverte. J'ai lu récemment quelque part que le compilateur GAT, écrit à l'université du Michigan, l'a été en utilisant un algorithme dû à l'académicien soviétique A. P. Ershov ; je suis prêt à parier que les gens du Michigan en seraient grandement surpris et qu'ils n'étaient pas conscients de se servir d'une méthode de compilation russe. D'autres sources créditent l'idée à l'algorithme de H. Kanner, ou à celui de A. Oettinger, ou de B. Arden et R. Graham, ou de K. Samelson et F. L. Bauer, ou de H. Huskey et W. H. Wattenburg, etc., etc. Je sais que plusieurs autres personnes ont inventé la même chose et ne l'ont jamais publié. On ne répondra certainement jamais à la question de savoir qui a été le premier à découvrir une technique donnée, mais ce n'est vraiment pas ce qui est important. En fait, cette dernière question a peu de sens, car les personnes nommées ci-dessus et d'autres ont découvert à un degré plus ou moins grand divers aspects d'une bonne méthode ; elle a été polie au cours des ans pour donner un très bel algorithme dont aucun des inventeurs n'avait pleinement pris conscience. Je

---

[2] Note de l'auteur, décembre 2002 : je devais penser aux commentaires de S. S. Kutler, Howard Frieden et P. M. Sherman dans les *Communications of the ACM* **3** (1960), pages 474 et 538, inspirés par la note de Peter Wegner à la page 322. Cependant ces quatre techniques étaient toutes différentes, ma mémoire n'était donc pas correcte.

ne peux donc pas en citer une sans les citer toutes ; qu'il suffise simplement de dire que l'art de la compilation a été développé par beaucoup de personnes ayant beaucoup d'idées ingénieuses[3]. Bien entendu Alan Perlis et ses collègues de Purdue et de Carnegie méritent d'être cités pour avoir montré les premiers que la compilation est possible.

Décomposition des formules

En voici assez pour les remarques introductives. Essayons maintenant pour un moment d'imaginer que personne n'ait jamais écrit de compilateur auparavant, mais que quelqu'un vous demande d'en écrire un. Il y a des chances qu'une difficulté éclipse toutes les autres dans votre esprit, à savoir comment traduire les expressions arithmétiques. Nous reconnaissons tous les formules algébriques rien qu'en les regardant et en les lisant ; mais comment cela peut-il être fait par une machine, sans lui demander d'être capable de « penser » ? Prenons par exemple $[(Y * Z) + (W * V)] - X$, où ' $*$ ' désigne la multiplication ; nous devons trouver un moyen systématique de prendre la formule et de l'évaluer, étape par étape.

La première solution à ce problème, utilisée par le compilateur IT, était fondée sur le concept de niveaux de parenthèses. Lorsque j'ai appris l'algèbre, on nous enseignait à utiliser d'abord les parenthèses, puis les crochets, puis les accolades ; si nous devions aller plus loin, nous utilisions des parenthèses plus grandes ou quelque chose d'analogue. Je pense que la première fois que l'on m'a enseigné qu'un seul type de parenthèses est réellement nécessaire a été lorsque j'ai appris un langage de compilateur. (Ce concept était bien connu des logiciens mais je doute qu'il fut connu de façon générale jusqu'à ce que les langages des compilateurs algébriques ne deviennent populaires.)

Nous pouvons dessiner une sorte de « carte de contour » (*contour map* en anglais) d'une expression, s'élevant d'une unité à chaque parenthèse gauche rencontrée et descendant d'une unité à chaque parenthèse droite ; l'« altitude » ainsi atteinte est ce qui est appelé le niveau de parenthèses (voir la figure 1). Pour le compilateur IT, dix niveaux de parenthèses au maximum étaient permis ; les formules étaient traitées en les divisant en niveaux. La priorité ou rang des opérateurs n'était pas

---

[3] Note de l'auteur, décembre 2002 : Aïe ! Je suis maintenant consterné par l'attitude cavalière que j'avais alors sur le rôle des contributions individuelles. D'autant plus que j'ai négligé de mentionner que je n'étais *pas* moi-même une des personnes ayant découvert les méthodes décrites dans cet article.

prise en compte ; $A + B/C$ signifiait, par exemple, $A + (B/C)$ alors que $A/B + C$ signifiait $A/(B + C)$.

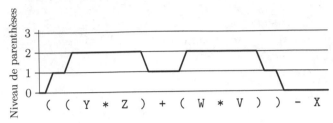

FIGURE 1. « Carte de contour » de l'expression $((Y * Z) + (W * V)) - X$.

Afin de voir comment un algorithme de traduction peut être conçu en utilisant le concept de niveau de parenthèses, nous pouvons étudier la méthode montrée à la figure 2, qui donne une version très simplifiée de l'algorithme IT. Nous avons besoin du fait que tout opérateur binaire a ce qui est appelé son anti-opérateur correspondant, vérifiant :

$$A \text{ op } B = B \text{ anti-op } A.$$

Puisque $A + B = B + A$, ADD est son propre anti-opérateur ; l'anti-opérateur de la division est la division inverse. Les ordinateurs Rand ne disposent en général que de la commande « division inverse » dans leur langage machine alors que les ordinateurs IBM ne disposent que de la commande « division ». Mais nous supposerons, pour simplifier, que ces deux opérations sont présentes sur notre machine et qu'il y a même une commande « soustraction inverse ». Nous considèrerons de plus que NO-OP (« no-operation ») et LOAD sont les anti-opérateurs l'un de l'autre ; si vous avez besoin d'une justification, réfléchissez aux formules :

$$\text{LOAD}(b) = 0 + b; \qquad \text{NO-OP}(b) = b + 0.$$

Ceci étant, l'algorithme de compilation est en gros le suivant.

Prendre l'item suivant, de droite à gauche dans la formule. Puis prendre l'une des quatre voies, selon le type d'item :

1. Pour un opérande (une variable ou une constante), afficher le code en langage machine 'ANTI-OP(k) operand'. Le compteur k représente le niveau de parenthèses, en partant de zéro ; il existe un tableau OP à dix places, OP(0) à OP(9). La signification de 'ANTI-OP(k)' est « l'anti-opérateur de OP(k) ».

2. Pour un opérateur, placer cet opérateur à l'emplacement OP(k) de la table OP.

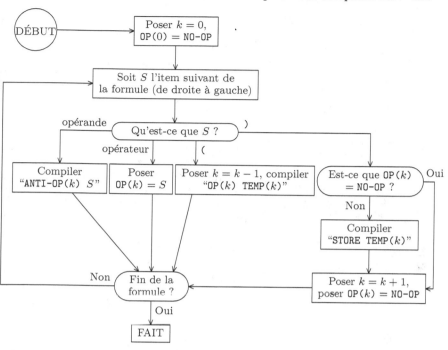

FIGURE 2. Traduction fondée sur les niveaux de parenthèses,
sans considérer la priorité des opérateurs.

3. Pour une parenthèse gauche, décrémenter k de 1, puis afficher
le code en langage machine 'OP(k) TEMP(k)', où TEMP(k) est la
k-ième cellule de stockage temporaire.

4. Pour une parenthèse droite, vérifier d'abord si OP(k) = NO-OP ;
si ce n'est pas le cas, afficher le code 'STORE TEMP(k)'. Incrémenter alors k de 1 puis poser OP(k) égal à NO-OP pour la nouvelle
valeur de k.

Répéter ces étapes jusqu'à ce que la fin de la formule soit atteinte.

Le processus complet devient clair lorsque nous regardons un déroul-
ement étape par étape de la méthode agissant sur la formule $((Y * Z) +$
$(W * V)) - X$ (voir la figure 3).

Les lecteurs intéressés apprendront beaucoup s'ils essaient de revoir
la méthode de façon à ce qu'elle marche de gauche à droite et non de
droite à gauche. On a considéré ici la façon de faire de droite à gauche
parce que la compilation était faite ainsi dans IT mais un algorithme

Item	Table OP			Code compilé
	NO-OP			
X	NO-OP			LOAD X
−	−			
)	−	NO-OP		STORE TEMP(0)
)	−	NO-OP	NO-OP	
V	−	NO-OP	NO-OP	LOAD V
*	−	NO-OP	*	
W	−	NO-OP	*	MULTIPLY W
(	−	NO-OP		NO-OP TEMP(1)
+	−	+		(note : un NO-OP peut être omis)
)	−	+	NO-OP	STORE TEMP(1)
Z	−	+	NO-OP	LOAD Z
*	−	+	*	
Y	−	+	*	MULTIPLY Y
(	−	+		ADD TEMP(1)
(	−			SUBTRACT TEMP(0)

FIGURE 3. Actions item par item produites par la méthode des niveaux de parenthèses de la figure 2 appliquée à la formule $((Y * Z) + (W * V)) - X$. Remarquez que la table OP, si elle est renversée sur le côté et réfléchie dans un miroir, correspond à la carte de contour de la figure 1.

aussi simple peut être fait dans la direction de gauche à droite ; les changements nécessaires sont très instructifs.

Le compilateur IT traitait en fait la formule $A - B + C - D/E$ comme s'il s'agissait de $A + (-B) + C + (-D)/E$; notre algorithme simplifié la traite comme $A - (B + (C - D/E))$, ce qui est très différent. De plus, le concept fondamental représenté à la figure 2 a besoin d'être étendu pour traiter la négation, les indices, les appels de fonction, les constantes, l'arithmétique mixte à virgule fixe et virgule flottante, et ainsi de suite.

Priorité des opérateurs

L'absence de traitement de priorité des opérateurs (souvent appelé précédence ou hiérarchie) dans le langage IT était la cause simple la plus fréquente des erreurs des utilisateurs de ce compilateur. Des gens ont donc cherché des moyens de suppléer de façon automatique à la hiérarchie. La méthode des niveaux de parenthèses de IT ne se prêtait pas très facilement à la priorité. Une idée ingénieuse, utilisée par le premier compilateur FORTRAN, a consisté à entourer les opérateurs binaires par des parenthèses semblant étranges :

> + et − étaient remplacés par)))+(((et)))-(((
> * et / étaient remplacés par))*((et))/((
> ** était remplacé par)**(

puis un (((supplémentaire était placé à gauche et un))) supplémentaire à droite. La formule en résultant est proprement parenthésée, croyez-le ou non : si nous considérons, par exemple, (X+Y)+W/Z, nous obtenons :

$$((((X)))+(((Y))))+(((W))/((Z))) .$$

La version étendue est, admettons-le, très redondante, et difficile à lire par un être humain ; mais des parenthèses supplémentaires ne troublent pas l'ordinateur et n'affectent pas le code en langage machine en résultant. On peut appliquer la méthode des niveaux de parenthèses aux formules qui résultent de tels remplacements.

Un examen attentif de ce processus a montré plus tard que nous n'avions pas réellement besoin d'insérer des parenthèses artificielles ; on peut obtenir le même effet en ne comparant que les opérateurs *adjacents* et en effectuant d'abord l'opération de plus grande priorité. Cette observation a conduit à une autre façon de résoudre le problème de traduction, en se déplaçant le long de l'instruction jusqu'à ce que l'on trouve quelque chose qui puisse être fait, puis en revenant et en le faisant, en allant en avant pour faire plus, et ainsi de suite. En d'autres termes, nous cherchons en gros un couple de parenthèses internes et nous travaillons vers l'extérieur, au lieu d'utiliser la façon de faire « de l'extérieur vers l'intérieur » des niveaux de parenthèses mentionnée ci-dessus.

La nouvelle idée a l'avantage qu'on peut facilement l'adapter pour traiter la hiérarchie des opérateurs ; elle a donc conduit directement à une méthode efficace qui est souvent utilisée de nos jours (sous plusieurs formes équivalentes).

La technique moderne a été découverte de multiples façons. Une autre façon d'y parvenir est d'écrire un programme qui traduit les expressions arithmétiques en expressions en « notation polonaise », une façon de représenter les formules sans utiliser de parenthèses, puis d'écrire un second programme qui traduit la notation polonaise en langage machine. Chacun de ces programmes est lui-même assez trivial ; la combinaison de ces deux programmes donne le même algorithme, qui a été découvert par d'autres moyens.

Je vais étudier rapidement les détails du nouvel algorithme mais je veux d'abord lister les principales « idées brillantes » qui ont permis cette découverte :

Priorité	Symboles
0	@ ; := ( )
1	+ -
2	* / ÷
3	↑
4	ABS SQRT COS etc.

TABLE 1. Priorité de divers opérateurs.

(1) La première idée brillante a été de prendre conscience que les informations nécessaires à la traduction pouvaient de façon commode être conservées dans une *pile* (*stack, nest, push-down, cellar, yo-yo list, last-in-first-out, first-in-last-out list,* etc. en anglais ; le grand nombre de noms différents reflète le grand nombre d'inventeurs différents de l'algorithme). Une pile se distingue des autres types de tableaux par le fait que seuls les items proches du « sommet » de la pile (à savoir les items les plus jeunes, ceux placés le plus récemment) sont en fait important à un moment donné. Un exemple de ce phénomène apparaît dans la méthode des niveaux de parenthèses, où la table OP était en fait une pile. Avec la nouvelle méthode, la hauteur de la pile prend la place du plus ancien niveau de parenthèses.

(2) La seconde idée brillante a été que la comparaison des priorités des opérateurs adjacents fournit un critère précieux et qu'aucune autre information supplémentaire n'est nécessaire pour interpréter proprement une formule.

(3) La troisième idée brillante a été que les parenthèses elles-mêmes peuvent être traitées comme des opérateurs avec des priorités, ce qui donne lieu à un algorithme plus élégant.

Nous allons maintenant étudier le nouvel algorithme, montré à la figure 4. Commençons par assigner des numéros de priorité aux symboles, suivant la table 1. Ici ':=' est l'opération de remplacement, '↑' l'exponentiation, '÷' la division entière comme en ALGOL et '@' le début de la formule. Les fonctions d'une seule variable, comme COS (cosinus), sont des opérateurs unaires, qui ont 4 comme priorité dans la table. Remarquez que '(' et ')' ont 0 comme priorité ; cette convention est l'« idée brillante numéro 3 » mentionnée ci-dessus.

On peut donner une description rapide de la figure 4 de la façon suivante : nous « parcourons » l'expression (de gauche à droite cette fois) jusqu'à ce que nous trouvions une opération qui puisse être effectuée *quoi qu'il arrive* comme reste de l'expression. Les conditions précises effectives pour cet événement sont données dans les boîtes 2 et 3 de l'organigramme. Dès que nous voyons quelque chose qui peut être fait

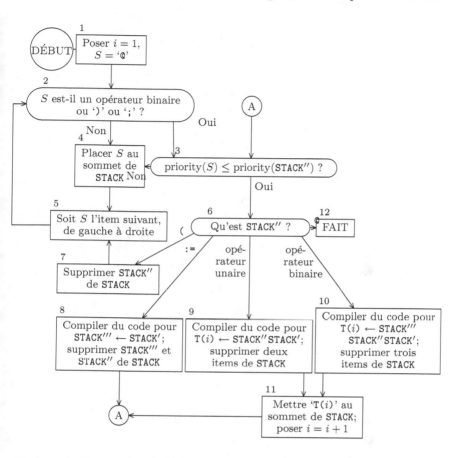

FIGURE 4. Une version de l'algorithme de traduction « moderne ». La notation STACK′ désigne l'item du sommet de STACK et STACK″ l'item en-dessous du sommet, et ainsi de suite.

définitivement quoi qu'il arrive à l'entrée future, nous le faisons ; ce faisant, nous conservons la portion non utilisée de la formule dans STACK. La formule se termine par un point-virgule.

La boîte 1 commence par initialiser le compteur i à un puis insère artificiellement le caractère '@' à gauche de la formule pour indiquer le bord.

La boîte 2 teste l'item en cours S ; si S est un opérateur arithmétique binaire (+, -, *, /, ÷ ou ↑), une parenthèse droite ou un point-virgule, on peut initier une action. Sinon S est une variable, une constante, une parenthèse gauche, l'opérateur de remplacement :=, le symbole @ ou un opérateur unaire tel que ABS ou la négation, auquel cas nous allons tout simplement à la boîte 4 pour mettre S sur la pile pour une action future.

La boîte 3 est le test de hiérarchie. L'item suivant du dessus de STACK est un opérateur (si tout se passe bien) ; s'il a une priorité plus élevée dans la table que celle de S, ou s'ils ont des priorités égales, il est temps d'initier l'action du compilateur. Cependant, si S a une priorité plus élevée, nous devons attendre les développements futurs, nous nous contentons donc d'aller à la boîte 4.

La boîte 4 place S au sommet de STACK, que l'on conserve pour une action ultérieure.

La boîte 5 prend en compte l'item suivant de la formule.

La boîte 6 est l'entrée des divers générateurs ; nous avons alors un branchement vers les générateurs de l'opérateur en-dessous du sommet de STACK.

La boîte 7, le générateur de la parenthèse gauche, se contente de retirer la parenthèse gauche de STACK.

La boîte 8 est le générateur du remplacement ; les trois items au sommet de STACK sont de la forme X := Z. Le code du remplacement est alors généré et seul Z est laissé sur STACK.

La boîte 9 est le générateur des opérateurs unaires ; les deux items au sommet de STACK sont de la forme OP X, nous compilons donc le code pour 'T(i) := OP X'. De façon générale, T(i) représente le i-ième résultat calculé.

La boîte 10 est le générateur des opérateurs binaires ; les trois items du sommet de STACK sont de la forme X OP Y, nous compilons donc le code pour 'T(i) := X OP Y'.

La boîte 11 place le résultat du calcul précédent, T(i), comme opérande sur STACK, incrémente i de 1 puis retourne au test de priorité.

La boîte 12 est le générateur du symbole @. Nous parvenons ici lorsque l'énoncé a été entièrement traduit.

Remarquez que l'algorithme donné à la figure 4 traite des entrées plus complexes que celui de la figure 2. Le premier organigramme ne s'applique qu'aux formules ayant des opérations binaires et des parenthèses alors que le nouveau peut aussi être utilisé pour les opérateurs unaires et les instructions à assignements multiples et il traite proprement la priorité des opérateurs.

Comme exemple d'application de la figure 4, donnons à la figure 5 une description étape par étape de la méthode appliquée à l'instruction '$U := V := X + \cos(Y * Z)/W$;'. Cette instruction particulière a pour effet de placer presque toute l'entrée sur STACK jusqu'à ce qu'on rencontre la

```
              Pile        S    Entrée
                          @  U  := V := X + COS ( Y * Z ) / W ;
                     @    U  :=  V := X + COS ( Y * Z ) / W ;
                @  U  :=     V  := X + COS ( Y * Z ) / W ;
             @  U :=  V     :=  X + COS ( Y * Z ) / W ;
          @  U := V  :=     X  + COS ( Y * Z ) / W ;
       @  U := V :=  X      +  COS ( Y * Z ) / W ;
    @  U := V := X  +      COS ( Y * Z ) / W ;
 @  U := V := X +  COS      (  Y * Z ) / W ;
@ U := V := X + COS  (      Y  * Z ) / W ;
@ U := V := X + COS (  Y    *  Z ) / W ;
@ U := V := X + COS ( Y  *  Z  ) / W ;                Code
@ U := V := X + COS ( Y * Z  )  / W ;
@ U := V := X + COS ( T₁  )  /  W ;       T(1) := Y * Z
@ U := V := X + COS T₁  /    W  ;
@ U := V := X + T₂  /    W  ;             T(2) := COS( T(1) )
@ U := V := X + T₂ /  W    ;
@ U := V := X + T₂ / W  ;
@ U := V := X + T₃  ;                     T(3) := T(2) / W
@ U := V := T₄  ;                         T(4) := X + T(3)
@ U := T₄  ;                              V    := T(4)
@ T₄  ;                                   U    := T(4)
```

FIGURE 5. Instantanés de l'algorithme de la figure 4 appliqué à l'instruction de remplacement '$U := V := X + \cos(Y*Z)/W$;'.

parenthèse droite. La parenthèse droite, qui a 0 comme priorité, expulse alors l'opérateur de multiplication, puis la parenthèse gauche correspondante. Peu après, le symbole '/' nous force à calculer COS. Finalement, le point-virgule final déclenche tous les opérateurs restants.

Une fois encore, le lecteur peut s'essayer à un exercice qui en vaut la peine en modifiant l'algorithme, cette fois pour qu'il aille de droite à gauche au lieu de gauche à droite. (*Indication* : le test de la boîte 3 ne devrait pas avoir un branchement vers la boîte 6 en cas d'égalité, sinon $X - Y - Z$ ne sera pas traduit de façon correcte. Il sera commode de donner la priorité '-1' aux parenthèses gauches !)

Le programme objet produit

Revenons maintenant à notre problème originel ; vous êtes supposés écrire un compilateur, rappelons-le ! Votre premier souci, celui de savoir comment décomposer les formules de façon systématique, a maintenant été joliment résolu ; le problème suivant est d'engendrer du code machine efficace. La grande majorité de la littérature sur les compilateurs traite de l'analyse des expressions algébriques alors que relativement peu a jamais été écrit sur l'engendrement du programme objet (qui est pourtant la partie vraiment importante). L'analyse syntaxique est aujourd'hui la partie la plus triviale de l'écriture d'un compilateur, grâce à toutes les recherches effectuées sur la reconnaisance des formules. Mais on ne peut vraiment pas commencer à écrire un bon compilateur avant d'avoir pris le temps de regarder l'ordinateur objet et d'arriver à comprendre exactement quel code doit être compilé à partir d'une instruction donnée. Jusqu'ici, nous avons seulement étudié l'entrée du compilateur mais, comme chacun le sait, c'est la sortie qui est la chose importante.

Les tout premiers compilateurs produisaient quelquefois du code machine scandaleusement pauvre. Un compilateur (que je ne nommerai pas) aurait par exemple traduit :

$$A = B + C$$

par la suite d'instructions :

```
LOAD    B
STORE   working-storage-1
LOAD    C
STORE   working-storage-2
LOAD    working-storage-1
ADD     working-storage-2
STORE   working-storage-1
LOAD    working-storage-1
STORE   A
```

plus quelques instructions NO-OP. Cette suite calcule la réponse tout à fait correctement mais un autre compilateur pour le même ordinateur a plus tard obtenu un taux de réduction de 7:1 du nombre d'instructions compilées dans un programme typique. Bien entendu, ceci est un exemple extrême mais remarquez que l'algorithme du compilateur IT produisait les instructions LOAD X, STORE TEMP(0) à la figure 3 et que ces deux instructions ne sont vraiment pas nécessaires. La plupart des premiers compilateurs faisaient ainsi. (Le premier compilateur FORTRAN, par contre, prenait relativement grand soin de produire du code efficace, bien que les méthodes utilisées étaient très pénibles.)

Un des premiers essais d'éliminer ces instructions non pertinentes a été d'aller de l'avant, de les compiler comme d'habitude puis, après, de s'apercevoir qu'elle ne sont pas nécessaires et, à ce moment, de les « décompiler », en les enlevant du code. Un algorithme relativement élaboré a été utilisé ; on pouvait ainsi produire à partir de :

```
LOAD NEGATIVE ABSOLUTE   A
STORE                    TEMP
LOAD                     B
MULTIPLY                 C
ADD                      TEMP
```

le code :

```
LOAD               B
MULTIPLY           C
SUBTRACT ABSOLUTE  A
```

Avec l'algorithme « moderne », cependant, ce gain de stockage temporaire est accompli si facilement que c'est virtuellement un sous-produit gratuit de la méthode.

Il est intéressant de poursuivre cette affaire, cependant, et de considérer l'expression :

$$A * B + (C * D + E * F).$$

Supposons que nous ayons une machine imaginaire à accumulateurs ; l'algorithme moderne, adapté d'une façon triviale, produirait :

```
LOAD1   A
MULT1   B
LOAD2   C
MULT2   D
STORE2  TEMP
LOAD2   E
MULT2   F
ADD2    TEMP
ADD1    ACCUMULATOR2
```

On aurait pu éviter le STORE dans TEMP si $A * B$ avait été calculé en dernier ; en d'autres termes, nous aurions préféré la formule :

$$(C * D + E * F) + A * B.$$

Notre algorithme moderne est effectivement capable de réécrire '$A + B * C$' sous la forme '$B * C + A$' mais il ne peut pas faire cet échange pour des expressions d'ordre plus élevé. Cette observation nous conduit à un algorithme moderne généralisé pour une machine à n registres, qui examine les formules jusqu'à ce qu'il obtienne une expression ne pouvant pas être calculée avec moins de n registres avant de produire du code objet. Pour $n = 1$, ceci donne le premier algorithme et, pour $n > 1$, une petite amélioration minimisant le stockage temporaire. La méthode généralisée exige cependant d'utiliser une structure de données plus élaborée qu'une simple pile.

Il existe même une généralisation aux machines à « zéro registre », dans laquelle l'ordre des calculs n'a pas d'importance. Une machine à zéro registre serait analogue au Burroughs B5000 sauf qu'elle aurait seulement un registre rapide au sommet de sa pile. De façon générale, une machine à notation polonaise ayant $n + 1$ registres rapides utiliserait un algorithme de minimisation du stockage temporaire équivalent à celui pour une machine classique à n accumulateurs, pour une efficacité optimum.

On peut facilement ajouter plusieurs raffinements à l'algorithme moderne pour l'aider à produire un meilleur code. Par exemple, un signe peut être attaché à chaque opérande de façon à ce que les résultats calculés puissent être niés et des identités algébriques employées. On peut alors calculer $\cos(A - B * C)$ par :

```
LOAD        B
MULT        C
SUB         A
RETURN JUMP COS
```

ce qui est équivalent à $\cos(B * C - A)$.

Une technique analogue, que je n'ai pas encore vu publiée bien qu'elle soit relativement ancienne, consiste à attacher également une étiquette de valeur absolue, de façon à ce que ADD ABSOLUTE et des instructions analogues puissent être utilisées sur diverses machines objet. Attacher un indicateur de type (fixe ou virgule flottante) aux opérandes et aux résultats partiels calculés est une autre extension évidente.

Un raffinement un peu plus difficile consisterait à traiter des groupes d'instructions ensemble de façon à ce que si aucune étiquette n'intervient entre les instructions, le compilateur puisse se rappeler ce que l'instruction précédente a laissé dans l'accumulateur.

On a conçu une série complète de techniques intéressantes permettant d'optimiser l'utilisation des registres d'index dans les boucles. La plupart de ces techniques exigent plusieurs passes. Je dois mentionner brièvement la question des passes multiples par opposition à une passe unique, bien qu'il soit presqu'impossible de nos jours de définir exactement ce qu'est une « passe ». Dans les temps anciens, le nombre de passes correspondait au nombre de fois que nous retirions les cartes du perforateur, que nous les placions dans le lecteur et, peut-être, que nous changions le câblage. Mais maintenant il y a ce qu'on appelle des compilateurs à une passe pour les machines séquentielles. Combien un compilateur à un chargement (*load-and-go compiler* en anglais) a-t-il de passes[4] ? Probablement zéro passe, puisqu'il prend moins qu'une passe.

Faisant fi de la difficulté de définir une passe, nous pouvons trouver, cependant, plusieurs arguments pour et contre les mérites relatifs des passes multiples et de la passe unique. Un compilateur à une passe est beaucoup plus rapide, puisque les méthodes à plusieurs passes prennent beaucoup de temps à engendrer du code dans un langage intermédiaire puis à le traduire. Par contre, certaines choses ne peuvent pas être bien traitées avec une seule passe, tels que la vérification des sous-expressions communes et l'optimisation des boucles. Beaucoup de programmeurs, cependant, ne sont pas concernés par de tels raffinements ; s'ils veulent un programme objet vraiment bon, ils laissent un programmeur expert l'écrire en langage machine. Je ne peux pas me résoudre à cet argument mais je pense qu'il ne devrait pas y avoir n passes si les programmes objets produits ne sont pas manifestement meilleurs que ce qui pourrait être fait en $n - 1$ passes.

Organisation du compilateur

J'ai essayé de montrer que la plupart des compilateurs utilisent en gros les mêmes techniques sous des formes différentes pour la traduction des formules. Le vrai endroit où ils diffèrent est dans leur organisation, dans le timing des composants de base et dans la structure des programmes. Je vais donc brièvement étudier les principaux types d'organisation.

A. Couples de symboles. IT, RUNCIBLE et plusieurs autres compilateurs ont été organisés autour du concept de couples de symboles. À la fin de chaque opération, une « fenêtre » de deux symboles L et R était déplacée ; en parcourant de droite à gauche, L devenait la nouvelle valeur de R et le caractère précédent devenait le nouvel L. Le couple LR était alors recherché dans une table, donnant ainsi l'entrée d'un programme générateur pour ce cas. Toutes les informations nécessaires à l'utilisation future étaient stockées dans des tables. Plusieurs piles

---

[4] On parle de *compilateur à un chargement* lorsqu'une personne entre quelques instructions algébriques puis que le compilateur les traduit en langage machine et transfère immédiatement le contrôle au nouveau programme. Ainsi, avec un « compilateur à un chargement », la première sortie est la réponse.

étaient implicitement présentes mais personne n'en prenait conscience à cette époque.

Au delà de ça, l'organisation était pleine de salmigondis qui ne pouvaient pas être décomposés en parties logiques. Ces compilateurs poussaient très vite et étaient le résultat de plusieurs années de raccommodage. Le programme était si intriqué que chaque fois que quelque chose était changé dans RUNCIBLE, six autres choses apparemment non liées avortaient. Nous avions désorganisé le processus complet de compilation ainsi que le mode dans nos esprits. Nous savions plus ou moins que c'était correct et pourquoi, mais l'expliquer à quelqu'un exigeait au moins 100 boîtes d'un horrible organigramme, qui ne pouvait pas être démêlé. C'était l'algorithme, il marchait et il tenait sur un tambour d'IBM 650, mais c'était un fouillis. Pour tous ceux qui le connaissaient à cette époque, cependant, c'était la seule façon dont cela pouvait être fait.

B. Couples d'opérateurs. Une des étapes suivantes fut d'utiliser un couple d'opérateurs pour contrôler l'opération au lieu d'un couple de symboles. Les opérandes se distribuent entre les opérateurs de façon à ce qu'on puisse utiliser une méthode en gros identique à la méthode ci-dessus, sauf que des opérateurs adjacents sont utilisés comme référence dans une table de générateurs. Cette façon de faire est plus économique que la méthode précédente car tous les opérandes sont placés dans une seule classe. La logique des couples d'opérateurs a été utilisée pour les compilateurs Neliac, où les tables de générateurs sont appelées tables CO-NO ou NO-CO par les auteurs.

C. Parcours simple. On a des améliorations supplémentaires en plaçant les *opérateurs* dans des classes, comme on l'a fait pour les opérandes. On a en fait seulement besoin de quelques classes d'opérateurs ; nous aurions, par exemple, peut-être quatre classes d'opérateurs pour FORTRAN :

1) Ceux qui exigent une action immédiate dès qu'on les rencontre, comme READ et DO.

2) Ceux qui sont immédiatement placés sur la pile dès qu'on les rencontre, comme COS, ABS et les parenthèses gauches.

3) Ceux qui ne sont pas placés sur la pile tant que leur priorité est supérieure à celle de l'opérateur précédent, par exemple les opérateurs binaires.

4) Ceux qui ne sont jamais placés sur la pile mais dont la priorité est utilisée pour obliger les opérateurs précédents, comme la virgule et le point-virgule.

Le contrôle principal suit les lignes de l'algorithme moderne donné à la figure 4, avec une routine d'entrée pour condenser les identificateurs et les constantes en des items simples. On utilise habituellement, cependant, plusieurs piles et non pas une seule, par commodité, typiquement quelques-unes parmi les suivantes :

1) une pile des opérandes ;

2) une pile des opérateurs ;

3) une pile de mode (pour spécifier la signification des virgules) ;

4) une pile des indices (dans laquelle les indices calculés attendent leur tour) ;

5) une pile de stockage temporaire (une liste d'emplacements disponibles pour les cellules de stockage temporaire du programme objet) ;

6) une pile DO (pour le contrôle des boucles) ;

et ainsi de suite.

D. Organisation récursive. Quelques compilateurs récents sont écrits avec des générateurs qui fonctionnent récursivement. Typiquement lorsqu'une (partie de fomule) construite est reconnue comme étant d'un certain type syntaxique, son générateur est lancé. La fin de cette partie est détectée d'une façon ou d'une autre et ceci a pour effet de lancer le générateur. Il y aurait, par exemple, un générateur pour les variables. Si le générateur de traitement des variables vient à rencontrer une variable tableau, le générateur d'expression sera déclenché pour les indices, et il peut appeler le générateur de variable, qui peut à son tour appeler le générateur d'expression, etc. On utilise des délimiteurs pour retirer les générateurs du contrôle au bon moment. Des exemples de tels compilateurs sont le compilateur de listes du Carnegie Tech et le compilateur ALGOL du Burroughs B5000.

E. Compilateurs pilotés par la syntaxe. Une autre forme de compilateur récursif est dit « piloté par la syntaxe » ; il est fortement apparenté au type précédent. En théorie, un tel compilateur est complètement général, puisqu'il est construit pour opérer à partir d'une liste syntaxique quelconque (description du langage) et d'une liste sémantique quelconque (description de la signification du langage en termes de l'ordinateur objet). De tels compilateurs en sont encore au stade expérimental ; en m'excusant auprès de Ned Irons et des autres chercheurs, je dois dire qu'ils paraissent surtout d'un intérêt théorique pour l'instant. On doit soigneusement réécrire la syntaxe d'un langage pour produire du code objet efficace ; la création de tables sémantiques est un travail aussi peu maniable que l'écriture des générateurs des compilateurs ordinaires. Les compilateurs organisés autour des lignes de C ou de D peuvent facilement être modifiés pour toutes les révisions du langage sauf les révisions majeures ; aucun grand avantage n'a donc encore été prouvé pour les compilateurs pilotés par la syntaxe.

Je ne veux certainement pas décourager quiconque de travailler à un compilateur piloté par la syntaxe, car il y a de bonnes raisons de croire que des pas significatifs dans cette direction soient possibles et que les compilateurs pilotés par la syntaxe seront très importants dans le futur. J'espère, au contraire, stimuler plus de personnes à travailler dans ce domaine potentiellement fructueux, même si ces compilateurs ne sont pas encore compétitifs avec ceux faits à la main. Comme nous l'avons vu, la reconnaissance de la syntaxe est l'une des facettes les plus simples de la compilation ; on a encore besoin de faire beaucoup de recherche pour simplifier le vrai problème, celui de produire du code efficace une fois la forme syntaxique reconnue.

F. Compilateurs à plusieurs passes. Un nombre relativement élevé de compilateurs opèrent en deux passes ; la première passe est organisée un peu comme les compilateurs de la classe C ci-dessus ; elle produit un pseudo-code analogue à la sortie 'T(i) := Y * Z' de la figure 4. La seconde passe utilise ce pseudo-code pour engendrer le programme objet. Je classifierais de tels compilateurs sous la catégorie C.

La catégorie F de l'organisation des compilateurs concerne plutôt les compilateurs coûteux nécessitant *plusieurs* passes séparées. De tels compilateurs défient une explication simple ; la seule façon d'apprendre à les connaître est de passer du temps à étudier ce que fait chaque passe et comment elle se place dans le schéma complet. Deux tels compilateurs ont en général très peu de choses en commun ; tout ce que je peux dire est que les compilateurs bien écrits de ce type sont construits habituellement autour d'une modification majeure d'un compilateur à une passe, conçu pour produire des programmes objets plus efficaces à partir d'une analyse plus approfondie du programme source.

Références

Il est difficile de donner une bibliographie complète de la littérature sur les compilateurs ; vous pouvez, en fait, trouver assez attristant d'essayer de lire plusieurs des articles. Ceci arrivera car beaucoup d'entre eux disent comment un auteur donné a découvert la même chose que d'autres auteurs (bien que cela peut vous prendre plusieurs heures de distinguer ce qui a été découvert de ce qui ne l'a pas été). Je ne vais donc donner qu'une courte bibliographie, à utiliser par ceux qui sont intéressés à approfondir le sujet.

La complexité des premiers traducteurs est montrée dans deux articles : (a) Donald E. Knuth, "RUNCIBLE — Algebraic translation on a limited computer," *Communications of the ACM* **2**, 11 (November 1959), 18–21. [Réimprimé comme chapitre 21 de *Selected Papers on Computer Languages*.] J'ai donné dans cet article l'organigramme d'une partie du compilateur RUNCIBLE ; j'y ai aussi dit faussement qu'un tel algorithme pourrait être le seul possible à utiliser sur un petit ordinateur tel que l'IBM 650. (b) Peter Sheridan, "The arithmetic translator-compiler of the IBM FORTRAN automatic coding system," *Communications of the ACM* **2**, 2 (February 1959), 9–21. Cet article est assez difficile à lire mais il impressionnera au moins le lecteur par la complexité de l'algorithme.

Les compilateurs Neliac sont étudiés comme objet principal du livre *Machine-Independent Computer Programming* de Maurice H. Halstead (Washington: Spartan Books, 1962). « NO-CO » est un terme utilisé par les auteurs de Neliac, signifiant « Next-Operator — Current-Operator ».

D'excellents exposés introductifs de l'algorithme de parcours moderne et de ses raffinements ont été écrits par Robert Floyd : "An algorithm for coding efficient arithmetic operations," *Communications of the ACM* **4** (1961), 42–51, et "A descriptive language for symbol manipulation," *Journal of the Association for Computing Machinery* **8** (1961), 579–584.

Finalement, pour étudier l'organisation de divers compilateurs, le numéro complet de janvier 1961 des *Communications of the ACM* est recommandé. D'un intérêt tout particulier est "The internal organization of the MAD translator," de B. W. Arden, B. A. Galler et R. M. Graham, aux pages 28–31. C'est l'un des rares articles de la littérature où les méthodes générales pour produire le programme objet sont étudiées sans exiger qu'un générateur séparé soit écrit pour chaque cas particulier.

Addendum

Lorsque j'ai écrit cet article en 1962, je croyais fermement que les travaux sur les compilateurs algébriques n'avaient pas existés avant 1957.

Mais j'ai rapidement appris qu'une dizaine de compilateurs ou de quasi-compilateurs avaient en fait été conçus avant 1954, à une époque où peu de programmeurs se souciaient du temps de programmation contrairement au temps machine et avant que des journaux appropriés ne soient disponibles pour publier les résultats. Les premiers compilateurs étaient donc tous oubliés au moment où mon article a été écrit. J'ai par la suite donné une série d'exposés afin de racheter mon ignorance initiale [voir *Communications of the ACM* **10** (1967), 68] et j'ai « compilé » ce que je crois être une bonne histoire du sujet [voir *The early development of programming languages*, réimprimé comme chapitre 1 de *Selected Papers on Computer Language*, traduit en français dans ce recueil].

Chapitre 6

Découper un paragraphe en lignes

[Écrit avec Michael F. Plass. Originellement publié comme Breaking Paragraphs Into Lines in Software — Practice and Experience **11** *(1981), 1119–1184. Réimprimé comme chapitre 3 de Selected Papers on Digital Typography.]*

On étudie dans cet article une nouvelle approche du problème de la division du texte d'un paragraphe en lignes d'à peu près même longueur. Au lieu de prendre une décision pour chaque ligne individuelle, la méthode considère le paragraphe comme un tout, de façon à ce que l'apparence finale d'une ligne donnée puisse être influencée par le texte des lignes suivantes. Un système fondé sur trois concepts primitifs simples, appelés « boîte », « colle » et « pénalité » (boxes, glue et penalties en anglais) nous donne la possibilité de traiter de façon satisfaisante un grand nombre de problèmes de composition (typesetting en anglais) dans un cadre unifié, en utilisant un unique algorithme déterminant les points d'interruption optimums. Cet algorithme permet de ne pas revenir en arrière grâce à une utilisation judicieuse des techniques de programmation dynamique. Un grand nombre d'expériences ont confirmé que cette façon de faire est à la fois efficace et produit l'effet voulu en ce qui concerne la production de sorties de grande qualité. On termine cet article par une brève histoire des méthodes de découpage en lignes ; on présente en appendice un algorithme simplifié n'exigeant que très peu de ressources.

Introduction

Une des opérations nécessaires les plus importantes lors de la préparation d'un texte pour l'impression ou l'affichage est la division de longs paragraphes en lignes. Lorsque ce travail est bien réalisé, personne ne s'aperçoit que les mots qu'ils sont en train de lire ont été découpés de façon arbitraire et placés dans un cadre rectangulaire assez rigide et peu naturel ; mais si le travail n'a pas été bien réalisé, la lecture est perturbée par de mauvaises césures qui interrompent le train de pensée des lecteurs. Les points d'interruption adéquats ne sont pas toujours faciles à trouver : des colonnes étroites sont souvent utilisées dans les journaux, par exemple, ce qui permet très peu de flexibilité ; la présence de formules mathématiques dans les textes techniques introduisent des complications particulières même en faisant fi de la largeur de colonne. Mais même dans le cas relativement simple de la composition d'un roman ordinaire, un bon découpage en lignes contribuera grandement à l'apparence du produit fini. En fait, les auteurs écrivent de bien meilleures œuvres lorsqu'ils sont sûrs que ce sera suffisamment beau à l'impression.

Le problème du découpage en lignes est appelé informellement problème de « justification » : c'est le 'J' de la commande 'H and J' (*hyphenation and justification*) des systèmes de traitement de texte et de composition commerciaux actuels. Cependant 'justification' n'est pas le bon terme car les imprimeurs l'utilisent traditionnellement pour l'étape consistant à prendre une ligne donnée et à ajuster ses espacements afin de produire la longueur désirée. Même si on compose du texte avec une marge droite irrégulière (donc « non justifié »), on a besoin de le découper en lignes d'à peu près même longueur. Le travail d'ajustement des espacements de façon à ce que les marges gauche et droites soient alignées est très laborieux lorsqu'on travaille avec des caractères en métal : composer un paragraphe avec la technologie du siècle dernier était donc une tâche de justification ; cependant, de nos jours, les ordinateurs ajustent facilement les espacements de la façon souhaitée et le découpage en lignes constitue donc la plus grande partie du travail. Ce déplacement de la partie difficile explique certainement le changement de signification de « justification ». Nous utiliserons le terme *découpage en lignes* (*line breaking* en anglais) dans cet article pour insister sur le fait que le problème central qui nous concerne ici consiste à trouver les points d'interruption.

La méthode traditionnelle de découpage en lignes est analogue à celle que nous utilisons avec une machine à écrire : une clochette retentit (tout au moins virtuellement) lorsqu'on approche de la marge droite et, à ce moment, on décide de la meilleure façon de terminer la ligne en cours, sans regarder en avant pour voir où la ligne suivante ou les lignes suivantes se terminent. Une fois le chariot de la machine à écrire revenu à la marge gauche, nous recommençons sans avoir besoin de se rappeler quoi que ce soit du texte précédent à part l'endroit où la nouvelle ligne débute. Nous n'avons donc pas à garder une quelconque trace de plusieurs choses à la fois ; un tel système est bien adapté à l'être humain et donne lieu à des programmes simples.

L'impression d'un livre est différent de la dactylographie, tout d'abord en ce que les espaces sont de largeur variable. Dans la pratique traditionnelle, on a assigné une largeur minimum et une largeur maximum aux espacements entre mots ainsi qu'une largeur normale représentant la situation idéale. L'algorithme standard de découpage en lignes (voir, par exemple, Barnett [4, page 55]) procède comme suit : ajouter des mots à la ligne en cours, en utilisant l'espacement normal, jusqu'à ce qu'on atteigne un mot qui déborde. Découper après ce mot s'il est possible de le faire sans que la réduction des espacements ne nous amène en-dessous du minimum ; sinon découper avant ce mot s'il est possible de le faire sans que l'augmentation des espacements ne nous amène au-delà du maximum. Sinon effectuer une césure du mot, en en mettant le plus possible sur la ligne actuelle ; si on ne trouve aucune césure acceptable, accepter une ligne dont les espacements excède le maximum.

On n'a pas besoin de se restreindre à une telle procédure simpliste avec les ordinateurs, puisque les données d'un paragraphe complet tiennent généralement dans la mémoire de l'ordinateur. L'expérience a montré que des améliorations notables sont possibles si l'ordinateur tient compte de ce qui suit dans le paragraphe avant de prendre une décision définitive sur l'endroit où la ligne doit être interrompue. Regarder plus avant a non seulement pour conséquence d'éviter les cas où l'algorithme traditionnel a recours à des espacements très larges mais cela peut aussi réduire le nombre de césures nécessaires. Les décisions de découpage en lignes nous donnent un exemple supplémentaire de l'importance d'« attendre le dernier moment » pour les logiciels.

Une des raisons principales de l'utilisation des ordinateurs en composition est de gagner de l'argent mais, en même temps, nous ne voulons pas que le résultat semble moindre. Un ordinateur bien programmé doit, en fait, être capable de résoudre le problème du découpage en lignes mieux que ce que ferait un compositeur expérimenté à la main en un temps raisonnable, à moins que nous donnions à cette personne la liberté de changer des mots afin d'obtenir un meilleur résultat. Duncan [14] a, par exemple, étudié les espacements entre mots de 958 lignes composées à la main par l'« imprimeur des éditeurs les plus respectables » qu'il a choisi pour qu'on n'identifie pas le nom : il a trouvé que presque 5% des lignes étaient trop lâches ; les espacements de ces lignes excédaient de 10 unités (c'est-à-dire 10/18 d'un em[1]) et deux de ces lignes excédaient même de 13 unités. Nous allons voir qu'un bon algorithme de découpage en lignes peut faire mieux.

---

[1] em est la taille de base du caractère utilisé (voir plus loin). (ndt)

En plus d'éviter les césures et les espacements trop grands, nous pouvons améliorer la méthode traditionnelle de découpage en lignes en obtenant des espacements très proches de la taille normale, approchant très rarement des limites minimum ou maximum. Nous pouvons également essayer d'éviter des changements brusques dans les espacements de lignes adjacentes, faire un effort particulier pour ne pas obtenir de césures sur deux lignes d'une même rangée ou l'avant-dernière ligne d'un paragraphe, essayer de contrôler l'espace vide de la dernière ligne d'un paragraphe et ainsi de suite. Une méthode mathématique d'estimation de la qualité d'un choix particulier de points d'interruption étant donnée, nous pouvons demander à l'ordinateur de trouver les points d'interruption qui optimisent cette fonction.

Mais comment l'ordinateur peut-il résoudre un tel problème de façon efficace ? Lorsqu'un paragraphe donné a n points d'interruption possibles, il y a 2^n façons de le découper en lignes ; même le plus rapide des ordinateurs ne pourrait pas examiner toutes ces possibilités en un temps raisonnable. Le problème du découpage d'un paragraphe en lignes d'égales longueurs ressemble beaucoup au célèbre problème du rangement des boîtes, dont on sait qu'il est NP-complet [16]. Cependant, heureusement, une ligne consistant d'informations contiguës du paragraphe, le problème du découpage en lignes se traite par des techniques de programmation dynamique discrète [6, 20] ; il existe donc une façon efficace de l'attaquer. Nous allons voir qu'on peut trouver les points d'interruption optimums en pratique avec seulement deux fois plus de calculs que ce qui est nécessaire à l'algorithme traditionnel ; la nouvelle méthode est même quelquefois plus rapide que l'ancienne, lorsque nous prenons en compte le temps gagné à ne pas effectuer autant de césures. De plus, le nouvel algorithme est capable de faire d'autres choses, comme augmenter ou diminuer le paragraphe d'une ligne afin d'améliorer la disposition de la page.

Formulation du problème

Exprimons maintenant le problème du découpage en lignes explicitement en termes mathématiques. Nous allons utiliser les concepts de base et la terminologie du système typographique TEX [26], mais sous forme simplifiée, puisque les aspects complexes de la composition générale obscurciraient les principes fondamentaux du découpage en lignes.

Dans cet article, un *paragraphe* est une suite $x_1 x_2 \ldots x_m$ de m items, dans laquelle chaque item individuel x_i spécifie une *boîte*, de la *colle* ou une *pénalité*.

- Une boîte fait référence à quelque chose qui doit être composé : un caractère d'une certaine fonte, un rectangle noir tel qu'une ligne horizontale ou verticale, ou quelque chose construit à partir de plusieurs caractères comme une lettre accentuée ou une formule mathématique. Le contenu d'une boîte peut être extrêmement compliqué ou extrêmement simple ; l'algorithme de découpage en lignes ne regardant pas à l'intérieur de la boîte pour voir ce qu'elle contient, on peut considérer que les boîtes sont étanches et fermées à clè. La seule chose qui nous intéresse à propos d'une boîte est sa *largeur* : lorsque l'item x_i du paragraphe spécifie une boîte, la largeur de cette boîte est un nombre réel w_i représentant l'espace que la boîte occupera sur la ligne. La largeur d'une boîte peut être nulle, elle peut même être négative, bien que les largeurs négatives doivent être utilisées avec soin et correspondre aux règles précises énoncées ci-dessous.

- La colle fait référence à une espace blanc dont la largeur peut varier de la façon spécifiée ; c'est du mortier élastique utilisé entre les boîtes dans une ligne composée. Pour spécifier de la colle, l'item x_i du paragraphe donne trois nombres réels (w_i, y_i, z_i), importants pour l'algorithme de découpage en lignes :

  > w_i est la largeur « idéale » ou « normale » ;
  >
  > y_i est l'« élasticité » (*stretchability* en anglais) ;
  >
  > z_i est la « contractibilité » (*shrinkability* en anglais).

L'espacement entre mots d'une ligne est, par exemple, souvent spécifié par les valeurs $w_i = \frac{1}{3}$em, $y_i = \frac{1}{6}$em, $z_i = \frac{1}{9}$em, où em est la taille de base du caractère utilisé (environ la largeur de la majuscule 'M' pour les styles de caractères classiques). L'espace réel occupé par la colle peut être ajusté lorsqu'on justifie la ligne à une largeur souhaitée : si la largeur normale est trop petite, l'ajustement est proportionnel à y_i ; si elle est trop grande, il est proportionnel à z_i. Les nombres w_i, y_i et z_i peuvent être négatifs, à condition de respecter certaines restrictions naturelles expliquées ci-dessous : une valeur négative de w_i indique, par exemple, un retour arrière. Lorsque $y_i = z_i = 0$, la colle a une largeur fixée w_i. Soit dit en passant, le mot « colle » n'est peut-être pas le meilleur terme approprié, puisque ça sent un peu le désordre ; un mot comme « ressort » serait meilleur, puisque les ressorts métalliques s'étendent ou se compriment pour remplir l'espace de la façon souhaitée. Nous continuerons cependant à parler de « colle », terme utilisé depuis les débuts de TEX (1977), puisque beaucoup de gens disent qu'ils l'aiment bien. La colle est souvent appelée *saut* (*skip* en anglais) par les utilisateurs de TEX ; une meilleure façon de dire serait de parler de boîtes et de sauts plutôt que de boîtes et de ressorts ou de boîtes et de colle. Un saut, ou tout autre nom, désigne bien sûr le même concept abstrait, incarné par les trois valeurs (w_i, y_i, z_i).

- Les spécifications de pénalité désignent les emplacements potentiels où terminer une ligne du paragraphe et en commencer une autre, ainsi qu'un certain « coût esthétique » indiquant de combien une telle interruption est souhaitable ou indésirable. Lorsque l'item x_i d'un paragraphe spécifie une pénalité, il y a un nombre p_i qui nous aide à décider si la ligne se termine en ce point, de la façon expliquée ci-dessous. Intuitivement, une forte pénalité p_i indique un emplacement de découpage inadéquat alors qu'une valeur négative de p_i indique un bon emplacement de découpage. La pénalité p_i peut également être $+\infty$ ou $-\infty$, où '∞' désigne un grand nombre, infini en pratique bien qu'il soit en fait fini ; dans la version de 1978 de TEX, toute pénalité ≥ 1000 était traitée comme $+\infty$ et toute pénalité ≤ -1000 comme $-\infty$. Lorsque $p_i = +\infty$, le découpage est strictement interdit ; lorsque $p_i = -\infty$, il est obligatoire. Les spécifications de pénalité ont aussi une largeur w_i, dont la signification est la suivante : si un découpage en lignes a lieu à cet emplacement du paragraphe, un matériau de composition supplémentaire, de largeur w_i, sera ajouté à la ligne juste avant la fin de ligne. Par exemple, un emplacement potentiel de césure de mot sera indiqué en spécifiant une pénalité de césure p_i ayant pour w_i la largeur du trait d'union. Les spécifications de pénalité sont de deux sortes, *étiquetées* et *non étiquetées* (*flagged* et *unflagged* en anglais), désignées par $f_i = 1$ et $f_i = 0$. L'algorithme de découpage en lignes que nous allons étudier essaie d'éviter la présence de deux découpages consécutifs ayant des pénalités étiquetées (par exemple deux césures dans une même rangée).

Les items boîte sont donc spécifiés par un nombre w_i alors que les items colle le sont par trois nombres (w_i, y_i, z_i) et les items pénalité par trois nombres (w_i, p_i, f_i). Nous supposerons, pour simplifier, qu'un paragraphe $x_1 \ldots x_m$ est spécifié par six suites, à savoir :

$t_1 \ldots t_m$, où t_i est le type de l'item x_i, 'boîte', 'colle' ou 'pénalité' ;

$w_1 \ldots w_m$, où w_i est la largeur correspondant à x_i ;

$y_1 \ldots y_m$, où y_i est l'élasticité correspondant à x_i si $t_i =$ 'colle', et $y_i = 0$ sinon ;

$z_1 \ldots z_m$, où z_i est la contractibilité correspondant à x_i si
$t_i = $ 'colle', et $z_i = 0$ sinon ;

$p_1 \ldots p_m$, où p_i est la pénalité correspondant à x_i si $t_i = $ 'pénalité',
et $p_i = 0$ sinon ;

$f_1 \ldots f_m$, où $f_i = 1$ si x_i est une pénalité étiquetée, et $f_i = 0$ sinon.

On peut utiliser n'importe quelle unité de mesure fixée pour w_i, y_i et z_i ; TEX utilise le point des imprimeurs, légèrement moindre que $\frac{1}{72}$ de pouce. Dans cet article, nous spécifierons toutes les largeurs en termes d'*unité machine* égale à 1/18 em, en supposant une taille particulière de caractère, parce que les largeurs seront des multiples entiers de cette unité dans beaucoup de cas. Les nombres de nos exemples seront aussi simples que possible, exprimés en termes d'unités machine.

Il se peut que le lecteur ait l'impression que nous définissions tout à l'aide d'une machinerie beaucoup trop mathématique pour traiter quelque chose d'assez évident. Cependant, tous les concepts définis ici doivent être traités d'une façon ou d'une autre lorsque les paragraphes sont découpés en lignes ; des spécifications précises sont importantes même pour le travail relativement simple du positionnement d'un texte linéaire. Nous verrons plus tard que ces notions primitives de boîtes, de colle et de pénalité s'appliquent en fait à une variété surprenante d'autres applications de découpages en lignes ; une attention soigneuse aux détails résoudra donc beaucoup d'autres problèmes en bonus.

Pour le moment, il vaut mieux penser à la seule application aux textes linéaires, comme la composition d'un paragraphe dans un journal ou une nouvelle, puisque ceci nous aidera à concevoir les concepts abstraits représentés par w_i, y_i, etc. Un système de composition comme TEX transforme un paragraphe sous la forme abstraite voulue de la façon suivante :

(1) Si le paragraphe doit être indenté, le premier item x_1 est une boîte vide dont la largeur w_1 est celle de l'indentation.

(2) Tout mot du paragraphe devient une suite de boîtes, une par caractère du mot et par signe de ponctuation éventuellement associé à ce mot. Les largeurs w_i sont déterminées par les fontes de caractères utilisées. Des items de pénalité étiquetée sont insérés entre les boîtes là où une césure acceptable peut être utilisée pour découper le mot à la fin de la ligne (l'utilisateur n'a pas besoin de positionner de tels points de césure sauf si nécessaire, comme nous le verrons plus tard, mais supposons pour le moment que toutes les césures permises soient spécifiées).

(3) Il y a de la colle entre les mots, correspondant aux conventions d'espacement recommandé pour la fonte de caractères utilisée. La colle peut dépendre du contexte : TEX a, par exemple, des spécifications de colle pour les signes de ponctuation légèrement différentes de celles pour les inter-mots normaux.

(4) Les césures et des traits d'union explicites du texte sont suivis d'un item de pénalité de largeur zéro. Ceci spécifie une fin de ligne possible après la césure ou le trait d'union. Certaines conventions de style permettent également une fin de ligne avant les primes, auquel cas une pénalité non étiquetée de largeur zéro doit précéder le trait d'union.

(5) À la fin du paragraphe, trois items sont ajoutés de façon à ce que la dernière ligne d'un paragraphe soit traitée comme il faut. Vient d'abord un item pénalité x_{m-2} avec $p_{m-2} = \infty$; ensuite un item colle x_{m-1} spécifiant l'espace vide potentiel à droite de la dernière ligne. Vient enfin un item pénalité x_m avec $p_m = -\infty$, ce qui oblige à aller à la ligne à la fin du paragraphe. TEX utilise en général une « colle de fin » (*finishing glue* en anglais) avec $w_{m-1} = z_{m-1} = 0$ et $y_{m-1} = \infty$ (en fait $y_{m-1} = 100\,000$ points, fini mais suffisamment grand pour se comporter comme ∞) ; l'espacement normal de fin de paragraphe est donc nul mais pouvant être fortement allongé. La conséquence est que les autres espacements de la dernière ligne seront contractés si cette ligne dépasse la mesure désirée ; sinon ils auront à peu près leur valeur normale (puisque la colle de fin utilisera toute l'élasticité nécessaire pour remplir la fin de la ligne). Des choix plus subtils de colle de fin x_{m-1} sont possibles ; nous les étudierons plus tard.

Considérons, par exemple, le paragraphe de la figure 1 de la page suivante, tiré des contes de Grimm [18]. Les cinq règles ci-dessus convertissent le texte en une suite d'exactement 601 items, indiqués dans la table 1. Chaque ligne de la figure 1 a été justifiée à une largeur d'exactement 390 unités, en utilisant la méthode traditionnelle une ligne à la fois pour découper le texte de la façon décrite ci-dessus.

On a indiqué à la figure 1 les points de césure optionnels par un petit triangle. Les guides de style anglais traditionnels ne permettent une césure dans un mot que si au moins deux lettres la précèdent et trois la suivent ; de plus la syllabe suivant une césure ne doit pas avoir de 'e' muet : nous ne devons donc pas accepter la césure 'sylla-ble'. Une lecture non hachée impose également que le fragment de mot précédant une césure doit être assez long pour qu'il puisse être prononcé correctement

In olden times when wishing still helped one,   .857
there lived a king whose daughters were all beauti-   −.750
ful; and the youngest was so beautiful that the sun   −.824
itself, which has seen so much, was astonished   1.087
whenever it shone in her face. Close by the king's   −.235
castle lay a great dark forest, and under an old   .607
lime-tree in the forest was a well, and when the   .500
day was very warm, the king's child went out into   −.500
the forest and sat down by the side of the cool   .700
fountain; and when she was bored she took a   1.360
golden ball, and threw it up on high and caught it;   −.650
and this ball was her favorite plaything.   .001

FIGURE 1. Un exemple de paragraphe composé par la méthode de « première adaptation » (first-fit en anglais). Les petits triangles indiquent
les emplacements permis pour diviser les mots par des césures ; le
rapport d'ajustement des espacements apparaît à droite de chaque
ligne.

et sans ambiguïté, avant que le lecteur ne voit la fin du mot à la ligne
suivante ; une césure comme 'proc-ess' serait gênante. Cette règle de
prononciation tient compte du fait que l'avant-dernier mot de la figure 1
ne puisse pas avoir pour césure potentielle 'fa-vorite' : le fragment 'fa-'
peut être le début de 'fa-ther', prononcé de façon très différente.

Le choix des bonnes césures est un sujet important mais difficile
dépassant le champ de cet article. Nous n'en parlerons plus sauf en supposant que (a) de tels points de découpage potentiels soient connus de
notre algorithme de découpage en lignes lorsque nécessaire ; (b) nous pré-
férons ne pas effectuer de césure lorsqu'il y a moyen d'éviter les césures
sans déséquilibre sérieux des espacements.

Les règles de découpage d'un paragraphe en lignes devraient être
intuitivement claires à partir de cet exemple mais on a besoin de les é-
noncer explicitement. Nous supposerons que tout paragraphe se termine
par un item de découpage forcé x_m (item de pénalité $-\infty$). Un point
d'interruption légal d'un paragraphe est un nombre b tel que soit (i) x_b
est un item pénalité avec $p_b < \infty$, soit (ii) x_b est un item colle et x_{b-1}
est un item boîte. En d'autres termes, on peut découper après une pénalité, à condition que celle-ci ne soit pas ∞, ou à une colle, à condition
qu'elle soit immédiatement suivie d'une boîte. Ces deux cas donnent les
seuls points d'interruptions acceptables. Remarquons que, par exemple,
plusieurs items colle peuvent apparaître consécutivement, mais que nous
n'avons le droit de découper qu'après le premier d'entre eux, et seulement
s'il n'est pas suivi immédiatement d'un item pénalité. Une pénalité de

$x_1 =$ boîte vide pour l'indentation $\quad w_1 = 18$

$x_2 =$ boîte pour 'I' $\qquad\qquad\qquad\quad w_2 = 6$

$x_3 =$ boîte pour 'n' $\qquad\qquad\qquad\quad w_3 = 10$

$x_4 =$ colle pour l'espace entre mots $\quad w_4 = 6, \qquad y_4 = 3, \qquad z_4 = 2$

$x_5 =$ boîte pour 'o' $\qquad\qquad\qquad\quad w_5 = 9$

. . . .

$x_{309} =$ boîte pour 'l' $\qquad\qquad\qquad w_{309} = 5$

$x_{310} =$ boîte pour 'i' $\qquad\qquad\qquad\; w_{310} = 5$

$x_{311} =$ boîte pour 'm' $\qquad\qquad\qquad w_{311} = 15$

$x_{312} =$ boîte pour 'e' $\qquad\qquad\qquad w_{312} = 8$

$x_{313} =$ boîte pour '-' $\qquad\qquad\qquad w_{313} = 6$

$x_{314} =$ pénalité de césure explicite $\quad w_{314} = 0, \qquad p_{314} = 50, \qquad f_{314} = 1$

$x_{315} =$ boîte pour 't' $\qquad\qquad\qquad w_{315} = 7$

. . . .

$x_{590} =$ boîte pour 'a' $\qquad\qquad\qquad w_{590} = 9$

$x_{591} =$ boîte pour 'y' $\qquad\qquad\qquad w_{591} = 10$

$x_{592} =$ pénalité de césure $\qquad\qquad w_{592} = 6, \qquad p_{592} = 50, \qquad f_{592} = 1$

$\qquad\quad$ optionnelle

$x_{593} =$ boîte pour 't' $\qquad\qquad\qquad w_{593} = 7$

$x_{594} =$ boîte pour 'h' $\qquad\qquad\qquad w_{594} = 10$

$x_{595} =$ boîte pour 'i' $\qquad\qquad\qquad\; w_{595} = 5$

$x_{596} =$ boîte pour 'n' $\qquad\qquad\qquad w_{596} = 10$

$x_{597} =$ boîte pour 'g' $\qquad\qquad\qquad w_{597} = 9$

$x_{598} =$ boîte pour '.' $\qquad\qquad\qquad w_{598} = 5$

$x_{599} =$ découpage rejeté $\qquad\qquad w_{599} = 0, \qquad p_{599} = \infty, \qquad f_{599} = 0$

$x_{600} =$ colle de fin $\qquad\qquad\qquad\; w_{600} = 0, \qquad y_{600} = \infty, \qquad z_{600} = 0$

$x_{601} =$ découpage forcé $\qquad\qquad w_{601} = 0, \qquad p_{601} = -\infty, \qquad f_{601} = 1$

TABLE 1. La suite des items boîte, colle et pénalité construite par TEX pour le paragraphe de la figure 1. Dans cet exemple, on suppose que chaque lettre a la largeur traditionnellement utilisé par un équipement Monotype, à savoir que pour 'a' à 'z' on a respectivement $(9, 10, 8, 10, 8, 6, 9, 10, 5, 6, 10, 5, 15, 10, 9, 10, 10, 7, 7, 7, 10, 9, 13, 10, 10, 8)$ unités de large et que les caractères 'C', 'I' et '-' ont des largeurs respectives de 13, 6 et 6 unités. Les virgules, les points-virgules, les points et les apostrophes occupent 5 unités chacun. La colle a pour spécification $(w, y, z) = (6, 3, 2)$ entre les mots, $(6, 4, 2)$ après une virgule, $(6, 4, 1)$ après un point-virgule et $(8, 6, 1)$ après un point. On a donné une pénalité de 50 à toute ligne qui se termine par une césure.

∞ peut être insérée avant la colle pour la rendre insécable ; par exemple, l'item x_{599} de la table 1 interdit une coupure de la colle de fin de paragraphe.

Le découpage en lignes consiste à choisir des points d'interruption légaux $b_1 < \cdots < b_k$, spécifiant la fin des k lignes du paragraphe. Tout item pénalité x_i dont la pénalité p_i est $-\infty$ doit apparaître dans cette liste de points d'interruption ; le dernier point d'interruption b_k doit donc être m. Par commodité, nous poserons $b_0 = 0$ et nous définirons les indices $a_1 < \cdots < a_k$ pour désigner les fins de ligne, de la façon suivante : la valeur de a_j est le plus petit entier i compris entre b_{j-1} et b_j tel que x_i soit un item boîte ; si aucun des x_i de l'intervalle $b_{j-1} < i < b_j$ n'est une boîte, nous posons $a_j = b_j$. La j-ième ligne est donc constituée de tous les items x_i tels que $a_j \leq i < b_j$ plus l'item x_{b_j} si c'est un item pénalité. En d'autres termes, nous obtenons les lignes du paragraphe en le découpant en morceaux aux points d'interruption choisis puis en éliminant les items colle et pénalité du début de chaque ligne en résultant.

Critères souhaités

D'après cette définition du découpage en lignes, il y a 2^n façons de l'effectuer si le paragraphe possède n points d'interruption légaux non obligatoires. Il y a, par exemple, 129 points d'interruption légaux pour le paragraphe de la figure 1, sans compter x_{601} ; il peut donc être découpé de 2^{129} façons, nombre beaucoup plus grand que 10^{38}. Bien entendu, la plupart de ces choix sont absurdes ; nous devons donc spécifier des critères pour distinguer les choix acceptables des choix ridicules. Pour ce faire, nous avons besoin de connaître (a) les longueurs souhaitées des lignes et (b) les longueurs des lignes correspondant à chaque choix de point d'interruption, y compris la quantité d'élasticité ou de contractibilité. Nous pouvons alors comparer les longueurs souhaitées aux longueurs effectivement obtenues.

Nous supposerons que la liste l_1, l_2, l_3, ... des longueurs souhaitées est donnée ; en général ce sont toutes les mêmes, mais on peut aussi vouloir des lignes de longueurs différentes, par exemple pour adapter du texte autour d'une illustration. La longueur effective L_j de la j-ième ligne, après que le point d'interruption ait été choisi comme ci-dessus, est calculée de la façon suivante : on calcule la somme des largeurs w_i de tous les items boîte et colle de l'intervalle $a_j \leq i < b_j$ et on lui ajoute w_{b_j} si x_{b_j} est un item pénalité. La j-ième ligne a aussi une élasticité totale Y_j et une contractibilité totale Z_j, obtenues en sommant les y_i et les z_i de tous les items colle de l'intervalle $a_j \leq i < b_j$. Nous pouvons alors comparer les longueurs effectives L_j aux longueurs souhaitées l_j pour voir s'il y a assez d'élasticité ou de contractibilité pour passer de L_j à l_j ; nous définissons la *proportion d'ajustement* r_j de la j-ième ligne de la façon suivante :

Si $L_j = l_j$ (adaptation parfaite), on pose $r_j = 0$.

Si $L_j < l_j$ (ligne trop courte), on pose $r_j = (l_j - L_j)/Y_j$ si $Y_j > 0$;
la valeur de r_j n'est pas définie si $Y_j \leq 0$.

Si $L_j > l_j$ (ligne trop longue), on pose $r_j = (l_j - L_j)/Z_j$ si $Z_j > 0$;
la valeur r_j n'est pas définie si $Z_j \leq 0$.

Ainsi, par exemple, $r_j = 1/3$ si l'élasticité totale de la ligne j est trois fois ce dont nous avons besoin pour étendre la colle de façon à ce que la longueur de la ligne passe de L_j à l_j.

D'après cette définition des proportions d'ajustement, la j-ième ligne peut être justifiée en prenant comme largeur des items colle x_i de cette ligne :

$$w_i + r_j y_i , \quad \text{si } r_j \geq 0 ;$$

$$w_i + r_j z_i , \quad \text{si } r_j < 0 .$$

Car si nous calculons la largeur totale de cette ligne une fois ces ajustements effectués, nous obtenons soit $L_j + r_j Y_j = l_j$, soit $L_j + r_j Z_j = l_j$, suivant le signe de r_j. On a ventilé l'élasticité ou la contractibilité nécessaire en quantités proportionnelles aux composants colle y_i ou z_i, comme souhaité.

Les petits nombres à droite des lignes de la figure 1 montrent par exemple les valeurs des r_j de ces lignes. Une proportion négative, comme $-0,824$ à la troisième ligne, signifie que les espacements de cette ligne sont plus étroits que leur taille idéale mais qu'ils sont assez proches de leurs tailles minimums, puisqu'on a utilisé plus de 82% de leur contractibilité possible ; par contre, une proportion positive relativement grande, comme $1,360$ à la troisième ligne en partant de la fin, indique une adaptation très « ample ».

Bien qu'il y ait 2^{129} façons de découper le paragraphe de la figure 1, seuls 12 d'entre eux donnent des proportions d'ajustement r_j ne dépassant pas 1 en valeur absolue ; cette condition sur les proportions signifie que les espacements entre mots après justification sont compris au sens large entre $w_i - z_i$ et $w_i + y_i$. La méthode traditionnelle de découpage en lignes, utilisée pour le découpage de la figure 1, ne découvre aucune de ces solutions au problème.

Notre but principal est d'éviter de choisir des points d'interruption qui conduisent à des lignes dont les mots sont trop espacés ou trop proches les uns des autres, puisque de telles lignes distraissent et sont trop difficiles à lire. Nous pouvons donc dire que le problème du découpage en lignes consiste à trouver les interruptions telles que l'on ait $|r_j| \leq 1$ pour chaque ligne, avec le nombre minimum de césures. Une telle approche fut suivie par Duncan et ses associés au début des années

In olden times when wishing still helped one, .857
there lived a king whose daughters were all beau- .000
tiful; and the youngest was so beautiful that the .280
sun itself, which has seen so much, was astonished −.235
whenever it shone in her face. Close by the king's −.235
castle lay a great dark forest, and under an old .607
lime-tree in the forest was a well, and when the .500
day was very warm, the king's child went out into −.500
the forest and sat down by the side of the cool .700
fountain; and when she was bored she took a 1.360
golden ball, and threw it up on high and caught .357
it; and this ball was her favorite plaything. .000

FIGURE 2. Le paragraphe de la figure 1 lorsque la méthode de « meilleure adaptation » est utilisée pour trouver les points d'interruption.

1960 [13] ; ils ont obtenus d'assez bons résultats. Cependant, le critère $|r_j| \leq 1$ ne dépend que des valeurs $w_i - z_i$ et $w_i + y_i$, et non de w_i lui-même ; il n'utilise donc pas tous les degrés de liberté présents dans nos données. De plus, on peut ne pas pouvoir remplir de telles conditions rigoureuses ; par exemple, si on suppose que les lignes de notre exemple de paragraphe doivent avoir une largeur de 400 unités, au lieu de la largeur actuelle de 390 unités, il n'y aurait pas moyen de présenter le texte de la figure 1 sans avoir au moins une ligne trop resserrée ($r_j < -1$) ou trop lâche ($r_j > 1$).

Nous pouvons effectuer un meilleur découpage si nous avons un critère de qualité variant de façon continue et non un test simpliste par oui/non de la condition $|r_j| \leq 1$. Donnons-nous donc une évaluation quantitative de *mauvaise qualité* de la j-ième ligne en cherchant une formule proche de zéro lorsque $|r_j|$ est petit mais croissant rapidement lorsque $|r_j|$ prend des valeurs dépassant 1. L'expérience de TEX a montré que de bons résultats sont obtenus si nous définissons la quantité de mauvaise qualité d'une ligne j de la façon suivante :

$$\beta_j = \begin{cases} \infty, & \text{si } r_j \text{ n'est pas défini ou si } r_j < -1 ; \\ \lfloor 100|r_j|^3 + .5 \rfloor, & \text{sinon.} \end{cases}$$

Ainsi, par exemple, les lignes de la figure 1 ont des quantités de mauvaise qualité égales à 63, 42, 56, 128, 1, 22, 13, 13, 34, 252, 27 et 0, respectivement. La formule donnant β_j considère qu'une ligne est « infiniment mauvaise » si $r_j < -1$; ceci signifie que la colle ne sera jamais assez contractible pour être inférieure à $w_i - z_i$. Cependant, les valeurs de r_j dépassant 1 sont seulement finiment mauvaises, elles peuvent donc être permises s'il n'y a pas de meilleure alternative.

Cette petite amélioration par rapport à la méthode utilisée pour produire la figure 1 conduit à la figure 2. Une fois encore, chaque ligne a été découpée sans regarder plus en avant la fin du paragraphe et sans revenir en arrière pour reconsidérer les choix précédents, mais cette fois chaque coupure a été choisie pour minimiser la « quantité de mauvaise qualité et la pénalité » de cette ligne. En d'autres termes, lorsqu'on a dû choisir entre plusieurs façons de terminer la j-ième ligne, la fin de la ligne précédente étant donnée, nous obtenons la figure 2 en prenant la valeur possible minimum de $\beta_j + \pi_j$, où β_j est la quantité de mauvaise qualité définie ci-dessus et π_j la quantité de pénalité p_{b_j} si la j-ième ligne se termine par un item pénalité et $\pi_j = 0$ sinon. La figure 2 améliore la figure 1 en déplaçant des mots ou des syllabes des lignes 2, 3 et 11 à la ligne suivante.

La méthode qui produit la figure 1 peut être appelée algorithme de « première adaptation » (*first-fit* en anglais) et la méthode correspondant à la figure 2 algorithme de « meilleure adaptation » (*best-fit* en anglais). Nous avons vu que la meilleure adaptation est supérieure à la première adaptation dans ce cas particulier, mais on peut concevoir des paragraphes pour lesquels la première adaptation donne une meilleure solution ; un seul exemple n'est pas suffisant pour décider quelle est la méthode préférable. Afin d'effectuer une comparaison non biaisée de ces méthodes, il est nécessaire d'obtenir des statistiques sur leurs comportements « typiques ». On a donc effectué 300 expériences, en utilisant le texte des figures 1 et 2, avec des largeurs de ligne variant de 350 à 649 par pas d'une unité. Le texte était le même pour chaque expérience mais la largeur de ligne différente en faisait des problèmes différents, puisque les algorithmes de découpage en lignes sont très sensibles à une petite variation de mesure. Les lignes « les plus étriquées » et « les plus lâches » de chaque paragraphe résultant ont été enregistrées, ainsi que le nombre de césures introduites, ce qui a donné ce qui suit :

	$\min r_j$	$\max r_j$	césures
first-fit < best-fit	68%	40%	13%
first-fit = best-fit	26%	45%	79%
first-fit > best-fit	6%	15%	9%

Ainsi, dans 68% des cas, la proportion d'ajustement minimum r_j des lignes composées par la méthode de première adaptation était inférieure à la valeur correspondante obtenue par la meilleure adaptation ; la proportion d'ajustement maximum dans les lignes produites par la méthode de première adaptation était inférieure à celle de meilleure adaptation dans environ 40% des fois, etc. Nous pouvons résumer ces données en disant

In olden times when wishing still helped one,   .857
there lived a king whose daughters were all beau-   .000
tiful; and the youngest was so beautiful that the   .280
sun itself, which has seen so much, was aston-   1.000
ished whenever it shone in her face. Close by the   .067
king's castle lay a great dark forest, and under an   −.278
old lime-tree in the forest was a well, and when   .536
the day was very warm, the king's child went out   −.167
into the forest and sat down by the side of the   .700
cool fountain; and when she was bored she took a   −.176
golden ball, and threw it up on high and caught   .357
it; and this ball was her favorite plaything.   .000

FIGURE 3. Voici la mailleure façon possible de découper le paragraphe des figures 1 et 2, dans le sens du plus petit nombre total de fautes dans le texte.

que la méthode de première adaptation donne en général au moins une ligne trop étriquée ou trop lâche par rapport à la meilleure adaptation et qu'elle produit aussi en général une ligne au moins aussi lâche que la plus lâche des lignes de meilleure adaptation. Le nombre de césures est presque le même pour ces deux méthodes, bien que celle de meilleure adaptation en produirait moins si la pénalité de césure était augmentée.

Nous pouvons en fait faire mieux que ces deux méthodes en trouvant une façon « optimum » de choisir les points d'interruption. La figure 3 montre, par exemple, comment améliorer à la fois les figures 1 et 2 par une césure à la fin de la ligne 4, en évitant ainsi le problème de l'ampleur de la dixième ligne. Cette distribution des points d'interruption a été trouvée par une algorithme d'« adaptation totale » (*total-fit* en anglais) qui sera étudié en détail ci-dessous. Elle est globalement optimum en ce sens qu'elle donne le plus petit nombre total de quantité de *faute* (*demerit* en anglais) pour tout choix de points d'interruption, où la quantité de faute évaluée pour la j-ième ligne est calculée par la formule :

$$\delta_j = \begin{cases} (1 + \beta_j + \pi_j)^2 + \alpha_j, & \text{si } \pi_j \geq 0 \,; \\ (1 + \beta_j)^2 - \pi_j^2 + \alpha_j, & \text{si } -\infty < \pi_j < 0 \,; \\ (1 + \beta_j)^2 + \alpha_j, & \text{si } \pi_j = -\infty. \end{cases}$$

où β_j et π_j sont la quantité de mauvaise qualité et la pénalité, comme ci-dessus ; α_j est nul à moins qu'à la fois la ligne j et la ligne précédente se terminent par un item pénalité étiqueté, auquel cas α_j est la pénalité supplémentaire appliquée pour des lignes consécutives avec césure (par exemple 3000). Nous dirons que nous trouvons le meilleur choix de points d'interruption lorsque la somme des δ_j pour toutes les lignes j est minimisée.

La formule pour δ_j est assez arbitraire, tout comme notre formule pour β_j, mais elle convient bien en pratique puisqu'elle possède les propriétés souhaitables suivantes : (a) minimiser la somme des carrés des quantités de mauvaise qualité ne conduit pas seulement à minimiser la mauvaise qualité de chaque ligne mais également à des optimisations secondaires ; par exemple, lorsqu'une ligne particulièrement mauvaise est inévitable, les coupures des autres lignes seront également optimisées. (b) La fonction de faute δ_j croît avec π_j, sauf dans le cas $\pi_j = -\infty$ dans lequel nous n'avons pas besoin de considérer la pénalité puisque de telles coupures sont obligatoires. (c) En ajoutant 1 à β_j au lieu d'utiliser la quantité de mauvaise qualité β_j elle-même, nous minimisons le nombre de lignes pour lesquelles il y a une coupure dont la quantité de mauvaise qualité est presque nulle.

La table suivante montre, par exemple, les quantités de faute respectives des lignes des paragraphes des figures 1, 2 et 3 :

First fit	Best fit	Total fit
4096	4096	4096
8649	2601	2601
3249	9	9
16641	196	22801
4	4	1
529	529	9
196	196	256
196	196	1
1225	1225	1225
64009	64009	4
784	36	36
1	1	1
99579	73098	31040

Pour les méthodes de première et de meilleure adaptation, chaque ligne est à peu près aussi mauvaise que toute autre alors que dans la méthode d'adaptation totale les mauvais cas se trouvent surtout au début, puisque le problème du découpage en lignes permet moins de flexibilité pour celles-ci.

La figure 4 permet de comparer ces trois méthodes pour le même texte, mais cette fois avec une largeur de ligne de 500 unités. Dans ce cas, l'algorithme d'adaptation totale trouve une solution sans aucune césure de mot, grâce à sa capacité à regarder en avant ; les deux autres méthodes, qui traitent une ligne à la fois, ne détectent pas cette solution

(a) First fit: In olden times when wishing still helped one, there lived a king   −.727
whose daughters were all beautiful; and the youngest was so   .821
beautiful that the sun itself, which has seen so much, was aston-   −.455
ished whenever it shone in her face. Close by the king's castle lay   −.870
a great dark forest, and under an old lime-tree in the forest was   −.208
a well, and when the day was very warm, the king's child went   .000
out into the forest and sat down by the side of the cool fountain;   −.577
and when she was bored she took a golden ball, and threw it up   −.231
on high and caught it; and this ball was her favorite plaything.   .000

(b) Best fit: In olden times when wishing still helped one, there lived a king   −.727
whose daughters were all beautiful; and the youngest was so   .821
beautiful that the sun itself, which has seen so much, was aston-   −.455
ished whenever it shone in her face. Close by the king's castle   .278
lay a great dark forest, and under an old lime-tree in the forest   .000
was a well, and when the day was very warm, the king's child   .237
went out into the forest and sat down by the side of the cool   .462
fountain; and when she was bored she took a golden ball, and   .343
threw it up on high and caught it; and this ball was her favorite   −.320
plaything.   .004

c) Total fit: In olden times when wishing still helped one, there lived a   .774
king whose daughters were all beautiful; and the youngest was   .179
so beautiful that the sun itself, which has seen so much, was   .629
astonished whenever it shone in her face. Close by the king's   .545
castle lay a great dark forest, and under an old lime-tree in the   .000
forest was a well, and when the day was very warm, the king's   .079
child went out into the forest and sat down by the side of the   .282
cool fountain; and when she was bored she took a golden ball,   .294
and threw it up on high and caught it; and this ball was her   .575
favorite plaything.   .004

FIGURE 4. Une présentation un peu plus large du même paragraphe pris
en exemple.

puisqu'elles ne savent pas qu'une première ligne légèrement pire conduit
dans ce cas à moins de problèmes par la suite. Les quantités de faute
pour chaque ligne de la figure 4 sont :

First fit	Best fit	Total fit
1521	1521	2209
3136	3136	4
3600	3600	676
4489	9	2916
4	1	1
1	4	1
400	121	9
4	25	16

$$
\begin{array}{ccc}
1 & 16 & 400 \\
 & 1 & 1 \\
\hline
13156 & 8434 & 6233
\end{array}
$$

La quantité de faute de 3 600 de la troisième ligne pour la « première adaptation » et la « meilleure adaptation » est ici principalement due à la pénalité de 50 causée par la présence d'une césure.

La méthode de première adaptation trouve une façon de présenter le paragraphe de la figure 4 en seulement neuf lignes alors que la méthode d'adaptation totale en a besoin de dix. Les éditeurs préférant gagner un peu de place, tant que le découpage en lignes est relativement convenable, peuvent donc préférer la solution de première adaptation en dépit de ses grandes quantités de faute. Cependant, il y a de nombreuses façons de modifier les spécifications pour que la méthode d'adaptation totale prenne en compte les solutions courtes ; on peut, par exemple, ramener l'élasticité de la colle de dernière ligne de sa taille énorme à à peu près la largeur de la ligne, ce qui fait que l'algorithme préférera que les dernières lignes soient presque pleines. Nous pourrions aussi remplacer la constante '1' dans la définition de quantité de faute δ_j par un nombre plus grand. On peut en fait paramétrer l'algorithme d'adaptation totale pour qu'il produise la solution optimum ayant le nombre minimum de lignes.

Le texte de ces exemples est assez simple et nous avons placé les caractères dans des colonnes de largeur raisonnable ; nous n'avons donc pas eu à considérer de difficultés particulières ou des problèmes de découpage en lignes non usuels. Cependant, nous avons vu que l'algorithme optimisant peut produire des résultats visiblement meilleurs même dans ces cas de routine. L'algorithme amélioré sera clairement révélateur dans des situations plus difficiles, par exemple lorsque des formules mathématiques sont insérées dans le texte ou lorsque les lignes doivent être étroites, comme dans un journal.

Tous ceux qui sont curieux de la destinée de la belle princesse mentionnée aux figures 1 à 4 peuvent trouver la chute à la figure 5 des deux pages suivantes, qui en contient l'histoire complète. Les colonnes de la figure 5 sont plus étroites que d'habitude, avec seulement 21 ou 22 caractères par ligne ; une largeur d'environ 35 caractères est normale pour les journaux alors que les magazines utilisent souvent des colonnes d'une largeur à peu près double de celle illustrée ici. Les algorithmes une ligne à la fois ne peuvent pas faire face de façon satisfaisante à de telles restrictions extrêmes, mais la figure 5 montre que l'algorithme optimisant est capable de découper le texte en lignes raisonnablement égales.

IN olden times when wishing still helped one, there lived a king whose daughters were all beautiful; and the youngest was so beautiful that the sun itself, which has seen so much, was astonished whenever it shone in her face. Close by the king's castle lay a great dark forest, and under an old lime-tree in the forest was a well, and when the day was very warm, the king's child went out into the forest and sat down by the side of the cool fountain; and when she was bored she took a golden ball, and threw it up on high and caught it; and this ball was her favorite plaything.

Now it so happened that on one occasion the princess's golden ball did not fall into the little hand that she was holding up for it, but on to the ground beyond, and it rolled straight into the water. The king's daughter followed it with her eyes, but it vanished, and the well was deep, so deep that the bottom could not be seen. At this she began to cry, and cried louder and louder, and could not be comforted. And as she thus lamented someone said to her, "What ails you, king's daughter? You weep so that even a stone would show pity."

She looked round to the side from whence the voice came, and saw a frog stretching forth its big, ugly head from the water. "Ah, old water-splasher, is it you?" said she; "I am weeping for my golden ball, which has fallen into the well." "Be quiet, and do not weep," answered the frog. "I can help you; but what will you give me if I bring your plaything up again?" "Whatever you will have, dear frog," said she; "my clothes, my pearls and jewels, and even the golden crown that I am wearing." The frog answered, "I do not care for your clothes, your pearls and jewels, nor for your golden crown; but if you will love me and let me be your companion and play-fellow, and sit by you at your little table, and eat off your little golden plate, and drink out of your little cup, and sleep in your little bed—if you will promise me this I will go down below, and bring you your golden ball up again." "Oh yes," said she, "I promise you all you wish, if you will but bring me my ball back again." But she thought, "How the silly frog does talk! All he does is sit in the water with the other frogs, and croak. He can be no companion to any human being."

But the frog, when he had received this promise, put his head into the water and sank down; and in a short while he came swimming up again with the ball in his mouth, and threw it on the grass. The king's daughter was delighted to see her pretty plaything once more, and she picked it up and ran away with it. "Wait, wait," said the frog. "Take me with you. I can't run as you can." But what did it avail him to scream his croak, croak, after her, as loudly as he could? She did not listen to it, but ran home and soon forgot the poor frog, who was forced to go back into his well again.

The next day when she had seated herself at table with the king and all the courtiers, and was eating from her little golden plate, something came creeping splish splash, splish splash, up the marble staircase; and when it had got to the top, it knocked at the door and cried, "Princess, youngest princess, open the door for me." She ran to see who was outside, but when she opened the door, there sat the frog in front of it. Then she slammed the door to, in great haste, sat down to dinner again, and was quite frightened. The king saw plainly that her heart was beating violently, and said, "My child, what are you so afraid of? Is there perchance a giant outside who wants to carry you away?" "Ah, no," replied she. "It is no giant, it is a disgusting frog."

"What does a frog want with you?" "Ah, dear father, yesterday as I was in the forest

FIGURE 5. Le conte du roi grenouille, composé avec des lignes très étroites et des marges « droites non justifiées ». Les points de coupure ont été choisis de façon optimale pour des lignes justifiées.

sitting by the well, playing, my golden ball fell into the water. And because I cried so, the frog brought it out again for me; and because he so insisted, I promised him he should be my companion, but I never thought he would be able to come out of his water. And now he is outside there, and wants to come in to see me."

In the meantime it knocked a second time, and cried, "Princess, youngest princess, open the door for me. Do you not know what you said to me yesterday by the cool waters of the well? Princess, youngest princess, open the door for me!"

Then said the king, "That which you have promised must you perform. Go and let him in." She went and opened the door, and the frog hopped in and followed her, step by step, to her chair. There he sat and cried, "Lift me up beside you." She delayed, until at last the king commanded her to do it. Once the frog was on the chair he wanted to be on the table, and when he was on the table he said, "Now, push your little golden plate nearer to me, that we may eat together." She did this, but it was easy to see that she did not do it willingly. The frog enjoyed what he ate, but almost every mouthful she took choked her. At length he said,

"I have eaten and am satisfied, now I am tired; carry me into your little room and make your little silken bed ready, and we will both lie down and go to sleep."

The king's daughter began to cry, for she was afraid of the cold frog, which she did not like to touch, and which was now to sleep in her pretty, clean little bed. But the king grew angry and said, "He who helped you when you were in trouble ought not afterwards to be despised by you." So she took hold of the frog with two fingers, carried him upstairs, and put him in a corner. But when she was in bed he crept to her and said, "I am tired, I want to sleep as well as you; lift me up or I will tell your father." At this she was terribly angry, and took him up and threw him with all her might against the wall. "Now, will you be quiet, odious frog?" said she. But when he fell down he was no frog but a king's son with kind and beautiful eyes. He by her father's will was now her dear companion and husband. Then he told her how he had been bewitched by a wicked witch, and how no one could have delivered him from the well but herself, and that tomorrow they would go together into his kingdom.

Then they went to sleep, and next morning when the sun

awoke them, a carriage came driving up with eight white horses, which had white ostrich feathers on their heads, and were harnessed with golden chains; and behind stood the young king's servant Faithful Henry. Faithful Henry had been so unhappy when his master was changed into a frog, that he had caused three iron bands to be laid round his heart, lest it should burst with grief and sadness. The carriage was to conduct the young king into his kingdom. Faithful Henry helped them both in, and placed himself behind again, and was full of joy because of this deliverance. And when they had driven a part of the way, the king's son heard a cracking behind him as if something had broken. So he turned round and cried, "Henry, the carriage is breaking."

"No, master, it is not the carriage. It is a band from my heart, that was put there in my great pain when you were a frog and imprisoned in the well." Again and once again while they were on their way something cracked, and each time the king's son thought the carriage was breaking; but it was only the bands that were springing from the heart of Faithful Henry because his master was set free and was so happy.

FIGURE 5 (SUITE). Un critère d'optimalité un peu différent aurait été plus approprié pour une composition non justifiée, bien que les lignes auraient été de largeurs approximativement égales.

On s'aperçoit que quelques césures sont souhaitables, puisque les césures accroissent le nombre d'espacements par ligne et aident la justification, même si la pénalité pour césure passe de 50 à 5 000 dans cet exemple.

Bien que nos critères de découpage en ligne aient été conçu avec la justification des textes à l'esprit, l'algorithme avec regard en avant a été utilisé à la figure 5 pour produire une marge *irrégulière à droite* (*ragged right margin* en anglais) en supprimant simplement la justification une fois la fin de ligne choisie. Un autre critère de mauvaise qualité, fondé uniquement sur la différence entre longueur souhaitée l_j et longueur effective L_j, doit en fait être utilisé afin d'obtenir les meilleures coupures lors de la composition avec marge irrégulière à droite et on doit permettre aux espacements entre mots d'avoir de l'élasticité mais pas de contractibilité de façon à ce que L_j ne dépasse jamais l_j. De plus, la composition à marge irrégulière à droite ne doit pas permettre aux mots de « dépasser », c'est-à-dire de commencer à droite de la verticale où la ligne suivante se termine ; on doit donc, par exemple, déplacer le mot « it » de la seconde ligne de la figure 6.

FIGURE 6. On a utilisé ici la méthode de meilleure adaptation pour découper un paragraphe en lignes très étroites. On a conservé le résultat non justifié, sinon il aurait paru terrible. La troisième ligne, par exemple, contient seulement deux espaces et la troisième en partant de la fin seulement un ; ces espaces auraient été considérablement élargis si les lignes avaient été justifiées. La première ligne du paragraphe illustre le problème du « dépassement » pouvant survenir en composition non justifiée.

> In the meantime it
> knocked a second
> time, and cried,
> "Princess, youngest
> princess, open the
> door for me. Do you
> not know what you
> said to me yesterday
> by the cool waters of
> the well? Princess,
> youngest princess,
> open the door for
> me!"

Ces réflexions montrent qu'un algorithme ayant pour but un découpage en lignes de grande qualité pour la non justification à droite est en fait un peu plus difficile à écrire qu'un algorithme pour du texte justifié, contrairement à l'opinion prédominante selon laquelle la justification est plus difficile. Par ailleurs, la figure 5 montre qu'un algorithme conçu pour la justification peut facilement être adapté pour produire les points d'interruption adéquats lorsque la justification est ensuite supprimée.

Les difficultés de la composition en colonnes étroites sont illustrées de façon intéressante par le groupe de mots :

"Now, push your little golden plate nearer ..."

apparaissant à la onzième ligne en partant de la fin de la première colonne de la figure 5 (suite). Nous ne voulons de césure pour aucun de ces mots, pour les raisons énoncées ci-dessus ; il apparaît que toutes les suites de quatre mots contenant le mot 'little', à savoir :

"Now, push your little
push your little golden
your little golden plate
little golden plate nearer

sont trop longues pour tenir sur une seule ligne. Le mot 'little' devra donc être placé sur une ligne qui contient seulement trois mots et deux espacements, quel que soit le texte qui précède cette suite particulière.

Les derniers paragraphes du conte présentent d'autres difficultés, certaines mettant en jeu des interactions complexes couvrant plusieurs lignes du texte, rendant impossible la détermination de points d'interruption pouvant éviter de grands espacements occasionnels dans le cas du texte justifié. La figure 7 montre ce qui arrive lorsqu'une partie de la figure 5 est justifiée ; c'est la partie la plus difficile de l'histoire intégrale, dans laquelle on est obligé d'élargir l'une des lignes de la solution optimum en utilisant l'énorme facteur $6,616$. La seule façon de composer ce paragraphe sans de tels grands espacements est de ne pas le justifier (à moins, bien sûr, de changer de problème en altérant le texte, la largeur de ligne ou la taille minimum des espacements).

and were harnessed 3.137
with golden chains; 3.277
and behind stood 5.740
the young king's ser- .783
vant Faithful Henry. 1.971
Faithful Henry had 3.474
been so unhappy 6.616
when his master was .940
changed into a frog, 1.612

FIGURE 7. Cette partie de l'histoire de la figure 5 est la plus difficile à traiter lorsque nous essayons de justifier le texte en utilisant des colonnes étroites ; il en résulte de grands espacements, même en utilisant les points d'interruption optimums.

Applications supplémentaires

Avant d'étudier les détails de l'algorithme optimisant, regardons plus en détail comment les primitives de base (boîte, colle et pénalité) nous permettent de résoudre une grande variété de problèmes de composition. Quelques-unes de ces applications sont des extensions directes des idées simples utilisées aux figures 1 à 4 alors que d'autres semblent à première vue être peu apparentées au découpage en lignes.

Assemblage de paragraphes

Si les largeurs souhaitées de ligne l_i ne sont pas toutes les mêmes, on peut souhaiter composer deux paragraphes dont le second débute dans la liste des largeurs de ligne là où le premier se termine. On peut le faire simplement en traitant les deux paragraphes comme un seul, c'est-à-dire en attachant les items boîte/colle/pénalité du second au premier, en supposant que chaque paragraphe commence par une indentation et se termine avec une colle de fin et une coupure obligée comme mentionné ci-dessus.

Réparation

Supposons qu'un paragraphe débute à la page 100 d'un livre et continue à la page suivante et que nous voulions effectuer un changement à la première partie de ce paragraphe. Nous voulons être sûr que la dernière ligne de la nouvelle page 100 se termine contre la marge droite juste avant le mot apparaissant au début de la page 101 de façon à ce que la page 101 n'ait pas besoin d'être composée à nouveau. Il est facile de spécifier cette condition à l'aide de nos conventions, tout simplement en imposant une coupure (de pénalité $-\infty$) à l'emplacement voulu, en ne tenant pas compte du texte qui suit. La capacité de l'algorithme d'adaptation totale à regarder en avant fait qu'il trouvera une façon adéquate de réparer (*to patch* en anglais) la page 100 lorsqu'une telle solution existe.

On peut également obliger la partie altérée du paragraphe à avoir un certain nombre, disons k, de lignes en utilisant l'astuce suivante : donner à la longueur souhaitée l_{k+1} de la $(k + 1)$-ième ligne un nombre θ différent des longueurs des autres lignes. Une boîte vide de largeur θ apparaissant entre deux items pénalité de coupure obligatoire sera alors placée à la ligne $k + 1$.

Ponctuation suspendue

Certains préfèrent que le bord droit de leur texte ait l'air « solide », en y mettant des points, des virgules ou d'autres signes de ponctuation (y compris des signes de césure). Cette façon de faire est, par exemple, utilisée de temps en temps en publicité contemporaine. On peut facilement créer des césures sur le bord : on pose tout simplement la largeur de l'item pénalité correspondant à zéro. Il est presqu'aussi facile de faire de même pour les points et les autres symboles, en plaçant chaque tel caractère dans une boîte de largeur zéro et en ajoutant la largeur effective du symbole dans la colle qui suit. Si une coupure n'apparaît pas à l'endroit de cette colle, la largeur cumulée est la même qu'avant ; si une coupure survient, la ligne sera justifiée comme si le point ou l'autre symbole n'étaient pas présents.

Éviter les coupures « psychologiquement mauvaises »

Puisque les ordinateurs ne savent pas penser, tout au moins pas encore, il est raisonnable de se demander s'il n'existe pas des coupures qu'un ordinateur pourrait choisir mais qu'un opérateur humain ne choisirait pas parce que ces coupures ne paraissent pas bonnes. Ce problème n'arrive pas très souvent lorsqu'on est en train de composer du texte droit, comme pour les journaux et les romans, mais c'est un peu plus courant pour les textes techniques. Il est, par exemple, psychologiquement mauvais d'effectuer une coupure avant les 'x' ou le 'y' de l'énoncé :

Une fonction de x est une règle qui associe une valeur y à toute valeur de x.

Un ordinateur n'aura aucun scrupule à découper n'importe où, à moins qu'on lui dise de ne pas le faire alors qu'un opérateur humain évitera les mauvaises coupures, ne serait-ce qu'inconsciemment.

Les coupures psychologiquement mauvaises ne sont pas faciles à définir. Nous savons juste qu'elles sont mauvaises. Lorsque l'œil passe de la fin d'une ligne au début d'une autre, en présence d'une mauvaise coupure, la seconde partie du mot ressemble souvent à une chute ou semble isolée du contexte. Imaginons que nous tournions la page entre les mots 'chapitre' et '8' dans une phrase ; vous penseriez que l'auteur du livre que vous êtes en train de lire n'aurait pas couper le texte à un tel emplacement peu logique.

Lors de la première année d'expérimentation de TEX, les auteurs de cet article ont commencé à remarquer de temps en temps des coupures qui ne semblaient pas bonnes, sans que le problème paraisse assez conséquent pour y chercher une correction. À la fin, cependant, nous n'étions plus vraiment en mesure de justifier le fait que TEX avait le meilleur algorithme de découpage en lignes du monde, puisque l'ordinateur pouvait de temps en temps effectuer des découpages sémantiquement agaçants ; le manuel préliminaire de TEX [26], par exemple, en contient certains et la première esquisse était bien pire.

Au fur et à mesure, les auteurs devinrent de plus en plus sensibles à ces coupures psychologiquement mauvaises, non seulement dans les résultats de TEX mais aussi dans la littérature publiée par ailleurs ; il devint souhaitable de tester l'hypothèse selon laquelle les reproches doivent être faits aux ordinateurs. Une recherche systématique a donc été effectuée sur les 1 000 premières coupures de l'*ACM Journal* de 1960 (composé à la main par un opérateur sur une Monotype), comparé aux 1 000 premières coupures de l'*ACM Journal* de 1980 (composé par un des meilleurs systèmes informatiques disponibles dans le commerce pour les mathématiques, conçu par *Penta Systems International*). Les lignes de fin de paragraphe ainsi que les lignes précédant une figure n'étaient pas prises en compte comme des coupures de ligne, puisqu'elles sont imposées. Seul le texte des articles était pris en compte, pas les bibliographies. Le lecteur souhaitant réaliser la même expérience devrait trouver que la 1 000-ième coupure de 1960 apparaît à la page 67 et de 1980 à la page 64. Le résultat de cette procédure imminemment subjective donne :

$$13 \text{ mauvaise coupures en 1960,}$$
$$55 \text{ mauvaises coupures en 1980.}$$

En d'autres termes on a une augmentation supérieure à quatre fois, passant d'environ 1% à un assez retentissant 5.5% ! Bien entendu, ce test n'est absolument pas concluant, puisque le style des articles de l'*ACM Journal* n'est pas demeuré constant, mais il suggère quand-même fortement que la composition informatique a pour conséquence une dégradation sémantique lorsqu'elle choisit les coupures en se fondant seulement sur des critères visuels.

Une fois ce problème identifié, un effort systématique a été fait pour éliminer toutes ces coupures de la seconde édition du livre de Knuth *Seminumerical Algorithms* [28], premier livre imposant composé avec TEX. Il est assez facile de faire en sorte que l'algorithme de découpage en lignes évite certaines coupures, tout simplement en faisant précéder l'item colle d'une pénalité disons de $p_i = 999$; la mauvaise coupure n'est alors choisie qu'en cas d'urgence, lorsqu'il n'y a aucune autre bonne façon de présenter le paragraphe. Nous pouvons également faciliter le travail du compositeur en utilisant un symbole spécial (par exemple '~') au lieu de l'espace normal entre mots lorsque la coupure est indésirable. Bien que ce problème ait rarement été abordé dans la littérature, les auteurs ont plus tard découvert que certains compositeurs ont un mot pour ça : une telle espace est dite « auxiliaire ». Il y a donc conscience croissante du problème.

Appelons *lien* (*tie* en anglais) une telle espace. Il peut être utile de faire une liste des principaux contextes dans lesquels les liens sont utilisés dans *Seminumerical Algorithms*, puisque ce livre aborde une grande variété de sujets techniques. Les règles suivantes peuvent être utiles aux compositeurs tapant des manuscrits techniques sur un ordinateur.

1. Utiliser des liens pour les références croisées :

| Théorème~A | Algorithme~B | Chapitre~3 |
| Table~4 | Programmes E et~F | |

Il n'y a pas de lien après 'Programmes' dans le dernier exemple puisqu'on rien n'empêche d'avoir 'E et F' en début de ligne.

2. Utiliser des liens entre les prénoms d'une personne et entre les noms multiples :

> Dr.~I.~J. Matrix   Luis~I. Trabb~Pardo
> Peter van~Emde~Boas

La mode récente de ne pas mettre d'espaces entre les initiales provient peut-être en grande partie d'une réaction à l'encontre des algorithmes de découpage en lignes usuels ! Remarquez qu'il vaut mieux effectuer une césure dans un nom que de faire la coupure entre deux mots du nom complet : par exemple, 'Don-' et 'ald E. Knuth' est plus tolérable que 'Donald' et 'E. Knuth'. En un certain sens, la règle 1 est un cas particulier de la règle 2, puisque nous pouvons considérer que 'Théorème~A' est un nom ; un autre exemple est 'registre~X'.

3. Utiliser des liens pour les symboles accolés à un nom :

> base~b dimension~d
> fonction~f mot~s de longueur~l

Mais on mettra par contre 'mot~s de longueur l~ou plus'.

4. Utiliser des liens pour les symboles d'une suite de symboles :

> $1,$~2 ou~3 $a,$~b et~c $1,$~$2, \ldots,$~n

5. Utiliser des liens pour les symboles liés à une préposition :

> de~x de 0 à~1
> incrémenter z de~1   en commun avec~m

Cette règle ne s'applique pas aux objets composés : considérer, par exemple, 'de u~et~v'.

6. Utiliser des liens pour éviter le découpage d'un énoncé mathématique exprimé par des mots :

> égale~n plus petit que~ϵ mod~2
> modulo~p^e (étant donné~X)   lorsque x~croît
> si t~est . . .

Comparer 'est~15' avec 'est 15~fois la hauteur', d'une part, et 'pour tout grand~n' avec 'pour tout n~plus grand que~n_0', d'autre part.

7. Utiliser des liens lorsqu'on énumère des cas :

> (b)~Montrer que f est (1)~continue ; (2)~bornée.

Il serait agréable de condenser ces sept règles en une ou deux et ce serait encore mieux si ces règles pouvaient être automatisées de façon à ce que la frappe puisse s'effectuer sans en tenir compte ; mais il semblerait qu'on ait à tenir compte de considérations sémantiques subtiles dans de nombreux cas. La plupart des coupures psychologiquement mauvaises semblent survenir lorsqu'apparaît un symbole seul ou un petit groupe de symboles juste avant ou après la coupure. Une méthode automatique pourrait assez bien le faire si on associait de grandes pénalités aux coupures intervenant juste avant un non-mot court et des pénalités moyennes juste après un non-mot court. On entend ici par 'non-mot court' une suite de symboles pas trop longue, bien qu'assez longue pour inclure des instances comme 'exercice~15(b)', 'de longueur~2^{35}', 'd'ordre~$n/2$' suivies par des signes de ponctuation ; on ne devrait pas ne considérer que des suites d'un ou deux symboles. Par ailleurs il n'est pas si offusquant d'effectuer la coupure avant ou après une suite de symboles assez longue ; par exemple, 'exercice 4.3.2–15' n'exige pas de lien après le mot 'exercice'.

Beaucoup de livres sur la composition recommandent de ne pas effectuer de coupure juste avant le dernier mot d'un paragraphe, qui plus est si ce mot est court ; on peut, bien sûr, appliquer cette règle en utilisant un lien juste avant le dernier mot ; l'ordinateur peut l'insérer automatiquement. Quelques livres donnent également des recommandations analogues à celle de la règle 2 ci-dessus, en disant que les compositeurs devraient essayer de ne pas effectuer de coupure au milieu d'un nom propre. Mais il n'y a apparemment qu'un seul livre qui s'intéresse aux autres problèmes des coupures psychologiquement mauvaises, à savoir le manuel français du dix-neuvième siècle de A. Frey [15, volume 1, page 110], dans lequel les exemples suivants de coupures indésirables sont mentionnés :

Henri~IV   M.~Colin   1er~sept.   art.~25   20~fr.

Il semble que le temps est venu de faire revivre ces vieilles traditions d'impression soignée.

L'expérience récente des auteurs leur montre que l'insertion de liens n'est pas une charge supplémentaire substantielle lors de la frappe d'un manuscrit sur ordinateur. L'utilisation soigneuse de telles espaces peut en fait conduire à une plus grande satisfaction du travail de la part de l'opérateur de saisie, puisque la qualité de la sortie peut en être notablement améliorée avec relativement peu de travail supplémentaire. Il est réconfortant de savoir qu'à notre époque la machine a besoin de notre aide.

Les signatures

La plupart des notices de recension publiées dans *Mathematical Reviews* se terminent par le nom et le lieu d'exercice du critique, cette information n'étant justifiée qu'à droite, c'est-à-dire contre la marge droite. S'il y a suffisamment d'espace pour mettre ce couple nom et lieu à droite de la dernière ligne du paragraphe, l'éditeur peut gagner de la place et, en même temps, le résultat sembler meilleur puisqu'il n'y a pas de trous étranges dans la page. Le logiciel de composition utilisé ces dernières années par l'*American Mathematical Society* était incapable d'effectuer cette opération, mais le gain d'argent sur le montant du papier a fait qu'il était rentable de payer quelqu'un pour déplacer les lignes de nom du critique *à la main* là où c'était possible, avec des ciseaux et de la (vraie) colle sur la sortie de l'ordinateur.

> Ceci est un cas où le nom et l'adresse tiennent bien dans la recension. *A. Reviewer* (Ann Arbor, Mich.)

> Mais quelquefois on doit ajouter une autre ligne.
> *N. Bourbaki* (Paris)

FIGURE 8. Le problème MR.

Disons que le « problème MR » consiste à composer le contenu d'une boîte donnée contre la marge droite à la fin d'un paragraphe donné, avec un espacement d'au moins w entre le paragraphe et la boîte s'ils peuvent être placés sur la même ligne. On peut entièrement résoudre ce problème en termes des primitives boîte/colle/pénalité de la façon suivante :

⟨texte du paragraphe donné⟩
penalty(0, ∞, 0)
glue(0, 100000, 0)
penalty(0, 50, 0)
glue(w, 0, 0)
box(0)
penalty(0, ∞, 0)
glue(0, 100000, 0)
⟨boîte donnée⟩
penalty(0, −∞, 0)

La pénalité finale de $-\infty$ force la coupure finale après la boîte donnée placée contre la marge droite ; les deux pénalités de $+\infty$ sont utilisées pour empêcher la coupure aux items colle suivants. La suite ci-dessus se réduit donc à deux cas : il y a une coupure de pénalité 50 ou non. S'il y a coupure, 'glue(w, 0, 0)' disparaît, d'après la règle disant que chaque ligne commence par une boîte ; le texte du paragraphe précédant la pénalité de 50 sera suivi de 'glue(0, 100000, 0)', qui s'élargira pour remplir la ligne comme si le paragraphe se terminait normalement, et la boîte donnée de la dernière ligne sera de même précédée de 'glue(0, 100000, 0)' pour remplir le trou à sa gauche. Par contre, s'il n'y a pas coupure de pénalité 50, le résultat fait que les colles s'ajoutent entre elles, donnant :

⟨texte du paragraphe donné⟩
glue(w, 200000, 0)
⟨boîte donnée⟩

de façon à ce que l'espacement entre le paragraphe et la boîte soit w ou plus. Suivant que la coupure est décidée ou non, la quantité de mauvaise qualité des deux dernières lignes ou de la dernière ligne sera presque nulle, grâce à l'élasticité en présence. Ainsi le coût différentiel relatif séparant les deux alternatives est presqu'entièrement dû à la pénalité de 50. L'algorithme d'adaptation totale choisira la meilleure alternative, en se fondant sur les diverses possibilités qu'il a pour composer le paragraphe donné ; il peut même rendre le paragraphe donné un petit peu plus court que lors de la composition usuelle, si ça rend mieux.

Marge droite irrégulière

Nous avons remarqué à la figure 6 qu'un algorithme de découpage en lignes optimum pour du texte justifié convient relativement bien dans le cas des lignes de longueurs presqu'égales lorsque les lignes ne sont plus justifiées après coup. On peut, cependant, facilement construire des exemples pour lesquels la méthode orientée justification prend de mauvaises décisions, parce que la quantité de déviation en largeur de ligne est pondérée par la quantité d'élasticité ou de contractibilité présente. Une ligne contenant plusieurs mots, contenant donc plusieurs espaces entre mots, ne sera pas considérée comme problématique par les critères de justification même si elle est trop courte ou trop longue, puisqu'il y a suffisamment de colle en présence pour élargir ou contracter de façon gracieuse pour obtenir la taille correcte. Par contre, lorsqu'il y a peu de mots dans une ligne, l'algorithme peinera à éviter des déviations relativement petites. Ceci est illustré à la figure 6, qui se lit bien mieux que le paragraphe correspondant de la figure 5 (excepté le mot qui dépasse sur la première ligne) ; des césures ont été effectuées dans le paragraphe de la figure 5 afin de créer plus d'espaces entre mots pour faciliter la justification.

Bien que le modèle boîte/colle/pénalité paraisse à première vue seulement orienté texte justifié, il est en fait assez puissant pour s'adapter au problème analogue de la composition non justifiée : si les espacements entre mots sont traités de la bonne façon, nous pouvons faire en sorte que chaque ligne ait la même quantité d'élasticité, quel que soit le nombre de mots sur chaque ligne. L'idée est de spécifier les espacements entre mots par la suite :

$$glue(0, 18, 0)$$
$$penalty(0, 0, 0)$$
$$glue(6, -18, 0)$$

au lieu du 'glue(6, 3, 2)' utilisé pour la composition justifiée. Nous pouvons supposer qu'il n'y a pas de coupure à 'glue(0, 18, 0)' dans cette suite, puisque l'algorithme ne peut pas faire pire que couper à 'penalty(0, 0, 0)', en présence d'une élasticité de 18 unités. Si une coupure survient à cette pénalité, il y aura une élasticité de 18 unités sur cette ligne et on se débarassera de 'glue(6, -18, 0)' après la coupure de façon à ce que la ligne suivante commence à gauche. Par contre, s'il n'y a pas coupure, le résultat est 'glue(6, 0, 0)', représentant un espacement normal sans élargissement ni contraction.

L'élasticité -18 du second item colle n'a pas de signification matérielle, mais elle annule de façon précise l'élasticité de $+18$ du premier item colle. L'élasticité négative a plusieurs applications intéressantes ; le lecteur devrait donc étudier cet exemple avec soin avant de passer aux constructions plus élaborées ci-dessous.

On peut spécifier des césures optionnelles dans un texte non justifié d'une façon analogue ; au lieu d'utiliser 'penalty(6, 50, 1)' pour une césure optionnelle de 6 unités ayant une pénalité de 50, nous pouvons utiliser la suite :

$$penalty(0, \infty, 0)$$
$$glue(0, 18, 0)$$
$$penalty(6, 500, 1)$$
$$glue(0, -18, 0).$$

On est passé ici d'une pénalité de 50 à 500, puisque les césures sont moins bien perçues dans un texte non justifié. Une fois les points d'interruption choisis en utilisant les suites ci-dessus pour les espacements et les césures optionnelles, les lignes n'ont pas à être justifiées une à une ; sinon une césure insérée par 'penalty(6, 500, 1)' apparaîtrait contre la marge droite.

Il n'est pas difficile de démontrer que cette façon de faire pour la composition à marge droite irrégulière ne nous amène jamais à un mot qui dépasse comme celui de la première ligne de la figure 6 ; la quantité de faute totale est réduite lorsqu'un mot qui dépasse est déplacé à la ligne suivante.

Texte centré

Nous voulons quelquefois découper un texte trop long pour tenir sur une seule ligne approximativement en parties de tailles égales, en centrant les lignes de ces parties. On le fait le plus souvent lors de la composition des titres ou des légendes, mais on peut également l'appliquer au texte d'un paragraphe, comme le montre la figure 9.

In olden times when wishing still helped one, there lived a king whose daughters were all beautiful; and the youngest was so beautiful that the sun itself, which has seen so much, was astonished whenever it shone in her face. Close by the king's castle lay a great dark forest, and under an old lime-tree in the forest was a well, and when the day was very warm, the king's child went out into the forest and sat down by the side of the cool fountain; and when she was bored she took a golden ball, and threw it up on high and caught it; and this ball was her favorite plaything.

FIGURE 9. Texte « centré irrégulier » : l'algorithme d'adaptation totale produira des effets particuliers comme celui-ci lorsqu'une combinaison adéquate d'items boîte/colle/pénalité est utilisée pour les espacements entre mots.

On peut effectuer cette opération avec le modèle boîte/colle/pénalité de la façon suivante :

(a) En début de paragraphe, utiliser 'glue(0, 18, 0)' au lieu de l'indentation.

(b) Pour tous les espacements entre mots du paragraphe, utiliser la suite :

$$glue(0, 18, 0)$$
$$penalty(0, 0, 0)$$
$$glue(6, -36, 0)$$
$$box(0)$$
$$penalty(0, \infty, 0)$$
$$glue(0, 18, 0).$$

(c) Terminer le paragraphe par la suite :

$$glue(0, 18, 0)$$
$$penalty(0, -\infty, 0).$$

La partie astucieuse de cette méthode est la partie (b), qui nous assure qu'une coupure optionnelle à 'penalty(0, 0, 0)' renvoie l'élasticité de 18 unités de fin de ligne au début de la suivante. Si aucune coupure ne survient, le résultat sera :

$$glue(0, 18, 0) + glue(6, -36, 0) + glue(0, 18, 0) = glue(6, 0, 0),$$

soit un espacement fixé de 6 unités. L'item 'box(0)' ne contient pas de texte et n'occupe pas d'espace ; sa fonction est d'empêcher que 'glue(0, 18, 0)' ne disparaisse en début de ligne. L'item 'penalty(0, 0, 0)' peut être remplacé par d'autres pénalités, pour représenter des points d'interruption plus ou moins souhaitables. Cependant cette technique ne peut pas être utilisée avec des césures optionnelles, puisque notre modèle boîte/colle/pénalité est incapable d'insérer des césures option- nelles en un autre endroit que contre la marge droite lorsque les lignes sont justifiées.

La construction utilisée ici minimise en gros le trou maximum entre les marges et le texte d'une ligne puis, ensuite, en gros le trou maximum sur les lignes restantes et ainsi de suite. La raison en est que nos défi- nitions de la quantité de mauvaise qualité et de la quantité de faute se réduisent dans ce cas à ce que la somme des quantités de faute pour un choix de points d'interruption soit en gros proportionnel à la somme des puissances sixièmes des trous individuels.

Les langages *à la* ALGOL

Une des tâches les plus difficiles en composition des textes techniques est celle de la bonne présentation des programmes informatiques. Outre la complication due aux formules mathématiques et à une grande va- riété de fontes et de conventions d'espacements, nous voulons indenter convenablement les lignes de façon à faire apparaître la structure du programme. Une instruction doit quelquefois être répartie sur plusieurs lignes alors que d'autres fois un ensemble d'instructions courtes doit être rassemblé sur une seule ligne. Les informaticiens essayant de publier des programmes dans des revues sans y être habitués découvrent vite que très peu d'imprimeurs ont l'expertise nécessaire pour traiter des langages ressemblant à ALGOL d'une façon satisfaisante.

Une fois encore, le modèle boîte/colle/pénalités vient à la rescousse : nos méthodes de découpage en lignes conçues pour du texte ordinaire peuvent être utilisées sans changement pour composer des programmes dans des langages ressemblant à ALGOL. La figure 10, par exemple, mon- tre un programme typique pris dans un manuel de Pascal [23], composé en deux largeurs de colonne différentes. Bien que ces deux présentations du même programme ne se ressemblent pas du tout, elles ont été réali- sées à partir de la même entrée, spécifiée en termes de boîtes, colle et pénalités ; la seule différence a été la spécification de la largeur de ligne. (Le texte entré dans cet exemple a été préparé par un programme ap- pelé Blaise [27], qui transforme tout texte source Pascal en fichier TEX pouvant être incorporé dans d'autres documents.)

```
const n = 10000;
var sieve, primes :
        set of 2..n;
    next, j : integer;
begin { initialize }
sieve := [2..n];
primes := [ ];
next := 2;
repeat { find next
        prime }
    while not (next in
            sieve) do
        next :=
            succ(next);
    primes :=
        primes + [next];
    j := next;
    while j <= n do
        { eliminate }
        begin sieve :=
            sieve − [j];
        j := j + next
        end
until sieve − [ ]
end.
```

FIGURE 10. Ces deux présentations d'un programme Pascal exemple ont été effectuées à partir des mêmes spécifications dans le modèle boîte/colle/pénalité ; dans le premier cas on donne une largeur de ligne de 10 ems et de 25 ems dans le second cas. Toutes les fins de lignes et toutes les indentations ont été produites de façon automatique par l'algorithme d'adaptation totale, qui ne possède pas de connaissance particulière sur Pascal. La compilation du code source Pascal en boîtes, colle et pénalités a été réalisée par un programme appelé Blaise.

```
const n = 10000;
var sieve, primes : set of 2..n;
    next, j : integer;
begin { initialize }
sieve := [2..n]; primes := [ ]; next := 2;
repeat { find next prime }
    while not (next in sieve) do next := succ(next);
    primes := primes + [next]; j := next;
    while j <= n do { eliminate }
        begin sieve := sieve − [j]; j := j + next
        end
until sieve = [ ]
end.
```

Les spécifications boîte/colle/pénalité conduisant à la figure 10 mettent en jeu des constructions analogues à celles vues ci-dessus mais avec quelques nouvelles contorsions ; il nous suffit d'esquisser les idées sans entrer dans les détails. Un point clé est que les coupures sont choisies en fonction du critère de quantité de faute minimum que nous avons déjà étudié, mais les lignes ne sont pas justifiées en final (c'est-à-dire que la colle n'est ni élargie, ni contractée). La raison en est que les relations et les instructions d'affectation sont traitées par le « math mode » normal de TₑX, ce qui permet des coupures à des endroits variés sans construction particulière à cette application ; la justification aurait donc l'effet non souhaitable de placer de telles coupures contre la marge droite. Le fait que la justification soit supprimée a en fait un avantage dans ce cas, puisque cela signifie que nous pouvons insérer l'élargissement de la colle là où nous voulons, dans une ligne, si cela affecte la formule de 'mauvaise qualité' d'une façon souhaitable.

Chaque ligne de la présentation la plus large de la figure 10 est en fait un « paragraphe » en lui-même ; ce n'est donc que la présentation la plus étroite qui montre le mécanisme de découpage en lignes au travail. Tout « paragraphe » a une quantité d'indentation spécifiée pour sa première ligne, correspondant à sa position dans le programme, par un nombre t d'unités de « tabulation ». On donne aussi une indentation suspendue de $t+2$ unités de tabulation au paragraphe ; ceci signifie qu'on exige que toutes les lignes suivant la première soient plus courtes de deux tabulations par rapport à la première ligne et qu'elles sont décalées de deux tabulations à droite par rapport à cette ligne. Dans certains cas (par exemple pour les lignes commençant par 'var' ou 'while') le décalage est de trois tabulations au lieu de deux.

Le paragraphe commence par 'glue(0, 100000, 0)', ce qui a pour effet de fournir assez d'élasticité pour que l'algorithme de découpage en lignes ne tressaille pas trop pour les coupures qui ne correspondent pas parfaitement à la marge droite, tout au moins pour la première ligne. Des coupures particulières sont insérées aux endroits où TₑX ne devrait normalement pas découper en mode mathématique ; par exemple, la suite :

$$penalty(0, \infty, 0)$$
$$glue(0, 100000, 0)$$
$$penalty(0, 50, 0)$$
$$glue(0, -100000, 0)$$
$$box(0)$$
$$penalty(0, \infty, 0)$$
$$glue(0, 100000, 0)$$

a été insérée avant '*primes*' dans la déclaration **var**. Cette suite autorise une coupure de pénalité 50 à la ligne suivante, qui commence avec une grande élasticité. Une construction analogue est utilisée entre les instructions d'affectation, par exemple entre '*sieve* := [2 .. *n*];' et '*primes* := [ ]', la suite étant :

$$\text{penalty}(0, \infty, 0)$$
$$\text{glue}(0, 100000, 0)$$
$$\text{penalty}(0, 0, 0)$$
$$\text{glue}(6 + 2w, -100000, 0)$$
$$\text{box}(0)$$
$$\text{penalty}(0, \infty, 0)$$
$$\text{glue}(-2w, 100000, 0);$$

où w est la largeur d'une unité de tabulation. Si une coupure survient, la ligne suivante commence par 'glue($-2w$, 100000, 0)', ce qui annihile l'effet de suspension de l'indentation et restaure effectivement l'état du début du paragraphe. Si aucune coupure ne survient, le résultat est 'glue(6, 100000, 0)', un espacement normal.

Aucun système automatique ne peut espérer trouver les meilleures coupures d'un programme, puisque seule une compréhension de la sémantique permet de savoir qu'une certaine coupure rend le programme plus clair et révèle mieux ses symétries. Cependant, des dizaines d'expériences réalisées sur une grande variété de textes source Pascal ont montré que cette approche produit, de façon surprenante, l'effet voulu ; moins de 1% des décisions de coupure en lignes ont été revues par les auteurs des programmes afin de les rendre plus clairs.

Un index complexe

La dernière application du découpage en lignes que nous étudierons est de loin la plus difficile que les auteurs aient rencontrée ; elle n'a été résolue qu'après plus de deux ans d'expérience avec des tâches de découpage en lignes plus simples, puisque la pleine puissance des primitives boîte/colle/pénalité n'était pas apparue immédiatement. Cette tâche est illustrée à la figure 11, montrant des extraits des '*Key Index*' des *Mathematical Reviews*. Un tel index paraît maintenant à la fin de chaque volume, à côté d'un index des auteurs d'un format analogue.

Comme pour la figure 10, les exemples de la figure 11 ont été engendrés à partir de la même entrée source, mais composés en utilisant des largeurs de ligne différentes afin d'illustrer les diverses possibilités de points d'interruption. Chaque entrée de l'index est constituée de deux parties, la *partie nom* et la *partie référence*, chacune d'elles pouvant être

ACM Symposium on Principles of Programming
   Languages, Third (Atlanta, Ga., 1976), selected
   papers ....∗1858
ACM Symposium on Theory of Computing, Eighth
   Annual (Hershey, Pa., 1976) 1879, 4813,
      5414, 6918, 6936, 6937, 6946, 6951, 6970, 7619,
      9605, 10148, 11676, 11687, 11692, 11710, 13869
Software .... *See* ∗1858

ACM Symposium on
   Principles
   of Programming
   Languages, Third
   (Atlanta, Ga., 1976),
   selected papers ...∗1858
ACM Symposium on
   Theory of Computing,
   Eighth Annual
   (Hershey, Pa., 1976)
   .... 1879, 4813, 5414,
      6918, 6936, 6937, 6946,
      6951, 6970, 7619, 9605,
      10148, 11676, 11687,
      11692, 11710, 13869
Software .... *See* ∗1858

ACM Symposium on Principles of
   Programming Languages, Third
   (Atlanta, Ga., 1976), selected
   papers .... ∗1858
ACM Symposium on Theory of
   Computing, Eighth Annual
   (Hershey, Pa., 1976) ....
      1879, 4813, 5414, 6918, 6936, 6937,
      6946, 6951, 6970, 7619, 9605, 10148,
      11676, 11687, 11692, 11710, 13869
Software .... *See* ∗1858

FIGURE 11. Ces trois extraits du '*Key Index*' ont été composés à partir d'une même entrée, avec des largeurs de colonne respectives de 22,5, 17,5 et 12,5 ems. Remarquer la combinaison des présentations droite et gauche irrégulières ainsi que les « petits points guide ».

trop longue pour tenir sur une seule ligne. Si une coupure survient dans la partie nom, les lignes doivent être présentées avec une marge droite irrégulière alors que les coupures dans la partie référence doivent donner lieu à des lignes à marge *gauche* irrégulière. Les deux parties sont séparées par des *guides*, à savoir une rangée de points remplissant l'espace entre elles ; les guides sont introduits par une légère généralisation de la colle composant des copies d'une boîte donnée dans un espace donné plutôt que de laisser cet espace blanc. Une indentation suspendue est affectée à toutes les lignes sauf la première afin que la première ligne de chaque entrée soit facilement identifiable. Un des buts du découpage de telles entrées est de minimiser l'espace blanc apparaissant dans les lignes irrégulières à droite ou à gauche. Un but secondaire est de minimiser le nombre de lignes contenant la partie référence ; s'il est possible, par exemple, de faire tenir toutes les références sur une ligne, l'algorithme de découpage en lignes doit le faire. Ce dernier cas peut signifier qu'une coupure survient après les guides, avec les références débutant sur une nouvelle ligne ; dans ce cas, les guides s'arrêteront à une distance w_1 fixée de la marge droite. De plus, les lignes à marge irrégulière à droite devraient être au moins à une distance w_2 fixée de la marge droite afin qu'il n'y ait aucune possibilité de confusion de la partie nom et de la partie référence. Les boîtes individuelles à répliquer dans les guides ont une largeur de w_3 unités.

Les règles de base sont illustrées à la figure 11, où l'indentation suspendue est de 27 unités et où $w_1 = 45$, $w_2 = 9$ et $w_3 = 7.2$; les chiffres ont une largeur de 9 unités et les largeurs respectives des colonnes sont de 405 unités, de 315 unités et de 225 unités. L'entrée de 'Theory of Computing' montre trois possibilités pour les guides : ils peuvent partager une ligne avec la fin de la partie nom et le début de la partie référence, commencer une ligne avant la partie référence ou commencer une ligne après la partie nom.

Voici tout ce qui peut être codé avec des boîtes, de la colle et des pénalités : (a) Tout espace blanc de la partie nom est représenté par la suite :

> penalty$(0, \infty, 0)$
> glue$(w_2, 18, 0)$
> penalty$(0, 0, 0)$
> glue$(6 - w_2, -18, 2)$

qui recule la marge droite irrégulière, les espacements pouvant être ramenés de 6 unités à 4 unités si nécessaire. (b) La transition entre la partie nom et la partie référence est représentée par la suite (a) suivie de :

> box(0)
> penalty$(0, \infty, 0)$
> leaders$(3w_3, 100000, 3w_3)$
> glue$(w_1, 0, 0)$
> penalty$(0, 0, 0)$
> glue$(-w_1, -18, 0)$
> box(0)
> penalty$(0, \infty, 0)$
> glue$(0, 18, 0)$.

(c) Tout espace blanc de la partie référence est représenté par la suite :

> penalty$(0, 999, 0)$
> glue$(6, -18, 2)$
> box(0)

penalty(0, ∞, 0)
glue(0, 18, 0),

qui recule la marge gauche irrégulière et fait passer les espacements de 6 unités à 4 unités.

Les parties (a) et (c) de cette construction sont analogues à ce que nous avons vu auparavant ; les pénalités de 999 points de (c) tendent à minimiser le nombre total de lignes occupées par la partie référence. L'aspect le plus intéressant de cette construction est la suite de transition (b), pour laquelle il y a quatre possibilités : si aucune coupure ne survient dans (b), le résultat est :

⟨name part⟩ glue(6, 0, 2) ⟨leaders⟩ ⟨reference part⟩,

ce qui permet aux guides d'apparaître entre les parties nom et référence sur la ligne en cours. Si une coupure survient avant les guides, le résultat est :

⟨name part⟩ glue(w_2, 18, 0)
⟨leaders⟩ ⟨reference part⟩,

ce qui fait que nous avons une coupure en gros semblable à celle qui survient après un espace blanc dans la partie nom et les guides commencent alors à la ligne suivante. Si une coupure survient après les guides, le résultat est :

⟨name part⟩ glue(6, 0, 2) ⟨leaders⟩ glue(w_1, 0, 0)
glue(0, 18, 0) ⟨reference part⟩,

ce qui fait que nous avons une coupure en gros semblable à celle qui survient après un espace blanc dans la partie référence mais sans la pénalité de 999 ; les guides se terminent à w_1 unités de la marge droite. Enfin, si les coupures surviennent avant et après les guides de (b), nous avons une situation qui a toujours une quantité de faute supérieure à l'alternative consistant à ne couper qu'avant les guides.

Lorsque le choix des coupures laisse de la place pour au moins $3w_3$ unités de guides, nous sommes sûrs d'avoir au moins deux points mais nous ne pouvons pas avoir trois points puisque les points guide de toutes les lignes sont alignés les uns avec les autres. La colle des autres espaces blancs de la ligne ayant des guides seront contractés s'il y a moins de $3w_3$ unités pour les guides ; ceci permet aux points guides de ne pas tous disparaître ; cependant, au pire, l'espace pour les guides est réduit à zéro de façon à ce qu'il n'y ait aucun point visible. Il serait possible de s'assurer que tous les guides contiennent au moins deux points : il suffirait simplement que le composant de contraction de l'item guide dans (b) soit égal à zéro. Ceci améliorerait l'apparence du résultat ; mais, malheureusement, cela augmenterait aussi la longueur de l'index des auteurs d'environ 15 pour cent, or une telle dépense serait certainement prohibitive.

Une version préliminaire de cette construction a été utilisée avec TEX pour préparer les index des *Mathematical Reviews* depuis novembre 1979. Cependant, les items 'box(0) penalty(0, ∞, 0)' avaient été retirés de (b), par compatibilité avec les index antérieurs, préparés par d'autres logiciels de composition ; ceci signifie que les guides disparaissent complètement lorsqu'une coupure survient juste avant eux ; les index en résultant ont des quantités malheureuses d'espacement blanc détériorant leur apparence.

Une approche algébrique

Les exemples que nous venons de voir montrent que les boîtes, la colle et les pénalités sont des primitives suffisamment versatiles pour permettre à l'utilisateur d'obtenir une grande variété d'effets sans avoir à étendre les opérations de base nécessaires à la composition ordinaire. Cependant, quelques-unes de ces constructions peuvent sembler sorties d'un chapeau : elles fonctionnent mais la façon dont elles ont été conçues n'est pas claire au premier abord. Nous allons maintenant étudier une façon relativement systématique de manipuler ces primitives afin d'en apprécier toute leur potentialité. Cette brève étude est indépendante du reste de l'article et peut être omise.

En premier lieu, il est clair que :

$$\text{box}(w)\,\text{box}(w') = \text{box}(w + w'),$$

si nous ignorons le contenu des boîtes pour ne prendre en compte que leurs largeurs ; seules leurs largeurs comptent pour les critères de découpage en lignes. Cette formule dit que deux boîtes consécutives peuvent être remplacées par une seule sans affecter le choix des coupures, puisqu'aucune coupure ne peut apparaître à un item boîte. Il est facile de vérifier qu'on a de même :

$$\text{glue}(w, y, z)\,\text{glue}(w', y', z') = \text{glue}(w + w', y + y', z + z'),$$

puisqu'il n'y aura pas de coupure à 'glue(w', y', z')' et puisqu'une coupure à 'glue(w, y, z)' est équivalente à une coupure à 'glue($w + w'$, $y + y'$, $z + z'$)'.

Dans certaines circonstances nous pouvons également associer deux items pénalité adjacents pour n'en faire qu'un ; si on a, par exemple, $-\infty < p, p' < +\infty$ alors :

$$\text{penalty}(w, p, f) \, \text{penalty}(w, p', f) = \text{penalty}(w, \min(p, p'), f)$$

ce qui respecte tout choix optimal de coupure, puisque la quantité de faute associée à la plus petite pénalité est moindre. Par contre, nous ne pouvons pas toujours remplacer la suite générale 'penalty(w, p, f) penalty(w', p', f')' par un seul item pénalité.

On peut supposer sans perte de généralité que tout item boîte est immédiatement suivi d'un couple d'items 'penalty$(0, \infty, 0)$ glue(w, y, z)'. Car si la boîte est suivie d'une autre boîte, on peut combiner les deux ; si elle est suivie d'un item pénalité avec $p < \infty$, on peut insérer 'penalty$(0, \infty, 0)$ glue$(0, 0, 0)$' ; si elle est suivie de 'penalty(w, ∞, f)', on peut supposer que $w = f = 0$ et que l'item suivant est de la colle ; enfin si la boîte est suivie par de la colle, on peut insérer 'penalty$(0, \infty, 0)$ glue$(0, 0, 0)$ penalty$(0, 0, 0)$'. On peut, de plus, éliminer tout item pénalité ayant $p = \infty$ s'il n'est pas immédiatement précédé d'un item boîte.

Ainsi, toute suite d'items boîte/colle/pénalité peut être mise sous *forme normale*, dans laquelle toute boîte est suivie d'une pénalité égale à ∞, toute pénalité est suivie par de la colle et toute colle est suivie soit par une boîte, soit par une pénalité $< \infty$. Nous supposons qu'il n'y a qu'une seule pénalité $-\infty$, et que c'est le dernier item, puisqu'une coupure obligatoire sépare effectivement une plus longue suite en parties indépendantes. Il en résulte que les suites sous forme normale peuvent être écrites :

$$X_1 X_2 \ldots X_n \, \text{penalty}(w, -\infty, f)$$

où chaque X_i est une suite d'items de la forme :

$$\text{box}(w) \, \text{penalty}(0, \infty, 0) \, \text{glue}(w', y, z)$$

ou de la forme :

$$\text{penalty}(v, p, f) \, \text{glue}(w, y, z) \, .$$

Utilisons la notation bpg$(w + w', y, z)$ pour la première de ces formes, en remarquant que c'est plutôt une fonction de $w + w'$ que de w et de w' séparément, et écrivons pg(v, p, f, w, y, z) pour les X de la seconde forme. Nous pouvons supposer que la suite des X ne contient pas deux bpg dans une rangée, puisque :

$$\text{bpg}(w, y, z) \, \text{bpg}(w', y', z') = \text{bpg}(w + w', y + y', z + z') \, .$$

Une familiarité avec cette algèbre des boîtes, colle et pénalités fait de l'invention des constructions pour des applications particulières comme celles listées ci-dessus un problème relativement simple, là où de telles constructions sont possibles. Considérons, par exemple, une généralisation des problèmes apparaissant dans les textes à marge droite irrégulière, à marge gauche irrégulière et centrés irréguliers : nous désirons spécifier une coupure optionnelle entre des mots telle que si aucune coupure ne survient nous ayons la suite :

$$\langle \text{end of text}_1 \rangle \; \text{glue}(w_1, y_1, z_1) \; \langle \text{beginning of text}_2 \rangle$$

sur une ligne alors que si une coupure survient nous ayons :

$$\langle \text{end of text}_1 \rangle \; \text{glue}(w_2, y_2, z_2) \; \text{penalty}(w_0, p, f)$$
$$\text{glue}(w_3, y_3, z_3) \; \langle \text{beginning of text}_2 \rangle$$

sur deux lignes. Les formes normales montrent que la façon la plus générale de le faire consiste à insérer la suite :

$$\text{bpg}(w, y, z) \; \text{pg}(w_0, p, f, w', y', z') \; \text{bpg}(w'', y'', z'')$$

entre text$_1$ et text$_2$, sans associer de texte supplémentaire aux deux bpg insérés. Nous sommes donc ramenés à déterminer les valeurs appropriées de w, de y, de z, de w', de y', de z', de w'', de y'' et de z'' ; on peut obtenir celles-ci immédiatement en résolvant les équations :

$$w + w' + w'' = w_1 \, , \quad y + y' + y'' = y_1 \, , \quad z + z' + z'' = z_1 \, ,$$
$$w = w_2 \, , \quad\quad\quad y = y_2 \, , \quad\quad\quad z = z_2 \, ,$$
$$w'' = w_3 \, , \quad\quad\quad y'' = y_3 \, , \quad\quad\quad z'' = z_3 \, .$$

Une fois une construction trouvée de cette façon, on peut la simplifier en démontant le procédé utilisé pour obtenir les formes normales et en utilisant d'autres propriétés de l'algèbre des boîtes/colle/pénalité. Nous pouvons, par exemple, toujours éliminer l'item pénalité ∞ d'une suite telle que :

$$\text{penalty}(0, \infty, 0) \; \text{glue}(0, y, z) \; \text{penalty}(0, p, 0) \, ,$$

si $y \geq 0$, si $z \geq 0$ et si $p < 0$, puisqu'une coupure à la colle est toujours pire qu'une coupure à la pénalité p.

Introduction à l'algorithme

Les idées générale sous-jacentes à l'agorithme d'adaptation totale du découpage en lignes seront certainement mieux comprises en examinant un exemple. La figure 12 redonne le paragraphe de la figure 4(c) en incluant de petits traits verticaux pour indiquer les « points d'interruption potentiels » trouvés par l'algorithme. Un *point d'interruption potentiel* (*feasible breakpoint* en anglais) est un endroit tel que le texte du paragraphe compris entre le début et ce point peut être découpé en lignes avec une proportion d'ajustement ne dépassant pas une tolérance donnée ; dans le cas de la figure 12, cette tolérance est l'unité. Il y a ainsi, par exemple, un petit trait après 'went' à la ligne 7, puisque c'est une façon de décomposer le paragraphe jusqu'à ce point, 'went' y compris, à la fin de la sixième ligne sans qu'aucune des lignes 1 à 6 n'ait une quantité de mauvaise qualité dépassant 100 (voir la figure 4(a)).

In olden times when wishing still helped one, there lived a	.774
king whose daughters were all beautiful; and the youngest was	.179
so beautiful that the sun itself, which has seen so much, was	.629
astonished whenever it shone in her face. Close by the king's	.545
castle lay a great dark forest, and under an old lime-tree in the	.000
forest was a well, and when the day was very warm, the king's	.079
child went out into the forest and sat down by the side of the	.282
cool fountain; and when she was bored she took a golden ball,	.294
and threw it up on high and caught it; and this ball was her	.575
favorite plaything.	.004

FIGURE 12. Les petits traits verticaux montrent les « points d'interruption potentiels » où les lignes peuvent se terminer sans forcer aucun espacement antérieur à s'élargir plus que ce que permet leur élasticité.

L'algorithme procède en déterminant tous les points d'interruption potentiels et en se souvenant de la meilleure façon d'obtenir chacun d'eux, dans le sens de la quantité de faute totale la plus petite. Ceci s'effectue en maintenant une liste des *points d'interruption actifs*, représentant les points d'interruption potentiels pouvant être candidats à une coupure future. Lorsqu'il rencontre un point d'interruption possible b, l'algorithme le teste pour voir s'il existe un point d'interruption actif a tel que la ligne allant de a à b possède une proportion d'ajustement acceptable. S'il en est ainsi, b est un point d'interruption potentiel et est donc ajouté à la liste active. L'algorithme se souvient aussi du point d'interruption a minimisant la quantité de faute totale, le total étant calculé depuis le début du paragraphe jusqu'à b en passant par a. Lorsqu'on rencontre un point d'interruption actif a tel que la ligne allant de a à b

possède une proportion d'ajustement inférieure à -1 (c'est-à-dire lorsque la ligne ne peut pas être contractée pour s'adapter à la longueur souhaitée), le point d'interruption a est retiré de la liste active. Puisque la taille de la liste active est en gros majorée par le nombre maximum de mots par ligne, le temps d'exécution de l'algorithme est majoré par cette quantité (mais est en général plus petit) fois le nombre de points d'interruption possibles.

Par exemple, lorsque l'algorithme commence à travailler sur le paragraphe de la figure 12, il y a seulement un point d'interruption actif, représentant le début de la première ligne. Il n'est pas possible qu'une ligne débute là et se termine à 'ln', ou à 'olden', ..., ou à 'lived', puisque la colle entre les mots n'accumule pas assez d'élasticité dans des segments aussi courts de texte ; mais on trouve un point d'interruption potentiel lorsqu'on rencontre le mot suivant 'a'. Il y a maintenant deux points d'interruption actifs, le point originel et le nouveau. Après le mot suivant, 'king', il y a trois points d'interruption actifs ; mais après le mot suivant, 'whose', l'algorithme voit qu'il est impossible de placer le texte compris entre le début et 'whose' en une seule ligne ; le point d'interruption initial devient alors inactif et il ne reste plus que deux points actifs.

En allant plus loin, considérons ce qui arrive lorsque l'algorithme examine la coupure possible après 'fountain;'. À cette étape, il existe huit points d'interruption actifs, qui suivent respectivement les boîtes de texte pour 'child', 'went', 'out', 'side', 'of', 'the', 'cool' et 'foun-'. La ligne commençant après 'child' et se terminant par 'fountain;' serait trop longue pour s'adapter, donc 'child' devient inactif. On trouve que les lignes possibles vont de 'went' ou de 'out' à 'fountain;' et que les quantités de faute de ces lignes sont de 400 et de 144, respectivement ; la ligne commençant à 'went' est préférable, puisque la quantité de faute totale depuis le début du paragraphe jusqu'à 'went' est inférieure à celle jusqu'à 'out'. Ainsi 'fountain;' devient un nouveau point d'interruption actif. L'algorithme stocke un pointeur allant de 'fountain;' à 'went', ce qui signifie que la meilleure façon d'obtenir une coupure après 'fountain;' est de partir avec la meilleure façon d'obtenir une coupure après 'went'.

Les calculs de cet algorithme peuvent être représentés sur un dessin au moyen du graphe de la figure 13, qui montre tous les points d'interruption potentiels avec la quantité de faute chargée pour chaque ligne possible entre eux. L'objet de l'algorithme est de calculer le *plus court chemin* allant du haut de la figure 13 en bas, en utilisant les quantités de faute comme « distances » correspondant aux parties individuelles du chemin. Vu ainsi, le découpage en lignes optimal est en gros un cas particulier du problème du plus court chemin dans un graphe acyclique ;

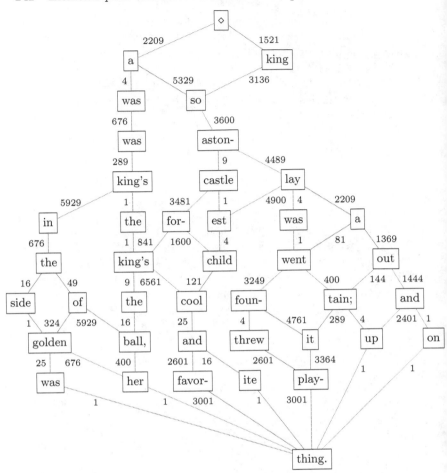

FIGURE 13. Ce graphe montre les points d'interruption potentiels et la quantité de faute chargée lorsqu'on va d'un point d'interruption à un autre. Le chemin le plus court allant du haut en bas correspond à la meilleure façon de composer le paragraphe, si nous considérons les quantités de faute comme des distances.

l'algorithme de découpage en lignes n'est légèrement plus complexe que parce qu'il doit construire le graphe en même temps que trouver le plus court chemin.

Remarquez qu'on peut très facilement décrire l'algorithme de meilleure adaptation en termes du graphe de la figure 13 : c'est l'« algorithme glouton » choisissant tout simplement la plus courte continuation à chaque étape (en utilisant la quantité de mauvaise qualité plus la pénalité comme critère, et non la quantité de faute). L'algorithme de première adaptation, quant à lui, peut être vu comme méthode prenant toujours la branche la plus à gauche ayant une proportion d'ajustement négative (à moins que cela ne conduise à une césure, en quel cas la branche la plus à droite sans césure est choisie lorsqu'il y en a une de possible). Nous pouvons facilement comprendre à partir de ces considérations pourquoi l'algorithme d'adaptation totale tend à faire le meilleur travail.

Il n'y a quelquefois pas moyen de continuer à partir d'un point d'interruption potentiel à un autre. Cette situation n'apparaît pas à la figure 13, mais elle serait présente sous le mot 'so' si la césure d'"astonished' n'avait pas été permise. Dans de tels cas, les algorithmes de première et de meilleure adaptations doivent recourir à des lignes non possibles alors que l'algorithme d'adaptation totale peut facilement trouver une autre façon de faire dans le dédale.

Par ailleurs, certains paragraphes sont difficiles de façon inhérente et il n'y a pas façon possible de les découper en lignes. Dans de tels cas, l'algorithme que nous avons décrit trouvera que sa liste active diminue jusqu'à ce qu'il ne reste plus d'activité ; que doit-on faire dans un tel cas ? Il est possible de recommencer avec une attitude plus tolérante envers ce qui est possible (en prenant une valeur de seuil plus élevée pour les proportions d'ajustement). TEX prend l'attitude que veut l'utilisateur pour faire quelques ajustements manuels lorsqu'il n'y a pas de façon de répondre aux critères spécifiés : on oblige donc la liste active à ne pas se vider complètement tout simplement en déclarant qu'un point d'interruption est potentiel si la liste active se vidait complètement sinon. Ceci se manifeste par une ligne trop longue et un message d'erreur encourageant l'utilisateur à entreprendre une action corrective.

La figure 14 montre ce qui arrive lorsque l'algorithme autorise des lignes assez lâches ; dans ce cas, une ligne est considérée comme non possible seulement si sa proportion d'ajustement dépasse 10 (ce qui fait qu'il peut y avoir un espacement de plus de deux ems entre certains mots). Permettre de telles tolérances pourrait être utilisé par ceux qui ne veulent pas effectuer d'ajustements manuels aux paragraphes ne pouvant pas être bien composés. Les petits traits indiquant les points d'interruption potentiels sont de longueurs variables dans cette illustration : les traits les plus longs indiquent les endroits pouvant être atteints par les meilleurs chemins ; les traits les plus petits indiquent les points d'interruption à peine possibles. Remarquez que tous les points d'interruption possibles de la figure 14 sont indiqués, sauf quelques points des deux premières lignes ; il y a donc considérablement plus de points d'interruption potentiels ici qu'à la figure 12 et le graphe correspondant à la figure 13 sera beaucoup plus grand. Il y a 806 137 512 façons possibles de composer le paragraphe lorsque de tels larges espacements sont tolérés, à comparer aux seulement 50 façons de la figure 12. Cependant, le nombre de nœuds actifs ne sera pas significativement plus grand dans ce cas par rapport à la figure 12, puisqu'il est limité par la longueur de ligne ; l'algorithme ne s'exécutera donc pas beaucoup plus lentement, bien que la tolérance ait été augmentée et que le nombre de compositions possibles se soit énormément accru. Par exemple, après 'fountain;' il y a maintenant 17 points d'interruption actifs au lieu de 8 auparavant ; le traitement prend donc seulement deux fois plus de temps bien qu'un grand nombre de possibilités nouvelles soient prises en compte.

Lorsque le seuil permet de larges espacements, l'algorithme est presque certain de trouver une solution possible ; il n'enverra pas d'erreur à l'utilisateur même lorsqu'il a eu besoin de quelques lignes assez lâches. L'utilisateur souhaitant de tels messages d'erreur doit choisir une tolérance moins élevée ; on aura seulement un avertissement si une action corrective est nécessaire, ce qui améliore l'efficacité de l'algorithme.

In olden times when wishing still helped one, there lived a .774
king whose daughters were all beautiful; and the youngest was .179
so beautiful that the sun itself, which has seen so much, was .629
astonished whenever it shone in her face. Close by the king's .545
castle lay a great dark forest, and under an old lime-tree in the .000
forest was a well, and when the day was very warm, the king's .079
child went out into the forest and sat down by the side of the .282
cool fountain; and when she was bored she took a golden ball, .294
and threw it up on high and caught it; and this ball was her .575
favorite plaything. .004

FIGURE 14. Lorsque la tolérance est positionnée à 10 fois l'élasticité, on a plus de points d'interruption devenant potentiels et il y a donc beaucoup plus de possibilités à explorer.

Un des faits importants à remarquer sur la figure 14 est que des points d'interruption deviennent potentiels de façon complètement différente, donnant lieu à des numéros de lignes différents avant la coupure. Par exemple, le mot 'seen' est possible à la fois à la fin de la ligne 3 :

'In olden … lived/a … young-/est … seen'

et de la ligne 4 :

'In olden … helped/one … were/all … beau-/tiful … seen',

The area of a
circle is a mean propor-
tional between any two regular
and similar polygons of which one
circumscribes it and the other is isoperimetric with it. In addition, the area
of the circle is less than that of any circumscribed polygon and greater than that
of any isoperimetric polygon. And further,
of these circumscribed polygons, the one
that has the greater number of sides has
a smaller area than the one that has
a lesser number; but, on the other
hand, the isoperimetric polygon
that has the greater num-
ber of sides is the
larger.

— Galileo Galilei (1638)

I
turn, in the
following treatises, to
various uses of those triangles
whose generator is unity. But I leave out
many more than I include; it is extraordinary how
fertile in properties this triangle is. Everyone can try his hand.

— Blaise Pascal (1654)

FIGURE 15. Exemples de découpage avec des lignes de tailles différentes.

alors que 'seen' n'était pas du tout une coupure potentielle à la figure 12. Les coupures plaçant 'seen' à la fin de la ligne 3 ont une quantité de faute beaucoup moindre que celles le plaçant à la ligne 4 (1 533 770 contre 12 516 097 962) ; l'algorithme ne se souviendra donc que de la première possibilité. L'application du « principe d'optimalité » de la programmation dynamique est la raison de l'efficacité de notre algorithme [6] : les points d'interruption optimums d'un paragraphe sont toujours optimums pour les sous-paragraphes qu'ils créent. Mais le fait intéressant est que l'économie de stockage *ne* devrait *pas* être possible si les lignes futures ne sont pas toutes de même longueur, puisque des longueurs différentes de ligne peuvent aussi signifier après tout qu'il vaudrait mieux mettre 'seen' sur la ligne 4 ; nous avons, entre autre, mentionné une astuce pour forcer l'algorithme à produire un nombre donné de lignes. Dans le cas de longueurs variables de ligne, l'algorithme a besoin d'avoir deux entrées de liste distinctes pour un point d'interruption actif après le mot 'seen'. L'ordinateur ne peut pas se contenter de se rappeler celui de moindre quantité de faute totale ; ceci réfuterait le principe d'optimalité de la programmation dynamique.

À la figure 15, on a un exemple de découpage en lignes ayant toutes une longueur différente. Dans un tel cas, la nécessité de placer des numéros de ligne aux points d'interruption peut entraîner comme conséquence que le nombre de points d'interruption actifs soit beaucoup plus grand que le nombre maximum de mots par ligne lorsque la tolérance est élevée. Nous voulons donc une tolérance basse. Mais si la tolérance est trop basse, il peut ne pas exister de façon de découper le paragraphe en lignes de la forme souhaitée. Heureusement, il existe en général un juste milieu dans lequel l'algorithme a assez de flexibilité pour trouver une bonne solution sans avoir besoin de beaucoup plus de temps ou d'espace. Les données de la figure 16 montrent, par exemple, que l'algorithme n'aurait pas eu à faire beaucoup plus de travail pour trouver une solution optimale pour les remarques de Galilée à propos des cercles si on avait exigé que la proportion d'ajustement pour chaque ligne possible soit 2 ou moins ; il y aurait encore suffisamment de flexibilité pour avoir des solutions possibles.

The area of a .375
circle is a mean propor- .828
tional between any two regular .406
and similar polygons of which one 1.098
circumscribes it and the other is iso- 1.268
perimetric with it. In addition, the area .574
of the circle is less than that of any cir- 1.111
cumscribed polygon and greater than that .931
of any isoperimetric polygon. And further, .584
of these circumscribed polygons, the one 1.561
that has the greater number of sides has .703
a smaller area than the one that has 1.437
a lesser number; but, on the other 1.240
hand, the isoperimetric polygon 1.086
that has the greater num- .974
ber of sides is the .479
larger. .000

FIGURE 16.
Détails des points
d'interruption potentiels
du premier exemple de la
figure 15, montrant comment
la solution optimum a été trouvée.

Une bonne méthode de découpage en lignes est particulièrement importante pour la composition des textes techniques, puisque les formules mathématiques placées au mileu du texte ne doivent pas être coupées si possible. Quelques-unes des instances de cette sorte les plus difficiles apparaissent dans les *Mathematical Reviews* ou dans les pages de corrigé de *The Art of Computer Programming*, puisque le matériau de ces publications est souvent plein à craquer de formules. La figure 17 montre un exemple typique de page de corrigé de *Seminumerical Algorithms* [28] ainsi que des indications sur les points d'interruption potentiels lorsqu'on contraint les proportions d'ajustement à être inférieures à 1. Lorsque quelques points d'interruption potentiels surviennent au milieu de formules, ils sont associés à des pénalités qui les rendent fortement non souhaitables ; l'algorithme a donc été capable de conserver intact tout ce qui concerne les mathématiques de ce paragraphe.

15. (This procedure maintains four integers (A, B, C, D) with the invariant meaning $-.409$
that "our remaining job is to output the continued fraction for $(Ay + B)/(Cy + D)$, $-.057$
where y is the input yet to come.") Initially set $j \leftarrow k \leftarrow 0$, $(A, B, C, D) \leftarrow (a, b, c, d)$; $-.788$
then input x_j and set $(A, B, C, D) \leftarrow (Ax_j + B, A, Cx_j + D, C)$, $j \leftarrow j + 1$, one or $.207$
more times until $C + D$ has the same sign as C. (When $j \geq 1$ and the input has not $-.282$
terminated, we know that $1 < y < \infty$; and when $C + D$ has the same sign as C we $.124$
know therefore that $(Ay + B)/(Cy + D)$ lies between $(A + B)/(C + D)$ and A/C.) $.192$
Now comes the general step: If no integer lies strictly between $(A + B)/(C + D)$ $.582$
and A/C, output $X_k \leftarrow \lfloor A/C \rfloor$, and set $(A, B, C, D) \leftarrow (C, D, A - X_kC, B - X_kD)$, $-.098$
$k \leftarrow k + 1$; otherwise input x_j and set $(A, B, C, D) \leftarrow (Ax_j + B, A, Cx_j + D, C)$, $.479$
$j \leftarrow j + 1$. The general step is repeated ad infinitum. However, if at any time the $.266$
final x_j is input, the algorithm immediately switches gears: It outputs the continued $-.325$
fraction for $(Ax_j + B)/(Cx_j + D)$, using Euclid's algorithm, and terminates. $.000$

FIGURE 17. Un exemple de points d'interruption potentiels trouvés par l'algorithme dans un paragraphe contenant de nombreuses formules mathématiques.

Plus d'accessoires

Le problème d'optimisation que nous avons formulé consiste à trouver les points d'interruption minimisant la quantité de faute totale, la quantité de faute d'une ligne dépendant de sa quantité de mauvaise qualité (c'est-à-dire de la façon dont sa colle doit être étirée ou contractée) et d'une possible pénalité associée à son dernier point d'interruption ; une quantité de faute supplémentaire est également ajoutée lorsque deux lignes consécutives se terminent par une césure (c'est-à-dire lorsqu'elles se terminent par un item pénalité avec $f = 1$). Deux ans d'expérience de ce modèle du problème a donné d'excellents résultats mais quelques paragraphes ont montré que des améliorations supplémentaires étaient possibles.

Les deux premières lignes des figures 4(a) et 4(b) illustrent une source potentielle de pertubation visuelle non prise en compte dans le modèle étudié ci-dessus. Ces paragraphes commencent par une ligne étroite (avec $r = -0,727$) immédiatement suivie d'une ligne lâche (avec $r = +0,821$). Bien qu'aucune de ces lignes ne soit choquante en elle-même, le contraste entre étroit et lâche les fait apparaître pires qu'elles ne sont. Le nouvel algorithme de découpage en lignes de TEX considère donc quatre sortes de lignes:

Classe 0 (lignes étroites), où $-1 \leq r < -0,5$;
Classe 1 (lignes normales), où $-0,5 \leq r \leq 0,5$;
Classe 2 (lignes étirées), où $0,5 < r \leq 1$;
Classe 3 (lignes très étirées), où $r > 1$.

Une quantité de faute supplémentaire est ajoutée lorsque des lignes adjacentes ne sont pas de la même classe ou de classes adjacentes, c'est-à-dire lorsqu'une ligne de classe 0 est précédée ou suivie d'une ligne de classe 2 ou 3 ou lorsqu'une ligne de classe 1 est précédée ou suivie d'une ligne de classe 3.

Cette extension relativement simple force en fait l'algorithme à travailler beaucoup plus, puisqu'un point d'interruption potentiel peut ne pas avoir été entré dans la liste active afin de préserver le principe d'optimalité de la programmation dynamique. S'il est, par exemple, possible de terminer à un point donnant lieu à une ligne de classe 0 ainsi qu'à un point donnant lieu à une ligne de classe 2, nous devons nous rappeler ces deux possibilités même si le choix de la classe 0 a une quantité de faute supérieure, puisque nous pourrions vouloir faire suivre ce point d'interruption d'une ligne étroite. Par contre, nous n'avons pas besoin de nous rappeler la possibilité de classe 0 si sa quantité de faute totale dépasse celle de la coupure de classe 2 plus la quantité de faute pour lignes contrastantes, puisque le point d'interruption de classe 0 ne sera jamais l'optimum dans ce cas.

Une plus grande expérience est nécessaire pour savoir si les calculs supplémentaires exigés par cette extension en valent la peine. Il est réconfortant pour l'utilisateur de savoir que l'algorithme de découpage en lignes prend de tels raffinements en compte, mais il n'y a pas lieu d'effectuer ce travail supplémentaire si le résultat est difficilement améliorable.

On a besoin d'une autre extension de l'algorithme pour l'amener au niveau des plus hauts standards de qualité de composition manuelle : nous souhaitons quelquefois qu'un paragraphe ait une ligne plus courte ou plus longue que sa longueur optimum parce que cela évitera une « ligne veuve » en haut ou en bas d'une page, ou parce que cela donnera un nombre pair de lignes de façon à ce que le texte puisse être divisé en deux colonnes d'égale hauteur. Bien que le paragraphe lui-même n'ait pas alors sa forme optimum, la page complète semblera meilleure et le paragraphe sera composé aussi bien que possible eu égard à ces contraintes données. Deux des paragraphes de l'histoire de la figure 5, par exemple,

In olden times when wishing still helped one, there lived a king −.727
whose daughters were all beautiful; and the youngest was so .821
beautiful that the sun itself, which has seen so much, was aston- −.455
ished whenever it shone in her face. Close by the king's castle lay −.870
a great dark forest, and under an old lime-tree in the forest was −.208
a well, and when the day was very warm, the king's child went .000
out into the forest and sat down by the side of the cool fountain; −.577
and when she was bored she took a golden ball, and threw it up −.231
on high and caught it; and this ball was her favorite plaything. −.883

In olden times when wishing still helped one, there lived a .774
king whose daughters were all beautiful; and the youngest was .179
so beautiful that the sun itself, which has seen so much, was .629
astonished whenever it shone in her face. Close by the king's .545
castle lay a great dark forest, and under an old lime-tree in the .000
forest was a well, and when the day was very warm, the king's .079
child went out into the forest and sat down by the side of the .282
cool fountain; and when she was bored she took a golden ball, .294
and threw it up on high and caught it; and this ball was her .575
favorite plaything. .557

In olden times when wishing still helped one, there lived 1.393
a king whose daughters were all beautiful; and the young- 1.464
est was so beautiful that the sun itself, which has seen so 1 412
much, was astonished whenever it shone in her face. Close 1.226
by the king's castle lay a great dark forest, and under an 1.412
old lime-tree in the forest was a well, and when the day 1.735
was very warm, the king's child went out into the forest 1.774
and sat down by the side of the cool fountain; and when 1.559
she was bored she took a golden ball, and threw it up on 1.378
high and caught it; and this ball was her favorite play- 2.129
thing. .862

FIGURE 18. Paragraphes obtenus lorsque le paramètre de « relâchement » est positionné à −1, à 0 et à +1. De tels positionnements
sont quelquefois nécessaires pour équilibrer une page mais, bien sûr,
l'effet n'est pas aussi beau lorsqu'on en arrive aux extrêmes.

ont été composés avec une ligne plus courte que leur longueur optimum
afin que les six colonnes soient d'égale hauteur.

L'algorithme de découpage en lignes que nous allons décrire a donc
un paramètre de « relâchement » (*looseness* en anglais), illustré à la
figure 18. Le relâchement est un entier q tel que le nombre total de
lignes produites pour le paragraphe soit aussi proche que possible du
nombre optimum plus q, sans violer les conditions de faisabilité. La figure 18 montre ce qui arrive au paragraphe exemple de la figure 14
lorsque $|q| \leq 1$. Les valeurs de $q < -1$ donneraient la même chose que
$q = -1$, puisque ce paragraphe ne peut pas être plus serré ; des valeurs

de $q > 1$ sont possibles mais rarement utiles, puisqu'elles exigent des espacements extrêment rétrécis. L'utilisateur peut obtenir la solution optimum ayant le moins de lignes possibles en prenant pour q une très grande valeur négative telle que -100. Lorsque $q \neq 0$, on doit se souvenir des points d'interruption potentiels correspondants à des nombres de lignes différents, même lorsque toutes les lignes ont la même longueur.

Si les lignes d'un paragraphe sont relativement lâches, nous ne voulons pas que la dernière ligne soit très différente ; nous devons donc revoir notre présupposé antérieur disant que la « colle de fin » d'un paragraphe a presque toujours une élasticité infinie. La pénalité pour des lignes adjacentes de classes contrastantes semble mieux marcher à l'égard du relâchement si on met comme colle de fin de paragraphe un espacement normal égal à environ un tiers de la largeur totale de la ligne, une élasticité de la largeur totale et une contractibilité nulle.

L'algorithme lui-même

Passons maintenant des points de bâti aux détails de l'algorithme de découpage en lignes optimum. Supposons donné un paragraphe $x_1 \ldots x_m$ décrit par les items $x_i = (t_i, w_i, y_i, z_i, p_i, f_i)$ de la façon expliquée ci-dessus, où x_1 est un item boîte et x_m un item pénalité spécifiant un découpage obligatoire ($p_m = -\infty$). Supposons également donnée une suite potentiellement infinie de longueurs de ligne positives $l_1, l_2, \ldots$. On ajoute un paramètre α à la quantité de faute si deux points d'interruption consécutifs surviennent avec $f_i = 1$ et un paramètre γ lorsque deux lignes consécutives appartiennent à des classes d'adaptation incompatibles. On a un seuil de tolérance ρ majorant les proportions d'ajustement et un paramètre de relâchement q.

Une suite possible de points d'interruption $(b_1, \ldots, b_k)$ est un choix légal de points d'interruption tel que chacune des k lignes en résultant ait une proportion d'ajustement $r_j \leq \rho$. Si $q = 0$, l'algorithme doit trouver une suite possible de points d'interruption ayant la plus petite quantité de faute totale. Si $q \neq 0$, l'algorithme est un peu plus difficile à décrire précisément ; on peut le faire de la façon suivante : soit k le nombre de lignes que l'algorithme produit lorsque $q = 0$. L'algorithme trouve alors une suite possible de $k + q$ points d'interruption ayant la plus petite quantité de faute totale. Cependant, si ceci est impossible, la valeur de q est incrémentée de 1 (si $q < 0$) ou décrémentée de 1 (si $q > 0$) jusqu'à ce qu'une solution possible soit trouvée. Quelquefois aucune solution n'est possible, même avec $q = 0$; nous étudierons cette situation plus tard, après avoir vu comment l'algorithme se comporte dans le cas normal.

Nous avons vu qu'il est quelquefois utile de permettre aux boîtes, à la colle et aux pénalités d'avoir des largeurs négatives et même une élasticité négative ; mais une utilisation sans borne des valeurs négatives conduit à des complications inutiles. Pour des raisons d'efficacité, on souhaite introduire deux contraintes aux paragraphes à traiter :

- *Restriction 1.* Soit M_b la longueur de la ligne de longueur minimum depuis le début du paragraphe jusqu'à la coupure b, à savoir la somme de tous les $w_i - z_i$ pris sur tous les items boîte et colle x_i pour $1 \leq i < b$, plus w_b si x_b est un item pénalité. On doit avoir $M_a \leq M_b$ pour le paragraphe lorsque a et b sont des points d'interruption légaux pour $a < b$.

- *Restriction 2.* Soient a et b des points d'interruption légaux avec $a < b$. Supposons qu'aucun x_i de l'intervalle $a < i < b$ ne soit un item boîte ou une coupure obligatoire (pénalité $p_i = -\infty$). Alors soit $b = m$, soit x_{b+1} est un item boîte ou une pénalité $p_{b+1} < \infty$.

Ces deux restrictions sont assez raisonnables, rencontrées dans toutes les applications pratiques connues. La restriction 2 semble singulière à première vue mais nous verrons dans un moment pourquoi elle est utile.

La trame générale de notre algorithme est la suivante, de façon non détaillée :

⟨Créer un nœud actif représentant le point de départ⟩ ;
for $b := 1$ **to** m **do** ⟨**if** b est un point d'interruption légal⟩ **then**
  begin ⟨Initialiser l'ensemble des coupures possibles à b
    à vide⟩ ;
  ⟨**for** chaque nœud actif a⟩ **do**
    begin ⟨Calculer la proportion d'ajustement r de a à b⟩ ;
    if $r < -1$ **or** ⟨b est une coupure forcée⟩ **then**
      ⟨Désactiver le nœud a⟩ ;
    if $-1 \leq r < \rho$ **then**
      ⟨Enregistrer une coupure possible de a à b⟩ ;
    end;
  ⟨**if** il y a une coupure possible à b⟩ **then**
    ⟨Ajouter les meilleures telles coupures comme nœuds actif⟩ ;
  end;
⟨Choisir le nœud actif ayant la plus petite faute totale⟩ ;
if $q \neq 0$ **then** ⟨Choisir le nœud actif approprié⟩ ;
⟨Utiliser le nœud choisi pour déterminer les coupures optimums⟩.

La signification du langage *ad hoc* à la ALGOL utilisé ici devrait se comprendre d'elle-même. Dans cette description, *nœud actif* fait référence à un enregistrement qui comprend des informations sur un point d'interruption, sa classification d'adaptation et le numéro de la ligne dont il est le dernier élément.

Nous voulons avoir une structure de données rendant cet algorithme efficace sans être trop difficile à concevoir. Deux considérations sont de la plus haute importance : le calcul de la proportion d'ajustement d'un nœud actif donné a à une coupure légale donnée b doit se faire aussi simplement que possible ; il doit y avoir une façon simple de déterminer les coupures possibles en b devant être enregistrées comme nœuds actifs.

En premier lieu, la proportion d'ajustement dépend de la largeur totale, de l'élasticité totale et de la contractibilité totale calculées depuis la première boîte après une coupure jusqu'à la coupure suivante ; nous ne voulons pas calculer ces sommes d'un bout à l'autre. Pour l'éviter, nous pouvons simplement calculer la somme du début du paragraphe jusqu'à l'endroit en cours et soustraire deux telles sommes pour obtenir le total de ce qui se trouve entre les deux. Notons $(\Sigma w)_b$, $(\Sigma y)_b$ et $(\Sigma z)_b$ les sommes respectives de tous les w_i, de tous les y_i et de tous les z_i des items boîte et colle x_i pour $1 \leq i < b$. Alors, si a et b sont des coupures légales avec $a < b$, la largeur L_{ab} d'une ligne allant de a à b, son élasticité Y_{ab} et sa contractibilité Z_{ab} peuvent être calculées de la façon suivante :

$$L_{ab} = (\Sigma w)_b - (\Sigma w)_{\text{after}(a)} + (w_b \text{ si } t_b = \text{'penalty'}) \, ;$$
$$Y_{ab} = (\Sigma y)_b - (\Sigma y)_{\text{after}(a)} \, ;$$
$$Z_{ab} = (\Sigma z)_b - (\Sigma z)_{\text{after}(a)} \, .$$

Ici 'after(a)' est le plus petit index $i > a$ tel que soit $i > m$, soit x_i est un item boîte, soit x_i est un item pénalité qui oblige à ce qu'il y ait une coupure ($p_i = -\infty$). Ces formules sont également valables dans le cas dégénéré after(a) $> b$, grâce à la restriction 2 ; en fait, la restriction 2 stipule en gros que la relation after(a) $> b$ implique que $(\Sigma w)_b = (\Sigma w)_{\text{after}(a)}$, que $(\Sigma y)_b = (\Sigma y)_{\text{after}(a)}$ et que $(\Sigma z)_b = (\Sigma z)_{\text{after}(a)}$.

Nous pouvons conclure de ces considérations que chaque nœud a de la structure de données doit contenir les champs suivants :

position(a) = index du point d'interruption représenté par ce
        nœud ;

line(a) = numéro de la ligne se terminant à cette coupure ;

fitness(a) = classe d'adaptation de la ligne se terminant à cette
        coupure ;

totalwidth(a) = $(\Sigma w)_{\text{after}(a)}$, utilisé pour calculer les proportions
        d'ajustement ;

totalstretch$(a) = (\Sigma y)_{\text{after}(a)}$, utilisé pour calculer les proportions d'ajustement ;

totalshrink$(a) = (\Sigma z)_{\text{after}(a)}$, utilisé pour calculer les proportions d'ajustement ;

totaldemerits$(a) = $ quantité faute totale minimum jusqu'à cette coupure ;

previous$(a) = $ pointeur vers le meilleur nœud pour la coupure précédente ;

link$(a) = $ pointeur vers le nœud suivant de la liste.

Les nœuds deviennent actifs lorsqu'ils sont créés pour la première fois et deviennent passifs lorsqu'ils sont désactivés. L'algorithme maintient des variables globales A et P, qui pointent respectivement sur le premier nœud de la liste active et le premier nœud de la liste passive. On peut donc détailler la première étape comme suit :

⟨Créer un nœud actif représentant le point de départ⟩ $=$
  begin $A := $ **new** node (position $= 0$, line $= 0$, fitness $= 1$,
                totalwidth $= 0$, totalstretch $= 0$,
                totalshrink $= 0$, totaldemerits $= 0$,
                previous $= \Lambda$, link $= \Lambda$);
    $P := \Lambda$;
  end.

Introduisons également les variables globales ΣW, ΣY et ΣZ représentant $(\Sigma w)_b$, $(\Sigma y)_b$ et $(\Sigma z)_b$ dans la boucle principale de l'algorithme de façon à ce que l'opération 'for $b := 1$ to m do ⟨if b est une coupure légale⟩ then ⟨boucle principale⟩' prenne la forme suivante :

$\Sigma W := \Sigma Y := \Sigma Z := 0$;
for $b := 1$ **to** m **do**
  if $t_b = $ 'box' **then** $\Sigma W := \Sigma W + w_b$
  else if $t_b = $ 'glue' **then**
      begin if $t_{b-1} = $ 'box' **then** ⟨boucle principale⟩;
      $\Sigma W := \Sigma W + w_b$; $\Sigma Y := \Sigma Y + y_b$; $\Sigma Z := \Sigma Z + z_b$;
      end
  else if $p_b \neq +\infty$ **then** ⟨boucle principale⟩.

Dans la boucle principale elle-même, l'opération ⟨Calculer la proportion d'ajustement r de a à b⟩ peut maintenant être implémentée simplement comme suit :

$L := \Sigma W - $ totalwidth(a);
if $t_b = $ 'penalty' **then** $L := L + w_b$;
$j := $ line$(a) + 1$;

if $L < l_j$ **then**
    begin $Y := \Sigma Y - \text{totalstretch}(a);$
    if $Y > 0$ **then** $r := (l_j - L)/Y$ **else** $r := \infty;$
    end
else if $L > l_j$ **then**
    begin $Z := \Sigma Z - \text{totalshrink}(a);$
    if $Z > 0$ **then** $r := (l_j - L)/Z$ **else** $r := -\infty;$
    end
else $r := 0.$

L'autre problème non évident que nous devons traité est dû au fait que plusieurs nœuds peuvent correspondre au même point d'interruption. Nous ne créerons jamais deux nœuds ayant les mêmes valeurs (position, ligne, adaptation), puisque le point principal de notre approche par programmation dynamique est que nous n'avons besoin de nous rappeler que de la meilleure façon possible d'obtenir chaque position de coupure possible ayant un numéro de ligne et une classe d'adaptation donnés. Mais la façon de garder la trace des meilleures manières conduisant à une position donnée n'est pas tout à fait claire, puisque ces positions peuvent être associées à des numéros de ligne différents ; nous pourrions, par exemple, maintenir une table de hachage ayant (ligne, adaptation) comme clé, mais ceci serait compliqué de façon non nécessaire. La solution consiste à maintenir la liste active triée par numéro de ligne : après avoir examiné tous les nœuds actifs de la ligne j, nous pouvons insérer de nouveaux nœuds actifs pour la ligne $j + 1$ dans la liste juste avant les nœuds actifs pour les lignes $\geq j + 1$ que nous examinerons la fois suivante.

Une autre complication provient de ce que nous ne voulons pas créer de nœuds actifs pour des numéros de ligne différents lorsque les longueurs de ligne sont toutes identiques, à moins que $q \neq 0$, puisque ceci ralentirait l'algorithme de façon non nécessaire ; la complexité du cas général ne devrait pas rejaillir sur les situations simples, celles qui apparaissent le plus souvent. Nous supposerons donc qu'on connaisse un index j_0 qui dise que toutes les coupures des numéros de ligne $\geq j_0$ peuvent être considérées comme équivalentes. Cet index j_0 est déterminé de la façon suivante : si $q \neq 0$ alors $j_0 = \infty$; sinon j_0 est le plus petit j_0 tel que $l_j = l_{j+1}$ pour tout $j > j_0$. Si, par exemple, $q = 0$ et $l_1 = l_2 = l_3 \neq l_4 = l_5 = \cdots$, nous posons $j_0 = 3$, puisqu'il n'est pas nécessaire de distinguer un point d'interruption qui termine la ligne 3 d'un point d'interruption terminant la ligne 4 à la même position, pour autant que les lignes suivantes sont concernées.

Il est commode, pour chaque position b et chaque numéro de ligne j, de se rappeler des meilleurs points d'interruption potentiels ayant comme classe d'adaptation 0, 1, 2 et 3 en maintenant quatre valeurs D_0, D_1, D_2 et D_3, où D_c est la plus petite quantité de faute totale connue conduisant à un point d'interruption à la position b, à la ligne j et à la classe c. Une autre variable, $D = \min(D_0, D_1, D_2, D_3)$, se révélera également commode ; notons A_c un pointeur sur le nœud actif a conduisant à la meilleure valeur D_c. La boucle principale prend alors la forme suivante légèrement altérée, pour chaque point d'interruption légal b :

```
begin a := A;  preva := Λ;
    loop: D₀ := D₁ := D₂ := D₃ := D := +∞;
        loop: nexta := link(a);
        ⟨Calculer j et la proportion d'ajustement r de a à b⟩;
        if r < −1 or p_b = −∞ then ⟨Désactiver le nœud a⟩
        else preva := a;
        if −1 ≤ r ≤ ρ then
            begin ⟨Calculer la faute d et la classe d'adaptation c⟩;
            if d < D_c then
                begin D_c := d;  A_c := a;  if d < D then D := d;
                end;
            end;
        a := nexta;  if a = Λ then exit loop;
        if line(a) ≥ j and j < j₀ then exit loop;
        repeat;
    if D < ∞ then
        ⟨Insérer de nouveaux nœuds actifs pour les coupures
            de A_c à b⟩;
    if a = Λ then exit loop;
    repeat;
if A = Λ then
    ⟨Faire quelque chose de radical puisqu'il n'y a pas de solution
        possible⟩;
end.
```

Pour une position donnée b, la boucle interne de ce code examine tous les nœuds a ayant des numéros de ligne équivalents alors que la boucle externe est exécutée pour tous les numéros de ligne non équivalents.

Il n'est pas difficile d'obtenir un codage précis des opérations de ces boucles ayant été abrégées dans la présentation précédente :

⟨Calculer la faute d et la classe d'adaptation c⟩ =
  begin if $p_b \geq 0$ **then** $d := (1 + 100|r|^3 + p_b)^2$
  else if $p_b \neq -\infty$ **then** $d := (1 + 100|r|^3)^2 - p_b^2$
  else $d := (1 + 100|r|^3)^2$;
  $d := d + \alpha \cdot f_b \cdot f_{\text{position}(a)}$;
  if $r < -.5$ **then** $c := 0$
  else if $r \leq .5$ **then** $c := 1$
  else if $r \leq 1$ **then** $c := 2$ **else** $c := 3$;
  if $|c - \text{fitness}(a)| > 1$ **then** $d := d + \gamma$;
  $d := d + \text{totaldemerits}(a)$;
  end.

⟨Insérer de nouveaux nœuds actifs pour ls coupures de A_c à b⟩ =
  begin ⟨Calculer $tw = (\Sigma w)_{\text{after}(b)}$, $ty = (\Sigma y)_{\text{after}(b)}$,
                        $tz = (\Sigma z)_{\text{after}(b)}$⟩;
  for $c := 0$ **to** 3 **do if** $D_c \leq D + \gamma$ **then**
    begin $s := $ **new** node (position $= b$, line $= \text{line}(A_c) + 1$,
                   fitness $= c$, totalwidth $= tw$,
                   totalstretch $= ty$, totalshrink $= tz$,
                   totaldemerits $= D_c$, previous $= A_c$,
                   link $= a$);
    if $preva = \Lambda$ **then** $A := s$ **else** $\text{link}(preva) := s$;
    $preva := s$;
    end;
  end.

⟨Calculer $tw = (\Sigma w)_{\text{after}(b)}$, $ty = (\Sigma y)_{\text{after}(b)}$, $tz = (\Sigma z)_{\text{after}(b)}$⟩ =
  begin $tw := \Sigma W$; $ty := \Sigma Y$; $tz := \Sigma Z$; $i := b$;
  loop: **if** $i > m$ **then exit loop**;
  if $t_i = $ 'box' **then exit loop**;
  if $t_i = $ 'glue' **then**
    begin $tw := tw + w_i$; $ty := ty + y_i$; $tz := tz + z_i$;
    end
  else if $p_i = -\infty$ **and** $i > b$ **then exit loop**;
  $i := i + 1$;
  repeat;
  end.

⟨Désactiver le nœud a⟩ =
  begin if $preva = \Lambda$ **then** $A := nexta$
    else $\text{link}(preva) := nexta$;
  $\text{link}(a) := P$; $P := a$;
  end.

Lorsque la boucle principale a terminé ce travail, la liste active ne contient que les nœuds avec position $= m$, puisque x_m est une coupure obligatoire. Nous pouvons donc écrire :

⟨Choisir le nœud actif de moindre quantité de faute totale⟩ =
    begin $a := b := A$; $d :=$ totaldemerits(a);
       loop: $a :=$ link(a);
       if $a = \Lambda$ **then exit loop**;
       if totaldemerits$(a) < d$ **then**
          begin $d :=$ totaldemerits(a); $b := a$;
          end;
       repeat;
      $k :=$ line(b);
    end.

Maintenant b est le nœud choisi et k son numéro de ligne. Le processus suivant pour $q \neq 0$ est également élémentaire :

⟨Choisir le nœud actif approprié⟩ =
    begin $a := A$; $s := 0$;
       loop: $\delta :=$ line$(a) - k$;
       if $q \leq \delta < s$ **or** $s < \delta \leq q$ **then**
          begin $s := \delta$; $d :=$ totaldemerits(a); $b := a$;
          end
       elsc if $\delta = s$ **and** totaldemerits$(a) < d$ **then**
          begin $d :=$ totaldemerits(a); $b := a$;
          end;
       $a :=$ link(a);   **if** $a = \Lambda$ **then exit loop**;
       repeat;
      $k :=$ line(b);
    end.

La suite souhaitée des k points d'interruption est maintenant accessible à partir du nœud b :

⟨Utiliser le nœud choisi pour déterminer les points d'interruption
    optimums⟩ =
    for $j := k$ **down to** 1 **do**
       begin $b_j :=$ position(b); $b :=$ previous(b);
       end.

(Une autre façon de compléter le processus, en obtenant les lignes dans l'ordre de 1 à k au lieu de k à 1, est donnée dans l'appendice ci-dessous.) S'il n'y a pas de ramasse-miettes, l'algorithme se termine en désallouant tous les nœuds des listes A et P.

La restriction 1 fait qu'il est légitime de désactiver un nœud lorsque nous découvrons que $r < -1$, puisque $r < -1$ est équivalent à $l_j < L_{ab} - Z_{ab}$, et donc les points d'interruption suivants $b' > b$ auront $L_{ab'} - Z_{ab'} \geq L_{ab} - Z_{ab}$. Il n'est donc pas difficile de vérifier que l'algorithme trouve bien une solution optimale : étant donnée une suite de points d'interruption possible $b_1 < \cdots < b_k$, nous pouvons démontrer par récurrence sur j que l'algorithme construit un nœud pour une coupure potentielle à b_j, avec un numéro de ligne et une classe d'adaptation appropriés, n'ayant pas une quantité de faute supérieure à celle de la suite donnée.

Il ne reste plus qu'un détail à étudier dans l'algorithme, à savoir l'opération ⟨Faire quelque chose de radical puisqu'il n'y a pas de solution possible⟩. Comme déjà dit ci-dessus, TEX suppose que l'utilisateur a choisi un seuil de tolérance ρ de façon à ce qu'une intervention humaine soit demandée lorsqu'on ne peut pas répondre à cette tolérance. Une autre alternative serait d'avoir deux seuils et d'essayer d'abord l'algorithme avec le seuil ρ_0, plus petit que ρ, de façon à ce que l'algorithme n'engendre que peu de nœuds actifs ; s'il n'y a pas moyen de répondre à la tolérance ρ_0, l'algorithme pourrait tout simplement libérer tous les nœuds stockés et essayer à nouveau avec le seuil ρ. Cette méthode de double seuil ne trouvera pas toujours la solution possible strictement optimum, puisqu'il est possible que dans des circonstances non habituelles la solution optimum comprenne une ligne dont la proportion d'ajustement soit supérieure à ρ_0 alors qu'il existe une solution possible non-optimum vérifiant la tolérance ρ_0 ; en pratique, cependant, la différence est négligeable.

TEX utilise en fait un type différent de méthode de double seuil. Puisque le découpage des mots n'est pas trivial, TEX essaie d'abord de découper un paragraphe en lignes sans aucune autre césure que celles déjà présentes dans le texte donné, en utilisant un seuil de tolérance ρ_1. Si l'algorithme ne trouve pas de solution possible, ou s'il existe une solution possible avec $q \neq 0$ mais dont le relâchement souhaité ne peut pas être satisfait ($\delta \neq q$), tous les nœuds stockés sont libérés et TEX recommence en utilisant un autre seuil de tolérance ρ_2. Durant cette seconde passe, tous les mots de cinq lettres ou plus sont soumis à l'algorithme de césure de TEX avant qu'ils ne soient traités par l'algorithme de découpage en lignes. L'utilisateur positionne donc ρ_1 à un seuil de tolérance pour les paragraphes pouvant être complètement découpés sans césure et ρ_2 à un seuil de tolérance pour lequel on peut essayer des césures ; ρ_1 sera certainement légèrement plus grand que ρ_2, mais il peut aussi être plus petit, si les césures ne font pas trop froncer les sourcils. En pratique ρ_1 et ρ_2 sont habituellement égaux, ou alors ρ_1 est proche de 1 et ρ_2 un peu plus grand ; de façon alternative, on peut prendre $\rho_2 = 0$ pour éviter toute césure.

Lorsque les deux passes échouent, TEX continue en réactivant le nœud ayant été le plus récemment désactivé et le traite comme s'il s'agissait d'une coupure potentielle conduisant à b. Cette situation est en réalité détectée dans la routine ⟨Désactiver le nœud a⟩, juste après que le dernier nœud actif soit devenu passif :

if $A = \Lambda$ **and** *secondpass* **and** $D = \infty$ **and** $r < -1$ **then** $r := -1$.

Le résultat produit une « boîte trop pleine » (*overfull box* en anglais) dépassant dans la marge droite lorsqu'aucune suite possible de coupures de lignes n'est possible. Comme étudié ci-dessus, certains types d'indication d'erreurs sont nécessaires, puisque l'utilisateur est supposé avoir positionné ρ à une valeur telle qu'une élasticité supplémentaire soit intolérable et exige une intervention manuelle. Une boîte trop pleine est plus facile à obtenir qu'une boîte pas assez pleine (*underfull box* en anglais), par la nature de l'algorithme. Ceci est heureux : le positionnement de la boîte trop pleine sera aussi strict que possible, ainsi l'utilisateur peut facilement voir comment imaginer une action corrective appropriée telle qu'une coupure de ligne obligatoire ou une césure.

Expériences sur ordinateur

L'algorithme décrit à la section prcédente est assez complexe, puisqu'il est conçu pour s'appliquer à une grande variété de situations apparaissant en composition. Une procédure beaucoup plus simple est possible pour les cas particuliers dont on a besoin pour les traitements de texte et les journaux ; l'appendice donne les détails d'une telle version dépouillée. Au contraire, l'algorithme de TEX est encore plus complexe que celui que nous avons décrit, puisque TEX doit traiter les guides, les notes de bas de page, les références croisées, les indicateurs de fin de page associés aux lignes et les espacements dans les formules mathématiques ainsi que ceux qui les entourent ; les espacements qui entourent une formule sont un peu différents d'une colle parce qu'ils disparaissent lorsqu'ils sont suivis d'une fin de ligne, mais ils ne représentent pas un point d'interruption légal. (Une description complète de l'algorithme de TEX paraîtra par ailleurs [29].) L'expérience a montré que l'algorithme général est suffisamment efficace en pratique, en dépit de tout ce à quoi il doit faire face.

Il y a tant de paramètres présents qu'il est en réalité impossible à quiconque d'expérimenter plus qu'une petite fraction de ses possibilités.

Un utilisateur peut faire varier l'espacement entre les mots et les pénalités des césures insérées, les césures explicites, les lignes avec césure adjacentes et les lignes adjacentes ayant des classes d'adaptation incompatibles ; on peut aussi jouer sur le seuil de tolérance ρ, sans mentionner la longueur des lignes et le paramètre de relâchement q. On peut ainsi effectuer des expériences de calcul pendant des années et ne pas avoir d'idée complètement définitive sur le comportement de cet algorithme. Même avec des paramètres fixés, il y a une grande variation suivant le type de texte à composer ; un texte très mathématique, par exemple, présente des problèmes particuliers. Une intéressante étude comparative du découpage en lignes a été réalisée par Duncan et ses collaborateurs [13], qui ont considéré des exemples de textes extraits du *Déclin et chute* de Gibbon et d'une histoire intitulée *Salar the Salmon* ; comme attendu, le vocabulaire de Gibbon a forcé à avoir beaucoup plus recours aux césures.

Par ailleurs, nous avons vu que l'algorithme optimisant conduit à un meilleur découpage en lignes même dans les histoires pour enfants où les mots sont courts et simples, comme dans les contes de Grimm. Il serait agréable d'avoir une intuition quantitative sur la quantité de calculs supplémentaires nécessaires pour obtenir cette amélioration en qualité. *Grosso modo*, le temps de calcul est proportionnel au nombre de mots du paragraphe fois le nombre moyen de mots par ligne, puisque la boucle principale du calcul s'exécute par rapport aux nœuds actifs en cours et puisque le nombre moyen de mots par ligne est une approximation raisonnable du nombre de nœuds actifs pour toutes les lignes sauf les toutes premières du paragraphe (voir figures 12 et 14). D'autre part, il y a assez peu de nœuds actifs dans les premières lignes d'un paragraphe, l'exécution est donc en fait plus rapide que ce que cette approximation grossière peut laisser entendre. De plus, l'algorithme particulier de l'appendice s'exécute presqu'en temps linéaire, indépendemment de la longueur de ligne, puisqu'il n'a pas besoin d'examiner les nœuds actifs.

Des statistiques détaillées ont été conservées lors de la composition du premier grand travail de TEX, à savoir *Seminumerical Algorithms* [28], en utilisant la procédure ci-dessus. Ce livre de 702 pages a 5 526 « paragraphes » dans le texte et les pages de corrigés, si nous considérons les formules sur une ligne comme des séparateurs de paragraphes. Les 5 526 paragraphes ont été découpé en 21 057 lignes, dont 550 (environ 2,6%) avec césure. Les lignes avaient en général une largeur de 29 picas, ce qui revient à 626, 4 unités machine pour des caractères en 10 points et 677, 19 pour des caractères en 9 points, soit en gros douze ou treize mots par ligne. Les valeurs de seuil ρ_1 et ρ_2 étaient normalement toutes les deux égales à $\sqrt[3]{2} \approx 1, 26$, les espacements entre les mots variant donc d'un minimum de 4 unités à un maximum de $6 + 3\sqrt[3]{2} \approx 9,78$ unités. La pénalité pour une césure valait 50 ; la quantité de faute pour césures consécutives ou incompatibilités adjacentes valait $\alpha = \gamma = 3000$. La seconde passe (celle des césures) n'a été nécessaire que pour 279 paragraphes, soit environ 5% des fois ; une solution possible sans césure a été trouvée pour les 5 247 cas restants. La seconde passe devait essayer de ne faire des césures que dans les mots sans capitale de cinq lettres ou plus, ne contenant ni accent, ni ligature, ni trait d'union ; il y eut exactement 6 700 mots soumis à la procédure de césure. Le nombre moyen par paragraphe de césures essayées fut donc d'environ 1, 2, seulement un peu plus que ce qui est nécessaire pour les algorithmes classiques non optimisants ; les césures n'étaient pas un facteur important pour le temps d'exécution.

Le temps d'exécution provenait principalement, bien sûr, de la boucle principale de l'algorithme, qui a été exécutée 274 102 fois (à peu près 50 fois par paragraphe, en tenant compte des passes multiples lorsqu'une seconde passe était nécessaire). Il y avait 64 003 nœuds d'interruption au total (à peu près 12 par paragraphe), en tenant compte des multiplicités pour les très rares cas où des classes d'adaptation différentes ou des numéros de ligne différents nécessitaient de distinguer le même point d'interruption. Ainsi, environ 23% des points d'interruption légaux se sont révélés être des points d'interruption potentiels, étant données les valeurs assez basses de ρ_1 et de ρ_2. La boucle interne du calcul a été exécutée 880 677 fois ; c'est le nombre total de nœuds actifs examinés une fois chaque point d'interruption légal traité, sommé sur tous les points d'interruption légaux. Remarquez ce quota d'environ 160 examens de nœuds actifs par paragraphe et de 3, 2 par point d'interruption ; la boucle interne domine donc de loin le temps d'exécution. En supposant que les mots ont une longueur d'environ cinq lettres, qu'une interruption légale apparaît en moyenne tous les six caractères de texte, en comprenant les espaces entre mots, le coût de l'algorithme est d'environ la moitié d'une étape de boucle interne par caractère, plus le temps passé sur ce caractère dans la boucle externe.

Ce source a ausi été utilisé pour établir l'importance du test de dominance optionnel 'if $D_c \leq D + \gamma$' précédant la création d'un nouveau nœud ; sans ce test, on a trouvé que l'algorithme a besoin d'une durée d'environ 25% supérieure pour l'exécution de la boucle interne, puisqu'on a créé beaucoup plus de nœuds non nécessaires.

Qu'en est-il du résultat ? La figure 19 montre la distribution réelle des proportions d'ajustement r des 15 531 ligns composées de *Seminumerical Algorithms*, en ne comptant pas les 5 526 lignes de fin de

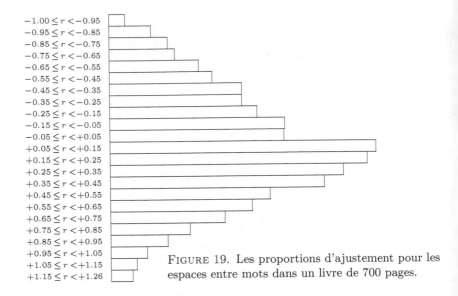

FIGURE 19. Les proportions d'ajustement pour les espaces entre mots dans un livre de 700 pages.

paragraphe, pour lesquelles $r \approx 0$. Il y avait aussi une ligne avec $r \approx 1,8$ et une avec $r \approx 2,2$ (c'est-à-dire un espacement disgracieux de 12 unités) ; un lecteur sera peut-être capable de localiser un jour l'une de ces anomalies ou les deux. La valeur moyenne de r pour les 21 057 lignes était de $0,08$ et l'écart-type de seulement $0,403$; à peu près 67% des lignes avaient des espacements entre mots variant entre 5 et 7 unités. Par ailleurs, les auteurs pensent qu'aucune de ces 15 531 coupures n'est « psychologiquement mauvaise » au sens mentionné ci-dessus.

Tous ceux qui ont une expérience des textes anglais typiques savent que ces statistiques ne sont pas seulement excellentes, elles sont en fait trop bonnes pour être vraies : aucun algorithme de découpage en lignes ne peut parvenir à un tel comportement stellaire sans être quelque peu assisté par l'auteur, remarquant qu'un léger changement de formulation permet des coupures plus agréables. En fait, ce phénomène est une autre source d'amélioration de la qualité lorsqu'on donne à un auteur des outils de composition comme TEX, puisqu'un compositeur professionnel n'ose pas changer la formulation lorsqu'il compose un paragraphe alors qu'un auteur est heureux de faire des changements qui donnent une meilleure apparence, en particulier lorsque de tels changements sont négligeables en comparaison de ceux rendus nécessaires pour d'autres raisons lorsqu'on corrige les épreuves d'un manuscrit. Les auteurs savent qu'il y a plusieurs façons de dire ce qu'ils veulent dire ; ils ne considèrent vraiment pas le fait de faire quelques petits changements de formulation comme une astuce.

Theodore L. De Vinne, l'un des compositeurs américains les plus en vue du début du siècle, écrivait [11, page 138] que « lorsque l'auteur objecte à [une césure] qu'elle le force à ajouter, à enlever ou à substituer un mot ou un groupe de mots qui éviterait cette coupure. [...] Les auteurs qui insistent même toujours sur les espacements, voulant toujours des divisions agréables à voir, ne comprennent pas clairement la rigidité des caractères ».

Un autre commentaire intéressant a été fait par G. B. Shaw [39] : « En réimprimant ses propres travaux, chaque fois [que William Morris] trouvait une ligne qui se justifiait de façon maladroite, il en altérait la formulation rien que pour que cela paraisse imprimé agréablement. Lorsqu'on m'envoie une épreuve avec deux ou trois lignes si largement espacées qu'il y a une bande grise au travers de la page, je réécris souvent le passage de façon à mieux remplir les lignes ; mais je suis désolé de dire que mon objet est généralement si peu compris que le compositeur gâte tout le reste du paragraphe au lieu de rapiécer son mauvais travail antérieur ».

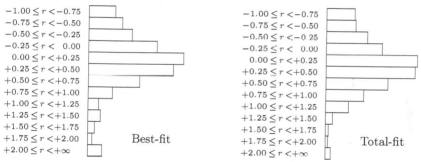

FIGURE 20. Distribution des espacements entre mots trouvée par la meilleure méthode une ligne à la fois, comparée à celle trouvée par la meilleure méthode un paragraphe à la fois, lorsqu'un texte mathématique difficile est composé sans intervention humaine.

Le biais consécutif à l'adaptation de Knuth de son manuscrit à une largeur de ligne particulière fait que les statistiques de la figure 19 ne sont pas applicables à la situation de l'imprimeur devant un texte donné devant être composé tel quel. On a donc réalisé une autre expérience, dans laquelle le texte de la section 3.5 de *Seminumerical Algorithms* a été composé avec des lignes de largeur 25 picas au lieu de 29 picas. La section 3.5, traitant la question « Qu'est-ce qu'une suite aléatoire ? », a été choisie parce que c'est la section qui ressemble le plus aux articles mathématiques typiques, contenant des théorèmes, des démonstrations, des lemmes, etc. Lors de cette expérience, l'algorithme d'adaptation totale a dû travailler beaucoup plus que si le texte avait été composé en 29 picas, premièrement parce que la seconde passe a été nécessaire environ trois fois plus souvent (49 fois pour 273 paragraphes, au lieu de 16 fois) ; de plus la seconde passe était beaucoup plus tolérante avec les espacements larges ($\rho_2 = 10$ au lieu de $\sqrt[3]{2}$), afin de garantir que chaque paragraphe puisse être composé sans intervention manuelle. Il y a eu à peu près 6 examens de nœuds actifs par point d'interruption légal rencontré, au lieu d'à peu près 3 ; le résultat de ce changement de paramètres a été de doubler à peu près le temps d'exécution du découpage en lignes. La raison d'un tel décalage a été premièrement la combinaison d'un texte mathématique difficile et d'une mesure de colonne plus étroite, plutôt que l'« adaptation de l'auteur » puisque, lorsque le même texte a été composé en 35 picas de large, la seconde passe n'a été nécessaire que 8 fois.

Il est intéressant d'observer la qualité des espacements obtenus dans cette expérience de 25 picas, puisque cela montre la façon dont la méthode d'adaptation totale s'en sort bien sans aucune intervention humaine. La figure 20 montre ce qui a été obtenu, ainsi que les données statistiques correspondantes pour la méthode de meilleure adaptation appliquée aux mêmes données. Il y a environ 800 coupures dans chacun des cas, en ne comptant pas les dernières lignes de paragraphe. La différence principale est que la méthode d'adaptation totale tend à placer plus de lignes dans l'intervalle $0,5 \leq r \leq 1$ alors que la méthode de meilleure adaptation produit beaucoup plus de lignes très espacées. L'écart-type des espacements était de $0,53$ (adaptation totale) contre $0,64$ (meilleure adaptation) ; 24 des lignes composées par meilleure adaptation ont des espacements dépassant 12 unités alors que seulement 7 telles mauvaises lignes ont été produites par la méthode d'adaptation totale. L'examen de ces sept cas problématiques a montré que trois d'entre eux sont dûs à de longues formules insécables imbriquées dans le texte, trois à la règle de TEX qui n'essaie pas de césure pour les mots commençant par une capitale et la dernière à l'incapacité de TEX de trouver une césure au mot 'reasonable'. Un examen superficiel du résultat montre que la principale différence entre la meilleure adaptation et l'adaptation totale, aux yeux d'un lecteur désinvolte, serait que la méthode de meilleure adaptation a non seulement recours quelquefois à de larges espacements mais qu'elle a également tendance à terminer plus de lignes sur une césure : 119 contre 80. Un auteur portant une attention toute particulière aux espacements, revoyant donc son manuscrit jusqu'à ce qu'il soit composé de façon satisfaisante, devra travailler plus pour obtenir de la méthode de meilleure adaptation qu'elle produise un résultat décent avec un texte difficile alors que le résultat de la méthode d'adaptation totale sera convenable après seulement quelques changements de l'auteur.

Résumé historique

Nous avons jusqu'ici étudié la plupart des problèmes survenant lors du découpage en lignes ; il est intéressant de comparer ces nouvelles méthodes avec ce que les imprimeurs ont fait durant des années. Les copistes médiévaux, qui préparaient de beaux manuscrits à la main avant la naissance de l'imprimerie, étaient en général attentifs au découpage en lignes pour que la marge droite soit presque droite ; les premiers imprimeurs ont perpétué cette pratique. En fait, les compositeurs qui plaçaient les caractères devaient remplir chaque ligne par des espaces quelque part, de façon à que les caractères ne tombent pas par terre lors de l'impression ; ils pouvaient insérer des espaces supplémentaires entre les mots presqu'aussi facilement qu'en fin de ligne.

L'un des défis les plus difficiles auquel les imprimeurs ont eu à faire face pendant des années a été la composition des « Bibles polyglottes », c'est-à-dire des éditions de la Bible dans lesquelles les langues originelles étaient placées à côté de diverses traductions, puisqu'un soin particulier est nécessaire pour conserver la synchronisation de plusieurs langues les unes par rapport aux autres. De plus, le fait que plusieurs langues apparaissent sur chaque page signifie que les textes ont tendance à être composés dans des colonnes plus étroites que ce qui est habituel ; ceci, ajouté au fait qu'on n'ose pas changer le texte sacré, rend le découpage en lignes particulièrement difficile. Nous pouvons avoir une bonne idée des méthodes de découpage en lignes des premiers imprimeurs en examinant soigneusement leurs Bibles polyglottes.

La première Bible polyglotte [10, 19, 24] a été financée en Espagne par l'éminent cardinal Jiménez de Cisneros, dont on a dit qu'il a dépensé 50 000 ducats d'or pour ce projet. Elle est généralement appelée « Polyglotte Complutensienne », parce qu'elle fut préparée à Alcalá de Henares, ville proche de Madrid dont le nom romain est Complutus. L'imprimeur, Arnao Guillén de Brocar, consacra les années 1514 à 1517 à la production de cet ensemble de six volumes ; on a dit que les fontes hébraïques et grecques qu'il a réalisées à cette occasion sont parmi les plus belles jamais gravées. Sa méthode de justification est très intéressante et assez inhabituelle, comme le montre la figure 21: au lieu de justifier

IN principio crea .I.
uit deus ∞∞∞∞
celum & terrã. Terra
autem ∞∞ ∞∞ ∞∞∞∞∞
erat inanis & vacua: &
tenebre erant sup facie
abyssi: & spiritus dei
ferebatur super ∞∞∞
aquas. Dixitq deus.
Fiat ∞∞∞∞∞∞∞∞∞∞∞
lux. Et facta e lux. Et
vidit deus lucem ∞∞∞
q esset bona: & diuisit
∞∞∞∞∞∞∞∞∞∞∞∞∞∞
lucem a tenebris: ap
pellauitq ∞∞∞∞∞∞∞∞
lucem die: & tenebras
noctem. ∞∞∞∞∞∞∞∞
Factumq est vespe &
mane dies vnus.∞∞∞
Dixit quoq deus. Fiat
firmamentu in medio
aquarum: & diuidat
aquas ∞∞∞∞∞∞∞∞∞
ab aquis. Et fecit deus
firmamentum. ∞∞∞∞

בְּרֵאשִׁית בָּרָא אֱלֹהִים אֵת ייי
הַשָּׁמַיִם וְאֵת הָאָרֶץ ייי
הָיְתָה תֹהוּ וָבֹהוּ וְחֹשֶׁךְ עַל פְּנֵי ייי
תְהוֹם וְרוּחַ אֱלֹהִים מְרַחֶפֶת עַל ייי
פְּנֵי הַמָּיִם וַיֹּאמֶר אֱלֹהִים יְהִי ייי
אוֹר וַיְהִי אוֹר וַיַּרְא אֱלֹהִים אֵת ייי
הָאוֹר כִּי טוֹב וַיַּבְדֵּל אֱלֹהִים בֵּין ייי
הָאוֹר וּבֵין הַחֹשֶׁךְ וַיִּקְרָא אֱלֹהִים ייי
לָאוֹר יוֹם וְלַחֹשֶׁךְ קָרָא לָיְלָה ייי
וַיְהִי עֶרֶב וַיְהִי בֹקֶר יוֹם אֶחָד ייי
וַיֹּאמֶר אֱלֹהִים יְהִי רָקִיעַ בְּתוֹךְ ייי
הַמָּיִם וִיהִי מַבְדִּיל בֵּין מַיִם ייי
לָמָיִם וַיַּעַשׂ אֱלֹהִים אֶת הָרָקִיעַ ייי

FIGURE 21. Les premiers versets de la Genèse composé pour la Bible polyglotte Complutensienne. Ici les mots latins suivent l'hébreu : des guides sont utilisés pour remplir les lignes qui seraient sinon irrégulières à droite comme à gauche. Les versions grecques et chaldéennes (araméiques) du texte apparaissent aussi sur la même page.

les lignes en accroissant les espacements entre les mots, il a inséré des guides visuels pour obtenir des blocs pleins à marge régulière.

Ces guides apparaissent à droite des lignes en latin et à gauche de celles en hébreu. Il a changé de style un peu plus tard, ayant acquis plus d'expérience : à partir du 46-ième chapitre de la Genèse, le texte hébreu est justifié par des espacements entre mots bien que les guides continuent à apparaître dans la colonne latine. Il est clair que des marges régulières étaient considérées comme grandement souhaitables à cette époque.

La méthode de découpage en lignes de Guillén de Brocar semble suivre en gros la méthode de première adaptation du texte hébreu ; la traduction latine correspondante devait alors être composée assez facilement, puisqu'il y a deux lignes de latin pour chaque ligne d'hébreu, ce qui laisse beaucoup de place pour le latin. Dans les quelques cas où le texte grec est anormalement long par rapport au texte hébreu correspondant (par exemple Exode 38), il compose le texte hébreu de façon assez lâche ; il est donc évident qu'il porte une attention extrême au découpage en lignes.

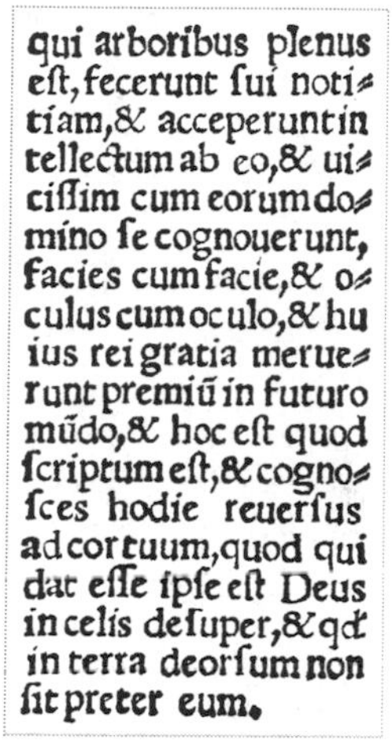

qui arboribus plenus eſt, fecerunt ſui notiǂ tiam,& acceperunt in tellectum ab eo,& uiǂ ciſſim cum eorum doǂ mino ſe cognouerunt, facies cum facie,& oǂ culus cum oculo,& hu ius rei gratia merueǂ runt premiũ in futuro mũdo,& hoc eſt quod ſcriptum eſt,& cognoǂ ſces hodie reuerſus ad cor tuum, quod qui dat eſſe ipſe eſt Deus in celis deſuper,& qd̄ in terra deorſum non ſit preter eum.

FIGURE 22. Partie du commentaire de Giustiniani sur les psaumes. La présence d'une ligne lâche entourée de deux lignes très resserrées montre que le compositeur ne revenait pas en arrière pour recomposer les lignes précédentes lorsqu'un problème survenait.

À peu près à la même époque, une version polyglotte du livre des psaumes était en train d'être préparée avec amour par Agostino Giustiniani de Gênes [17]. Ce fut en fait le premier livre polyglotte imprimé avec des caractères propres à chaque langue alors que le manuscrit d'*Hexapla* d'Origène du troisième siècle est généralement considéré comme l'inspirateur de tous les volumes polyglottes ultérieurs. Le psautier de Giustiniani a huit colonnes : (1) le texte hébreu originel ; (2) une interprétation littérale latine de (1) ; (3) la version latine commune (la *Vulgate*) ; (4) la version grecque (la *Septuagint*) ; (5) la version arabe ; (6) la version chaldéenne ; (7) une traduction latine littérale de (6) ; (8) des notes. Puisque les psaumes sont des poèmes, toutes les colonnes sauf la dernière sont composées avec des marges irrégulières ; une convention intéressante était utilisée pour traiter les quelques vers trop grands pour tenir sur une seule ligne : une parenthèse gauche était placée à l'extrémité de la ligne coupée et le reste de cette ligne (précédée d'une autre parenthèse gauche) était placée contre la marge de la ligne précédente ou suivante, là où elle se trouvait.

Seule la colonne (8) est justifiée ; elle a une largeur assez étroite d'environ 21 caractères par ligne. Après avoir étudié cette colonne, nous

IN pzincipio creauit deus celũ z terrã. Ca.i.
Terra aũt erat deserta z vacua:z tenebze sup
faciem abysli:z spũs dei insufflabat sup facie
aquax.Et dixit deus.Sit lux:z fuit lux.z vidit deus
lucẽ q esset bona.Et diuisit deus inter lucẽ z inter te
nebzas.appellauitqz deus lucẽ diẽ:z tenebzas voca=
uit nocte.Et fuit vespe z fuit mane dies vnus.Et di=
xit deus.Sit firmamentũ in medio aquax:z diuidat
inter aquas z aqs.Et fecit deus firmamentũ:et diui
sit iter aquas q erant subter firmamẽtuz:z inter aqs
q erant sup firmamentũ:z fuit ita. Et vocauit de9 fir
mamentũ celuz. Et fuit vespe z fuit mane dies scds.
Et dixit de9.Cõgregẽtur aque q sub celo sunt in locũ
vnum:z appareat arida.Et fuit ita. Et vocauit deus
aridã terrã: z locũ cõgregationis aquarũ appellauit
maria.Et vidit de9 qõ esset bonũ.Et dixit deus. Ger
minet terra germinationẽ herbe cui9 filius semẽtis
seminat:arbozẽqz fructiferã facientẽ fructus fm ge=
nus suũ: cuius filius semẽtis in ipso sit sup terrã. Et
fuit ita.Et pdurit terra germẽ herbe cuius filius se
mẽtis seminat fm genus suũ:et arbozẽ facientẽ fru=
ctus:cui9 filius semẽtis i ipso fm genus suũ.Et vidit

FIGURE 23. Un des premiers textes latins imprimés utilisant des espacements uniformément serrés, obtenu par une utilisation fréquente d'abréviations et de césures. Cet exemple provient de la même page que la figure 21.

pouvons en conclure que Giustiniani ne se donnait pas la peine d'obtenir des espacements égaux en changeant les mots. Par exemple, la figure 22, provenant des notes du psaume 6, montre deux lignes très serrées entourant une ligne très lâche dans le passage 'scriptum est [...] quod qui'. Si Giustiniani avait donné une grande importance aux espacements, il aurait utilisé la césure 'cog-nosces' ; l'autre solution potentielle, déplacer 'ad' à la ligne du dessus, n'aurait pas marché puisqu'il n'y a pas assez de place pour 'ad' sur la ligne lâche. Remarquez qu'une autre aide au découpage en lignes en latin consistait à cette époque à remplacer un m ou un n par un tilde sur la voyelle précédente (donnant par exemple 'premiũ' pour *premium* et 'mũdo' pour *mundo*) ; une extension de l'algèbre boîte/colle/pénalité serait nécessaire pour inclure de telles options dans l'algorithme de découpage en lignes de TEX. La raison pour laquelle Giustiniani n'a pas composé 'acceperũt' à la troisième ligne, pour gagner de la place, n'est pas claire puisqu'il avait de la place pour la césure de 'in-tellectum' ; peut-être n'avait-il pas assez de ũ dans la casse.

La figure 23 montre un texte justifié de la Polyglotte complutensienne, provenant de la traduction latine d'une traduction en araméen antérieure de l'hébreu originel. Le compositeur a été capable, un peu miraculeusement, de maintenir l'espacement uniformément serré dans le volume complet, en utilisant des abréviations et des césures fréquentes. À cinq endroits, comme à la figure 22, le trait d'union de la césure a été omis lorsqu'il n'y avait pas assez de place, par exemple 'diuisit' a été divisé sans caractère de trait d'union.

La grande Bible polyglotte suivante est la « Polyglotte royale d'Anvers » [1], conçue durant les années 1568 à 1572 par le remarquable imprimeur belge Christophe Plantin. De nombreuses copies de la *Polyglotte complutensienne* ayant été perdues en mer, le roi Philippe II en a autorisé une nouvelle édition qui prendrait également en compte les recherches récentes. Plantin était un homme très pieux, actif dans les cercles religieux pacifistes, pressé d'entreprendre ce travail ; mais lorsqu'il l'eut achevé, il le décrit comme « une corvée indescriptible, laborieuse et onéreuse ». Le 9 juin 1572, Plantin envoyât une lettre à l'un de ses amis, disant « Je suis stupéfait de ce que j'ai entrepris, une tâche que je ne recommencerais pas même si je recevais 12 000 couronnes en cadeau ». Mais, au moins, son travail fut très apprécié : Lucas de Bruges, écrivant en 1577, dit que « l'art de l'imprimeur n'a jamais produit rien de plus noble, ni de plus splendide ».

> ³² ³²Et ſtatim perrexerunt ad
> eos, & conſtituerunt aduer-
> ſus eos prœlium in die ſab-
> batorum , & dixerunt ad
> eos.

FIGURE 24. La version latine de Machabées 2 : 32 de la Polyglotte royale de Plantin d'Anvers, montrant comment il choisissait les espacements de la deuxième ligne en partant de la fin d'un paragraphe afin d'ajouter une ligne.

La Bible polyglotte de Plantin est presqu'entièrement justifiée avec des colonnes assez larges d'environ 42 caractères par ligne ; elle ne présente donc pas de problèmes particulièrement difficiles de découpage en lignes. Mais nous pouvons avoir une idée de sa méthode en étudiant le texte de l'Apocryphe, composé avec seulement 27 caractères par ligne. Il s'est arrangé pour que toutes les colonnes d'une page aient à peu près le même nombre de lignes, bien que ces colonnes soient écrites dans des langues différentes.

La figure 24 montre un exemple de passage tiré d'une page au texte latin relativement peu abondant, ce qui exige des paragraphes assez relâchés. Il semble que la page complète ait d'abord été composée puis que des ajustements aient été effectués chaque fois que la colonne en latin a été trouvée trop courte ; dans notre exemple, le mot 'eos' a été découpé pour avoir une nouvelle ligne et pour que la ligne précédente soit espacée. Le compositeur de Plantin ne s'est pas donné la peine de descendre 'sab-' dans cette ligne, bien que cela aurait évité une césure sans rendre l'espacement plus mauvais. La solution optimum aurait été d'éviter cette césure et d'effectuer une césure à la ligne précédente après 'ad-', parvenant ainsi à un espacement relativement uniforme.

La plus précise et la plus complète des Bibles polyglottes est la « Polyglotte de Londres » [41], imprimée par Thomas Roycroft et d'autres sous le règne de Cromwell entre 1653 et 1657. Cet énorme travail de 8 volumes comprend des textes en hébreu, en grec, en latin, en araméique, en syriaque, en arabe, en éthiopien, en samaritain et en perse, le tout accompagné de traductions latines ; elle a été acclamée comme « l'aboutissement typographique du dix-septième siècle ». Comme pour le travail de Plantin montré à la figure 24, un paragraphe desséré se termine souvent par une ligne non nécessairement serrée avec une césure suivie d'une ligne lâche suivie d'une ligne d'un seul mot ; il est donc clair que les compositeurs de Roycroft n'avaient pas le temps de faire des ajustements complexes de coupures de lignes.

Les césures ne faisaient clairement pas froncer les sourcils à cette époque, puisque presque 40% des lignes de la Polyglotte de Londres se terminent par une césure, quelle que soit la largeur de la colonne. Il n'est pas difficile de trouver des pages dans lesquelles il y a plus de lignes avec césure que sans ; dans la traduction latine de la version araméique de Genèse 4:15, même le mot de deux lettres 'e-o' est l'objet d'une césure ! Une telle pratique n'était pas exceptionnelle ; la Bible polyglotte de Hambourg de 1596 [42], par exemple, a plus de 50% de traits d'union contre la marge droite. La Polyglotte de Plantin et les notes du psautier de Giustiniani ont tous les deux un pourcentage de césures d'environ 40%, de même que beaucoup de manuscrits médiévaux. On considérait donc qu'il valait mieux avoir des marges régulières et de petits espacements plutôt que d'éviter de découper des mots.

Une des premières choses qui frappe un œil moderne lorsqu'il regarde ces vieilles Bibles est le traitement de la ponctuation. Remarquez, par exemple, qu'aucune espace n'apparaît après les virgules de la figure 22 et qu'une espace apparaît *avant* aussi bien qu'après l'une des virgules de la figure 24. On peut trouver les quatre possibilités 'espace avant/pas d'espace avant' et 'espace après/pas d'espace après' dans chacune des Bibles mentionnées ci-dessus, que ce soit pour les virgules, les points, les deux-points, les points-virgules et les points d'interrogation, tout ceci sans préférence apparente pour l'un des quatre choix bien qu'il soit relativement rare de mettre une espace avant un point. Giustiniani et Plantin pouvaient insérer de temps en temps une espace devant un point mais Roycroft ne l'a jamais fait. Les virgules ont commencé à être traitées comme des points sous cet aspect aux environs de 1700, mais les deux-points et les points-virgules ont été généralement précédés et suivis par des espaces jusqu'au 19-ième siècle*. De telles espaces supplémentaires étaient utiles pour la justification, bien sûr, et les imprimeurs savouraient évidemment cette option leur permettant d'omettre une espace après un signe de ponctuation. Roycroft pouvait même éliminer l'espace entre deux mots si nécessaire, lorsque le mot suivant commençait par une capitale (par exemple 'dixitDeus') ; apparemment le but principal de l'imprimeur était d'avoir un texte déchiffrable de façon non ambiguë, la lisibilité étant seulement d'une importance secondaire.

Les connaissances sur la façon d'accomplir le travail d'un métier tel que l'imprimerie se transmettaient à l'origine du maître aux apprentis et n'étaient pas expliquées au grand public ; nous ne pouvons donc que deviner ce que faisaient les premiers imprimeurs en regardant leurs résultats. Cette façon de garder les secrets du métier d'imprimeur déclina au 17-ième siècle, cependant [21], et un livre sur la façon de faire un livre fut même écrit : *Mechanick Exercises* [30] de Joseph Moxon, publié en 1683, fut pendant quarante ans parmi les premiers manuels d'imprimerie en toute langue. Bien que Moxon n'étudie pas les règles de césure et de ponctuation, il nous donne des informations intéressantes sur le découpage en lignes et la justification.

« Si le compositeur n'est pas fermement résolu à respecter lui-même strictement les règles du bon travail professionnel, il aura tendance à faire du *gâchis* », à savoir de mauvais découpages en lignes, d'après Moxon. L'« espace épais » normal entre deux mots, lorsqu'on commence à composer une ligne, est d'un quart de ce que Moxon appelle la taille du corps (un em) ; il parle également d'« espace fin » d'un septième de taille du corps ; un imprimeur qui respecte cette pratique devait donc la plupart du temps manipuler des espaces de $4,5$ et de $2,57$ unités, bien que de telles mesures ne soient qu'approximatives à cause des outils primitifs utilisés à cette époque. La procédure de Moxon de justification d'une ligne dont la largeurnaturellle est trop étroite consiste à insérer

---

*En anglais. Ils le sont toujours en français de nos jours. (ndt)

> If there be a long *word* or more left out, he
> cannot expect to *Get* that in into that *Line*, where-
> fore he muſt now *Over-run*; that is, he muſt put ſo
> much of the fore-part of the *Line* into the *Line*
> above it, or ſo much of the hinder part of the *Line*
> into the next *Line* under it, as will make room for
> what is *Left out* : Therefore he conſiders how *Wide*
> he has *Set*, that ſo by *Over-runing* the fewer *Lines*
> backwards or forwards, or both, (as he finds his help)
> he may take out ſo many *Spaces*, or other *Whites*
> as will amount to the *Thickneſs* of what he has *Left*
> *out* : Thus if he have *Set wide*, he may perhaps *Get*
> a ſmall *Word* or a *Syllable* into the foregoing *Line*; and
> perhaps another ſmall *Word* or *Syllable* in the follow-
> ing *Line*, which if his *Leaving out* is not much, may
> *Get* it in : But if he *Left out* much, he muſt *Over-run*
> many *Lines*, either backwards or forwards, or both,
> till he come to a *Break* : And if when he comes at
> a *Break* it be not *Gotten in* ; he *Drives* out a *Line*.
> In this caſe if he cannot *Get in* a *Line*, by *Getting*
> *in* the *Words* of that *Break* (as I juſt now ſhew'd you

FIGURE 25. Un extrait de la page 245 du volume 2 de *Mechanick Exercises*
de Joseph Moxon, le premier livre sur la façon d'imprimer. Ici Moxon
est en train de décrire la façon d'effectuer des corrections aux pages
déjà composées ; les espacements irréguliers trouvés dans son livre
sont certainement dûs en partie au fait que de telles corrections ont
été nécessaires. (Oui, les lignes sont bien de travers.)

des espaces fins entre un ou plusieurs mots afin de « remplir la mesure
trop rigide » et, si nécessaire, à revenir en arrière sur la ligne et de recommencer. « Un bon travail professionnel ne permettra pas vraiment plus
[que l'espace originel plus deux espaces fins], à moins que la *mesure* soit
trop courte, qu'en raison du peu de *mots* dans une *ligne*, la nécessité lui
impose de mettre plus d'*espaces* entre les *mots*. [...] Ces grands *blancs*
sont d'après les *compositeurs* (un sujet de scandale) appelés des *trous*
de pigeons [...] De la même façon que les *lignes* peuvent être beaucoup
trop *relâchées*, elles peuvent être trop *écrasées* ». [30, pages 214–215]

Remarquez que la procédure de justification de Moxon devrait normalement laisser un espacement irrégulier entre les mots d'une même
ligne, puisqu'il insère les espaces fins un par un. En fait, de tels décalages
étaient la norme dans les premiers livres imprimés, qui ressemblent aux
essais contemporains de justification sur une machine à écrire ou sur un
terminal d'ordinateur avec des espacements de largeur fixe. Par exemple, les proportions relatives des espaces de la troisième ligne du texte
de Plantin de la figure 24 sont approximativement 8 : 12 : 5 : 9 : 4 et

de la cinquième ligne de la figure 22 de Giustiniani 3 : 2 : 1. Le livre de Moxon lui-même (voir la figure 25) montre des variations extrêmes, violant fréquemment les règles qu'il a énoncées sur les espacements maximums et minimums entre deux mots.

On aimerait pouvoir dire que Moxon a décrit un algorithme de découpage en lignes particulier, comme la méthode de première ou de meilleure adaptation, mais en réalité il n'a jamais suggéré de procédure particulière, ni aucun de ses successeurs avant l'âge des ordinateurs ; ceci n'est pas surprenant, puisque les gens s'attendaient seulement à utiliser leur bon sens et non à suivre des règles rigides. Certaines des coupures de la figure 25, cependant, correspondent à un algorithme de première adaptation sous-jacent. Par exemple, la quantité de mauvaise qualité des lignes 1, 4 et 8 est certainement due aux longs mots du début des lignes 2, 5 et 9, puisque ces longs mots ne pouvaient pas tenir sur la ligne précédente à moins qu'une césure ne soit effectuée. Par ailleurs, on peut mieux expliquer l'espacement extrêmement ténu de la ligne 13 en supposant qu'un ou plusieurs mots ont été insérés pour corriger une erreur une fois la page composée. Nous ne pouvons pas déduire de façon satisfaisante la procédure du compositeur à partir du résultat final ; nous avons besoin de voir les premiers essais. Tout ce que nous pouvons conclure de certain est qu'il était peu question de revenir en arrière et de considérer à nouveau les lignes déjà composées à moins que ce ne soit absolument nécessaire. Par exemple, le paragraphe de la figure 25 aurait fait meilleure impression si la première ligne s'était terminée par 'can-' et la seconde par 'wherefore'.

> they may be all exactly the same length, it will almost always happen that the line will either have to be brought out by putting in additional spaces between the words, or contracted by substituting thinner spaces than those used in setting up the lines.   If the line by that alteration is not quite tight, an additional thin space may be inserted between such words as begin with j or end with f, and also after all the points, but they must, to look well, be put as near equally as possible between each word in the line, and after each sentence an em space is used.

FIGURE 26.
Les imprimeurs ne pratiquent
pas toujours ce qu'ils prêchent.

Le compositeur de Moxon était, cependant, supposé regardé en a-vant : « Lorsqu'en *composant*, il arrive près d'une *coupure* [c'est-à-dire de la fin d'un paragraphe], il doit regarder quelques *lignes* plus loin pour voir si cette *coupure* se terminera par un *blanc* raisonnable ; s'il trouve qu'il en sera ainsi, il est content, mais s'il trouve qu'il n'y aura qu'un *mot* lors de la *coupure*, soit il *compose* large pour avoir un mot ou plusieurs dans la *dernière ligne*, soit il *compose* serré pour inclure ce mot, puisqu'une *ligne* d'un seul mot ressemble presqu'à une *ligne blanche* qui, à moins qu'elle ne soit proprement placée, n'est pas plaisante à un œil curieux ». [30, page 226]

Un autre extrait, d'un manuel d'imprimerie de Londres [7] cette fois-ci, est montré à la figure 26 ; celui-ci date de 1864 et non plus de 1683. Bien que l'auteur dise que les espaces de justification doivent être aussi régulières que possible, celui qui a composé ce livre n'a pas suivi les instructions qu'il contient ! Seul un des beaux livres considéré ci-dessus a des espaces qui semblent régulières, à savoir la Polyglotte complutensienne. En fait, les imprimeurs ont très rarement réalisé de vrais espacements uniformes jusqu'à ce que des machines comme la Monotype et la Linotype rendent, à la fin du dix-neuvième siècle, cette tâche plus facile ; ces nouvelles machines, en insistant sur la vitesse, ont tellement changé la philosophie de la composition que la qualité du découpage en lignes a décru au moment où l'espacement devenait uniforme : les compositeurs ne pouvaient pas s'offrir le luxe de revenir en arrière et de considérer à nouveau les coupures des lignes antérieures alors qu'on s'attendait à ce qu'ils produisent tant d'ems de caractères en plus à l'heure.

Le découpage en lignes de la figure 26 est relativement bien fait en dépit des espacements irréguliers, étant donné que le compositeur a voulu éviter une césure ainsi qu'une coupure psychologiquement mauvaise dans la phrase 'with j'. Le mot 'but' aurait, cependant, pu être avantageusement remonté à la neuvième ligne.

Les plus beaux espacements certainement jamais réalisés dans un livre composé se trouvent dans *The Art of Spacing* [5] de Samuel A. Bartels (1926). Ce livre a été composé à la main par l'auteur ; il contient à peu près 50 caractères par ligne. Il n'y a ni ligne trop lâche, ni césure ; la dernière ligne de chaque paragraphe remplit toujours au moins 65% de la largeur de la colonne et se termine à au moins un em de la marge droite. Bartels a dû changé sa formulation originelle plusieurs fois avant d'en arriver là ; un auteur lui-même compositeur peut clairement accroître l'apparence d'un livre.

Des ordinateurs généralistes ont été pour la première fois appliqués à la composition par Georges P. Bafour, André R. Blanchard et François H. Raymond en France. Ils ont déposé une demande de brevet pour leur invention en 1954. (Ils ont obtenu leurs brevets français et britannique en 1955 et américain en 1956 [2, 3].) Ce système portait une attention toute particulière aux césures ; ses auteurs ont certainement été les premiers à formuler une méthode de découpage une ligne à la fois d'une

> **Le bon sens est la chose du monde
> la mieux partagée: car chacun pense
> en être si bien pourvu que ceux même
> qui sont les plus difficiles à contenter
> en toute autre chose n'ont point cou-
> tume d'en désirer plus qu'ils en ont. En
> quoi il n'est pas vraisemblable que tous**

FIGURE 27. Voici un spécimen du résultat produit en 1958 par le premier système de composition contrôlé par ordinateur dans lequel toutes les coupures étaient choisies automatiquement.

façon systématique. La figure 27 montre un spécimen de leurs résultats, une démonstration à l'Imprimerie Nationale de 1958. Dans cet exemple, le mot 'en' n'a pas été placé à la seconde ligne car leur méthode avait tendance à favoriser un peu les lignes lâches : chaque ligne devait contenir aussi peu de caractères que possible à condition que la ligne soit faisable et que l'addition des K caractères suivants ne soit pas faisable, où K était une constante ; leur méthode était fondée sur un examen en avant en K étapes.

Michael P. Barnett a commencé à expérimenter la composition informatique au M.I.T. en 1961 ; le travail de son groupe au *Cooperative Computing Laboratory* est devenu très influent aux U.S.A. Le système *troff* [31] actuellement en usage dans beaucoup de centres de calculs est, par exemple, un descendant du système PC6 de Barnett [4], *via* d'autres systèmes appelés RUNOFF et NROFF. D'autres descendants sont les systèmes PAGE-1, PAGE-2 et PAGE-3, qui ont été très utilisés dans l'industrie de la composition [22, 25, 34]. Tous ces programmes utilisent la méthode de première adaptation de découpage en lignes décrite ci-dessus.

À peu près au même moment où Barnett commençait ses études de composition informatique au M.I.T., un autre projet important de recherche universitaire ayant des buts analogues débutait au *Computing Laboratory* de l'université de Newcastle-Upon-Tyne sous la direction de John Duncan. Le découpage en lignes fut l'un des premiers sujets étudiés de façon intensive par son groupe ; ils ont conçu un programme pouvant trouver une façon possible de composer un paragraphe sans césure, s'il existe une telle suite de coupures possibles, étant donnés des valeurs minimum et maximum pour les espacements entre mots. Leur programme travaillait en gros en revenant sur toutes les possibilités, en les traitant dans l'ordre lexicographique inverse (c'est-à-dire en partant du premier point d'interruption b_1 aussi grand que possible et en utilisant la même méthode de façon récursive pour trouver des coupures possibles $(b_2, b_3, \ldots)$ dans la suite du paragraphe, en diminuant alors b_1 et en répétant le processus si nécessaire). Il pouvait ainsi soit trouver la suite de points d'interruption lexicographiquement la plus grande possible, soit conclure qu'il n'y en avait pas ; dans ce dernier cas, on essayait des césures. Ce fut la première série d'expériences systématiques de traitement du problème de découpage en lignes considérant un paragraphe comme un tout au lieu de travailler ligne par ligne.

Aucune distinction n'était effectuée dans ces premières expériences entre une suite de points d'interruption possibles et une autre ; le seul critère était de savoir si l'espacement entre mots pouvait tenir dans un certain intervalle sans avoir besoin de césure. Duncan a trouvé que lorsque la largeur des lignes était de 603 unités, il était possible d'éviter virtuellement toute césure si on permettait aux espacements de varier entre 3 et 12 unités* ; avec des lignes de 405 unités, cependant, des césures étaient nécessaires dans 3% des cas afin de demeurer dans ces limites relativement généreuses et lorsque la largeur des lignes n'était plus que de 288 unités, le pourcentage de césures montait à 12 ou 16% suivant la difficulté du texte à composer. Pour des intervalles plus rigoureux, tel que des espacements de 4 à 9 unités utilisés dans la plupart des exemples considérés ci-dessus, on a trouvé qu'il était nécessaire d'avoir plus de 4% de césures pour des lignes de 603 unités et de 30 à 40% pour des lignes de 288 unités. Cependant, ces pourcentages sont plus grands que nécessaires car le programme de Newcastle ne recherchait pas le meilleur endroit auquel insérer une césure : lorsqu'il n'y avait pas de façon possible de composer plus de k lignes, on effectuait une césure à la $(k+1)$-ième ligne et on recommençait le processus. Une césure due à cette méthode avait tendance à en créer plus dans le même paragraphe, puisque la première ligne d'un paragraphe ou d'un paragraphe artificiellement recommencé est celle qui a le plus besoin de césure. On peut voir des exemples de réalisation dans l'article dans lequel la méthode a été introduite [13], en utilisant des espaces de 4 à 15 unités pour les six premières pages et de 4 à 12 unités pour le reste, ainsi que dans l'exposé de Duncan [14]. Ces articles étudient également des raffinements possibles de la méthode, une des idées étant d'essayer d'éviter des lignes lâches après des lignes serrées d'une façon non spécifiée, une autre d'essayer d'abord la méthode avec

---

* Pour des textes écrits en anglais (ndt).

des intervalles d'espacement stricts puis d'accroître la tolérance avant de recourir aux césures.

De tels raffinements ont été poursuivis bien plus en avant par P. I. Cooper chez *Elliott Automation*, qui a conçu un système expérimental sophistiqué de traitement des paragraphes complets [9]. Le système de Cooper ne fonctionnait pas qu'avec des paramètres d'espacement minimum et maximum ; il divisait aussi les espacements admissibles entre mots en secteurs différents qui abondaient des « scores de pénalité » différents. Il associait des pénalités aux espaces de chaque ligne et il leur ajoutait des pénalités supplémentaires fondées sur les secteurs d'espacement respectifs de deux lignes consécutives. Le but était de minimiser la pénalité totale nécessaire pour composer un paragraphe donné. Son modèle était donc assez semblable à celui de TEX, étudié ci-dessus, à part que tous les espaces étaient équivalents les uns aux autres et que des problèmes particuliers comme celui des césures n'étaient pas traités.

Cooper a dit que son programme « emploie une technique mathématique connue sous le nom de "programmation dynamique" » pour choisir la composition optimum. Il n'a, cependant, donné aucun détail ; d'après les exigences énoncées en ce qui concerne la mémoire informatique, il apparaît que son algorithme n'était qu'une approximation de la vraie programmation dynamique en ce sens qu'il ne devait prendre en compte que la somme des pénalités optimum pour chaque point d'interruption et non pour chaque paire (point d'interruption, secteur). Son algorithme était donc certainement analogue à la méthode donnée dans l'appendice ci-dessous.

Malheureusement, la méthode de Cooper était en avance sur son temps ; le consensus en 1966 était que de telles ressources en temps de calcul et en espace mémoire étaient prohibitivement onéreuses. De plus, sa méthode n'a été évaluée que sur le nombre de césures qu'elle évitait et non sur le meilleur espacement qu'elle donnait pour les lignes sans césure. Par exemple, le résumé des travaux de J. L. Dolby [12] comparait la procédure de Cooper de façon défavorable par rapport à ceux de Duncan puisque la méthode de Newcastle évitait le même nombre de césures avec un programme moins complexe. En fait, Cooper dépréciait lui-même sa méthode avec une modestie et des précautions inhabituelles lorsqu'il en parlait : il a dit que « ces recherches ne répondent pas au point de vue selon lequel on devrait donner à [ma méthode] une recommandation générale et enthousiaste. [...] Il a été admis [...] que, en termes généraux, une amélioration esthétique n'est ni prévisible ni mesurable ». Sa méthode a été vite oubliée.

Rétrospectivement, nous pouvons voir que le défaut de la méthode par ailleurs admirable de Cooper était la façon dont il traitait les césures : aucun compromis entre les lignes avec césure et les lignes se faisant sans césure n'était fait ; de plus, on devait redémarrer la méthode après chaque insertion de césure. Les césures avaient donc tendance à s'accumuler comme dans les expériences de Duncan.

Une autre méthode de découpage en lignes a été récemment entreprise par A. M. Pringle de l'université de Cambridge, qui a conçu une procédure appelée *Juggle* [36]. Son algorithme utilise la méthode de meilleure adaptation sans césure jusqu'à ce qu'il en arrive à une ligne qu'il ne peut pas ajuster ; il appelle alors une procédure récursive *pushback* qui essaie de remonter dans le texte précédent un mot de la ligne qui pose problème. Si *pushback* n'arrive pas à résoudre le problème, une autre routine récursive *pullon* essaie de descendre un mot. Une césure est essayée seulement si *pullon* échoue aussi. *Juggle* essaie donc de simuler la façon de faire d'un ouvrier méthodique super-consciencieux du bon vieux temps de la composition manuelle. Le retour en arrière récursif peut, cependant, prendre beaucoup de temps par rapport à la méthode par programmation dynamique et on n'est pas sûr de trouver une suite optimum de coupures ; par exemple, la figure 2 serait obtenue au lieu de la figure 3. De plus, il y a des cas inhabituels pour lesquels des solutions possibles existent mais que *Juggle* ne trouvera pas ; il peut être faisable, par exemple, de remonter deux mots mais pas un seul.

Hanan Samet a suggéré une autre mesure d'optimalité dans son travail récent sur le découpage en lignes [38]. Puisque toutes les méthodes de composition d'un paragraphe en un nombre de lignes donnée comportent la même quantité d'espaces blancs, il indique que l'espacement moyen entre mots dans un paragraphe est en gros indépendant des points d'interruption (si nous ignorons les césures et le fait que la dernière ligne est différente). Il suggère donc que la *variance* des espaces entre mots soit minimisée et il propose un algorithme « de descente » (*downhill algorithm* en anglais) qui déplace les mots entre les lignes jusqu'à ce qu'aucune telle tranformation locale ne puisse plus diminuer la variance.

Le premier éditeur de magazine à utiliser un système d'aide informatique à la composition fut *Time Inc.* de New York, dont les décisions de découpage en lignes furent mises en place en 1967. D'après les commentaires de H. D. Parks datant de cette époque [32], le découpage en ligne était déterminé une ligne à la fois en utilisant une variante de l'algorithme de première adaptation que nous pourrions appeler « adaptation serrée » (*tight-fit* en anglais) ; il donne le plus de mots par ligne tout en n'effectuant une césure que si nécessaire ; il est équivalent à la

FIGURE 28. Cet exemple est fondé sur l'espacement d'un numéro récent
du magazine *Time*, dont toutes les lettres ont été remplacées par
des ɪɪ de différentes largeurs. Si le texte était lisible, le découpage en
lignes de la version B (effectué par l'algorithme d'adaptation totale
de TEX) aurait moins tendance à distraire que celui de la version A.
De plus, la version B n'oblige pas à écarter les lettres.

méthode de première adaptation dont l'espacement normal entre mots
est minimum. La méthode d'adaptation serrée avait été utilisée auparavant sur le système de composition de caractères IBM 1620 dont une
démonstration a eu lieue en 1963 (voir Duncan [14, pages 159–160]) ; il
est raisonnable de supposer qu'en gros la même méthode a été transférée
au groupe *Time* lorsqu'il a consacré ses deux ordinateurs IBM 360/40 à
la composition [33].

nn Nnınn nı Nnnını Nnnınını Nnnnnını ıu nnı ınıı n nnnnnın, nnı nn ırırnıın—ınn ınınnnı, nnn nınnn- nın ını ınıı, ın nıınnın. Nnnnnnnn 15% nı ınn nnnın'ı ınnn ınnınnı, ınn Nnnını Nnınn ınınınnnı ınnı n nınınıı nı nıınnnı nnınnını ın Nnnınn Nnnnnn ın ınn Nnnınn Nnnnıı nıı ınn ıın nı Nınınn, nnınıı ınn nnnnınnnı nnn nınnnn ıırı nnnnı; ınnı ınnn 3,000 nınıı—ınnnnın ınn nıınnnın ınnı Nnr Nnın ın Nnn Nınnnıın—ınnnınn ını ını ıınız nı ınn Nın-ıın Nnnnn ınnrı ınn ınn-nnınnn Nnın Nnr Nnnnı. Nnn 262.4 nıınnn nıınnnı nı ınn N.N.N.N. nnınnn ın rnın ınnn 100 nnnnn nnn nınır nnnnnı ınnr Nnnınnınnı, Nnını, Nnnnnı nnn nnnnınıı Nnnınnn ıınnı. Nnnı nnnnınnrını nnnnnnı ın ınnr, ın Nnıınn, nnnnı ınn ınnnırı rıınnr nı n 19ın nnnnnn Nnırnn nınnıı. Nnnn, nnrınnnı, ınnnn ın rnın ınnn 100 nnnnnn nnn nnının Nnnnnn, Nnn, Nnnnnn, Nınn, nı ınn nnırıını ıınıı nı nnrrnnın nnnınnı ın ınn ını nnnın.

nn Nnınn nı Nnnını Nnnınını Nnnnnınıı ıı nnı ınıı n nnnnnın, nnı nn ırırnıın—ınn ınınnnı, nnn nınnn-nın ını ınıı, ın nıınnın. Nnnnnnnn 15% nı ınn nnnın'ı ınnn ınnınnı, ınn Nnnını Nnınn ıınınnnı ınnrı n nınınıı nı nıınnnı nnınnını ın Nnnnnn Nnnnn ın ınn Nnnınn Nnnnn nıı ınn ıın nı Nınnnn, nnnnıı ırn nnn-ıınnnnı nnn nınnnn ıırı nnnnı; rnın ınnn 3,000 rnnı—ınnnnın ınn nıınnnn ınnr Nnr Nnın ın Nnn Nnnnıınn—ınnnınn ını ını ıınıı nı ınn Nnnın Nnnnn ınnrı ınn ınn-nnnnnn Nnın Nnr Nnnnı. Nnn 262.4 rıınnn nıınnnı nı ınn N.N.N.N. nnınnn ın rnın ınnn 100 nnnnn nnnnnı nnn ıınır nnnnnı ınnr Nnnın-nınnı, Nnını, Nnnnnı nnn nnnnınıı Nnnınnn ıınnnı. Nnnı nnnnınnrını nnnnnnı ın ınnr, ın Nnıınn, nnnnı ınn ınnnırı rıınnr nı n 19ın nnnnnn Nnırnn nınnıı. Nnnn, nnrınnnı, ınnnn ın rnın ınnn 100 nnnnnı nnn nnnnnın Nnnnnn, Nnn, Nnnnnn, Nınn, nı ınn nnı-rıınn ınınıı nı nnrnnnın nnnnınn ın ınn ını nnnın.

Nnnını nnn nnrrnn nnınınınn nnnn nnnnrnn ınn Nnnını Nnınn rıın nnnın nnn nnrnı. Nnn nnnnınınnı nnnınnnrınnı nı ınn N.N.N.N. ın rıınnn, nnınnnınnn nnn nnnnnn nnnnnnnınn ıınıı

Nnnını nnn nnrrnn nnınınınn nnnn nnnnrnn ınn Nnnını Nnınn rıın nnnın nnn nnrnı. Nnn nnnnınınnı nnnınnnrınnı nı ınn N.N.N.N. ın rıınnn, nnınnnınınn nnn nnnnnn nnnnnnnınn ıınıı

FIGURE 29. Étant donné le « problème du magazine *Time* » de la figure 28, TEX fait bien mieux s'il lui est permis de choisir le nombre optimum de lignes. La version B de la figure 28 avait été produite avec une quantité de mauvaise qualité de 1, afin d'obliger le premier paragraphe à se terminer juste en-dessous de l'illustration rectangulaire. Avec une quantité de mauvaise qualité de 0, plus de texte tient dans l'étroite colonne.

Puisque la version finale du logiciel du *Time* a été revu maintes fois, et puisqu'une intervention manuelle et des corrections de dernière minute changent les décisions de découpage en lignes, il est impossible de déduire l'algorithme réellement utilisé pour les articles du *Time* en examinant seulement les pages imprimées ; mais il est tentant de spéculer sur la façon dont l'algorithme d'adaptation totale pourrait améliorer l'apparence de telles publications. La figure 28 montre un exemple intéressant fondé sur la page 22 du *Time* daté du 23 juin 1980 ; la version A montre l'espacement publié et la version B ce que le nouvel algorithme aurait produit dans les mêmes conditions. Toutes les lettres du texte ont été remplacées par des n de largeur correspondante de façon à ce qu'il n'y ait pas de problème de droits d'auteur et que nous puissions nous concentrer uniquement sur les espacements ; cependant, cette façon de faire rend les mauvais espacements moins pénibles, puisque le lecteur n'a pas autant la tête ailleurs lorsque le texte n'a pas de sens.

La chose la plus intéressante à propos de la figure 28 est que la dernière ligne du premier paragraphe se termine contre la marge droite afin de compenser proprement la photographie insérée ; la photographie est en réalité transférée dans la colonne de droite. La version A montre comment l'effet désiré a été obtenu en étirant les trois dernières lignes, ce qui laisse de grands trous ayant certainement attiré l'œil curieux de plus d'un lecteur ; la version B montre comment l'algorithme optimisant est capable de façon presque magique de voir en avant et de faire les choses presque parfaitement. Peut-être même plus important est le fait que la version B évite l'écartement des lettres (*letterspacing* en anglais) qui détériore l'apparence des lignes 6, 9, 10, 23 et 32 de la version A.

L'écartement des lettres, c'est-à-dire l'insertion de petits espaces entre les lettres d'un mot de façon à rendre les grands espacements entre mots moins visibles, pourrait facilement être incorporé dans le modèle boîte/colle/pénalité, mais cette façon de faire est presqu'universellement dénoncée par les compositeurs. Par exemple, De Vinne [11, page 206] dit que l'écartement des lettres est impropre même lorsque les colonnes sont si étroites que certaines lignes ne doivent contenir qu'un seul mot ; Bruce Rogers [37, page 88] dit qu'« il est préférable de placer tous les espaces supplémentaires entre les mots même si les « trous » en résultant sont troublants pour l'œil ». Même un quart d'unité d'espacement entre les lettres rend les mots très différents. Les règles de style de l'U.S. *Congressional Record* [40] stipulent qu'« en général, les opérateurs doivent éviter de larges espacements. Cependant, aucun écartement des lettres n'est permis ». L'algorithme d'adaptation totale fait donc son possible pour s'adapter plus facilement aux règles existantes.

L'idée d'appliquer la programmation dynamique au découpage en lignes est apparue à D. E. Knuth en 1976 après que le professeur Leland Smith, du département de musique de Stanford, lui ait posé une question apparentée à propos de la disposition de la musique sur une page.

Durant une discussion ultérieure avec des étudiants dans un séminaire de résolution de problèmes (voir Clancy et Knuth [8]), quelqu'un a indiqué qu'en gros la même idée pourrait s'appliquer aussi bien aux mots d'un paragraphe qu'aux barres en musique. Le modèle boîte/colle/pénalité a été conçu par Knuth en avril 1977 lorsqu'une première version de TEX était envisagée, bien qu'il ne savait pas à cette époque si un algorithme optimisant général pourrait être implémenté avec une efficacité suffisante pour une utilisation pratique. Knuth était divinement ignorant des expériences de Cooper, supposées sans succès, utilisant la programmation dynamique, sinon il en aurait inconsciemment complètement rejeté l'idée avant même de la poursuivre.

L'été 1977, M. F. Plass a introduit l'idée des points d'interruption potentiels (*feasible breakpoint* en anglais) dans l'algorithme originel de Knuth afin de limiter le nombre de possibilités actives tout en trouvant encore la solution optimum, à moins que l'optimum ne soit intolérablement mauvais. Cet algorithme a été implémenté dans la première version complète de TEX (mars 1978) ; il marchait bien. La puissance inattendue des primitives boîte/colle/pénalité devint petit à petit claire durant les deux années suivantes d'expérience avec TEX ; lorsque l'utilisation un peu sauvage des paramètres négatifs fut découverte (comme dans les exemples du Pascal et des *Math Reviews* des figures 10 et 11), les auteurs ont déniché des bogues subtils dans l'implémentation originale.

Finalement il devint souhaitable d'ajouter plus de fonctionnalités à la procédure de découpage en lignes de TEX, en particulier la possibilité de varier les largeurs de lignes avec plus de flexibilité qu'une simple indentation suspendue. À ce moment, un défaut plus fondamental dans l'implémentation de 1978 apparut, à savoir qu'elle ne maintenait qu'au plus un nœud actif pour chaque point d'interruption, même si un même point d'interruption pouvait être possible pour des lignes différentes ; ceci signifiait que l'algorithme pouvait passer à côté de certaines façons de composer un paragraphe, en présence d'une indentation suspendue suffisamment longue. Un nouvel algorithme fut donc conçu au printemps 1980 pour remplacer la méthode précédente de TEX. À ce moment les raffinements sur la mauvaise qualité (*looseness*) et les lignes adjacentes mal appariées furent également introduits ; TEX utilise alors en gros l'algorithme d'adaptation totale étudié en détail ci-dessus.

Problèmes et raffinements

Une restriction malheureuse demeure dans TEX, même si elle n'est pas inhérente au modèle boîte/colle/pénalité : lorsqu'une coupure s'effectue au milieu d'une ligature (par exemple si 'efficient' devient 'ef-ficient'), le calcul de la largeur des caractères est plus compliqué que d'habitude. Nous devons tenir compte, non seulement du fait qu'un trait d'union a une certaine largeur, mais aussi du fait que 'f' suivi de 'fi' est plus large que 'ffi'. Le même problème survient lors de la composition des textes allemands, où certains mots composés changent d'orthographe lorsqu'il y a une césure (par exemple 'backen' devient 'bak-ken' et 'Bettuch' devient 'Bett-tuch'). TeX ne permet pas de telles variations optionnelles d'orthographe pour l'instant [1980] : il insère seulement un caractère de trait d'union optionnel parmi d'autres caractères inchangeables. Une intervention manuelle est nécessaire dans les rares cas où une coupure plus compliquée ne peut pas être évitée.

Il est intéressant de voir comment faire pour étendre l'agorithme d'adaptation totale de façon à ce qu'il puisse traiter les cas tels que l'amoindrissement des m et des n de la figure 22. La fonction donnant la quantité de mauvaise qualité d'une ligne ne devrait pas ne dépendre que de sa largeur naturelle, de son élasticité et de sa contractibilité ; elle devrait aussi dépendre du nombre de m et de n sur cette ligne. Une technique analogue pourrait être utilisée pour composer l'hébreu biblique, qui n'a jamais de césure : les fontes hébreux consacrées aux textes sacrés comprennent généralement des variantes larges de certaines lettres de façon à ce que les caractères d'une ligne puissent être remplacés par leur contrepartie plus large afin d'éviter de larges espacements entre les mots. Il existe, par exemple, un aleph super-étendu en plus de l'aleph normal. Une fonction de la quantité de mauvaise qualité pour les lignes de tels paragraphes tiendrait compte du nombre de caractères à double largeur présents.

Le problème non anticipé le plus sérieux qui survint avec la procédure de découpage en lignes de TeX est le fait que l'arithmétique à virgule flottante était utilisée pour les calculs de quantité de mauvaise qualité, de quantité de faute, etc., dans les premières implémentations. Ceci a conduit à des résultats différents sur des ordinateurs différents, puisqu'il existe beaucoup de diversité dans le traitement existant de la virgule flottante et qu'il existe souvent deux choix de points d'interruption ayant presque la même quantité de faute. Il est important d'être capable de garantir que toutes les versions de TeX composeront les paragraphes de la même façon, puisque la possibilité de corriger les épreuves, d'éditer et d'imprimer un document sur des sites différents est devenue la règle. La version « standard » de TeX, prévue pour 1982, utilisera donc une arithmétique à virgule fixe pour tous ses calculs.

Les livres de composition traitent souvent d'un problème qui peut avoir des conséquences des plus sérieuses pour la composition lâche, à savoir les trous d'espaces blancs appelés « dents de chien », « lézards » ou « rivières ». De tels vilains motifs, s'étalant sur plusieurs lignes et détournant l'œil du lecteur, ne peuvent pas être eliminés par une technique efficace aussi simple que la programmation dynamique. Heureusement, cependant, le problème ne survient presque jamais lorsqu'on utile l'algorithme d'adaptation totale, puisque l'ordinateur est en général capable de trouver une manière de composer les lignes avec des espacements assez faibles. Les rivières ne commencent à apparaître que lorsque le seuil de tolérance ρ a été positionné à une valeur haute pour une raison ou une autre, par exemple à la figure 7 où une colonne inhabituellement étroite est en train d'être justifiée. Un autre cas conduisant quelquefois à des rivières survient lorsque le texte d'un paragraphe tombe dans un motif strictement mécanique, comme lorsqu'un journal donne la liste des invités à un grand dîner. De nombreuses expériences avec TEX ont montré, cependant, que l'élimination manuelle des rivières n'est presque jamais nécessaire lorsqu'on utilise l'algorithme d'adaptation totale.

Le modèle boîte/colle/pénalité s'applique aussi bien à la dimension verticale qu'à la dimension horizontale ; TEX est donc capable d'effectuer des décisions relativement intelligentes sur l'endroit où débuter chaque nouvelle page. Les astuces que nous avons étudiées pour des choses telles que la composition irrégulière à droite correspondent aux astuces verticales analogues pour des choses telles que la composition « à bas irréguliers » (*ragged-bottom setting* en anglais). Cependant, l'implémentation actuelle de TEX ne garde chaque page en mémoire que jusqu'à ce qu'elle ait été affichée ; TEX ne peut pas stocker un document en entier et trouver un découpage en pages strictement optimum en utilisant l'algorithme que nous avons présenté pour le découpage en lignes. La méthode de meilleure adaptation est donc utilisée pour afficher une page à la fois.

On expérimente à l'heure actuelle une version en deux passes de TEX qui trouve le découpage en page optimum global. Ce système expérimental aidera également à positionner les illustrations aussi près que possible de l'endroit où elles sont citées dans le texte, en tenant compte du fait que certaines pages sont en face l'une de l'autre. Certains de ces problèmes peuvent être résolus en étendant la technique de programmation dynamique et le modèle boîte/colle/pénalité de cet article, mais on peut montrer que d'autres problèmes très apparentés sont NP-complets [35].

Appendice : un algorithme épuré

Certaines applications du découpage en lignes (par exemple aux traitements de texte et aux journaux) ne nécessitent pas toute la machinerie de l'algorithme optimisant général décrit dans le texte ci-dessus ; il est possible de considérablement simplifier la procédure générale de façon à diminuer les exigences de ressource en temps et en espace, à condition d'être d'accord pour simplifier les spécifications du problème et de tolérer une exécution moins optimale lorsqu'une césure est nécessaire. Le programme d'« adaptation sous-totale » (*subtotal-fit program* en anglais) ci-dessous est largement suffisant pour découvrir le découpage en lignes de la figure 3 ou de la figure 4(c) mais ne permettra pas de traiter les exemples les plus compliqués. Plus précisément, le programme épuré (*stripped-down program* en anglais) suppose :

a) qu'au lieu du modèle général boîte/colle/pénalité, l'entrée soit spécifiée par une suite $w_1 \ldots w_n$ de largeurs de boîte positives représentant les mots du paragraphe et de la ponctuation associée, ainsi que par une suite $g_1 \ldots g_n$ de petits entiers spécifiant le type d'espacement à utiliser entre les mots. Nous pouvons avoir, par exemple, $g_k = 1$ lorsqu'un espacement normal entre deux mots suit la boîte de largeur w_k mais $g_k = 2$ lorsqu'il n'y a pas besoin d'espace parce que la boîte k se termine par un trait d'union de césure ou $g_k = 3$ lorsque la boîte k est la fin du paragraphe. On peut utiliser d'autres types de codes après un signe de ponctuation. À chaque type correspondent trois nombres positifs (x_g, y_g, z_g) représentant respectivement l'espacement normal, l'élasticité et la contractibilité du type correspondant d'espacement. Par exemple, si les types 1, 2 et 3 sont utilisés avec les significations suggérées ci-dessus, nous pourrions avoir :

$$(x_1, y_1, z_1) = (6, 3, 2) \quad \text{entre deux mots}$$
$$(x_2, y_2, z_2) = (0, 0, 0) \quad \text{après un trait d'union ou une}$$
$$\text{césure explicite}$$
$$(x_3, y_3, z_3) = (0, \infty, 0) \quad \text{pour remplir la dernière ligne}$$

en termes de $\frac{1}{18}$em d'unité, où ∞ signifie un grand nombre donné. La largeur w de la première boîte doit inclure l'espace blanc nécessaire pour l'indentation du paragraphe ; le conte de Grimm pris en exemple à la figure 1 doit donc être représenté par :

$$w_1, \ldots, w_n = 34, 42, \ldots, 24, 39, 30, \ldots, 60, 80$$
$$g_1, \ldots, g_n = 1, 1, \ldots, 1, 2, 1, \ldots, 1, 3$$

correspondant à :

'□In', 'olden', ..., 'old', 'lime-', 'tree', ..., 'favorite', 'plaything.'

respectivement, en utilisant les largeurs de la table 1. Les suites d'entrée générales $w_1 \ldots w_n$ et $g_1 \ldots g_n$ peuvent être exprimées dans le modèle boîte/colle/pénalité par la spécification équivalente :

$$\text{box}(w_1)\ \text{glue}(x_{g_1}, y_{g_1}, z_{g_1})\ \ldots\ \text{box}(w_n)\ \text{glue}(x_{g_n}, y_{g_n}, z_{g_n})$$

suivie de 'penalty$(0, -\infty, 0)$' pour terminer le paragraphe.

b) que toutes les lignes aient la même largeur l et que chacun des w_k est plus petit que l.

c) qu'il n'y aura aucune césure à moins qu'il n'y ait pas de manière de composer le paragraphe sans violer les contraintes d'espacement minimum et maximum. Le minimum pour les espacements du type g est :

$$z'_g = x_g - z_g$$

et le maximum :

$$y'_g = x_g + \rho y_g,$$

où ρ est une tolérance positive que l'utilisateur peut faire varier. Par exemple, si $\rho = 2$ le maximum du type d'espacement g est $x_g + 2y_g$, la quantité normale plus deux fois son élasticité.

d) qu'une césure n'est effectuée qu'en un point où un découpage en lignes réalisable devient impossible, même s'il vaut mieux effectuer une césure sur un mot antérieur. L'algorithme général d'adaptation totale du texte donnera donc de bien meilleurs résultats lorsqu'une sortie de grande qualité est souhaitée et que des césures sont souvent nécessaires.

e) qu'aucune pénalité n'est donnée pour une ligne serrée proche d'une ligne lâche ou pour des lignes consécutives avec césure ou lorsque l'algorithme donne des paragraphes plus longs ou plus courts que la longueur optimum. (En d'autres termes, $\alpha = \gamma = q = 0$ dans l'algorithme général.)

Avec ces restrictions, on peut trouver les points d'interruption optimums avec plus d'efficacité.

L'algorithme d'adaptation sous-totale manipule deux tableaux :

$$s_0 s_1 \ldots s_{n+1},$$

où s_k désigne la somme minimum des qunatités de faute donnant lieu à une coupure après la boîte k, ou $s_k = \infty$ s'il n'existe pas de façon faisable de couper à cet endroit, et :

$$p_1 \ldots p_{n+1},$$

où p_k n'a de signification que si $s_k < \infty$, auquel cas la meilleure façon de terminer une ligne par la boîte k est de la commencer par la boîte $p_k + 1$. Nous supposerons aussi que :

$$w_{n+1} = 0 \, ;$$

ce qui représente une boîte invisible à la fin de la dernière ligne du paragraphe.

Outre les $4n + 4$ emplacements mémoire $w_1 \ldots w_{n+1}$, $g_1 \ldots g_n$, $s_0 \ldots s_{n+1}$ et $p_1 \ldots p_{n+1}$ des tableaux et les emplacements mémoire nécessaires pour les paramètres l, ρ et (x_g, y'_g, z'_g) pour chaque type g, l'algorithme épuré n'a besoin que de quelques autres variables :

$a = $ le début du paragraphe (normalement 0,
      changé après une césure) ;

$k = $ le point d'interruption considéré ;

$j = $ le point d'interruption considéré comme prédécesseur de k ;

$i = $ le point d'interruption le plus à gauche qui pourrait
      précéder k ;

$m = $ le nombre de points d'interruptions actifs (c'est-à-dire
      d'indices $j \geq i$ avec $s_j < \infty$) ;

$\Sigma = $ la largeur normale d'une ligne de i à k ;

$\Sigma_{\max} = $ la largeur maximum réalisable d'une ligne allant de i à k ;

$\Sigma_{\min} = $ la largeur minimum réalisable d'une ligne allant de i à k ;

$\Sigma' = $ la largeur normale d'une ligne allant de j à k ;

$\Sigma'_{\max} = $ la largeur maximum réalisable d'une ligne allant de j à k ;

$\Sigma'_{\min} = $ la largeur minimum réalisable d'une ligne allant de j à k ;

$r = $ la proportion d'ajustement de j à k ;

$d = $ la quantité de faute totale de a à $\cdots$ à j à k ;

$d' = $ la quantité de faute totale minimum connue de a à $\cdots$ à k ;

$j' = $ le prédécesseur de k qui conduit à une faute totale de d',
      si $d' < \infty$.

Toutes ces variables sont des entiers sauf r, rationnel appartenant à l'intervalle $-1 \leq r \leq \rho$. Le lecteur peut vérifier la validité de l'algorithme en vérifiant que les interprétations données des variables restent invariantes aux endroits clés lorsque le programme est exécuté.

Voici maintenant le squelette du programme :

```
a := 0;
   loop: i := a;  s_i := 0;  m := 1;  k := i + 1;
      Σ := Σ_max := Σ_min := w_k;
      loop: while Σ_min > l do ⟨Avancer i par pas de 1⟩;
      ⟨Examiner toutes les lignes faisables se terminant en k⟩;
      s_k := d';  if d' < ∞ then
```

    begin $m := m + 1$; $p_k := j'$;
    end;
if $m = 0$ **or** $k > n$ **then exit loop**;
$\Sigma := \Sigma + w_{k+1} + x_{g_k}$;
$\Sigma_{\max} := \Sigma_{\max} + w_{k+1} + y'_{g_k}$; $\Sigma_{\min} := \Sigma_{\min} + w_{k+1} + z'_{g_k}$;
$k := k + 1$;
repeat;
if $k > n$ **then**
    begin $output(a,\, n+1)$; **exit loop**;
    end
else begin ⟨Essayer une césure à la boîte k puis afficher
                       de a jusqu'à cette coupure⟩;
    $a := k - 1$;
    end;
repeat.

L'opération ⟨Avancer i par pas de 1⟩ n'est effectuée que si $\Sigma_{\min} > l$; ceci ne peut pas arriver si $k = i + 1$ puisque $\Sigma_{\min} = w_k < l$ dans un tel cas. La boucle `while` se terminera donc ; nous avons :

⟨Avancer i par pas de 1⟩ =
    begin if $s_i < \infty$ **then** $m := m - 1$;
    $i := i + 1$;
    $\Sigma := \Sigma - w_i - x_{g_i}$;
    $\Sigma_{\max} := \Sigma_{\max} - w_i - y'_{g_i}$; $\Sigma_{\min} := \Sigma_{\min} - w_i - z'_{g_i}$;
    end.

La boucle interne du programme d'adaptation sous-totale est plus simple et plus rapide que la boucle correspondante de l'algorithme général d'adaptation totale parce qu'elle ne considère pas les points d'interruption proches de k, mais seulement ceux qui ont à peu près une ligne de largeur :

⟨Examiner toutes les lignes faisables se terminant en k⟩ =
    begin $j := i$; $\Sigma' := \Sigma$; $\Sigma'_{\max} := \Sigma_{\max}$; $\Sigma'_{\min} := \Sigma_{\min}$; $d' := \infty$;
    while $\Sigma'_{\max} \geq l$ **do**
        begin if $s_j < \infty$ **then**
            ⟨Considérer le découpage de a à $\cdots$ à j à k⟩;
        $j := j + 1$;
        $\Sigma' := \Sigma' - w_j - x_{g_j}$;
        $\Sigma'_{\max} := \Sigma'_{\max} - w_j - y'_{g_j}$; $\Sigma'_{\min} := \Sigma'_{\min} - w_j - z'_{g_j}$;
    end.

Nous pouvons encore conclure que la boucle **while** doit se terminer, puisqu'elle ne sera pas exécutée lorsque $k = j + 1$. On peut facilement détailler le code le plus interne :

⟨Considérer le découpage de a à $\cdots$ à j à k⟩ =
    begin if $\Sigma' < l$ **then** $r := \rho \cdot (l - \Sigma')/(\Sigma'_{\max} - \Sigma')$
    else if $\Sigma' > l$ **then** $r := (l - \Sigma')/(\Sigma' - \Sigma'_{\min})$
    else $r := 0$;
    $d := s_j + \left(1 + 100|r|^3\right)^2$;
    if $d < d'$ **then**
        begin $d' := d$; $j' := j$;
        end;
    end.

Lorsqu'une césure est nécessaire, l'algorithme se place en mode panique, cherchant d'abord la dernière valeur de i faisable, puis essayant de découper le mot k. À ce moment, la ligne allant de i à $k - 1$ est trop courte et celle allant de i à k trop longue ; on espère donc qu'une césure sera possible.

⟨essayer une césure de la boîte k, puis afficher de a à cette coupure⟩ =
    begin loop: $\Sigma := \Sigma + w_i + x_{g_i}$;
    $\Sigma_{\max} := \Sigma_{\max} + w_i + y'_{g_i}$; $\Sigma_{\min} := \Sigma_{\min} + w_i + z'_{g_i}$;
    $i := i - 1$;
    if $s_i < \infty$ **then exit loop**;
    repeat;
    $output(a, i)$;
    ⟨Découper la boîte k au meilleur endroit⟩;
    ⟨Afficher la ligne jusqu'à la meilleure découpe et ajuster w_k
                     pour la suite⟩;
    end.

Supposons qu'il y ait h_k façons de découper la boîte k en deux morceaux, les largeurs de ceux-ci étant w'_{kj} et w''_{kj} respectivement pour la j-ième façon ; w'_{kj} comprend ici la largeur du trait d'union inséré. On suppose qu'un algorithme de césure auxiliaire est capable de déterminer h_k ainsi que ces morceaux à la demande ; on ne fait appel à cet algorithme que lorsqu'on se trouve dans la routine ⟨Découper la boîte k au meilleur endroit⟩. Si on ne veut pas de césure, on peut tout simplement poser $h_k = 0$ et le programme ci-dessus devient beaucoup plus simple. Il y a $h_k + 1$ alternatives à considérer, y compris celui d'aucune césure ; on peut effectuer le choix de la façon suivante :

⟨Découper la boîte k au meilleur endroit⟩ =
  begin ⟨Appeler l'algorithme de césure pour calculer h_k
                 et les largeurs des morceaux⟩;
    $j' := 0;\ d' := \infty$;
    for $j := 1$ **to** h_k **do if** $\Sigma_{\min} + w'_{kj} - w_k \leq l$ **then**
        begin $\Sigma' := \Sigma + w'_{kj} - w_k$;
        if $\Sigma' \leq l$
        then $d := 10000\rho \cdot (l - \Sigma') / (100(\Sigma_{\max} - \Sigma) + 1)$;
        else $d := 10000 \cdot (\Sigma' - l) / (100(\Sigma - \Sigma_{\min}) + 1)$;
        if $d < d'$ **then**
            begin $d' := d;\ j' := j$;
            end;
        end;
  end.

La dernière opération, ⟨Afficher la ligne jusqu'à la coupure et ajuster w_k pour la suite⟩, ne sera qu'esquissée informellement ici car nous n'avons pas besoin d'introduire de notation supplémentaire pour expliquer un tel concept élémentaire. Si $j' \neq 0$, et donc qu'une césure doit être effectuée, le programme affiche une ligne de la boîte $i + 1$ à la boîte k, ces boîtes y compris, mais avec la boîte k remplacée par le morceau de largeur $w'_{kj'}$; puis w_k est remplacé par la largeur de l'autre fragment, à savoir $w''_{kj'}$. Dans le cas où $j' = 0$, le programme affiche tout simplement la ligne de la boîte $i + 1$ à la boîte $k - 1$, ces boîtes y compris.

Finalement, on a besoin qu'une terminaison lâche soit reserrée : il suffit que la procédure $output(a, i)$ parcourt le tableau p pour déterminer les meilleures coupures de lignes de a à i et composer les lignes correspondantes. Une façon de faire ceci sans exiger d'emplacement mémoire supplémentaire consiste à inverser les entrées pertinentes du tableau p afin qu'elles pointent sur leurs successeurs au lieu de leurs prédécesseurs :

  procedure $output$(**integer** a, i) =
    begin integer $q,\ r,\ s;\ q := i;\ s := 0$;
    while $q \neq a$ **do**
        begin $r := p_q;\ p_q := s;\ s := q;\ q := r$;
        end;
    while $q \neq i$ **do**
        begin ⟨Afficher la ligne allant de la boîte $q + 1$ à la boîte s,
        y compris ces boîtes⟩;
        $q := s;\ s := p_q$;
        end;
    end.

En pratique il n'y a qu'une quantité limitée de mémoire disponible pour implémenter cet algorithme, mais on peut traiter des paragraphes aussi longs que l'on veut en effectuant un changement mineur suggéré par Cooper [9] : lorsque le nombre de mots d'un paragraphe donné dépasse un certain nombre maximum n_{max}, appliquer la méthode aux n_{max} premiers mots puis afficher tout sauf la dernière ligne et recommencer la méthode, en commençant par le texte de la ligne qui n'a pas été affichée.

Remerciements

Nous tenons à remercier Barbara Beeton de l'*American Mathematical Society* pour les nombreuses discussions sur les applications au « monde réel » ; nous sommes également reconnaissants à James Eve de l'université de Newcastle-Upon-Tyne et à Neil Wiseman de l'université de Cambridge pour leur aide pour l'obtention des travaux écrits non facilement disponibles en Californie ; nous voulons enfin remercier les bibliothécaires des salles des livres rares de l'université Columbia et de l'université Stanford pour nous avoir permis d'étudier et de photographier des extraits de Bibles polyglottes.

Ces recherches ont été partiellement financées par les bourses IST-7921977 et MCS-7723738 de la *National Science Foundation*, par la bourse N00014-76-C-0330 de l'*Office of Naval Research*, par IBM Corporation et par Addison–Wesley Publishing Company.

Références

[1] Benedictus Arias Montanus, editor, *Biblia Sacra Hebraice, Chaldaice, Græce, Latine* (Antwerp: Christoph. Plantinus, 1569–1573).

[2] G. P. Bafour, A. R. Blanchard, and F. H. Raymond, "Automatic Composing Machine," *U.S. Patent 2762485* (11 septembre 1956). (Voir aussi British patent 771551 et le brevet français 1103000.)

[3] G. Bafour, "A new method for text composition — The BBR System," *Printing Technology* 5, 2 (1961), 65–75.

[4] Michael P. Barnett, *Computer Typesetting: Experiments and Prospects* (Cambridge, Massachusetts: M.I.T. Press, 1965).

[5] Samuel A. Bartels, *The Art of Spacing* (Chicago: The Inland Printer, 1926).

[6] Richard Bellman, *Dynamic Programming* (Princeton, New Jersey: Princeton University Press, 1957).

[7] D. G. Berri, *The Art of Printing* (London: 1864).

[8]   Michael J. Clancy and Donald E. Knuth, "A programming and problem-solving seminar," report STAN-CS-77-606, Computer Science Department, Stanford University (April 1977), 85–88.

[9]   P. I. Cooper, "The influence of program parameters on hyphenation frequency in a sophisticated justification program," *Advances in Computer Typesetting* (London: The Institute of Printing, 1967), 176–178, 211–212.

[10] T. H. Darlow and H. F. Moule, *Historical Catalogue of the Printed Editions of Holy Scripture in the Library of the British and Foreign Bible Society* (London: The Bible House, 1911).

[11] Theodore Low De Vinne, *Correct Composition*, Volume 2 of *The Practice of Typography* (New York: Century, 1901). Version numérisée téléchargeable à partir du site :

      http://jacques-andre.fr/faqtypo/BiViTy/AV1900.html

[12] James L. Dolby, "Theme C: Software and hardware," dans un livret de résumés distribué le 18 juillet 1966 à la fin de l'*International Computer Typesetting Conference*, University of Sussex (London: The Institute of Printing, 1966). Dolby a donné une recension un peu plus chaleureuse des travaux de Cooper dans les actes de la conférence publiés l'année suivante ; voir *Advances in Computer Typesetting* (London: The Institute of Printing, 1967), 292.

[13] C. J. Duncan, J. Eve, L. Molyneux, E. S. Page, and Margaret G. Robson, "Computer typesetting: An evaluation of the problems," *Printing Technology* **7** (1963), 133–151.

[14] C. J. Duncan, "Look! No hands!" *The Penrose Annual* **57** (1964), 121–168.

[15] A. Frey, *Manuel nouveau de typographie* (Paris: 1835), 2 volumes. *Nouveau manuel complet de typographie*, 1857 ; réédition dans la collection *Encyclopédie Roret* en un volume, Léonce Laget, 1979 [Les exemples cités se trouvent à la section 7 de l'article *Composer*, page 103] ; version numérisée téléchargeable à partir du site :

      http://jacques-andre.fr/faqtypo/BiViTy/AV1900.html

[16] Michael R. Garey and David S. Johnson, *Computers and Intractability* (San Francisco: W. H. Freeman, 1979).

[17] Aug. Giustiniani, *Psalterium* (Genoa: 1516).

[18] Jakob Ludwig Karl Grimm and Wilhelm Karl Grimm, "Der Froschkönig (Le prince grenouille)," in *Kinder- und Hausmärchen* (Berlin: 1912). Pour l'histoire de ce conte voir Heinz Rölleke, *Die älteste*

Märchensammlung der Brüder Grimm (Cologny-Genève: Fondation Martin Bodmer, 1975), 144–153.

[19] Basil Hall, *The Great Polyglot Bibles* (San Francisco: The Book Club of California, 1966).

[20] M. Held and R. M. Karp, "The construction of discrete dynamic programming algorithms," *IBM Systems Journal* **4** (1965), 136–147.

[21] Walter E. Houghton, Jr., "The history of trades: Its relation to seventeenth century thought," in *Roots of Scientific Thought*, edited by Philip P. Wiener and Aaron Noland (New York: Basic Books, 1957), 354–381.

[22] Information International, Inc., *PAGE-3 Composition Language*, distribué en privé. First edition, October 31, 1975; second edition, October 20, 1976. Ce langage est quelquefois appelé "PAGE-III" d'après le nom de la compagnie qui l'a créé.

[23] Kathleen Jensen and Niklaus Wirth, *PASCAL User Manual and Report*, second edition (Heidelberg: Springer-Verlag, 1975).

[24] Francisco Jiménez de Cisneros, sponsor, *Uetus testamentum multiplici lingua nunc primo impressum* (Alcalá de Henares: Industria Arnaldi Guillelmi de Brocario in Academia Complutensi, 1522). L'impression fut achevée en 1517, mais la permission papale de publier ce livre a été retardée de plusieurs années.

[25] Paul E. Justus, "There is more to typesetting than setting type," *IEEE Transactions on Professional Communication* **PC-15** (1972), 13–16, 18.

[26] Donald E. Knuth, TEX and METAFONT: *New Directions in Typesetting* (Bedford, Massachusetts: Digital Press and American Mathematical Society, 1979).

[27] Donald E. Knuth, "BLAISE, a preprocessor for PASCAL," fichier `BLAISE.DEK[UP,DOC]` à SU-AI sur le réseau ARPA (mars 1979). Le programme lui-même est le fichier `BLAISE.SAI[TEX,DEK]`.

[28] Donald E. Knuth, *Seminumerical Algorithms*, Volume 2 of *The Art of Computer Programming*, 2nd edition (Reading, Massachusetts: Addison–Wesley, 1981).

[29] Donald E. Knuth, TEX: *The Program*, Volume B of *Computers & Typesetting* (Reading, Massachusetts: Addison–Wesley, 1986).

[30] Joseph Moxon, *Mechanick Exercises: Or, the Doctrine of Handy-Works. Applied to the Art of Printing* (London: J. Moxon, 1683–1684). Réimprimé par la Typothetæ de New York, 1896, avec des

notes de T. L. De Vinne ; également réimprimé par Oxford University Press, 1958 (réédition Dover, 1960), avec des notes de Herbert Davis et Harry Carter ; mais les réimpressions ne donnent pas la même présentation que l'original, avec son travail professionnel somptueux du dix-septième siècle. Version numérisée téléchargeable à partir du site :

`http://jacques-andre.fr/faqtypo/BiViTy/AV1900.html`

[31] Joseph F. Ossanna, Nroff/Troff *User's Manual*, Bell Telephone Laboratories internal memorandum (Murray Hill, New Jersey, 1974). Version révisée dans *UNIX Programmer's Manual* **2**, Section 22 (January 1979).

[32] Herman D. Parks, "Computerized processing of editorial copy," *Advances in Computer Typesetting* (London: The Institute of Printing, 1967), 119–121, 157–158.

[33] Herman Parks, contributions to the discussions, *Proceedings of the ASIS Workshop on Computer Composition* (American Society for Information Science, 1971), 143–145, 151, 180–182.

[34] John Pierson, *Computer Composition Using PAGE-1* (New York: Wiley-Interscience, 1972).

[35] Michael F. Plass, *Optimal Pagination Techniques for Automatic Typesetting Systems*, Ph.D. thesis, Stanford University (1981). Published also as Xerox Palo Alto Research Center report ISL-81-1 (Palo Alto, California: August 1981).

[36] Alison M. Pringle, "Justification with fewer hyphens," *The Computer Journal* **24** (1981), 320–323.

[37] Bruce Rogers, *Paragraphs on Printing* (New York: William E. Rudge's Sons, 1943).

[38] Hanan Samet, "Heuristics for the line division problem in computer justified text," *Communications of the ACM* **25** (1982), 564–571.

[39] George Bernard Shaw, "On modern typography," *The Dolphin* **4** (1940), 80–81.

[40] U.S. Government Printing Office, *Style Manual* (Washington, D.C.: 1973). La citation provient de la règle 22 (voir Joseph Heller, *CATCH-22*, Simon & Schuster, 1955).

[41] Brianus Waltonus, editor, *Biblia Sacra Polyglotta* (London: Thomas Roycroft, 1657).

[42] David Wolder, *Biblia Sacra Græce, Latine & Germanice* (Hamburg: Jacobus Lucius Juni., 1596).

Addendum

Michael Plass a préparé une version plus courte de cet article pour le livre *Document Preparation Systems*, edité par Jurg Nievergelt, Giovanni Coray, Jean-Daniel Nicoud et Alan C. Shaw (Amsterdam: North-Holland, 1982), 221–242. Sa version généralise et simplifie le modèle boîte/colle/pénalité en introduisant la notion de *kerf*, constitué de trois suites de boîtes et de colle pour des alternatives *prebreak*, *postbreak* et *nobreak*, ainsi que d'une pénalité p et d'un drapeau f ; les coupures n'apparaissent qu'à des kerfs.

Dans la version standard de TEX, achevée deux ans après que l'article ci-dessus ait été écrit, on a étendu le modèle du découpage en lignes d'une autre façon, en introduisant de la colle *leftskip* et *rightskip* à gauche et à droite de chaque ligne. Ceci simplifie un certain nombre de constructions, telles que celles pour la composition à marge droite irrégulière ou centrée. TEX utilise maintenant une formule améliorée pour les quantités de faute, à savoir :

$$\delta_j = \begin{cases} (l + \beta_j)^2 + \pi_j^2 + \alpha_j \,, & \text{si } \pi_j \geq 0\,; \\ (l + \beta_j)^2 - \pi_j^2 + \alpha_j \,, & \text{si } -\infty < \pi_j < 0\,; \\ (l + \beta_j)^2 + \alpha_j \,, & \text{si } \pi_j = -\infty\,; \end{cases}$$

où l est un paramètre appelé *pénalité de ligne*, normalement égal à 10. Voir D. E. Knuth, *Literate Programming* (1992), 272–274, pour une discussion de la raison pour laquelle il était important de changer $(l + \beta_j + \pi_j)^2$ en $(l + \beta_j)^2 + \pi_j^2$ dans le cas $\pi_j \geq 0$.

Les personnes qui utilisent TEX intensément seront heureuses d'apprendre que les pénalités « infinies » valent maintenant 10 000 au lieu de 1 000 et que la colle de TEX a maintenant trois niveaux d'infini appelés `fil`, `fill` et `filll`. On a introduit dans la version 3.0 de TEX une troisième passe optionnelle pour l'algorithme de découpage en lignes lorsque l'utilisateur spécifie *emergency stretch*. [Voir *change* 885 dans le *error log* de TEX, *Literate Programming* (1992), 338.] S'il n'y a pas de façon faisable de composer un paragraphe avec les seuils de tolérance ρ_1 et ρ_2, une élasticité d'urgence (*emergency stretch* en anglais) est ajoutée à l'élasticité de chaque ligne lorsqu'on calcule la quantité de mauvaise qualité et la quantité de faute ; ceci donne à TEX une façon décente de faire une distintion entre différents niveaux de coupures très mauvaises dans les cas les plus difficiles.

Chapitre 7

La genèse des grammaires à attributs

*[Exposé invité à l'International Conference on Attribute Grammars and their Applications, Paris, France, septembre 1990. Originellement publié sous le nom The Genesis of Attribute Grammars dans Lecture Notes in Computer Science **461** (1990), 1–12. Réimprimé comme chapitre 19 de Selected Papers on Computer Language.]*

J'ai toujours été fasciné par l'origine des idées, cela m'a donc fait plaisir que les organisateurs de cette conférence m'aient demandé d'ouvrir les actes en jetant un coup d'œil en arrière sur la façon dont le sujet a commencé. En d'autres termes, je suis content que mon travail consiste à donner à cette conférence un « attribut d'histoire ».

Les grammaires à attributs sont nées dans les jours émoustillants du milieu des années 60 où on a commencé à comprendre un grand nombre de principes informatiques fondamentaux. Un nombre énorme d'idées flottaient dans l'air, attendant d'être capturées dans les justes proportions qui pouvaient démontrer les sources puissantes d'une énergie future.

Il est notoire que l'esprit humain n'est pas doué pour reconstruire les expériences passées, aussi vais-je essayer de rendre mon histoire aussi proche que possible de la réalité en excavant autant que faire se peut les informations authentiques que j'ai pu repérer de ces jours pionniers. Certains disent que la nostalgie n'est pas ce qui doit être utilisé, mais j'espère que les participants à cette conférence seront à même de partager quelque peu le plaisir que j'ai eu en préparant cette étude rétrospective.

L'essentiel de mon histoire prend place en 1967, à l'époque où un grand nombre de programmes sophistiqués ont été écrits à travers le monde. Les machines à calculer ont connu une longue histoire depuis leur invention dans les années 30 et 40 ; par exemple, le Burroughs B6500 alors récemment annoncé était présenté comme système de « troisième génération » [35] et J. P. Eckert remarquait une tendance au parallélisme dans les conceptions nouvelles des ordinateurs [37]. Encore beaucoup

297

de problèmes sans solution facile montraient aux personnes bien averties que le vaste potentiel des ordinateurs commençait seulement à être exploité et qu'un grand nombre de débouchés importants n'étaient pas du tout appréhendés.

Une des questions embarassantes donnant lieu à de nombreuses recherches à cette époque était le problème de la sémantique des langages de programmation : comment définir la signification des instructions des langages algorithmiques ? Des dizaines d'experts se sont réunis à Vienne en 1964 pour une conférence sur la description des langages formels. L'état d'esprit de cette conférence est bien résumé par les remarques de T. B. Steel, Jr. : « Des améliorations dans les méthodes de description des langages de programmation sont impératives. [...] Je ne sais pas du tout moi-même comment décrire la sémantique d'un langage. Je défie quiconque de le faire, sinon nous ne serions pas ici » [31]. Steel a édité les actes de cette rencontre, y compris des transcriptions vivantes des débats des participants [30]. Aucun des articles présentés n'a beaucoup de lien avec ce que nous appelons maintenant les grammaires à attributs, bien que quelques indications pourraient être trouvées dans les explorations de Čulík [4]. Un article en prépublication d'un article fortement lié, de L. Petrone, a par contre été distribué à Vienne (voir [28]). Lors de la session finale, Fraser Duncan a remarqué que « Nous n'avons pas vraiment obtenu tout ou même une partie significative de la réponse ultime. Mais nous avons beaucoup d'idées sur les endroits où il faut chercher et ne pas chercher » [6].

Les méthodes alors connues pour définir la signification des programmes d'ordinateurs étaient toutes fondées sur des algorithmes assez sophistiqués ayant à peu près le même degré de complexité que les compilateurs, voire pire. Ceci contrastait complètement avec la méthode simple et élégante de Chomsky de définition de la syntaxe grâce aux grammaires algébriques. Comme le Dr. Caracciolo l'a dit, « Est-il simple de prendre conscience [de la correction sémantique] si vous écrivez une procédure. Le problème est, cependant, de trouver un méta-langage pour le faire d'une façon déclarative, pas d'une façon opérationnelle » [3].

Il y avait une lumière brillant à l'horizon, une exception notable à la difficulté ressentie de la définition de la sémantique : des langages relativement simples tels que celui des expressions arithmétiques pouvaient être compris par un mécanisme proposé en 1960 par Ned Irons [9 ; voir aussi 10 et 11]. Si nous connaissons les significations de α et de β, nous connaissons aussi celle de choses telles que $\alpha+\beta$, $\alpha-\beta$, $\alpha\times\beta$, α/β et (α). La signification d'une expression aussi grande que l'on veut peut donc être synthétisée d'une façon évidente en construisant récursivement la signification de ses sous-expressions.

Des sous-expressions simples comme 'x' restaient par contre problématiques, puisque leur signification dépendait du contexte. On supposait, par exemple, implicitement que le programme ALGOL 60 :

begin real x; $x := x$ **end**

était analysé syntaxiquement en traitant la dernière occurrence de x comme une ⟨arithmetic expression⟩, alors que le x analogue dans :

begin Boolean x; $x := x$ **end**

devait être analysé comme une ⟨Boolean expression⟩. La syntaxe officielle, définie dans [27], permettait plusieurs analyses syntaxiques distinctes pour ces deux programmes, mais seul l'un d'entre eux était considéré sémantiquement valide. De plus, un programme tel que :

begin real x; $x := y$ **end**

pouvait aussi être analysé de plusieurs façons, d'un point de vue syntaxique ; mais aucun arbre d'analyse syntaxique n'était légal d'un point de vue sémantique, puisque la variable non déclarée y n'était ni une ⟨arithmetic expression⟩, ni une ⟨Boolean expression⟩. Irons a donc conçu une méthode orientée syntaxe incluant des mécanismes permettant de rejeter certains arbres d'analyse syntaxique, fondés sur les déclarations trouvées antérieurement par l'analyseur syntaxique [12].

L'attitude générale (voir [8]) était que les suites de « tokens » telles que '**begin real** x; $x := y$ **end**' n'étaient pas des éléments du langage ALGOL 60, puisque de tels mots n'ont pas d'arbre d'analyse syntaxique sémantiquement valide.

Rétrospectivement, nous pouvons voir pourquoi ce point de vue a évolué : la syntaxe était beaucoup mieux comprise que la sémantique, la syntaxe s'est donc vue attribuée de nouvelles responsabilités. Les gens ont trouvé commode d'incorporer des informations sémantiques, à propos de choses comme les types, dans les catégories syntaxiques.

Mon opinion était différente : je considérais ALGOL 60 comme un langage algébrique défini seulement par des productions ordinaires. Pour moi, la signification d'un programme tel que :

begin real x; $x := y$ **end**

était clairement définie : « une instruction impropre d'une variable non déclarée appelée y à une variable réelle appelée x ». Mais je n'avais aucune bonne idée de la façon de définir la signification d'une telle instruction d'une manière simple et systématique pouvant se généraliser facilement.

J'étais en outre beaucoup trop occupé à un autre projet ; je ne devais pas songer à faire quelque chose de nouveau. L'été 1962, j'ai commencé à écrire un livre appelé *The Art of Computer Programming* [14] ; j'en ai terminé l'esquisse manuscrite (environ 2 500 pages) en juin 1965. En octobre de cette année-là, j'ai tapé les 12 premiers chapitres et, à cette vitesse, il me semblait presque certain que je n'aurai pas terminé de taper le manuscrit entier avant l'été 1968.

En fait, je l'aurais terminé si l'informatique avait été coopérative en se stabilisant ou si je n'avais pas essayé de couvrir complètement les nouvelles idées au fur et à mesure qu'elles se développaient. Je n'ai pas réussi à anticiper le fait que le domaine pouvait grossir de façon explosive, que des milliers de personnes brillantes seraient continuellement inventives à propos d'idées de plus en plus profondes et de plus en plus importantes, plus rapidement que ce que je pouvais taper.

J'ai pris conscience, bien sûr, que beaucoup de choses étaient en train de se développer ; je faisais alors partie des équipes éditoriales du *Journal of the ACM* et des *Communications of the ACM*. Je me suis plongé dans ce travail éditorial avec enthousiasme, puisqu'il me donnait la chance de prendre connaissance des nouvelles idées au moment où elles naissaient. J'ai écrit de nombreuses critiques, assez longues, sur les articles soumis, en essayant d'améliorer la qualité des publications au mieux de ce que je pouvais ; durant les neuf premiers mois de 1966 j'ai référé 21 articles, et je suis sûr que les heures consacrées à ce travail étaient bien dépensées. À cette époque, mon « territoire » était appelé langages de programmation [36]. En mars 1966, j'ai écrit une lettre à l'éditeur des *Communications of the ACM*, Gerry Salton, lui disant que je m'amusais bien. Je lui disais : « Le travail éditorial, sujet assez nouveau et pas très clairement défini, est très instructif parce que je suis obligé de beaucoup réfléchir sur les buts et les motifs, ce que je n'aurais pas fait sinon ». J'avais ainsi de nombreuses opportunités de réfléchir sur les débouchés épineux, comme la sémantique, beaucoup étudiés à cette époque.

Je n'ai cependant pas essayé de résoudre ces problèmes moi-même. J'étais trop occupé à terminer des tâches anciennes et à me tenir au courant de ce que les autres faisaient. Lorsque j'étais sur le campus du Caltech, j'avais cours et un arriéré de travail éditorial à faire ; lorsque je revenais à la maison à la fin de la journée, je devais taper à la machine tout en révisant *The Art of Computer Programming*. Début 1967, j'ai commencé à taper le chapitre 4, qui devait paraître comme seconde moitié du volume 2 d'une série de sept volumes attendus ; les épreuves du volume 1 devaient arriver en mars. De plus, j'étais fier d'être le père d'un fils de 17 mois et d'une fille de 19 jours. La recherche était le cadet de mes soucis.

Mais j'ai reçu le prix de l'ACM cette année-là [38]. J'ai passé la mi-février à visiter neuf campus et à donner seize conférences. Durant cette tournée, j'ai fait quelques rencontres fatidiques et *illico presto* ! les grammaires à attributs sont nées.

Ma première étape était Cornell ; j'ai passé le premier week-end dans la maison de Peter Wegner à Ithaca, New York. Plusieurs détails de ces deux jours (4 et 5 février 1967) restent encore frais dans mon esprit. Je suis, par exemple, allé à la synagogue avec Peter le samedi et il est venu à l'église avec moi le dimanche. Nous nous sommes promenés à pied hors de la ville dans une belle vallée aux cascades gelées. Mais la plupart du temps, nous avons parlé d'informatique.

Peter m'a demandé ce que je pensais de la sémantique formelle. Je lui ai répondu que j'aimais l'idée d'Irons de synthétiser une signification globale à partir de significations partielles. Je lui ai aussi répondu que j'aimais la façon dont d'autres personnes avaient combiné la méthode d'Irons avec un analyseur syntaxique de haut en bas, ou « à descente récursive » ; Irons a utilisé un schéma d'analyseur syntaxique plus complexe. J'ai été impressionné, en particulier, par le méta-compilateur de Val Schorre [29] et par le « transmogrifieur » plus puissant (quoique moins élégant) de Bob McClure [26]. J'ai parlé à Peter de mon esquisse de manuscrit du chapitre 12 de *The Art of Computer Programming*, qui contenait un système exemple de quelque chose de semblable, appelé TROL (« Translation-Oriented Language »). Les programmes en TROL étaient essentiellement des collections de sous-routines récursives correspondant aux définitions des symboles non terminaux, dans un langage donné que le compilateur était en train de décrire. Chaque tel non terminal pouvait avoir un certain nombre d'attributs de type entier, booléen, chaîne de caractères ou lien (c'est-à-dire une référence) ; les valeurs de ces attributs devaient être synthétisées lorsque l'analyse syntaxique était effectuée. Les aspects dépendant du contexte de la sémantique étaient traités de façon traditionnelle par force brute en maintenant à jour des structures de données globales, comprenant des tables de symboles permettant d'insérer et de retirer dynamiquement des couples (identificateur, valeur) lorsque l'analyse syntaxique avait lieu. J'avais préparé deux exemples de programmes TROL pour le livre, un pour un langage procédural appelé 3.5-TRAN et l'autre pour TROL lui-même. (Le premier était un compilateur qui traduisait les programmes source 3.5-TRAN en code MIX ; le second compilait les programmes source TROL en TROLL, une représentation interne du code TROL utilisée par une routine interprétative particulière.)

J'ai certainement également parlé avec Peter d'un article important de Lewis et Stearns que j'avais récemment eu entre les mains pour le *Journal of the ACM.* Cet article [24] étendait l'aspect syntaxique de la théorie des langages fondée sur les automates à l'aspect sémantique, en supposant la sémantique définie par des combinaisons répétées d'attributs synthétisés prenant des chaînes de caractères comme valeurs.

Ma réponse à la question de Peter était donc, en gros, que la meilleure façon que je connaissais de définir la sémantique était d'utiliser des attributs dont les valeurs pouvaient être définies sur un arbre d'analyse syntaxique de bas en haut. Et j'ai dit que, malheureusement, nous avons aussi besoin d'y ajouter des méthodes *ad hoc* compliquées, afin d'obtenir dans l'arbre des informations dépendant du contexte.

Peter m'a aussi demandé « Pourquoi les attributs ne peuvent-ils pas être définis de haut en bas aussi bien que de bas en haut ? »

Idée choquante ! J'ai bien sûr instinctivement répliqué qu'il était impossible d'aller à la fois de bas en haut et de haut en bas. Mais, après la discussion, j'ai pris conscience que sa suggestion n'était après tout pas si irrationnelle, si les définitions circulaires pouvaient être évitées d'une façon ou d'une autre (mon article devrait en fait être intitulé « La révélation des grammaires à attributs »).

Nous n'avons pas poursuivi notre discussion sur le sujet, puisque nous avions à parler de bien d'autres choses. Mais, rétrospectivement, il est clair que l'invention des grammaires à attributs doit être partagée pour une large part avec Peter Wegner, puisqu'il a été le premier à suggérer le concept d'attributs hérités (j'ai souvent battu ma coulpe pour ne pas avoir fait mention de son importante contribution lorsque j'ai écrit mes premiers articles sur le sujet).

J'ai continué à penser à la combinaison des attributs hérités et des attributs synthétisés à plusieurs moments en continuant ma tournée, mais je n'ai pas eu l'occasion de coucher la moindre chose par écrit. Quelques jours plus tard — je pense que c'était le mercredi 15 février — je me trouvais à l'université Stanford, dans une salle de conférence avec une demi-douzaine d'étudiants diplômés d'informatique. C'était une session « de rencontre avec les étudiants » programmée après mon cours. Un des étudiants (certainement Sue Graham) m'a demandé ce que je pensais être la meilleure façon de définir la sémantique des langages de programmation. Oh là là ! C'était une chance d'essayer de formuler ce à quoi j'étais en train de réfléchir, après que Peter ait semé ces idées dans mon esprit. Il y avait un tableau disponible et beaucoup de craie. Je suis donc allé au tableau et j'ai commencé à donner une définition d'un langage très proche de ce qui allait devenir Turingol [15, 18]. Je n'ai aucune idée si ce que j'ai dit avait un sens pour les étudiants, puisque j'ai eu besoin de revenir en arrière et d'effacer beaucoup de choses avant d'obtenir quelque chose de juste ; et je doute que quelqu'un ait pris des notes ce jour-là. Mais je me rappelle que la première fois que j'ai construit une grammaire à attributs non triviale le fut durant cette rencontre avec des étudiants.

Un peu après je suis revenu chez moi en Californie du sud et, bien sûr, je n'ai pas eu le temps pour coucher par écrit ces réflexions. J'ai pris, cependant, quelques minutes pour envoyer une copie de mon *curriculum vitæ* à George Forsythe, le directeur du département [d'informatique] de Stanford, puisque j'étais enchanté de ma visite là plus que partout ailleurs. (J'ai aussi écrit une lettre à Bob Floyd, qui était à l'université Carnegie–Mellon, en lui disant que je comptais sérieusement muter à Stanford, ou peut être à Cornell ; j'espérais qu'il ressentirait le même besoin et ainsi que nous pourrions être ensemble.)

Le chapitre suivant de l'histoire des grammaires à attributs a pris place en France, entre autres. Mes souvenirs sont ici un peu flous, puisque j'ai été incapable de retrouver la moindre correspondance sur ce point. Mais je sais que je suis venu en France en mai, une semaine avant d'aller à une conférence sur les langages de simulation en Norvège [2]. Maurice Nivat m'avait invité à parler à l'Institut Blaise Pascal, et quelqu'un (certainement Louis Bolliet) s'était arrangé pour que je passe deux jours à Grenoble. L'un de ces deux jours — je pense qu'il s'agit du vendredi 19 mai — on m'a une fois de plus demandé mon opinion sur la sémantique et j'ai fait une présentation informelle d'une définition de Turingol devant une dizaine de personnes. C'était la seconde fois que j'avais l'occasion d'écrire quelque chose sur les grammaires à attributs.

Le jour suivant j'allais à Zandvoort, en Hollande, où une rencontre du goupe IFIP sur ALGOL était en train de se tenir. Environ 50 personnes étaient assises autour d'une grande table ronde, prenant des décisions sur ALGOL X (qui s'était auparavant appelé ALGOL 66 et qui allait devenir ALGOL 68) ; comme vous le savez, ce langage était une amélioration importante d'ALGOL 60, fondée sur la méthode de définition sémantique d'Aad van Wijngaarden *via* l'interprétation récursive des textes [33]. Mon impression dominante concernant cette rencontre était que la prédiction de Chris Strachey de 1964 était malheureusement en train de se réaliser : il avait dit que pour « une chose comme un langage compliqué [...], la définition d'un compilateur en est extrêmement élaborée. Les détails d'un compilateur particulier écrit par un comité sont limités aux gens qui l'ont écrit, et ce seront les seules personnes qui le comprendront » [32].

Revenu en Californie, je fus une fois de plus complétement occupé par mon travail éditorial et par mes enfants ; il n'était pas question de m'intéresser plus avant à la sémantique. J'étais parvenu à une partie très difficile du volume 2 que je considérais comme une addition nécessaire à ma première esquisse. (Par exemple, je suis allé à une conférence en avril [1], où j'ai appris une nouvelle méthode due à Berlekamp de factorisation des polynômes modulo 2.) J'ai renvoyé un lot d'épreuves à Addison–Wesley le 5 juin en ajoutant : « j'ai eu un très agréable repos en Europe et je suis prêt à me plonger dans le travail cet été ».

Mais j'ai connu le plus grand traumatisme de ma vie ces mois de juin et juillet 1967. Alors que je travaillais à la réponse d'un nouvel exercice pour mon livre (exercice 4.5.2–18), j'ai dû soudainement aller à l'hôpital. Le mieux, pour résumer les jours noirs qui ont suivi, est de citer une lettre que j'ai envoyée à mes éditeurs fin juillet :

> Il y a deux semaines mon « estomac de fer » s'est mis à fuir. J'ai été obligé de m'arrêter de travailler durant cinq jours (tout ce que je pouvais faire était de manger de la gelée et de lire des romans d'Agatha Christie). Après cela j'ai commencé à me sentir mieux, certainement parce que j'ai toujours beaucoup aimé Agatha Christie. J'ai donc recommencé, fou que je suis, à travailler et à marcher, et deux jours plus tard je rechutais. Il est clair que j'avais essayé de faire plus de travail attentif que ce que mon corps ne me permettait, je devrais donc diminuer systématiquement ma charge de travail. Dans le futur immédiat (disons le mois à venir) je devrais me reposer sauf à peu près cinq heures par jour où je pourrai me concentrer sur mes écrits, etc. ; après cela, je pourrais être assez raccomodé pour travailler disons neuf ou dix heures par jour, mais sans revenir aux 14 heures que j'avais programmé.

Le 11 septembre 1967, je me suis résigné à regret à abandonner mon travail éditorial de l'*ACM Journal*.

Entre temps, d'autres responsabilités furent mises en place. J'avais accepté une semaine d'exposés à l'école d'été de l'OTAN près de Copenhague en août ; je prévoyais arriver une semaine plus tôt afin d'avoir le temps de mettre au point ce que je dirai. Je suis arrivé au Danemark le 6 août comme prévu, apprenant alors que Klaus Wirth était gravement malade, ce qui l'avait forcé à annuler ses cours ; on m'a donc demandé de prendre sa place. J'ai accepté de commencer le mercredi après-midi, bien que cela ne me laissait que 2,5 jours pour tout préparer. Le titre annoncé était « analyse syntaxique descendante » ; j'espérais être capable de démontrer de nouveaux théorèmes utiles, à présenter lors des exposés. Afin de ménager mon estomac, j'ai décidé de travailler à l'extérieur, en m'asseyant sous un sapin majestueux dans les bois près du campus de Lyngby. Merci mon dieu, ma chance était de mise ; le concept de LL(k) prit forme comme je l'avais espéré, durant ces 2,5 jours dans les bois danois. J'ai exposé toute la journée du jeudi et du vendredi sans conséquence fâcheuse du côté de mon estomac ; mais un bogue dans la théorie a fait surface le vendredi après-midi, juste au moment où je terminais. J'ai tout rectifié le samedi matin et j'ai finalement pu prendre plaisir aux sites pittoresques du Danemark. (Des notes de ces exposés furent publiées plus tard dans [19].)

Vous pourriez penser que j'avais maintenant une semaine de libre pour réfléchir à la sémantique, mais ceci ne fut pas le cas. J'étais en route pour une autre conférence, à Oxford, où j'avais prévu de parler de tout autre chose. Je suis tombé sur une autre idée (qui est devenue l'« algorithme de Knuth–Bendix ») alors que j'enseignais en master en 1966. Peter Bendix, étudiant de ce master, a implémenté la méthode, et nous avons fait de nombreuses expériences ; la partie recherche était donc entièrement faite et je n'avais plus qu'à écrire l'article [16]. C'est ce à quoi j'ai passé ma semaine « libre » au Danemark.

Je me souviens d'avoir confié à John McCarthy, durant ma visite à Stanford en février, que j'avais à faire face à beaucoup trop de sollicitations intellectuelles. Je lui ai dit que c'était un dilemme pour moi parce que j'hésitais entre deux idées dont je pensais qu'elles allaient être importantes toutes les deux (à savoir l'algorithme de Knuth–Bendix et la définition des grammaires à attributs), mais que je ne pourrais m'investir sérieusement que dans l'une d'entre elles car je devais consacrer du temps à The Art of Computer Programming. Je lui ai demandé son avis : devais-je les publier sous une forme embryonnaire (et d'autres auraient le plaisir de les développer) ou devais-je les garder pour moi jusqu'à ce que j'ai le temps de les étudier complètement, et de présenter alors des concepts plus matures ? John m'a répondu que je devais attendre d'avoir le temps de les travailler personnellement, sinon il y avait le danger que les idées soient mal comprises et déformées. J'ai compris que je ne suivrai pas son avis à la lettre, mais j'ai au moins pris le temps d'expliquer les idées aussi bien que je le pourrais quand je les publierai. J'ai eu la chance que les deux idées semblent avoir inspiré beaucoup d'autres personnes à faire des choses que je n'aurais jamais accomplies.

Bien que les grammaires à attributs soient restées dans ma tête plusieurs mois, la chance suivante d'y réfléchir sérieusement n'est pas venue avant que je revienne une fois de plus chez moi — cette fois-ci à une conférence du SIAM à Santa Barbara, en Californie, fin novembre. Bien que les archives de la conférence me listent parmi les participants [39], la vérité est que j'ai passé presque tout mon temps à l'extérieur de l'hôtel de la conférence, assis sur la plage à écrire un article sur la « sémantique des langages algébriques » [15]. Cet article expliquait tout ce que je connaissais (ou croyais connaître) sur les grammaires à attributs. J'ai passé le premier jour à travailler sur un test de circularité ; après avoir rejeté trois départs, évidemment faux, j'ai pensé avoir trouvé un algorithme correct, et je n'ai pas beaucoup essayé d'y trouver une faute.

C'est donc l'histoire de mon article [15], qui a été en fait écrit à Ithaca, Stanford, Grenoble et Santa Barbara (l'article publié [15] dit « reçu le 15 novembre 1967 » ; ce doit être une coquille pour décembre). J'ai présenté ces informations en détails car elles suggèrent que les instituts de recherche ne sont peut-être pas les meilleurs endroits pour faire de la recherche. De nouvelles idées émergent peut-être le plus souvent lors d'activités mouvementées, désorganisées, lorsqu'un grand nombre de sources de stimulation se présentent à la fois — lorsque de nombreuses dates limites vont arriver à échéance et lorsque d'autres activités diverses, comme l'éducation des enfants, entrent également en jeu. (Soit dit en passant je suis content d'en être arrivé à un moment de ma vie beaucoup plus calme. Une attaque d'ulcère me suffit.)

J'ai muté à Stanford et commencé à y enseigner fin 1969. Je suis officiellement informaticien et non plus mathématicien. Plusieurs étudiants de Stanford m'ont demandé de leur donner des exemples supplémentaires de grammaires à attributs et, en février 1970, j'ai reçu une lettre d'Erwin Engeler me demandant la même chose. En avril et mai, j'ai enseigné en master la compilation fondée sur mes notes pour le volume 7 de *The Art of Computer Programming* ; ce fut la seule fois de ma vie où j'ai enseigné un tel cours. Mes notes de cours ne donnent aucune indication sur le fait que j'ai enseigné les grammaires à attributs ; cela a pris peu de temps, réparti sur neuf semaines mais avec des cours souvent interrompus par les crises politiques de cette époque fascinante. J'ai consacré, cependant, un certain nombre de cours au langage TROL, qui servait pour le travail à faire à la maison. (Deux des étudiants m'ont soumis un rapport intéressant contenant une critique de TROL et suggérant un successeur appelé STROL. Leurs noms ? Ron Rivest et Bob Tarjan.)

Mon plan de travail pour 1970 était un peu différent de celui de 1967. À la maison, je continuais à taper *The Art of Computer Programming* ; j'étais alors en train de terminer le traitement du tri Shell, à la section 5.2.1 du volume 3. Mais je devais aller dormir lorsque je me sentais fatigué. À l'université, on attendait de moi maintenant que j'effectue des recherches nouvelles, en plus de l'enseignement, pour plaire à mes mécènes en recherche. Je n'ai donc pas pu confiner mes activités de recherche plus longtemps aux rares moments où j'étais chez moi (bien qu'il est vrai que l'article [17] ait été écrit sur une autre plage californienne).

Un arbre à la source de beaucoup d'attributs. (Reconstitution en 1990 d'une scène de 1970, époque à laquelle cet espace était encore vierge. Une résidence étudiante, visible derrière l'arbre, y a été construite vers 1980.)

Il m'était difficile de faire quelque chose de créatif dans mon bureau, où le téléphone était toujours en train de sonner et les gens de débarquer ; j'ai donc cherché un endroit un peu tranquille sur le campus de Stanford. J'ai, en particulier, passé trois ou quatre jours agréables assis sous un chêne près du lac Lagunita, en train d'écrire le chapitre du livre d'Engeler [18]. Être assis sous cet arbre au printemps était la façon idéale d'être bien disposé à écrire quelque chose sur le langage intermédiaire TL/I pour les machines de Turing, et d'en arriver aux discussions philosophiques de cet article (j'avais auparavant correspondu avec Clem McGowan de Cornell sur la sémantique des lambda expressions ; cette partie de [18] pouvait donc être glanée dans des notes plus anciennes).

Soit dit en passant, les stanfordiens seront contents de savoir que des bé-bés chenilles tombaient sur moi lorsque j'étais assis à l'ombre du chêne.

Il est clair en lisant [18] que je n'étais pas encore informé de la grave erreur concernant le test de circularité de [15] lorsque j'ai écrit ce nouvel article. J'ai renvoyé les épreuves de [18] à l'imprimeur le 28 juillet ; le 6 août, j'ai reçu une lettre de Norvège de Stein Krogdahl, contenant un contre-exemple élégamment présenté de mon algorithme de circularité (sa lettre est venue par voie terrestre, prenant six semaines pour me parvenir, sinon j'aurais pu faire allusion au problème dans [18]). J'ai très vite trouvé une façon de pallier à la difficulté, mais le temps d'exécution dans le pire cas du nouvel algorithme était maintenant exponentiel et non plus polynomial. J'ai immédiatement envoyé un *errata* [20] à l'éditeur de l'article originel, comprenant également une correction de l'équation (2.4) ; Jiří Kopřiva m'avait écrit en 1968, me montrant une bévue dans cette formule.

Hélas, il est impossible de faire chaque chose juste, même lorsque (ou particulièrement lorsque ?) nous écrivons comment donner des définitions très soigneusement.

En 1970 — je n'arrive pas à me rappeler si c'était en hiver, au printemps ou plus tard — John McCarthy m'a invité à prendre part à un débat public sur la façon dont la sémantique pourrait être définie* (John faisait ceci pour s'amuser : il aimer débattre. Voir, par exemple, [25]). Malheureusement, je n'ai pas conservé de notes sur ce qui est arrivé durant notre confrontation amicale d'une heure ; mais je me souviens que notre principal point de désaccord portait sur les attributs hérités, dont John pensait qu'ils n'étaient pas nécessaires. Il recommandait une alternative consistant, en gros, à associer des paramètres aux symboles non terminaux d'une grammaire ; ces paramètres pouvaient contenir des informations sur le contexte en descendant jusqu'aux feuilles de l'arbre. Par exemple, au lieu du symbole non terminal E pour les expressions, nous aurions eu $E(s)$, où s était une table de symboles appropriée des identificateurs déclarés permis dans les expressions. Je n'ai jamais beaucoup réfléchi à une telle méthode, je n'ai donc pas de contre-exemple

---

*Pour préparer cet article, j'ai essayé de découvrir la date de notre débat en lisant les fichiers informatiques de John de cette époque. Grâce à la magie moderne de Martin Frost et Joe Weening, il est encore possible de reconstruire la plupart de ses fichiers électroniques de 1969 et 1970 ; mais tout ce que j'ai pu trouver de relatif aux grammaires à attributs a été une entrée à un fichier appelé `TOREAD`, dont la dernière mise à jour datait du 26 octobre 1970, dans lequel mon article [18] était cité en sixième position.

sous la main pour montrer pourquoi les attributs hérités pourraient être plus puissants et/ou plus naturels qu'un mécanisme de paramètres. Je ne pense pas que l'un d'entre nous ait « gagné » le débat ; mais je me souviens m'être juré de ne plus jamais m'engager dans une telle chose, parce que je ne me suis jamais senti content d'une argumentation verbale.

Mon travail sur les grammaires à attributs a été mis en veille juste après, parce que j'avais trop de choses à faire (ma principale activité de l'été 1970, outre le travail sur le volume 3 de *The Art of Computer Programming*, a été une étude empirique des programmes FORTRAN [21], aidé par une dizaine d'étudiants et d'autres volontaires). J'ai fait un exposé en novembre devant les participants d'un *Research Workshop in Grammar and Semantics of Natural Languages* que Pat Suppes a organisé à Stanford. Je ne suis pas sûr à cent pour cent de ce que j'ai dit ni que mon exposé ait fait grande impression sur quelqu'un, mais mon point de vue de l'époque a été fidèlement résumé dans l'*abstract* suivant, que j'avais envoyé aux participants en septembre :

> Ma motivation pour ce travail a été entièrement orientée par la sémantique des langages de programmation, mais il y a des raisons de penser que cette méthode soit également utile aux langues naturelles.
>
> Les pages ci-jointes introduisent l'idée, très simple. Pour les langues naturelles, les « attributs synthétisés » devraient être des choses comme le nombre, le genre, la dénotation, etc., alors que les « attributs hérités » devraient être des choses comme la signification des prépositions fondée sur le contexte. Il semble que cette approche de la sémantique permette également de simplifier la syntaxe du langage d'une façon assez naturelle.

Durant mes premières années à Stanford, j'ai dirigé la thèse de deux étudiants dont les sujets exploraient une application assez large des grammaires à attributs [7, 34]. Mais j'ai très vite découvert que je ne pourrais pas plus longtemps participer activement à des parties très différentes de l'informatique à la fois ; j'ai donc commencé à me concentrer sur l'analyse mathématique des algorithmes [22].

J'ai évidemment trouvé très intéressant de voir comment les grammaires à attributs ont connue une popularité croissante durant ces 20 dernières années. Lorsque j'ai entendu parler pour la première fois des résultats surprenants de Jazayeri, Ogden et Rounds [13] — à savoir que la circularité peut toujours être testée en A^n étapes et que tout algorithme correct a besoin d'exécuter au moins $B^{n/\log n}$ étapes pour une infinité d'instances — cela m'a coupé le souffle. Ceci a fait du test de circularité l'un des premiers problèmes « naturels » dont on ait démontré que la complexité est exponentielle. Je n'aurais jamais osé conjecturer un tel théorème remarquable. J'ai alors appris que même mon algorithme incorrect de circularité devenait utile, puisque fournissant un test pour les grammaires « fortement non circulaires » (voir [5, page 18]).

En 1977, j'ai commencé à travailler à un langage de typographie informatique appelé TEX. Vous pourriez me demander pourquoi je n'ai pas utilisé une grammaire à attributs pour définir la sémantique de TEX. Bonne question. La vérité est que je n'ai pas été capable de trouver *de* bonne façon de définir TEX précisément, à part montrer son implémentation, fort longue, en Pascal [23]. Je pense que le programme pour TEX est aussi lisible que n'importe quel programme de cette taille, bien qu'un programme informatique ne soit sûrement pas une façon satisfaisante de définir la sémantique. C'est toujours la meilleure que je sois capable de faire. En outre, je ne connais pas de façon de définir un autre langage de typographie généraliste qui aurait une sémantique facilement définie, sans le rendre beaucoup moins utile que TEX. Les mêmes remarques s'appliquent aussi à METAFONT. La principale difficulté provient des « macros » : autant que je sache, les macros sont indispensables mais avec des astuces intrinsèques pour les définir. Lorsque nous ajoutons également la possibilité de changer l'interprétation des caractères entrés, dynamiquement, nous entrons dans un royaume pour lequel un formalisme clair semble impossible.

Durant les dix années où j'ai travaillé intensivement à TEX, j'ai rencontré de temps en temps des personnes qui se disaient intéressées par les grammaires à attributs. Mais lorsque j'ai vu le livre *Attribute Grammars* de Deransart, Jourdan et Lorho [5], j'ai été très surpris. J'ai eu du mal à me faire à l'idée que sa bibliographie contient quelques 600 articles pertinents. Oh là là ! je n'aurais sûrement jamais prédit une telle croissance.

Je suis satisfait, après tout, de voir que non seulement des gens utilisent des grammaires à attributs, et démontrent des résultats profonds à leurs propos, mais qu'en plus ils prennent plaisir à le faire. J'ai regardé une dizaine d'articles cités dans [5], et à chaque fois j'ai remarqué l'enthousiasme évident des auteurs pour le travail qu'ils étaient en train d'effectuer. Rien d'autre n'aurait pu me faire autant plaisir.

Ma contribution se réduit naturellement à une minuscule portion de toutes les choses qui ont été découvertes. Les grammaires à attributs ne seraient jamais devenues si largement développées et si rapidement si le concept n'avait pas été quelque peu naturel. Quelqu'un les aurait certainement inventées même si Ned Irons, Peter Wegner et moi n'avions pas existé. Je suis extrêmement content d'avoir écrit quelques articles dont quelques autres se sont inspirés.

La préparation de cet article a été partiellement financée par la *National Science Foundation*, agrément CCR–8610181.

Bibliographie

[1] R. C. Bose and T. A. Dowling, editors, *Combinatorial Mathematics and Its Applications*, Proceedings of a conference held at Chapel Hill, North Carolina, 10–14 April 1967; *University of North Carolina Monograph Series in Probability and Statistics* 4 (1969).

[2] J. N. Buxton (editor), *Simulation Programming Languages*, Proceedings of an IFIP Working Conference held at Oslo, Norway, 22–26 May 1967 (Amsterdam: North-Holland, 1968).

[3] A. Caracciolo di Forino, "On the concept of formal linguistic systems," in [30], 37–51.

[4] Karel Čulík, "Well-translatable grammars and Algol-like languages," in [30], 76–85.

[5] Pierre Deransart, Martin Jourdan et Bernard Lorho, "Attribute Grammars," *Lecture Notes in Computer Science* **323** (1988), ix + 232 pages.

[6] F. G. Duncan, "Our ultimate metalanguage: An after dinner talk," in [30], 295–299.

[7] Isu Fang, *FOLDS, a Declarative Formal Language Definition System*, report STAN-CS-72-329 (Ph.D. thesis, Stanford University, 1972).

[8] Robert W. Floyd, "On the nonexistence of a phrase structure grammar for ALGOL 60," *Communications of the ACM* **5** (1962), 483–484.

[9] Edgar T. Irons, "A syntax directed compiler for ALGOL 60," *Communications of the ACM* **4** (1961), 51–55.

[10] Edgar T. Irons, "The structure and use of the syntax-directed compiler," *Annual Review in Automatic Programming* **3** (1962), 207–227.

[11] Edgar T. Irons, "Towards more versatile mechanical translators," *Proceedings of Symposia in Applied Mathematics* **15** (Providence, Rhode Island: American Mathematical Society, 1963), 41–50.

[12] E. T. Irons, "'Structural connections' in formal languages," *Communications of the ACM* **7** (1964), 67–72.

[13] Mehdi Jazayeri, William F. Ogden et William C. Rounds, "The intrinsically exponential complexity of the circularity problem for attribute grammars," *Communications of the ACM* **18** (1975), 697–706.

[14] Donald E. Knuth, *The Art of Computer Programming* (Reading, Massachusetts: Addison–Wesley). Volume 1, 1968; Volume 2, 1969; Volume 3, 1973; Volume 4 en préparation.

[15] Donald E. Knuth, "Semantics of context-free languages," *Mathematical Systems Theory* **2** (1968), 127–145. [Réimprimé comme chapitre 17 de *Selected Papers on Computer Languages*. Traduction française dans le livre compagon de ce recueil.]

[16] Donald E. Knuth et Peter B. Bendix, "Simple word problems in universal algebras," in *Computational Problems in Abstract Algebra*, edited by John Leech, Proceedings of a conference held at Oxford, England, 29 August–2 September 1967 (Oxford: Pergamon Press, 1970), 263–297. Traduction française dans le livre compagon de ce recueil.

[17] Donald E. Knuth, "The analysis of algorithms," *Actes du Congrès International des Mathématiciens 1970*, **3** (Paris: Gauthier-Villars, 1971), 269–274. [Réimprimé comme chapitre 3 de *Selected Papers on Analysis of Algorithms*, CSLI Lecture Notes 102 (Stanford, California: Center for the Study of Language and Information, 2000), 27–34. Traduction française dans le livre compagnon ce recueil.]

[18] Donald E. Knuth, "Examples of formal semantics," in *Symposium on Semantics of Algorithmic Languages*, edited by E. Engeler, *Lecture Notes in Mathematics* **188** (1971), 212–235. [Réimprimé comme chapitre 18 de *Selected Papers on Computer Languages*.]

[19] Donald E. Knuth, "Top-down syntax analysis," *Acta Informatica* **1** (1971), 79–110. [Réimprimé comme chapitre 14 de *Selected Papers on Computer Languages*. Traduction française dans le livre compagnon de ce recueil.]

[20] Donald E. Knuth, "Semantics of context-free languages: Correction," *Mathematical Systems Theory* **5** (1971), 95–96. [Réimprimé comme chapitre 17 de *Selected Papers on Computer Languages*. Traduction française dans le livre compagnon de ce recueil.]

[21] Donald E. Knuth, "An empirical study of FORTRAN programs," *Software — Practice & Experience* **1** (1971), 105–133. [Réimprimé comme chapitre 24 de *Selected Papers on Computer Languages*.]

[22] Donald E. Knuth, "Mathematical analysis of algorithms," *Information Processing 71*, Proceedings of IFIP Congress 71 (Amsterdam: North-Holland, 1972), 19–27. [Réimprimé comme chapitre 1 de *Selected Papers on Analysis of Algorithms*, CSLI Lecture Notes 102 (Stanford, California: Center for the Study of Language and Information, 2000), 1–18. Traduction française dans le livre compagnon de ce recueil.]

[23] Donald E. Knuth, TEX: *The Program* (Reading, Massachusetts: Addison–Wesley, 1986), xv + 594 pages.

[24] P. M. Lewis II and R. E. Stearns, "Syntax-directed transduction," *Journal of the Association for Computing Machinery* **15** (1968), 465–488.

[25] John McCarthy, in "General discussion," *Communications of the ACM* **7** (1964), 134–136.

[26] Robert M. McClure, "TMG — A syntax-directed compiler," *Proceedings of the ACM National Conference* **20** (1965), 262–274.

[27] Peter Naur, editor, "Report on the algorithmic language ALGOL 60," *Communications of the ACM* **3** (1960), 299–314.

[28] Luigi Petrone, "Syntax directed mappings of context-free languages," preprint (Phoenix, Arizona: General Electric Corporation, 1965), 50 + 7 pages. [Un court résumé a été publié dans *Information Processing 65*, Proceedings of IFIP Congress 65 (1965), 590–591. Voir aussi L. Petrone, "Linguaggi programmativi formali," *Calcolo* **2**, Supplement 2 (1965), 47–68, especially §18–20.]

[29] D. V. Schorre, "META II: A syntax-directed compiler writing language," *Proceedings of the ACM National Conference* **19** (1964), D 1.3.1–D 1.3.11.

[30] T. B. Steel, Jr. (editor), *Formal Language Description Languages for Computer Programming*, Proceedings of an IFIP Working Conference held at Vienna, Austria, 15–18 September 1964 (Amsterdam: North-Holland, 1966).

[31] T. B. Steel, Jr., "A formalization of semantics for programming language description," in [30], 25–36.

[32] Christopher Strachey, commentaires sur l'article de J. V. Garwick, "The definition of programming languages by their compilers," dans [30], 139–147.

[33] A. van Wijngaarden, "Recursive definition of syntax and semantics," in [30], 13–24.

[34] Wayne Theodore Wilner, *A Declarative Semantic Definition*, report STAN-CS-71-233 (Ph.D. thesis, Stanford University, 1971).

[35] "Burroughs announces B6500," *Communications of the ACM* **9** (1966), 541.

[36] "Salton announces new departments, editors for *Communications*," and "*Journal* changes are outlined by Gotlieb," *Communications of the ACM* **9** (1966), 825.

[37] "On FJCC 66 at the Golden Gate," *Communications of the ACM* **9** (1966), 885.

[38] "ACM National Lecturers 1966–7," *Communications of the ACM* **10** (1967), 68–69.

[39] "SIAM 1967 Fall Meeting," *SIAM Review* **10** (1968), 260–280.

Chapitre 8

Algorithme et programme ; information et données

[Essayons de comprendre quelques termes de base.]
[*Originellement publié dans Communications of the ACM* **9** *(1966), 654.*
Réimprimé comme partie du chapitre 0 de Selected Papers on Computer
Science.]

LETTRE À L'ÉDITEUR

La lettre du Dr. Hubber définit « algorithme » en terme de langage
de programmation. J'aimerais exprimer un point de vue légèrement différent, selon lequel les algorithmes sont des concepts ayant une existence
propre, indépendamment de tout langage de programmation. Pour moi,
le mot *algorithme* désigne une méthode abstraite de calcul de sorties
à partir d'entrées alors qu'un *programme* est l'incarnation d'une telle
méthode de calcul dans un langage donné. Je peux écrire plusieurs programmes différents pour le même algorithme (par exemple en ALGOL 60
et en PL/I, en supposant que ces langages en donnent une interprétation
non ambiguë).

Bien sûr si on m'oblige à expliquer plus précisément ce que j'entends par ces remarques, je suis forcé d'admettre que je ne connais pas
de façon de définir un algorithme particulier autrement qu'à travers un
langage de programmation. Peut-être l'ensemble de tous les concepts
doit-il être regardé comme un langage formel d'une certaine sorte. Mais
je crois que les algorithmes étaient présents bien avant que Turing *at
al.* n'en formulent le concept, de même que le nombre « deux » existait
bien avant que les auteurs des premiers manuels et autres logiciens n'en
donnent une définition précise.

Par « calcul » j'entends en gros la même chose que ce que beaucoup de personnes appellent de nos jours « traitement des données »,
« manipulation des symboles » ou, plus généralement, « traitement de
l'information ».

Il semble qu'il y ait la même confusion entre les mots *information* et *données* qu'entre les mots *algorithme* et *programme*. Lorsqu'un scientifique effectue une expérience dans laquelle une quantité doit être mesurée, nous avons quatre choses en présence, chacune d'elles étant souvent appelée « information » : (a) la vraie valeur de la quantité, (b) l'approximation de cette vraie valeur obtenue par l'outil de mesure utilisé, (c) une représentation de cette valeur et (d) les concepts appris par les scientifiques par l'étude de ces mesures. Il est plus approprié d'utiliser le mot « données » appliqué à (c) et le mot « information » lorsqu'il est utilisé dans un sens technique qui dit de quelle sorte d'information on parle.

Chapitre 9

Programmation et informatique

[Originellement publié dans Academic Press Dictionary of Science and Technology (1992). Réimprimé comme partie du chapitre 0 de Selected Papers on Computer Science.]

Un programme de calcul est la représentation d'un algorithme dans un langage bien défini. Les algorithmes sont des procédures de calcul abstraites pour transformer des informations ; les programmes en sont leurs incarnations concrètes.

Le premier programmeur au monde est peut-être la fille de Lord Byron, A. Ada Lovelace, qui travailla avec Charles Babbage pour formuler des instructions précises pour le calcul des nombres de Bernoulli sur la machine analytique non terminée de Babbage, en 1843. Le nombre total de personnes qui considèrent maintenant la programmation comme une partie de leur profession s'élève à plus de 5 millions pour les seuls États-Unis, et il y a environ 50 millions de personnes à travers le monde qui écrivent régulièrement des programmes d'une sorte ou d'une autre.

Les meilleurs programmes sont écrits de façon à que les machines à calculer puissent les exécuter rapidement et que les êtres humains puissent les comprendre clairement. Un programmeur est, dans l'idéal, un véritable écrivain travaillant tout à la fois avec une esthétique traditionnelle, des formes littéraires et des concepts mathématiques, pour communiquer la façon dont un algorithme fonctionne et pour convaincre le lecteur que les résultats seront corrects. Les programmes ont souvent besoin d'être modifiés, puisque les exigences et les équipements changent. Les programmes ont souvent besoin d'être combinés avec d'autres programmes. Le succès de ces efforts est lié directement à l'habileté d'exposition du programmeur.

On connaît de nombreuse techniques subtiles permettant aux programmes de s'exécuter beaucoup plus rapidement que ce qui serait possible par une approche naïve. La théorie quantitative de l'efficacité des programmes est souvent appelée *analyse des algorithmes*. Ce domaine

317

d'étude a beaucoup de sous-domaines importants, parmi lesquels l'analyse numérique (à savoir l'étude des algorithmes pour le calcul scientifique), la théorie de la complexité (l'étude des meilleures façons possibles de résoudre un problème donné en utilisant un matériel donné), le calcul symbolique (l'étude des algorithmes de manipulation des formules algébriques), la géométrie algorithmique (l'étude des algorithmes concernant les courbes, les surfaces et les volumes), l'optimisation combinatoire (l'étude des algorithmes de choix de la meilleure de toutes les alternatives possibles), la théorie des bases de données (l'étude des algorithmes de stockage et de récupération de grandes collections de faits) et l'étude des structures de données (les techniques pour représenter les relations entre les items discrets d'information).

La programmation et l'analyse des algorithmes sont, à leur tour, des sous-domaines d'une discipline considérablement plus large appelée *informatique* (*computer science*, science des ordinateurs, en anglais), traitant les phénomènes relatifs aux ordinateurs. La science des ordinateurs est appelée « informatique » en français, en allemand et en plusieurs autres langues, mais les chercheurs américains ont rechigné à adopter ce terme puisqu'il semble insister de façon non méritée sur ce que les ordinateurs manipulent plutôt que sur les processus de manipulation eux-mêmes.

L'informatique répond à la question « Qu'est-ce qui peut être automatisé ? » Ses domaines principaux, à part l'analyse des algorithmes, comprennent à l'heure actuelle le génie logiciel (*software engineering* en anglais, à savoir l'étude des langages et des méthodologies de programmation, des systèmes d'exploitation pour contrôler les ressources de l'ordinateur et des programmes utilitaires taillés sur mesure pour des applications significatives comme la comptabilité ou la publication électronique), le graphisme et la visualisation (le développement d'outils pour l'analyse et la synthèse d'images), l'architecture des ordinateurs et de la communication entre ordinateurs (la conception des machines et des réseaux pour les relier entre eux), l'intelligence artificielle (le développement d'outils pour accumuler des connaissances, les appliquer et raisonner sur celles-ci), l'interaction homme-machine (l'étude de l'interface entre les êtres humaines et les ordinateurs), la robotique (le développement de machines mobiles avec des capteurs) et des connexions interdisciplinaires avec virtuellement chaque autre branche de la science, de la technologie, de la médecine et des sciences humaines.

Chapitre 10

Forme normale de Backus contre Forme de Backus Naur

[Originellement publié comme Backus Normal Form versus Backus Naur Form dans Communications of the ACM 7 (1964), 735–736. Réimprimé comme chapitre 2 de Selected Papers on Computer Language.]

Cher éditeur,

Il est devenu habituel ces dernières années de se référer à la syntaxe présentée à la façon du rapport ALGOL 60 comme « Forme Normale de Backus ». Je ne suis pas sûr de l'origine de cette terminologie ; je me souviens personnellement l'avoir lue dans un article de S. Gorn [2].

Plusieurs d'entre ceux qui travaillent dans ce domaine ne se sont jamais soucié du nom forme normale de Backus parce qu'il ne s'agit pas d'une « forme normale » au sens classique. Forme normale fait en général référence à une sorte de représentation particulière n'étant pas nécessairement une forme canonique.

Par exemple, toute syntaxe à la ALGOL-60 peut facilement être transformée de façon à ce que toutes les définitions, exceptée la définition de ⟨empty⟩, soit de l'une des trois formes :

(i) ⟨A⟩ ::= ⟨B⟩ | ⟨C⟩,   (ii) ⟨A⟩ ::= ⟨B⟩⟨C⟩,   ou (iii) ⟨A⟩ ::= a.

Une syntaxe dans laquelle toutes les définitions sont de cette sorte peut être dite sous « Forme Normale de Floyd », puisque ceci fut remarqué en premier dans une note de R. W. Floyd [1]. Mais je m'empresse de déconseiller d'utiliser ce terme puisque d'autres personnes ont certainement utilisé ce fait simple de façon indépendante dans leurs propres travaux et que cette remarque dans la note de Floyd est une incidente.

Beaucoup de personnes ont rejeté le terme 'forme normale de Backus' puisqu'il ne s'agit que d'un nouveau nom pour un concept ancien en linguistique : un type équivalent de syntaxe a été utilisé sous divers autres noms (grammaire de Chomsky de type 2, grammaire de structure des phrases simples, grammaire algébrique, etc.).

Il y a cependant une raison de faire une distinction entre ces deux noms, cependant, puisque les linguistes présentent la syntaxe sous forme de productions alors que la version de Backus a une *forme* assez différente. (C'est une forme syntaxique et non une forme normale.) Les cinq choses principales qui distinguent la forme de Backus par rapport à une forme de productions sont :

i) On distingue les symboles non terminaux des lettres terminales en les mettant entre des crochets particuliers.

ii) Toutes les alternatives d'une définition sont regroupées ensemble (c'est-à-dire que, dans un système de productions, les trois productions 'A → BC', 'A → d' et 'A → C' devraient être écrites séparément au lieu de les associer en une seule règle '⟨A⟩ ::= ⟨B⟩⟨C⟩ | d | ⟨C⟩').

iii) On utilise le symbole ' ::= ' pour séparer la gauche de la droite.

iv) On utilise le symbole ' | ' pour séparer les alternatives.

v) On utilise des noms complets, indiquant la signification des chaînes de caractères que l'on est en train de définir, pour les symboles non terminaux.

De ces cinq items, il est clair que (iii) n'a pas de signification particulière et que le symbole ' ::= ' peut être remplacé par ce que l'on veut ; ' → ' est peut-être mieux, puisqu'il correspond de plus près aux productions.

Mais (i), (ii), (iv) et (v) sont tous importants pour la *puissance explicative* de la syntaxe. Il est relativement difficile de sonder la signification d'un langage défini par des productions, comparé à la documentation offerte par la syntaxe prenant en compte (i), (ii), (iv) et (v).

Par contre, il est beaucoup plus facile d'effectuer des manipulations *théoriques* en utilisant des systèmes de productions et en *évitant* systématiquement (i), (ii), (iv) et (v).

Pour ces raisons, la forme de Backus mérite un nom particulier qui la distingue des autres formes.

En fait, cependant, seuls (i) et (ii) ont été réellement été utilisés par John Backus lorsqu'il a proposé sa notation ; (iii), (iv) et (v) sont dus à Peter Naur, qui a incorporé ces changements dans l'esquisse du rapport ALGOL 60. Les ajouts de Naur, en particulier (v), sont très importants.

De plus, si le travail de Naur n'avait pas reconnu le potentiel des idées de Backus et si elles n'avaient pas été popularisées par le comité ALGOL, le travail de Backus serait certainement perdu ; beaucoup des connaissances que nous avons aujourd'hui sur les langages et les compilateurs n'auraient pas été acquises.

Je propose donc que dorénavant nous disions « *Forme de Backus Naur* » au lieu de Forme Normale de Backus, lorsqu'on fait référence à cette présentation de la syntaxe. Cette terminologie présente plusieurs avantages : (1) elle rappelle les contributions aussi bien de Backus que de Naur. (2) Elle préserve (en anglais) l'abréviation souvent utilisée « BNF ». (3) Elle n'appelle pas une forme une forme normale.

Je dis Forme de Backus Naur depuis maintenant deux mois et j'en suis très content, je pense donc que tout le monde aimera également ce terme.

Références

[1] Robert W. Floyd, "Note on mathematical induction in phrase structure grammars," *Information and Control* 4 (1961), 353–358.

[2] Saul Gorn, "Specification languages for mechanical languages and their processors — a baker's dozen," *Communications of the ACM* 4 (1961), 532–542.

Addendum

Le changement proposé a été largement adopté, en ajoutant un trait d'union entre Backus et Naur, ce qui est encore mieux. Par exemple, on dit dans le manuel de référence standard du langage de programmation Ada [3, §1.1.4] que la syntaxe algébrique de Ada « est décrite en utilisant une variante simple de la forme de Backus–Naur ». Michael Woodger a remarqué [5] que :

> Une des modifications clés effectuées par Naur à la notation de Backus a été de choisir les désignations des constituants syntaxiques, comme les « instructions primitives », de façon à ce qu'elles correspondent exactement à celles utilisées en décrivant la sémantique, sans abréviation. C'est ce qui rend la syntaxe lisible, au lieu d'utiliser une notation mathématique, et ce qui est largement responsable du succès de « BNF ». Peter Naur était trop modeste pour le dire lui-même dans l'appendice de son article [4].

[3] *Consolidated Ada Reference Manual: Language and Standard Libraries*, International Standard ISO/IEC 8652/1995(E) with Technical Corrigendum 1, edited by S. Tucker Taft, Robert A. Duff, Randall L. Brukardt, and Erhard Ploedereder (Berlin: Springer, 2001).

[4] Peter Naur, "The European side of the last phase of the development of ALGOL 60," in *History of Programming Languages*, edited by

Richard L. Wexelblat (New York: Academic Press, 1981), 92–139, 147–170.

[5] Mike Woodger, "What does BNF stand for?" *Annals of the History of Computing* **12** (1990), 71–72.

Chapitre 11

Grand omicron, grand omega et grand théta

[Originellement publié comme Big Omicron and Big Omega and Big Theta *dans SIGACT News* **8**, *2 (April–June 1976), 18–24. Réimprimé comme chapitre 4 de* Selected Papers on Analysis of Algorithms.*]*

La plupart d'entre nous sommes habitués à utiliser la notation $O(f(n))$ pour indiquer l'ordre de grandeur d'une fonction, à savoir qu'elle est majorée par une constante fois $f(n)$, pour tout n grand. Nous avons aussi quelquefois besoin de la notation correspondante pour les fonctions minorantes, à savoir pour les fonctions qui sont *au moins* aussi grandes qu'une constante fois $f(n)$ pour tout n grand. Malheureusement, on a quelquefois utilisé la notation O pour ces minorants, par exemple pour rejeter une méthode de tri donnée « parce que son temps d'exécution est en $O(n^2)$ ». J'ai assez souvent vu de telles choses imprimées et, à la fin, je me suis précipité pour écrire une lettre à l'éditeur à ce propos.

La littérature classique possède une notation pour les fonctions minorées, à savoir $\Omega(f(n))$. L'apparition la plus éminente de cette notation se trouve dans l'œuvre majeure de Titchmarsh sur la fonction dzéta de Riemann [8], dans laquelle il définit $\Omega(f(n))$ à la page 152 et consacre son chapitre 8 entièrement aux « théorèmes Ω ». Voir aussi le *Primzahlverteilung* de Karl Prachar [7, page 245].

La notation Ω ne s'est pas beaucoup répandue, bien que j'en ai récemment vu l'utilisation dans quelques publications russes consultées à propos de la théorie des suites équidistribuées. J'ai moi-même une fois suggéré à quelqu'un dans une lettre d'utiliser la notation Ω « puisqu'elle a été utilisée par un certain nombre de théoriciens pendant des années » ; mais, plus tard, lorsqu'on m'a demandé de donner des références explicites, j'ai passé une heure, de façon surprenante infructueuse, à chercher à la bibliothèque sans être capable de trouver une seule référence. J'ai récemment demandé à plusieurs mathématiciens éminents s'ils connaissaient ce que $\Omega(n^2)$ signifiait ; plus de la moitié d'entre eux n'avaient jamais vu cette notation auparavant.

Avant d'écrire cette lettre, j'ai décidé de chercher plus soigneusement et d'étudier également l'histoire des notations O et o. Les deux volumes de Cajori sur l'histoire des notations mathématiques n'en mentionnent aucune des deux. Alors que je cherchais les définitions de Ω, j'ai lu des dizaines de livres du début du siècle qui définissent O et o mais aucun ne définit Ω. J'ai trouvé une note de Landau [6, page 883] disant que la première apparition de O qu'il connaisse se trouve dans le livre de 1894 de Bachmann [1, page 401]. Au même endroit, Landau dit qu'il a personnellement inventé la notation o alors qu'il écrivait son traité sur la distribution des nombres premiers ; son étude originelle de O et de o se trouve dans [6, pages 59–63].

Je n'ai pas pu trouver d'occurrence de la notation Ω dans les publications de Landau ; ceci m'a été confirmé plus tard lorsque j'en ai discuté avec George Pólya, qui m'a dit avoir été élève de Landau et être assez familier de ses écrits. Pólya savait ce que la notation Ω signifie mais il ne l'avait jamais utilisée dans ses propres travaux (comme enseignant ou comme élève, a-t-il dit).

Puisque la notation Ω est si rarement utilisée, mes trois premières visites à la bibliothèque ont porté peu de fruits mais, à ma quatrième visite, j'ai finalement été capable d'indiquer son origine probable : Hardy et Littlewood ont introduit Ω dans leur mémoire classique de 1914 [4, page 225], la qualifiant de notation « nouvelle ». Ils l'ont également utilisée dans leur article principal sur la distribution des nombres premiers [5, pages 125 et suivantes], mais ils n'ont apparemment pas éprouvé le besoin de l'utiliser dans leurs travaux ultérieurs.

Malheureusement, Hardy et Littlewood n'ont pas défini $\Omega(f(n))$ comme je l'aurais voulu ; leur définition est une négation de $o(f(n))$, à savoir une fonction dont la valeur absolue dépasse $Cf(n)$ pour une infinité de n, avec C constante positive suffisamment petite. Dans toutes les applications que j'ai vu en informatique, une exigence plus forte (remplacer « pour une infinité de n » par « pour tout n grand ») est beaucoup plus appropriée.

Après en avoir discuté avec plusieurs personnes pendant des années, j'en suis arrivé à la conclusion que les définitions suivantes se révèleront les plus utiles pour les informaticiens :

$O(f(n))$ désigne l'ensemble des fonctions g pour lesquelles il existe des constantes positives C et n_0 telles que $|g(n)| \leq Cf(n)$ pour tout $n \geq n_0$.

$\Omega(f(n))$ désigne l'ensemble des fonctions g pour lesquelles il existe des constantes positives C et n_0 telles que $g(n) \geq Cf(n)$ pour tout $n \geq n_0$.

$\Theta(f(n))$ désigne l'ensemble des fonctions g pour lesquelles il existe des constantes positives C et C' ainsi que n_0 telles que $Cf(n) \leq g(n) \leq C'f(n)$ pour tout $n \geq n_0$.

Verbalement, on peut lire $O(f(n))$ comme d'« ordre au plus $f(n)$ », $\Omega(f(n))$ comme d'« ordre au moins $f(n)$ » et $\Theta(f(n))$ comme d'« ordre exactement $f(n)$ ». Ces définitions s'appliquent bien entendu seulement au comportement lorsque $n \to \infty$; lorsqu'on s'occupe de $f(x)$ quand $x \to 0$, nous devons substituer un voisinage de zéro au voisinage de l'infini (c'est-à-dire $|x| \leq x_0$ au lieu de $n \geq n_0$).

Bien que j'ai changé la définition de Hardy et Littlewood de Ω, je sens que c'est justifié puisque leur définition n'est en aucune façon largement utilisée et puisqu'il y a d'autres façons de dire ce qu'ils veulent dire dans les cas relativement rares où leur définition s'applique. J'aime l'apparence mnémotechnique de Ω par sa ressemblance à O, et c'est facile à typographier. De plus, les deux notations définies ci-dessus sont heureusement complétées par la notation Θ, qui m'a été suggérée indépendamment par Bob Tarjan et Mike Paterson.

Les définitions ci-dessus se réfèrent à « l'ensemble des fonctions g telles que ... » plutôt qu'à « toute fonction g vérifiant la propriété ... » ; je pense que cette définition en terme ensembliste, qui m'a été suggérée il y a plusieurs années par Ron Rivest comme amélioration de la définition du premier tirage de mon volume 1, est une meilleure façon de définir la notation O. Lorsque la notation O et ses notations apparentées sont utilisées dans des formules, nous parlons ainsi d'ensembles de fonctions plutôt que de fonctions individuelles. Lorsque A et B sont des ensembles de fonctions, $A + B$ désigne l'ensemble $\{a + b \mid a \in A \text{ et } b \in B\}$, etc. ; on peut utiliser de plus « $1 + O(n^{-1})$ » pour désigner l'ensemble des fonctions de la forme $1 + g$, vérifiant $|g(n)| \leq Cn^{-1}$ pour un C et tout n grand.

Le phénomène d'*égalités dans un sens* (*one-way equalities* en anglais) apparaît alors. On écrit, par exemple :

$$1 + O(n^{-1}) = O(1)$$

mais on n'écrit pas :

$$O(1) = 1 + O(n^{-1}).$$

Le signe d'égalité signifie ici en fait $\subseteq$ (l'inclusion ensembliste), et cette asymétrie a gêné beaucoup de monde ; il a été proposé de ne pas permettre d'utiliser le signe $=$ dans ce contexte. Mon sentiment est que nous devrions continuer à utiliser l'égalité dans un sens avec les notations O, puisqu'il s'agit d'une pratique de milliers de mathématiciens depuis de nombreuses années maintenant et puisque nous comprenons suffisamment la signification de cette notation.

Nous pourrions aussi définir $\omega(f(n))$ comme l'ensemble des fonctions dont le quotient avec f tend vers l'infini, par analogie avec $o(f(n))$. Personnellement je n'ai jamais ressenti le besoin de ces notations o ; bien au contraire, j'ai trouvé de bon aloi d'obtenir des estimations O tout le temps, puisqu'elles m'ont beaucoup appris sur des méthodes mathématiques bien plus puissantes. Cependant, je m'attends un jour à échouer et à devoir utiliser la notation o lorsque j'aurai à faire face à une fonction pour laquelle je ne peux pas démontrer quelque chose de plus puissant.

Il y a un léger manque de symétrie dans les définitions de O, de Ω et de Θ données ci-dessus, puisque les signes de valeur absolue sont utilisés pour g seulement dans le cas de O. Ceci n'est pas réellement une anomalie, puisque O fait référence à un voisinage de zéro alors que Ω fait référence à un voisinage de l'infini. (Hardy, dans un livre sur les séries divergentes, utilise O_L et O_R lorsqu'un résultat O d'un seul côté est nécessaire. Hardy et Littlewood [5] ont utilisé Ω_L and Ω_R pour les fonctions respectivement $< -Cf(n)$ et $> Cf(n)$ infiniment souvent. Aucune de ces conventions ne s'est largement répandue.)

Les notations ci-dessus se proposent d'être utiles dans beaucoup d'applications, mais elles ne se proposent pas de répondre à tous les besoins concevables. Par exemple, si vous manipulez une fonction comme $(\log \log n)^{\cos n}$, vous souhaiteriez une notation pour « les fonctions qui oscillent entre $\log \log n$ et $1/\log \log n$ et dont ces limites sont les meilleures possibles ». Dans un tel cas, une notation spécifique à ce but, réservée aux pages de l'article que vous êtes en train d'écrire à cet instant, devrait suffire ; nous n'avons pas besoin de nous embêter avec des notations standard pour un concept si celui apparaît peu fréquemment.

Je voudrais terminer cette lettre en étudiant une autre façon de désigner l'ordre de grandeur de la croissance d'une fonction. Mes recherches à la bibliothèque m'ont fait découvrir le fait surprenant que cette alternative précède en fait la notation O elle-même. Paul du Bois-Reymond [2] a utilisé les notations relationnelles :

$$g(n) \prec f(n) \qquad \text{et} \qquad f(n) \succ g(n)$$

dès 1871, pour les fonctions positives f et g, avec la signification que nous pouvons maintenant décrire comme $g(n) = o(f(n))$ (ou comme $f(n) = \omega(g(n))$). Dans son intéressant petit livre sur les ordres de grandeur de l'infini [3], Hardy étend cette idée en utilisant également les relations :

$$g(n) \preceq f(n) \qquad \text{et} \qquad f(n) \succeq g(n)$$

dans le sens de $g(n) = O(f(n))$ (ou, de façon équivalente, $f(n) = \Omega(g(n))$, puisque nous supposons que f et g sont positives). Hardy écrit aussi :

$$f(n) \asymp g(n)$$

lorsque $g(n) = \Theta(f(n))$, et :

$$f(n) \cong g(n)$$

lorsque $\lim_{n \to \infty} f(n)/g(n)$ existe et n'est ni 0 ni ∞ ; il écrit :

$$f(n) \sim g(n)$$

lorsque $\lim_{n \to \infty} f(n)/g(n) = 1$. (La notation $\cong$ de Hardy peut sembler très spécifique à première vue, jusqu'à ce qu'on prenne conscience qu'elle ne l'est pas ; il a démontré, par exemple, le beau théorème suivant : « Si f et g sont des fonctions d'une variable construites récursivement à partir des opérations arithmétiques ordinaires et des fonctions exp et log, nous avons exactement une des trois relations $f \prec g$, $f \cong g$ ou $f \succ g$ ».)

L'excellente notation de Hardy a été un peu déformée au fil des ans. Vinogradov [9], par exemple, écrit $f \ll g$ au lieu du $f \preceq g$ de Hardy ; Vinogradov est donc à l'aise avec la formule :

$$200n^2 \ll \binom{n}{2},$$

bien que je ne le sois pas. En tout cas, de telles notations relationnelles ont des propriétés de transitivité intuitivement claires et elles évitent l'utilisation des égalités dans un sens qui gêne certains. Pourquoi, alors, ne remplaceraient-elles pas O et les nouveaux symboles Ω et Θ ?

La raison principale pour laquelle O est si manipulable est que nous pouvons l'utiliser correctement au plein milieu des formules (et dans les phrases en français, dans les tables montrant le temps d'exécution d'une famille d'algorithmes apparentés, et ainsi de suite). Les notations relationnelles exigent que nous mettions tout, excepté la fonction que nous sommes en train d'estimer, d'un seul côté de l'équation (voir [7, page 191]). Une dérivation simple comme :

$$
\begin{aligned}
\left(1 + \frac{H_n}{n}\right)^{H_n} &= \exp(H_n \ln(1 + H_n/n)) \\
&= \exp(H_n(H_n/n + O(\log n/n)^2)) \\
&= \exp(H_n^2/n + O((\log n)^3/n^2)) \\
&= \exp((\ln n + \gamma)^2/n + O((\log n)^3/n^2)) \\
&= \left(1 + O((\log n)^3/n^2)\right)e^{(\ln n + \gamma)^2/n}
\end{aligned}
$$

serait extrêmement difficile à écrire avec la notation relationnelle.

Lorsque je travaille sur un problème, mes premières notes contiennent souvent des notations *ad hoc* ; j'utilise une expression comme « ($\leq 5n^2$) » pour désigner l'ensemble des fonctions qui sont $\leq 5n^2$. Je peux de même écrire « ($\sim 5n^2$) » pour désigner les fonctions asymptotiques à $5n^2$, etc. ; de même « ($\preceq n^2$) » serait équivalent à $O(n^2)$ lorsque j'ai fait des extensions appropriées de la relation $\preceq$ aux fonctions pouvant prendre des valeurs négatives. Ceci pourrait fournir une notation uniforme pour toute sorte de choses, à utiliser au milieu des expressions, donnant plus que juste les O, Ω et Θ proposés ci-dessus.

En dépit de cette alternative, je préfère de beaucoup publier des articles avec les notations O, Ω et Θ ; j'utilise d'autres notations comme « ($\sim 5n^2$) » seulement lorsque je suis face à une situation qui les rend nécessaire. Pourquoi ? La raison principale en est que la notation O est si universellement établie et acceptée que je ne me sens pas le droit de la remplacer par une notation « ($\preceq f(n)$) » de mon invention, bien qu'elle soit conçue logiquement ; la notation O a conquis maintenant une signification mnémotechnique importante et nous sommes à l'aise avec elle. Pour des raisons analogues, je n'ai pas abandonné la numération décimale bien que je trouve que la base (disons) 8 soit plus logique. J'aime les notations Ω et Θ puisqu'elles ont maintenant une signification mnémotechnique héritée de O.

Je pense que j'ai tout passé en revue, ne connaissant pas d'autres arguments pour ou contre l'introduction de Ω et de Θ. Sur la base des dénouements obtenus, je propose que les membres du SIGACT, et les éditeurs des revues informatiques et mathématiques, adoptent les notations O, Ω et Θ telles qu'elles sont définies ci-dessus, à moins qu'une meilleure alternative puisse être trouvée dans un temps raisonnable. Je propose de plus que les notations relationnelles de Hardy soient adoptées dans les situations où une notation relationnelle est plus appropriée.

Références

[1] Paul Bachmann, *Die analytische Zahlentheorie*, Volume 2 of *Zahlentheorie* (Leipzig: B. G. Teubner, 1894).

[2] Paul du Bois-Reymond, "Sur la grandeur relative des infinis des fonctions," *Annali di Matematica pura ed applicata*, series 2, **4** (1871), 338–353.

[2a] Florian Cajori, *"A History of Mathematical Notations*, 2 volumes, The Open Court, La Salle, Illinois, 1928-1929. Republication, 2 volumes reliés en un, Dover, New York, 1993, ISBN : 0-486-67766-4. Disponible en ligne :

http://www.archive.org/details/historyofmathema031756mbp

[3] G. H. Hardy, "Orders of Infinity: The 'Infinitärcalcül' of Paul du Bois-Reymond," *Cambridge Tracts in Mathematics and Mathematical Physics* **12** (1910; Second edition, 1924).

[4] G. H. Hardy and J. E. Littlewood, "Some problems of Diophantine approximation," *Acta Mathematica* **37** (1914), 155–238.

[5] G. H. Hardy and J. E. Littlewood, "Contributions to the theory of the Riemann zeta function and the theory of the distribution of primes," *Acta Mathematica* **41** (1918), 119–196.

[6] Edmund Landau, *Handbuch der Lehre von der Verteilung der Primzahlen* (Leipzig: B. G. Teubner, 1909), deux volumes.

[7] Karl Prachar, *Primzahlverteilung* (Berlin: Springer, 1957).

[8] E. C. Titchmarsh, *The Theory of the Riemann Zeta-Function* (Oxford: Clarendon Press, 1951).

[9] I. M. Vinogradov, *The Method of Trigonometrical Sums in the Theory of Numbers*, translated from the 1947 Russian edition by K. F. Roth and Anne Davenport (London: Interscience, 1954).

Addendum

Les trois définitions proposées ici ont bien été largement adoptées. Une opinion contre la notation Ω a, cependant, été présentée par P. M. B. Vitányi et L. Meertens, "Big Omega versus the wild functions," *Bulletin of the European Association for Theoretical Computer Science (EATCS)* **22** (1984), 14–19; reprinted in *SIGACT News* **16**, 4 (Spring 1985), 56–59.

Chapitre 12

Une proposition de terminologie

[Originellement publié comme A Terminological Proposal dans SIGACT News **6**, 1 *(January 1974), 12–18. Réimprimé comme chapitre 28 de Selected Papers on Analysis of Algorithms.]*

En préparant un livre sur les algorithmes combinatoires, j'ai fortement ressenti le besoin d'un nouveau terme technique, un mot qui soit le pendant de « polynomialement complet ». Un grand nombre de problèmes d'intérêt pratique possèdent la propriété d'être au moins aussi difficiles à résoudre en temps polynomial que ceux de la classe NP de Cook–Karp. J'ai eu besoin d'un adjectif pour parler d'un tel degré de difficulté, à la fois formellement et informellement, et, puisque le domaine d'applications pratiques est vaste, j'en ai conclu qu'un tel terme devrait être choisi dès que possible.

Le but est de trouver un adjectif x qui sonne bien dans des phrases comme celles-ci :

Le problème du recouvrement est x.

Il est x de décider si un graphe donné a un cycle Hamiltonien.

On ne sait pas si le test de primalité est un problème x.

Nous avons certainement besoin des noms associés 'x-té' ou 'x-ude' là où il faut. On ne suppose pas ici que x implique qu'un problème soit nécessairement dans NP, mais seulement que toute instance de NP puisse être réduite à un tel problème.

Imaginons, par exemple, la situation quelques mois avant que Pratt ne montre que le test de primalité est NP. La troisième phrase ci-dessus ne pose pas le problème du test de primalité appartenant à NP ; mais si je dis « on ne sait pas si le test de primalité est polynomialement complet », cela veut dire qu'il y a une incertitude soit sur le fait que la primalité soit dans NP, soit sur la réduction de NP à la primalité.

Dans mes exposés à Oslo l'année dernière, j'ai utilisé $x = $ « dur » (*'hard'* en anglais). Mais ce n'est pas satisfaisant car le mot « dur » est trop commun : certains pourraient ne pas s'apercevoir à quel moment il est utilisé dans un sens technique. J'ai aussi pensé à « *tenace* » (*tough* en anglais), puisque « *tenace* » est suffisamment informel pour que nous puissions être assez sûrs lorsqu'un usage technique est sous-entendu ; il entre cependant en conflit avec une terminologie de la théorie des graphes et ne sonne pas très bien. Lorsque des non spécialistes parlent de problèmes algorithmiques difficiles, ils disent malheureusement qu'ils sont « combinatoires », ce qui est bien sûr une utilisation complètement malvenue.

Je pense que beaucoup de gens sont intéressés par la façon dont la terminologie a débuté. Les nouveaux termes semblent souvent évoluer par accident, les gens qui les ont introduit n'ayant aucune idée d'avoir donné un nom pour l'éternité. Ceci a été à coup sûr le cas pour moi lorsque j'ai défini le terme « LR(k) » ; je n'avais pas idée que quelqu'un d'autre l'utiliserait un jour. J'imagine que des termes malvenus comme « instruction » (en langage de programmation), ou « langage algébrique », ou « arbre AVL », etc., n'ont jamais été considérés très sérieusement comme appropriés lorsqu'ils ont été proposés pour la première fois.

Dans le cas qui nous occupe, j'ai voulu essayer de faire quelque chose de mieux, de rassembler un grand nombre de personnes qualifiées pour nous aider à décider d'un nom avant la première publication. J'ai donc fait deux choses : (1) j'ai pris mon exemplaire du Roget et de mon dictionnaire *Random House* non abrégé et j'ai cherché un ensemble de candidats pour x. (2) J'ai écrit à environ 30 personnes pour leur demander de choisir parmi ceux-ci. [Je demande humblement pardon à tous les lecteurs à qui j'ai oublié de demander de prendre part au vote.]

Les trois choix que j'avais listés étaient « herculéen », « formidable » et « ardu ». J'ai demandé à tous les votants d'affecter un nombre réel compris entre 0 et 1 à chaque terme, spécifiant le degré d'approbation. (0 signifiait ainsi un désaccord complet, 1 un accord complet et 1/2 ou plus « je l'utiliserais s'il devenait standard ».) J'ai également laissé de la place pour de nouvelles propositions.

Après avoir envoyé les bulletins de vote, j'en suis personnellement arrivé à la conclusion que *herculéen* était le meilleur ; j'ai essayé de l'utiliser pendant une semaine et j'ai trouvé qu'il allait bien dans tous les contextes nécessaires, j'ai même fini par l'aimer. Une semaine plus tard, les retours commencèrent à arriver et je me suis rappelé que personne n'a les mêmes goûts que moi ; j'avais oublié que toute autre personne dans le monde est sans espoir quand il s'attaque à la terminologie (et qu'ils pensent de même à mon propos). Les retours de la première semaine furent assez peu nombreux mais il y avait une forte préférence pour *formidable* et très peu pour *herculéen*. J'avais favorisé *herculéen* en partie parce qu'il se traduit immédiatement dans tous les langages éminents, mais même les correspondants étrangers ne l'aimaient pas. Une nuit où j'ai rencontré Dick Karp lors d'une réunion sociale, nous avons décidé de dire *formidable*. Ceci sonnait bien dans la conversation et semblait une bonne solution. Je suis revenu à la maison et j'ai remplacé *herculéen* par *formidable* dans mes fichiers.

La semaine suivante, plusieurs bulletins de vote sont arrivés et j'ai trouvé à mon grand regret que *formidable* avait perdu de sa popularité première. J'ai commencé à me demander comment les chimistes en sont venu à adopter leurs horribles termes, en particulier leurs noms pour les quatre constituants du code ADN. J'ai également commencer à me demander si ma tâche d'inventorier les résultats du vote allait être herculéenne, formidable ou simplement ardue.

Les résultats finals sont montrés sur les histogrammes ci-dessous, indiquant les distributions dans divers intervalles des résultats reçus de 31 correspondants, pour chaque mot. [J'ai multiplié les intervalles par 10 de façon à ce que le nombre de x au-dessus du chiffre n indique le nombre de votes dans l'intervalle $n/10 \leq v < (n+1)/10$. Il n'a pas été trivial d'établir ces histogrammes, puisque Mike Harrison a utilisé $(\sqrt{5}-1)/2$ dans un de ses choix et que Al Aho a utilisé ϵ et ϵ^2. Je présume que Al entendait par ϵ un petit réel positif et non un grand ordinal.]

Les distributions sont remarquablement différentes, *herculéen* étant plutôt uniforme et *ardu* présentant des pics. Mais une chose est parfaitement claire : aucun des trois mots n'est loin de faire l'unanimité. Seul *ardu* a été capable d'obtenir $\geq 0,5$ de la part d'une majorité de votants, et cette majorité (16 votes contre 15) est difficilement concluante.

J'ai alors appliqué un facteur de pondération secret à tous les votes, fondé sur une approximation du nombre d'articles relatifs à ce sujet dont je sentais que chaque votant écrirait dans les prochaines années et sur l'influence qu'ils auraient sur les étudiants d'informatique, etc. [J'ai naturellement affecté les poids avant de regarder les votes.] C'est contraire au bon sens de faire de telles choses dans une démocratie, mais je l'ai fait. Les scores pondérés moyens résultants étaient :

herculéen	$0,369$
formidable	$0,373$
ardu	$0,353$

En d'autres termes, très bas. [Je parierai que le terme *polynomialement complet* a dû se trouver dans une situation bien pire au début ; mais je ne suis pas juste en train d'essayer de cicatriser mes sentiments blessés lorsque je dis ça.]

Heureusement, il y avait un peu d'espoir, à savoir l'espace laissé pour les commentaires. J'ai reçu beaucoup de suggestions ingénieuses ; en effet, la place laissée pour les proposistions nouvelles a montré définitivement que ceux qui ont pour métier de créer sont aussi imaginatifs pour la terminologie nouvelle que vides d'enthousiasme pour les adopter.

Les commentaires étaient si intéressants que je vais les étudier ici de façon assez détaillée. Premièrement, plusieurs autres mots anglais ont été suggérés :

impractical	prodigious	obdurate
bad	difficult	obstinate
heavy	intractable	exorbitant
tricky	costly	interminable
intricate		

Ken Steiglitz a aussi suggéré « hard-boiled », en honneur de Cook qui est à l'origine du sujet[1]. Al Meyer a essayé « hard-ass » (difficile à satisfaire). [Vous pouvez voir ce que j'entends par chercheurs imaginatifs.]

Bob Floyd a suggéré *sisyphien* au lieu d'*herculéen*, puisque le problème de Sisyphe prenait du temps alors que ceux d'Hercule exigeaient une grande force. Les problèmes NP-difficiles semblent nécessiter plus de temps que d'énergie ; ceci peut donc être un meilleur terme. Par contre, Sisyphe n'a jamais terminé sa tâche ; nous devrions donc utiliser ce terme de façon plus appropriée pour les problèmes indécidables. On peut faire une remarque analogue à propos de *titanesque*. Je préfère *ulysséen* à celui-ci, puisqu'Ulysse a été remarqué pour sa persistance et qu'il a accompli sa tâche. Soit dit en passant, Al Aho a dit qu'il loue mon intention d'« essayer de nettoyer la théorie de la calculabilité de sa terminologie augiaste ». Nous avons donc des lettrés parmi nous.

---

[1] C'est-à-dire *ébouillanté* puisque *to cook* signifie *cuisiner*. (ndt)

Le groupe de suggestions suivant était fondé sur des acronymes. Shen Lin a pensé à les appeler des problèmes PET, car il aime travailler sur le problème du voyageur de commerce et à des tâches analogues en dépit de leurs difficultés. Il remarque que PET est l'acronyme de « *probably exponential time* » (*certainement en temps exponentiel*) mais que si on arrive à le démontrer ça deviendra « *provably exponential time* » (*prouvé être en temps exponentiel*) et que si la preuve va dans l'autre sens, ça deviendra « *previously exponential time* » (*auparavant en temps exponentiel*).

Il y a aussi un autre Al Meyerisme, poser $x = $ 'GNP' (*greater than or equal to NP*, à savoir plus grand que NP en difficulté, avec la possibilité de coûter plus que GNP à résoudre) ou $x = $ 'XS' (semblant exiger une recherche exhaustive [ex*haustive* search], qui exige un temps excessif).

Les suggestions les plus tentantes que j'ai reçues reposent sur des mots nouveaux, formés à partir de racines classiques appropriées. C'est, après tout, la façon dont les biologistes et leurs collègues conçoivent à peu près tous leurs termes ampoulés. Mike Paterson a apporté sa contribution pour deux d'entre eux :

exparent   (littéralement *semblant en-dehors* ; mais aussi d'après *exponential + apparent*);

perarduous   (puisque 'per' signifie « à travers, que ce soit dans l'espace ou dans le temps » et/ou « complètement, extrêmement »).

Al Meyer a également essayé « supersat », signifiant plus grand ou égal que la satisfaisabilité. Un autre mot excellent vient de Ed Reingold et de son ami lettré Howard Jacobson :

polychronious.

Ce mot agréable apparaît curieusement dans la seconde édition du Webster non abrégé mais pas dans la troisième édition, ni dans l'*Oxford English Dictionary*, ni apparemment dans aucun autre dictionnaire. La définition donnée dans le Webster est très appropriée : « endurant longuement, chronique (rare) ». Cependant, à mes oreilles, le mot *polychronious* implique en fait en temps polynomial plutôt que le contraire.

Je vois plusieurs mots de la liste ci-dessus que je n'aimerais pas utiliser mais aucun pouvant devenir standard. Il y avait, cependant, une autre classe de commentaires, fondés sur des mots composés naturalisés qui dominent clairement ce que nous sommes en train de dire, bien qu'ils soient aussi fortement apparentés à la terminologie actuellement retranchée. Puisque ces mots ont été proposé comme candidats par assez peu de gens, agissant apparemment indépendamment les uns des autres, je crois que c'est là que réside la solution du problème.

Le « gagnant » est le terme *NP-difficile* (*NP-hard* en anglais), qui a été mis en avant principalement par plusieurs personnes des Bell Labs, après des discussions interminables si j'ai bien compris. Des propositions analogues, sinon identiques, ont été émises par Steve Cook, par Ron Rivest et, dans des publications antérieures, par Sartaj Sahni. L'intention est d'utiliser ce terme en même temps qu'un autre, également nouveau, *NP-complet*, abréviation de « polynomialement complet » qui est en même temps plus exact.

La motivation pour ces termes est facile à décrire à un néophyte, une fois que le concept de NP est compris, à savoir :

NP-difficile signifie aussi difficile que le problème NP
le plus difficile.

NP-complet signifie représentatif de la classe NP
en ce qui concerne la difficulté.

Ces dernières semaines, Karp et moi avons essayé cette terminologie ; elle semble bien se tenir en pratique. Comme Jeff Ullman l'a remarqué dans sa lettre, « la chose naturelle à faire est de substituer *difficile* ou un autre mot pour *complet* de façon à ce que 'blabla difficile' signifie 'blabla complet ou pire' ».

La force de cette nouvelle appellation fait qu'il est raisonnable de la proposer pour une adoption immédiate par tous ceux qui travaillent dans ce domaine. Je vais conclure cette note en examinant une telle proposition de façon critique et en disant qu'elle survivra à toutes les attaques que je peux rassembler.

Premièrement, ces termes sont-ils bien définis ? Réponse : pas d'après l'étude ci-dessus mais on peut le faire. Une des choses que j'ai apprises des lettres que j'ai reçues est que la définition originelle de Cook de la réduction polynomiale n'est pas aussi connue que celle que Karp a utilisée pour relier tant de problèmes combinatoire les uns aux autres. Puisque cette dernière est plus simple à manipuler et supporte toutes les constructions dont je pense qu'elles sont intéressantes aux programmeurs du monde réel, je propose de rendre les définitions explicites (en suivant Karp) :

Un *problème L* est un ensemble de mots sur un alphabet fini, en d'autres termes un problème est un langage.

Une *transduction polynomialement bornée f* est une application $\Sigma^* \to \Sigma'^*$, où Σ et Σ' sont des alphabets finis, telle que, pour un entier

k, la valeur $f(x)$ est calculable en au plus $(|x|+2)^k$ étapes pour tout x, sur une machine de Turing (disons) à un ruban.

Si L et L' sont des problèmes, on dit que L *se réduit à* L' s'il existe une transduction polynomialement bornée f telle que $x \in L$ si, et seulement si, $f(x) \in L'$.

Le *problème de satisfaisabilité* S est l'ensemble des mots α du (disons) langage algébrique A sur l'alphabet $\{(,),\wedge,\vee,\neg,x,'\}$ défini par la syntaxe et la sémantique à valeur des entiers naturels :

$$
\begin{aligned}
A &\to (C) & m(A) &= m(C) \\
A_1 &\to A_2 \wedge (C) & m(A_1) &= m(A_2)m(C) \\
C &\to L & m(C) &= m(L) \\
C_1 &\to C_2 \vee L & m(C_1) &= m(C_2) + m(L) \\
L &\to V & m(L) &= f(m(V)) \\
L &\to \neg V & m(L) &= 1 - f(m(V)) \\
V &\to x & m(V) &= 1 \\
V_1 &\to V_2' & m(V_1) &= m(V_2) + 1
\end{aligned}
$$

tel qu'il existe une application $f\colon N \to \{0,1\}$ pour laquelle $m(A) > 0$.

Un problème L est *NP-difficile* si, et seulement si, S se réduit à L. Il est *NP* si, et seulement si, L se réduit à S. Il est *NP-complet* si, et seulement si, les deux conditions sont remplies.

Il existe donc une façon de définir la terminologie précisément. Remarquez que la définition repose sur le théorème de Cook faisant le lien entre NP et le temps polynomial non déterministe, puisque *S-difficile* et *S-complet* semblent de meilleurs termes dans le sens des définitions fondées sur la satisfaisabilité.

Une définition plus générale serait que, pour toute classe C de problèmes, nous disions C-difficile pour « L' se réduit à L pour tout $L' \in $ C ». De même C-complet est C-difficile plus « L se réduit à L' pour un $L' \in $ C ». Nous obtenons des méta-théorèmes immédiats à partir du fait que « se réduit à » est transitif et réflexif ; par exemple :

Si L est C-difficile et que L se réduit à M alors M est C-difficile.

Si L est C-complet alors L se réduit à M si, et seulement si, M est C-difficile.

La classe C des langages sensibles au contexte est un exemple intéressant parmi d'autres.

La définition de la réductibilité au sens de Cook est différente : il dit que L se réduit à L' si, et seulement si, L est accepté en temps polynomial par une machine de Turing étendue, à savoir si elle peut décider l'appartenance à L' en une étape. Cette définition correspond bien sûr aux définitions analogues relatives aux fonctions récursives et aux problèmes indécidables. Nous pourrions appeler ceci la *Turing-réductibilité* ou la *Cook-réductibilité*. Cependant, je dois admettre que je ne vois pas de distinction essentielle ici. À moins que je fasse erreur, il est possible de démontrer le théorème suivant, en étendant légèrement la construction originelle de Cook :

Si L se réduit à S et si L' se Cook-réduit à L sur une machine de Turing non déterministe alors L' se réduit à S.

(Les clauses engendrées par les moments où les problèmes L doivent être décidés sont remplacées par des clauses correspondant à la réduction de L à S.) Si nous posons $L = S$, nous obtenons que « la Cook-réductibilité à S implique que la Cook-réductibilité non déterministe à S implique la réductibilité à S ». Mais la réductibilité implique naturellement la Cook-réductibilité, les trois concepts correspondent donc au même concept à ce niveau de la hiérarchie à moins que j'ai oublié quelque chose.

Même si ma preuve du théorème ci-dessus se révèle fausse lorsque je l'écrirai en détails, je dois dire qu'il vaut mieux utiliser les définitions les plus simples en relation avec les notions qui seront utilisées par des non théoriciens des automates. Il existe une littérature imposante sur les algorithmes combinatoires appliqués à des problèmes pratiques et un grand nombre de personnes sont intéressées par ceux-ci mais pas par les détails techniques de ce qui peut arriver dans les cas mystérieux sur des machines abstraites curieuses. Pour des discussions plus techniques, la terminologie est relativement peu importante, même si les concepts sont importants pour la théorie, puisque peu de gens sont impliqués ; mais les problèmes NP-difficiles touchent beaucoup de personnes, et c'est pourquoi j'ai commencé à chercher un terme particulier.

En d'autres termes, je ne considère pas comme but essentiel d'inventer une terminologie complètement descriptive pour chaque question intéressante concevable du type considéré ici. Le but principal est d'avoir un bon terme à utiliser par monsieur tout le monde, dans le seul cas que l'expérience montre presqu'omniprésent. Dire *NP-difficile* risque en fait d'être un peu trop technique pour monsieur tout le monde, mais il n'est pas si mauvais au point d'être inutilisable ; heureusement ce terme se généralise facilement à beaucoup d'autres cas considérés par les théoriciens des automates, il paraît donc un excellent compromis. Lorsque plus de technicité est introduite, on a moins besoin d'un terme ou d'une notation universellement acceptés. Bien que des choses comme les réductions en *log-space* soient très intéressantes, je ne pense pas qu'il soit nécessaire d'en venir à un nom court particulier pour les désigner.

La suggestion de John Hopcroft était 'NP-*time*' au lieu de 'NP-difficile', avec le correspondant 'NP-*space*' (égal à P-*space*). Je l'ai considérée sérieusement mais j'ai décidé que ce n'était pas satisfaisant (principalement parce que *temps* et *espace* sont des noms). Les mots 'NP-long' ou 'NP-*big*' peuvent convenir ; mais vraiment, comme je l'ai dit, les problèmes d'un très grand intérêt pratique sont tous associés à un cas et la terminologie doit être optimisée pour celui-ci.

NP-difficile a rencontré une objection de la part de Mike Fischer pour mes mots originels, qui donnaient une signification absolue à une quantité relative ; il a dit que dire que des problèmes sont formidables est aussi mauvais que de décider de dire que 'gros' signifie « plus grand que 17 ». [je ne suis pas d'accord ; après tout, le mot 'positif' a du mérite et les problèmes NP-difficiles ne sont rien d'autre que ceux situés au-dessus du 0-ième niveau de difficulté.] Mike avait peur de manquer de termes : il disait que les problèmes de difficulté double exponentielle pourraient être dits « sans espoir », à triple exponentielle « désastreux », mais qu'ensuite il lui manquait des mots.

Une dernière critique (qui s'applique à tous les termes suggérés) a été faite par Vaughan Pratt : « si les Martiens savent que P = NP pour les machines de Turing et qu'ils me kidnappent, je perdrais la face en appelant ces problèmes *formidables* ». Oui ; si P = NP, il n'y a pas besoin de terme du tout. Mais je veux bien prendre le risque d'un tel embarras, et en fait je veux bien donner une dinde vivante comme prix à la première personne qui démontrera que P = NP.

Chapitre 13

Postscriptum sur les problèmes NP-difficiles

*[Originellement publié comme Postscript About NP-Hard Problems dans SIGACT News **6**, 2 (April 1974), 15–16. Réimprimé comme chapitre 29 de Selected Papers on Analysis of Algorithms.]*

Ma suggestion de dire d'un problème qu'il est *NP-difficile* si tout problème de NP se réduit à lui, proposée dans la lettre de janvier du SIGACT, semble avoir été largement approuvée (j'ai eu, par exemple, des réactions favorables de la part de Steve Cook, de Dick Karp, d'Albert Meyer et de plusieurs autres personnes et aucune réaction défavorable jusqu'à maintenant). Cependant, ces personnes m'ont convaincu que je devrais utiliser la réductibilité au sens de Cook plutôt qu'au sens de Karp dans la définition de NP-difficile. La raison principale en est que nous pensons naturellement que le complément d'un problème est aussi « difficile » que le problème lui-même, lorsque nous utilisons les ordinateurs actuels.

Ceci me conduit à pondérer un peu la terminologie ; je pense que j'ai trouvé une façon décente d'éviter le dilemme entre la « Turing-réductibilité » de Cook et la « réductibilité de plusieurs à un » de Karp. La première a une signification standardisée en théorie des fonctions récursives, différente de la signification que nous voulons proposer, alors que la dernière paraît être une simple transformation des données. Je suggère donc d'utiliser des mots différents pour ces deux concepts.

Si L_1 et L_2 sont des problèmes, disons que :

$$L_1 \ se\ transforme\ en\ L_2$$

s'il existe une tranformation en temps polynomial :

$$f : \text{domain}(L_1) \to \text{domain}(L_2)$$

341

telle que $x \in L_1 \iff f(x) \in L_2$. Disons que :

$$L_1 \text{ se réduit à } L_2$$

s'il existe une façon de décider L_1 par un programme déterministe en temps polynomial modulo le fait qu'on considère que dans ce programme le calcul de la fonction caractéristique de L_2 soit une opération prenant une unité de temps.

L'avantage de ces définitions dans les cours (où nous avons à parler et non simplement à écrire) est évident. On n'a pas l'impression de confondre mentalement la réductibilité et la transformabilité, puisque la transformabilité concerne une transformation des données alors que la réduction concerne une construction qui fait que la solution efficace à un problème se réduit à la solution efficace d'un autre.

La terminologie « L est NP-difficile » signifie que tout problème NP se réduit à L. Si nous voulons exprimer la condition plus forte disant que tout problème NP *se transforme* en L, nous pouvons utiliser un langage plus fort et dire « L est NP-difficile par transformation ».

Cette terminologie a un autre avantage, à savoir qu'elle s'étend facilement à d'autres relations ; par exemple, « L_1 se transforme linéairement en L_2 » pourrait signifier que la transformation accroît la longueur de l'entrée d'au plus un facteur constant. La phrase « L_1 se transforme en L_2 en temps linéaire » a une signification évidente, un modèle de calcul particulier étant donné, de même que la phrase « L_1 se réduit à L_2 en temps linéaire ». Il semble plus sage de réserver le temps polynomial aux expressions *se transforme* et *se réduit* lorsqu'elles sont utilisées sans qualificatif, puisque ceci les rend indépendantes des modèles de calcul communs.

Je l'ai suggérée à Meyer et il l'a utilisé dans cinq cours à Stanford en janvier ; la terminologie a bien marché.

P.P.S. J'ai bien sûr trouvé une erreur fatale dans ma démonstration supposée du fait que la réductibilité implique souvent la transformabilité ; ignorez donc, s'il vous plaît, cette partie de ma note de janvier.

Addendum

Le terme 'NP-complet' s'est largement répandu en 1974, principalement grâce au livre *The Design and Analysis of Computer Algorithms* d'Alfred V. Aho, John E. Hopcroft et Jeffrey D. Ullman. Le terme 'NP-difficile' a été également adopté rapidement.

Cependant, malheureusement, la signification exacte de 'NP-difficile' n'a pas convergée. David S. Johnson utilise la réductibilité de Cook, c'est-à-dire la réductibilité au sens de ce chapitre, dans son exposé « A catalog of complexity classes », *Handbook of Theoretical Computer Science*, Volume A: *Algorithms and Complexity* (Amsterdam: Elsevier, and Cambridge, Massachusetts: MIT Press, 1990), 67–161, §2.3. Mais Thomas H. Cormen, Charles E. Leiserson et Ronald L. Rivest utilisent la réductibilité de Karp (c'est-à-dire la transformabilité au sens de ce chapitre) dans leur manuel largement utilisé *Introduction to Algorithms* (Cambridge, Massachusetts: MIT Press, 1990), §36.3 [deuxième édition avec Clifford Stein, 2001, 1216 p. ; traduction française *Introduction à l'algorithmique*, Dunod, 2002, 1184 p.] Aucune de ces alternatives ne domine clairement l'autre.

Chapitre 14

L'art de programmer les ordinateurs

*[Le prix Turing est décerné chaque année par l'Association for Comput-
ing Machinery (ACM) à une personnalité choisie pour ses contributions
de nature technique à la communauté informatique. Ces contributions
doivent, en particulier, avoir eu une grande influence dans un secteur
majeur du domaine informatique. On demande traditionnellement au
récipiendaire un exposé public à la conférence annuelle de l'ACM. En
1974, la conférence a commencé à San Diego le 11 novembre ; Bernard A.
Galler, président du comité du prix Turing 1974, a débuté la cérémonie
en lisant le décernement du prix. L'article suivant a été originellement
publié comme Computer Programming as an Art (1974) dans Communications of the ACM 17 (1974), 667–673. Réimprimé comme premier
chapitre de Selected Papers on Literate Programming. Première traduction française La programmation des ordinateurs comme un art dans
l'informatique nouvelle, juillet-août 1975, pp. 20–27.]*

Introduction par B. A. Galler

« Le prix Turing 1974 est décerné au professeur Donald E. Knuth de
l'université Stanford pour un grand nombre de contributions majeures
en analyse des algorithmes et en conception des langages de programmation, tout particulièrement pour ses importantes contributions à l'« art
de la programmation des ordinateurs », grâce à sa série de livres bien
connus. Les collections de techniques, d'algorithmes et de la théorie s'y
rapportant dans ces livres ont servi de point de départ à la conception
de nombreux programmes ainsi que pour organiser la science informatique ».

Une telle déclaration formelle ne peut pas donner une bonne idée du
rôle que Don Knuth a joué en informatique et dans l'industrie des ordinateurs. Mon expérience de la première remise du prix Turing, décernée au
professeur Alan J. Perlis, m'a montré qu'à chaque rencontre à laquelle il
participe, Don Knuth donne des points de vue sur les problèmes dont on

346 *Éléments pour une histoire de l'informatique*

parle qui deviennent le point de départ de discussions pour la suite de la rencontre. D'une façon tout à fait analogue, le vocabulaire, les exemples, les algorithmes et les points de vue que Don Knuth a donnés dans son excellente collection de livres et d'articles ont fini par trouver leur voie dans beaucoup d'études dans presque tous les champs informatiques. Ceci ne vient pas tout seul. Comme tout auteur le sait, même un seul volume exige une organisation très soigneuse et beaucoup de travail. Nous devons tous apprécier les vues claires, la patience et l'énergie avec lesquelles Knuth a dû faire le plan de sept volumes et implémenter son plan si soigneusement et si complètement.

Il est significatif que ce prix et les autres qu'il a reçus lui ont été attribués après la publication de seulement trois volumes. Nous sommes clairement prêts à faire part à quiconque de notre reconnaissance à Don Knuth pour son dévouement et ses contributions à notre discipline. Je suis très heureux d'être le président du comité qui a choisi Don Knuth pour recevoir le prix Turing 1974 de l'ACM.

L'art de la programmation des ordinateurs, par D. E. Knuth

Très rapidement après que les *Communications of the ACM* aient commencé à paraître, en 1958, les membres du bureau éditorial de l'ACM ont fait la remarque suivante en décrivant les buts des périodiques de l'ACM [2] : « si la programmation des ordinateurs doit devenir une partie importante de la recherche et du développement informatiques, une transition de l'art de la programmation à une science érigée en discipline doit s'effectuer ». Ce but a été un thème récurrent continuel durant les années suivantes ; nous lisons, par exemple, en 1970 les « premières étapes de transformation de l'art de la programmation en une science » [26]. Dans l'intervalle, nous avons en fait réussi à faire une science de notre discipline et, d'une manière remarquablement simple : simplement en décidant de l'appeler « informatique » (*computer science*, science des ordinateurs, en anglais).

Il est implicite dans ces remarques qu'il y a quelque chose d'indésirable dans un domaine d'activité humaine classifié « art » ; ce domaine doit être une science pour avoir une stature réelle. Par contre, j'ai travaillé plus de 12 ans à une série de livres appelée « L'*art* de la programmation des ordinateurs ». Des gens me demandent fréquemment pourquoi avoir choisi un tel titre ; certaines personnes pensent même que je ne l'ai pas réellement fait puisque j'ai vu au moins une référence bibliographique à des livres appelés « l' *acte* de la programmation des ordinateurs ».

Je vais essayer d'expliquer dans cet exposé pourquoi je pense que le mot « art » est bien approprié. Je vais étudier ce que cela signifie pour quelque chose d'être un art, par opposition à être une science ; je vais essayer d'examiner si les arts sont de bonnes choses ou de mauvaises choses ; je vais enfin essayer de montrer qu'un point de vue bien compris du sujet nous aide à améliorer la qualité de ce que nous sommes en train de faire.

Une des premières fois que l'on m'a questionné sur le titre de mes livres le fut en 1966, durant la précédente rencontre nationale de l'ACM tenue en Californie du sud. Ceci se passait avant qu'aucun de mes livres ait été publié ; je me souviens d'avoir déjeuner avec un ami à l'hôtel de la conférence. Il savait que j'étais vaniteux, déjà à cette époque, aussi me demanda-t-il si j'allais appeler mes livres « une introduction à Don Knuth ». Je lui ai répondu, qu'au contraire, j'allais leur donner *son* nom. Il s'appelait Art Evans (l'art de la programmation des ordinateurs, en personne).

Nous pouvons conclure de cette histoire que le mot « art » est polysémique. En fait, une des choses les plus agréables avec ce mot est qu'il peut être utilisé dans des sens très différents, chacun d'entre eux étant bien approprié à la programmation des ordinateurs. Pour préparer cet exposé, je suis allé à la bibliothèque pour trouver ce que les gens ont écrit sur le mot « art » depuis la nuit des temps ; après avoir passé plusieurs jours captivants devant les étagères, j'en suis arrivé à la conclusion qu'« art » doit être un des mots les plus intéressants de la langue anglaise.

Les arts des Anciens

Si nous retournons aux racines latines, nous trouvons *ars, artis* signifiant « habileté ». Il est peut-être significatif que le mot grec correspondant soit τέχνη, la racine des mots « technologie » et « technique ».

De nos jours, lorsque que quelqu'un parle d'« art », vous pensez certainement d'abord aux « beaux-arts » tels que la peinture et la sculpture, mais avant le vingtième siècle le mot était généralement utilisé dans un sens très différent. Puisque cette signification plus ancienne d'« art » survit dans beaucoup d'idiomes, particulièrement lorsque nous opposons art à science, j'aimerai passer quelques minutes à parler de l'art dans son sens classique.

À l'époque médiévale, les premières universités ont été fondées pour enseigner ce qui était appelé les sept « arts libéraux », à savoir la grammaire, la rhétorique, la logique, l'arithmétique, la géometrie, la musique et l'astronomie. Remarquez que ceci est très différent du programme des premiers cycles d'aujourd'hui et qu'au moins trois de ces arts libéraux originels sont des parties importantes de l'informatique. À cette époque, un « art » signifiait quelque chose d'inventé par l'intelligence de l'homme par opposition aux activités dérivées de la nature ou de l'instinct ; les arts « libéraux » étaient libérés ou libres, par opposition aux arts manuels tels que le labourage (cf. [6]). Durant tout le Moyen-Âge, le mot « art » tout seul signifiait habituellement logique [4], ce qui signifiait habituellement l'étude des syllogismes.

Science contre art

Le mot « science » semble avoir été utilisé durant de nombreuses années dans à peu près le même sens qu'« art » ; on parlait, par exemple, aussi des sept sciences libérales, qui étaient la même chose que les sept arts libéraux [1]. Au treisième siècle, Duns Scot appelait la logique « la Science des sciences et l'Art des arts » cf. [12, p. 34f]). Au fur et à mesure que la civilisation et l'enseignement se développaient, les mots prirent des significations plus ou moins indépendantes, « science » étant utilisée pour les connaissances et « art » pour les applications des connaissances. La science de l'astronomie était ainsi le fondement de l'art de la navigation. La situation était presqu'exactement la même que dans notre distinction actuelle entre « science » et « ingéniérie ».

Beaucoup d'auteurs ont écrit sur la relation entre art et science au dix-neuvième siècle ; je crois que la meilleure étude a été faite par John Stuart Mill. Il a dit, entre autres, en 1843 [28] :

> Plusieurs sciences sont souvent nécessaires pour fonder un seul art. Telle est la complication des affaires humaines, que pour être capable de *faire* une chose, on doit souvent *connaître* la nature et les propriétés de plusieurs choses. [...] L'art en général est constitué des vérités de la science, arrangées dans l'ordre le plus commode pour la pratique, au lieu de l'ordre le plus commode pour la pensée. La science regroupe et réorganise ses vérités afin de nous autoriser à les recueillir en une vue aussi large que possible de l'ordre général de l'univers. L'art [...] regroupe ensemble des parties de la science la plupart du temps éloignées les unes des autres, des vérités relatives à la production de conditions différentes et hétérogènes nécessaires à chaque effet que les exigences de la vie pratique requièrent.

Au fur et à mesure que j'ai cherché ces choses sur la signification de « art », j'ai trouvé que les auteurs ont appelé à une transition de l'art à la science durant au moins deux siècles. Par exemple, la préface d'un traité de minéralogie, écrit en 1784, dit [17] qu'« avant 1780, la minéralogie, bien que passablement comprise en tant qu'art, pouvait difficilement être considérée comme une science ».

Selon la plupart des dictionnaires, « science » signifie des connaissances ayant été logiquement arrangées et systématisées sous la forme de « lois » générales. L'avantage de la science est qu'elle nous épargne la nécessité de penser à des choses à travers chaque cas individuel ; nous pouvons tourner nos pensées vers des concepts de plus haut niveau. Comme l'a écrit John Ruskin en 1853 [32] : « le travail de la science est de substituer des faits à des apparences et des démonstrations à des impressions ».

Il me semble que si les auteurs que j'ai étudiés écrivaient aujourd'hui, ils seraient d'accord avec la caractérisation suivante : la science est la connaissance que nous comprenons si bien que nous pouvons l'enseigner à un ordinateur et que si nous ne comprenons pas complètement quelque chose, c'est un art. Puisque la notion d'algorithme ou de programme informatique nous fournit un test extrêmement utile pour la profondeur de nos connaissances sur un sujet donné, le processus de passage d'un art à une science signifie que nous apprenons comment automatiser quelque chose.

L'intelligence artificielle a été un grand progrès bien qu'il y ait une brèche énorme entre ce que les ordinateurs peuvent faire dans un futur prévisible et ce que des gens ordinaires peuvent faire. Les perceptions mystérieuses qu'ont les gens quand ils parlent, écoutent, créent et même quand ils programment sont encore loin d'être une science ; presque tout ce que nous faisons relève encore de l'art.

De ce point de vue, il est certainement souhaitable de faire de la programmation des ordinateurs une science et nous avons déjà fait un grand pas depuis la publication, il y a 15 ans, des remarques citées au début de cet exposé. Il y a quinze ans, la programmation des ordinateurs était si mal comprise qu'il était difficile à quiconque ne serait-ce que de *songer* à prouver des programmes ; nous nous contentions de triturer un programme jusqu'à ce qu'il paraisse marcher. À cette époque, nous ne savions même pas comment exprimer le *fait* qu'un programme est correct, d'une façon rigoureuse. C'est seulement récemment que nous avons appris quelque chose sur les processus d'abstraction grâce auxquels les programmes sont écrits et compris ; ces nouvelles connaissances sur la programmation sont actuellement en train de trouver de grandes récompenses en pratique même si la correction de bien peu de programmes est en fait démontrée avec une rigueur complète, puisque nous commençons seulement à comprendre les principes de la structure des programmes.

L'essentiel est que, lorsque nous écrivons des programmes aujourd'hui, nous sachions que nous pouvons en principe construire des preuves formelles de leur correction si nous en avons vraiment besoin, maintenant que nous comprenons comment de telles preuves sont formulées. Ces fondements scientifiques donnent des programmes bien plus fiables que ceux écrits les premiers temps, lorsque l'intuition était le seul fondement de leur correction.

Le domaine de la « programmation automatique » est l'un des grands champs de la recherche en intelligence artificielle aujourd'hui. Ses adeptes aimeraient être capable de donner un cours intitulé « la programmation des ordinateurs comme un artefact* »—entendant par là que la programmation est simplement devenue une relique des jours passés—puisque leur but est de créer des machines qui écrivent des programmes mieux que ce que nous faisons, étant donnée la spécification du problème. Personnellement, je ne pense pas qu'un tel but soit jamais complètement atteint mais je pense que ces recherches sont extrêmement importantes, parce que tout ce que nous apprenons sur la programmation nous aide à améliorer notre propre génie artistique. En ce sens, nous devrions continuellement nous efforcer à transformer *tout* art en science : ce faisant, nous faisons avancer l'art.

Je ne peux pas résister à raconter une autre histoire relative à l'opposition entre science et art. Il y a plusieurs années, alors que je visitais l'université de Chicago, j'ai remarqué deux signes lorsque je suis entré dans l'un des bâtiments. L'un d'entre eux disait « science de l'information », et il y avait une flèche pointant à droite ; l'autre disait « informations », et sa flèche pointait à gauche. En d'autres termes, il y a avait un chemin pour la science et un autre pour l'art de l'information.

Science et art

Notre étude montre que la programmation des ordinateurs est aujourd'hui à *la fois* une science et un art et que les deux aspects se complètent très bien. Apparemment, la plupart des auteurs examinant une telle question en arrivent à la même conclusion, que leur sujet est à la fois une science et un art, quel que soit leur sujet (cf. [25]). J'ai trouvé un livre sur la photographie élémentaire, écrit en 1893, qui disait que « le développement des photographies est à la fois un art et une science » [13]. En fait, lorsque j'ai pour la première fois consulté un dictionnaire afin d'étudier les mots « art » et « science », j'ai jeté un coup d'œil

---

* *Artifact* en anglais, c'est-à-dire produit manufacturé. (ndt)

à la préface de l'éditeur, qui commençait par dire que « faire un dictionnaire est à la fois une science et un art ». L'éditeur du dictionnaire Funk & Wagnall [27] remarquait que l'accumulation consciencieuse et la classification des données sur les mots a un caractère scientifique alors que la formulation bien choisie des définitions exige une capacité d'écrire avec économie et précision : « la science sans l'art est vraisemblablement inefficace ; avec l'art sans la science on est certain d'être inexact ».

Pour préparer cet exposé, j'ai regardé le catalogue de la bibliothèque Stanford pour voir combien d'autres personnes ont utilisé les mots « art » et « science » dans le titre de leurs livres. Ceci s'est révélé très intéressant.

J'ai trouvé, par exemple, deux livres intitulés *The Art of Playing the Piano* [5, 15] et d'autres *The Science of Pianoforte Technique* [10], *The Science of Pianoforte Practice* [30]. Il y a aussi un livre intitulé *The Art of Piano Playing: A Scientific Approach* [22].

J'ai ensuite trouvé un petit livre agréable intitulé *The Gentle Art of Mathematics* [31], qui m'a un peu affligé de ne pas avoir décrit la programmation des ordinateurs franchement comme un « art noble ».

Je connaissais depuis plusieurs années un livre intitulé *The Art of Computation*, publié à San Francisco en 1879 par un homme appelé C. Frusher Howard [14]. C'est un livre sur l'arithmétique financière vendu à 400 000 exemplaires en plusieurs éditions jusqu'en 1890. J'ai été amusé en lisant la préface, puisqu'elle montre que la philosophie de Howard et l'intention du titre étaient très différentes des miennes ; il écrivait : « une connaissance de la science des nombres est d'importance mineure alors que l'habileté de l'art de la comptabilité est absolument indispensable ».

Plusieurs livres mentionnent à la fois science et art dans leur titre, en particulier *The Science of Being and Art of Living* de Maharishi Mahesh Yogi [24]. Il existe aussi un livre intitulé *The Art of Scientific Discovery* [11], analysant comment quelques-unes des grandes découvertes scientifiques ont été faites.

Ça suffit pour le mot « art » au sens classique. En vérité, lorsque j'ai choisi le titre de mes livres, je ne pensais pas à l'art dans ce sens, je pensais plus à ses connotations actuelles. Le livre certainement le plus intéressant que j'ai trouvé lors de mes recherches a été le livre récent de Robert E. Mueller intitulé *The Science of Art* [29]. De tous les livres que j'ai mentionné, celui de Mueller exprime de plus près ce que je voulais faire comme thème central de mon exposé d'aujourd'hui, en termes de vrai génie artistique comme nous le comprenons de nos jours. Il remarque : « j'ai cru un jour que la dispostion créatrice de l'artiste était morte pour un scientifique. De plus la logique de la science semblait appeler la destruction de toutes les possibilités artistiques de l'imagination ». Il explorait les avantages résultant de la synthèse de la science et de l'art.

Une approche scientifique est généralement caractérisée par les adjectifs logique, systématique, impersonnel, calme, rationnel alors qu'une approche artistique l'est par les adjectifs esthétique, créatif, humanitaire, anxieux, irrationnel. Il me semble que ces deux approches apparemment contradictoires ont une grande valeur relativement à la programmation des ordinateurs.

Emma Lehmer a écrit en 1956 qu'elle a trouvé le codage « une science exacte ainsi qu'un art intriguant » [23]. H. S. M. Coxeter a remarqué en 1957 qu'il se sentait quelquefois « plus artiste que scientifique » [7]. Ceci se passait à l'époque où C. P. Snow commençait à lancer son cri d'alarme contre la polarisation croissante entre les « deux cultures » des personnes cultivées [34, 35]. Snow montrait que nous avons besoin d'associer les valeurs scientifiques et artistiques si nous voulons faire de réels progrès.

Œuvres d'art

Lorsque je suis assis en train d'écouter un long exposé, mon attention commence en général à faiblir à peu près en ce moment. Je me demande donc : êtes-vous un peu fatigué de mon harangue sur « science » et « art » ? J'espère vraiment que vous allez être capables d'écouter soigneusement la suite, en tout cas, puisqu'arrive maintenant la partie dont je pense qu'elle est la plus profonde.

Lorsque je parle de la programmation des ordinateurs en tant qu'art, je pense d'abord à elle comme une *forme* d'art, dans un sens esthétique. Le but principal de mon travail d'enseignant et d'auteur est d'aider les gens à apprendre comment écrire de *beaux programmes*. C'est pour cela que j'ai particulièrement apprécié d'apprendre récemment [33] que mes livres sont actuellement à la bibliothèque des Beaux-Arts de l'université Cornell. (Cependant, les trois volumes y sont apparemment déposés élégamment sur l'étagère, sans être utilisés ; j'ai donc peur que les bibliothécaires aient fait une erreur en interprétant mon titre à la lettre.)

Mon sentiment est que, lorsqu'on prépare un programme, l'expérience est semblable à la composition d'une poésie ou de musique ; comme Andrei Ershov l'a dit [9], la programmation peut nous donner une satisfaction à la fois intellectuelle et émotionnelle, puisqu'il s'agit d'une vraie action de maîtrise de la complexité et d'établissemnt d'un système de règles cohérentes.

De plus, lorsque nous lisons des programmes d'autres personnes, nous pouvons reconnaître certains d'entre eux comme de vraies œuvres d'art. Je me souviens encore de la vive émotion que me causa la lecture du listing du programme d'assemblage de Stan Poley, SOAP II, en 1958 ; vous pensez certainement que je suis fou, le style a probablement beaucoup changé depuis lors, mais à cette époque il était rare de voir un programme système élégant, particulièrement par comparaison aux codages faits à la main trouvés dans d'autres listings que j'étais en train d'étudier à la même époque. La possibilité d'écrire de beaux programmes, même en langage d'assemblage, est ce qui m'a tout d'abord amené à la programmation.

Quelques programmes sont élégants, certains sont ravissants, d'autres sont étincelants. Je dis qu'il est possible d'écrire de *grands* programmes, des programmes *nobles*, des programmes vraiment *grandioses* !

J'en ai parlé récemment à Michael Fischer, qui m'a suggéré que les programmeurs devraient commencer par vendre leurs programmes originaux, en tant qu'œuvres d'art, aux collectionneurs. L'ACM devrait constituer un comité pour certifier l'authenticité de chaque nouvelle partie de code originale ; alors la discrimination entre les marchands et une nouvelle classe de professionnels, appelés critiques de programmes, pourrait établir les valeurs appropriées du marché. Ceci pourrait être une façon agréable d'augmenter nos salaires si nous pouvions obtenir que cela commence.

Goût et style

D'une façon plus sérieuse, je suis heureux que l'idée de *style* en programmation soit venue récemment sur le devant de la scène ; j'espère que la plupart d'entre vous ont vu l'excellent petit livre de Kernighan et Plauger [16] sur les *Elements of Programming Style*. À ce propos, le plus important pour nous est de se souvenir qu'il n'y a pas un « meilleur » style ; tout le monde a ses propres préférences, c'est une erreur d'essayer de forcer les gens à utiliser un moule non naturel. On entend souvent dire « je ne connais rien à l'art mais je sais ce que j'aime ». La chose importante est que vous devez vraiment *aimer* le style que vous utilisez ; il doit être pour vous la meilleure façon de vous exprimer.

Edsger Dijkstra a souligné ce point dans la préface de sa *Short Introduction to the Art of Programming* [8] :

Mon propos est de transmettre l'importance du bon goût et du style en programmation, [mais] les éléments particuliers de style présentés ici servent seulement à illustrer les bénéfices pouvant provenir du « style » de façon générale. De ce point de vue, je me sens proche de l'enseignant de composition du conservatoire : il n'enseigne pas à ses élèves comment composer une symphonie particulière, il doit les aider à trouver leur propre style et doit leur expliquer ce que cela signifie. (C'est cette analogie qui m'a fait parler de « l'art de la programmation ».)

Nous devons maintenant nous demander qu'est-ce qu'un bon style et qu'est-ce qu'un mauvais style ? Nous ne devons pas être trop rigide lorsqu'on juge le travail des autres. Le philosophe du dix-neuvième siècle Jeremy Bentham l'a dit de cette façon [3, livre 3, chapitre 1] :

> Les juges de l'élégance et du goût se considèrent comme des bienfaiteurs de la race humaine alors que ce ne sont en fait que des interrupteurs de plaisir. [. . .] Il n'existe pas de goût qui mérite l'épithète *bon* si ce n'est un goût qui, outre le plaisir qu'il nous procure, s'adjoint une utilité contingente ou future ; il n'existe pas de goût qui mérite d'être caractérisé comme mauvais, si ce n'est un goût pour une occupation qui a une tendance perfide.

Lorsque nous appliquons nos préjugés pour « réformer » le goût d'autres personnes, nous pouvons inconsciemment leur dénier des plaisirs complètement légitimes. C'est pourquoi je ne condamne pas ce que font un grand nombre de programmeurs, même si cela ne m'amusera jamais de les faire moi-même. La chose importante est qu'ils ont créé quelque chose qu'*ils* ressentent comme beau.

Dans le passage que je viens de citer, Bentham nous donne un avis sur certains principes d'esthétique qui sont meilleurs que d'autres, à savoir l'« utilité » du résultat. Nous avons un peu de liberté en établissant nos standards personnels de beauté mais la situation idéale est lorsque les choses que nous considérons comme belles sont aussi considérées par d'autres gens comme utiles. Je dois confesser que j'ai beaucoup de plaisir à écrire des programmes ; je suis particulièrement content d'écrire des programmes qui font le plus grand bien, d'une certaine façon.

Il y a beaucoup de sens dans lesquels un programme peut être « bon », bien sûr. Premièrement, un programme est particulièrement bon lorsqu'il fonctionne correctement. Deuxièmement, un programme est souvent bon s'il est facile à changer, lorsque survient le temps des adaptations. Ces deux buts sont remplis lorsque le programme se lit facilement et qu'il est compréhensible à une personne qui connaît le langage utilisé.

Une autre façon importante de produire un bon programme est qu'il interagisse gracieusement avec ses utilisateurs, particulièrement lors de la récupération des erreurs humaines dans les données entrées. C'est vraiment un art de composer des messages d'erreur ayant un sens ou de concevoir des formats d'entrée qui ne facilitent pas les erreurs.

Un autre aspect important de la qualité d'un programme est l'efficacité avec laquelle les ressources de l'ordinateur sont utilisées. Je suis désolé d'avoir à dire que beaucoup de gens condamnent l'efficacité des programmes de nos jours, nous disant que c'est de mauvais goût. La raison en est que nous que nous expérimentons maintenant une réaction contre l'époque où l'efficacité était le seul critère honorable pour être bon ; les programmeurs du pasé ont eu tendance à être tellement préoccupés par l'efficacité qu'ils ont produit du code compliqué sans nécessité. Le résultat de cette complexité non nécessaire a été que l'efficacité a décrue, à cause des difficultés du débogage et de la maintenance.

Le vrai problème est que des programmeurs ont passé beaucoup trop de temps à se soucier de l'efficacité aux mauvais endroits et au mauvais moment. L'optimisation précipitée est la racine de tout le mal (ou au moins de sa plus grande partie) en programmation.

Nous ne devons pas faire des économies de bouts de chandelle, ni toujours penser à l'efficacité en termes de tant de pour cent gagné ou perdu sur le temps d'exécution total ou sur la quantité mémoire utilisée. Quand on achète une voiture, beaucoup d'entre nous sommes presqu'inconscients d'une différence de $50 ou $100 du prix alors que nous faisons un détour pour aller dans un magasin particulier pour acheter un article à 50¢ pour seulement 25¢. Je déclare qu'il y a une heure et un endroit pour l'efficacité ; j'ai étudié son rôle dans mon article sur la programmation structurée, qui est paru dans le dernier numéro des *Computing Surveys* [21].

Moins de services : plus de plaisir

Une des choses plutôt curieuses que j'ai remarquée sur la satisfaction esthétique est que notre plaisir est grandement accru lorsque nous accomplissons quelque chose avec des moyens limités. Par exemple, le programme duquel je suis personnellement le plus satisfait et le plus fier est un compilateur que j'ai écrit pour un mini-ordinateur primitif qui avait seulement 4 096 mots de 16 bits de mémoire. Je me sentais un vrai virtuose d'avoir accompli quelque chose avec des restrictions aussi sévères.

Un phénomène analogue arrive dans beaucoup d'autres contextes. Par exemple, les gens sont souvent amoureux de leur Volkswagen mais rarement de leur Lincoln Continental (qui est supposée aller beaucoup plus vite). Lorsque j'ai appris à programmer, un passe-temps populaire consistait à faire autant que faire se peut avec des programmes tenant sur une seule carte perforée. Je suppose que c'est le même phénomène qui a fait que les enthousiastes d'APL se délectent de leurs « en une seule ligne ». Lorsque nous enseignons la programmation de nos jours, c'est un fait curieux que nous arrivons rarement à accrocher nos étudiants pour l'informatique jusqu'à ce qu'il ou elle a pris un cours qui lui permette de « faire » des expériences avec un mini-ordinateur. L'utilisation de nos grosses machines, avec leurs systèmes d'exploitation et leurs langages de rêve, ne semble pas vraiment conduire à l'amour de la programmation, tout au moins pas au début.

Il n'est pas évident de savoir comment appliquer ce principe pour accroître le plaisir des programmeurs. Les programmeurs gémiraient sûrement si leur chef leur annonçait soudain que la nouvelle machine aura seulement la moitié de la mémoire de l'ancienne. Je ne pense pas que quelqu'un, même parmi les plus marqués « artistes de la programmation », puisse espérer une telle perspective, puisque personne n'aime renoncer à des services si ce n'est pas nécessaire. Un autre exemple peut aider à clarifier la situation : les cinéastes ont fortement résisté à l'introduction du parlant dans les années 1920 parce qu'ils étaient fiers de la façon dont ils pouvaient communiquer sans son. De même, un véritable artiste de la programmation peut s'indigner de l'introduction d'équipements plus puissants ; la mémoire de masse d'aujourd'hui tend à gâter l'essentiel de la beauté de nos vieilles méthodes de tri sur bande. Mais les cinéastes d'aujourd'hui ne veulent pas revenir aux films muets, non pas parce qu'ils sont paresseux mais parce qu'ils savent qu'il est possible de faire de beaux films en utilisant la technologie améliorée. La forme de leur art a changé mais il y a encore beaucoup de place pour le génie artistique.

Comment ont-ils développer leur habileté ? Les meilleurs cinéastes ont en général appris leur art dans des circonstances relativement primitives, souvent dans des pays ayant une industrie cinématographique limitée. Ces dernières années, les choses les plus importantes que nous ayons apprises sur la programmation semblent être venues de gens qui n'avaient pas accès à des ordinateurs très puissants. La morale de cette histoire, me semble-t-il, est que nous devrions utiliser l'idée de ressources limitées dans notre propre éducation. Nous pouvons tous obtenir des bénéfices en écrivant de temps en temps des programmes « jouets », lorsqu'on y met des restrictions artificielles, de façon à ce que nous soyons forcés à nous rapprocher des limites de nos capacités. Nous ne devrions pas vivre dans le luxe tout le temps, car cela tend à nous rendre léthargiques. L'art d'aborder des mini-problèmes avec toute notre énergie affutera nos talents pour les problèmes réels ; l'expérience nous aidera à avoir plus de plaisir lors de nos accomplissements ultérieurs sur des équipements moins restreints.

De façon analogue, nous devrions éviter l'« art pour l'art » ; nous ne devrions pas nous sentir coupables de programmes ne servant qu'à nous amuser. J'ai eu une fois un grand choc en écrivant un programme ALGOL 60 à une seule instruction qui faisait appel à une procédure de produit scalaire d'une façon si inhabituelle qu'elle calculait le m-ième nombre premier au lieu du produit scalaire [19]. Il y a quelques années, les étudiants de Stanford ont été captivés en trouvant le plus court programme FORTRAN qui s'imprimait lui-même, au sens où la sortie du programme est identique au texte source entré. Le même problème a été traité pour beaucoup d'autres langages. Je ne pense pas que c'était une perte de temps que de travailler là-dessus ; Jeremy Bentham, que j'ai cité ci-dessus, n'aurait pas dénié l'« utilité » de tels passe-temps [3, livre 3, chapitre 1]. « Au contraire », écrivait-il, « il n'y a rien dont l'utilité soit plus incontestable. À quoi le caractère d'utilité sera-t-il attribué, si ce n'est à une source de plaisir ? »

Fournir de beaux outils

Une autre caractéristique de l'art moderne est d'insister sur la créativité. Il semble que beaucoup d'artistes d'aujourd'hui ne peuvent pas se soucier moins de la création de belles choses ; seule la nouveauté d'une idée est importante pour eux. Je ne suis pas en train de recommander aux programmeurs d'être comme les artistes modernes dans ce sens-là mais cela me conduit à une observation que je pense importante. Nous sommes quelquefois conduits à programmer une tâche bébête, ne nous donnant aucun exutoire pour la créativité ; à un tel moment, une personne peut venir et me dire « la programmation est donc belle ? c'est très bien pour vous de déclamer que je devrais prendre du plaisir à créer des algorithmes élégants et charmants, mais comment suis-je supposé faire de ce fatras une œuvre d'art ? »

Oui, c'est vrai, toutes les tâches de programmation ne nous permettent pas de nous amuser. Considérons la « femme au foyer piégée », qui doit nettoyer la même table tous les jours : il n'y a pas de place pour la créativité ou le génie artistique dans toute situation. Mais même dans de tels cas, il existe une façon de faire une grande amélioration : c'est aussi un plaisir que d'effectuer des tâches routinières si nous travaillons sur de belles choses. Par exemple, une personne sera vraiment contente d'essuyer la table de la salle à manger, jour après jour, s'il s'agit d'une belle table faite dans un bois dur de bonne qualité.

Nous sommes quelquefois appelés à *jouer* une symphonie et non à la composer ; c'est un plaisir de jouer un morceau de musique vraiment beau, bien que nous ayons à laiser de côté notre liberté au bénéfice de la dictée du compositeur. Un programmeur est quelquefois appelé à être plus un artisan qu'un artiste ; le travail de l'artisan est très agréable en présence de bons outils et de bons matériaux.

Je veux donc consacrer mes remarques finales aux programmeurs système et aux concepteurs des machines produisant les systèmes avec lesquels nous devons travailler. *S'il vous plait*, donnez-nous des outils qui soient agréables à utiliser, en particulier pour nos tâches de routine, au lieu de nous fournir des choses contre lesquelles nous devons nous battre. S'il vous plait, donnez-nous des outils qui nous encouragent à écrire de meilleurs programmes, en augmentant ainsi notre plaisir.

Il m'est très difficile de convaincre les nouveaux étudiants que la programmation est belle alors que la première chose que j'ai à leur dire est comment perforer « slash slash JOB equals so-and-so ». Même les langages de contrôle de travaux peuvent être conçus de façon à ce que nous ayons du plaisir à les utiliser, au lieu d'être strictement fonctionnels.

Les concepteurs de matériel informatique peuvent rendre leurs machines beaucoup plus plaisantes à utiliser, par exemple en fournissant une arithmétique à virgule flottante répondant aux les lois mathématiques élémentaires. Les services actuellement disponibles sur la plupart des machines font de l'analyse rigoureuse des erreurs une tâche difficile alors que des opérations bien conçues encourageraient les analystes numériciens à fournir de meilleures sous-routines certifiées exactes (voir [20, p. 204]).

Considérons également ce que les concepteurs de logiciels peuvent faire. Une des meilleures façons de maintenir la vigueur des utilisateurs du système est de fournir des routines qui peuvent interagir avec celui-ci. Nous ne devrions pas rendre les systèmes trop automatiques de façon à ce que l'action vienne toujours sur le devant de la scène ; nous sommes obligés de donner aux utilisateurs-programmeurs une chance de diriger leur créativité vers des choses utiles. Une chose que tous les programmeurs ont en commun est qu'ils sont contents de travailler avec des machines ; arrangeons-nous pour qu'il en soit toujours ainsi. Certaines tâches sont mieux effectuées par la machine alors que d'autres le sont mieux par un être humain ; un système bien conçu trouvera une juste mesure. (J'ai essayé d'éviter une automatisation mal orientée depuis plusieurs années, voir [18].)

Les outils de mesure des programmes illustrent parfaitement ce point. Pendant des années, les programmeurs ont ignoré la distribution des coûts réels de calcul de leurs programmes. L'expérience montre

que presque tout le monde a une idée fausse sur les vrais goulots d'é-
tranglement de leurs programmes ; il n'est pas étonnant que les essais
d'efficacité aille si souvent de travers, lorsque les programmeurs n'ont
jamais obtenu de baisse de coûts grâce aux lignes de code qu'ils ont
écrit. Leur tâche ressemble à un couple nouvellement installé qui essaie de planifier un budget sans savoir combien des articles comme la
nourriture, le logement et l'habillement coûteront. Tout ce que nous
avons donné aux programmeurs est un compilateur optimisant, qui fait
mystérieusement quelque chose aux programmes qu'il traduit mais qui
n'explique jamais ce qu'il fait. Heureusement, nous voyons maintenant,
ces derniers temps, l'apparition de systèmes considérant l'utilisateur
comme quelqu'un d'intelligent ; ils fournissent automatiquement une
évaluation du programme et un retour approprié sur les coûts réels. Ces
systèmes expérimentaux ont eu un énorme succès, puisqu'ils produisent
des améliorations mesurables et tout particulièrement parce qu'ils sont
agréables à utiliser. Je suis donc confiant sur le fait que ce n'est qu'une
question de temps avant que l'utilisation de tels systèmes devienne une
procédure standard. Mon article dans les *Computing Surveys* [21] étudie
de telles choses plus en détail et donne quelques idées sur d'autres façons
dont une routine interactive appropriée peut améliorer la satisfaction des
programmeurs.

Les concepteurs de langages ont également l'obligation de fournir
des langages encourageant un bon style, puisque nous savons tous que
le style est fortement influencé par le langage dans lequel il est exprimé. La vogue actuelle de l'intérêt pour la programmation structurée
a révélé qu'aucun de nos langages existants n'est réellemnt idéal pour
traiter à la fois la structure du programme et les structures de données
et il n'est pas clair ce que doit être un langage idéal. J'attends donc
avec impatience les nombreuses expériences soigneuses en conception de
langage des quelques années qui viennent.

Conclusion

Pour conclure : nous avons vu que la programmation des ordinateurs
est un art, puisqu'elle applique les connaissances accumulées sur le monde, puisqu'elle exige habileté et ingéniosité et, tout particulièrement,
parce qu'elle produit de beaux objets. Les programmeurs se considérant
inconsciemment comme des artistes seront contents de ce qu'ils font et
le feront mieux. Nous pouvons donc être ravis que des gens qui font un
exposé à une conférence informatique parlent de l'*état de l'art*.

Références

[1] Nathan Bailey, *The Universal Etymological English Dictionary* (London: T. Cos, 1727). Voir « Art », « Liberal » et « Science ».

[2] Walter F. Bauer, Mario L. Juncosa, and Alan J. Perlis, "ACM publication policies and plans," *J. ACM* **6** (Apr. 1959), 121–122.

[3] Jeremy Bentham, *The Rationale of Reward*, translated from *Théorie des peines et des récompenses*, 1811, by Richard Smith (London: J. & H. L. Hunt, 1825). Version originelle française disponible sur googlebooks.

[4] *The Century Dictionary and Cyclopedia* **1** (New York: The Century Co., 1889).

[5] Muzio Clementi, *The Art of Playing the Piano*, translated from *L'art de jouer le pianoforte* by Max Vogrich (New York: Schirmer, 1898).

[6] Sidney Colvin, "Art," *Encyclopædia Britannica*, editions 9, 11, 12, 13 (1875–1926).

[7] H. S. M. Coxeter, "Convocation address," *Proceedings of the 4th Canadian Mathematical Congress* (1957), 8–10.

[8] Edsger W. Dijkstra, *EWD316: A Short Introduction to the Art of Programming*, Technical University Eindhoven, Eindhoven, The Netherlands (August 1971), 97 pp.

[9] Andrei P. Ershov, "Aesthetics and the human factor in programming," *Communications of the ACM* **15**,7 (July 1972), 501–505.

[10] Thomas Fielden, *The Science of Pianoforte Technique* (London: Macmillan, 1927).

[11] George Gore, *The Art of Scientific Discovery* (London: Longmans, Green, 1878).

[12] William Hamilton, *Lectures on Logic* **1** (Edinburgh: Wm. Blackwood, 1874).

[13] John A. Hodges, Elementary Photography: *The "Amateur Photographer" Library* **7** (London, 1893). Sixth edition, revised and enlarged (1907), 58.

[14] C. Frusher Howard, Howard's *Art of Computation* and golden rule for equation of payments for schools, business colleges and self-culture ... (San Francisco: C. F. Howard, 1879).

[15] J. N. Hummel, *The Art of Playing the Piano Forte* (London: Boosey, 1827).

[16] B. W. Kernighan and P. J. Plauger, *The Elements of Programming Style* (New York: McGraw–Hill, 1974).

[17] Richard Kirwan, *Elements of Mineralogy* (London: Elmsly, 1784).

[18] Donald E. Knuth, "Minimizing drum latency time," *Journal of the ACM* **8** (April 1961), 119–150.

[19] Donald E. Knuth and J. N. Merner, "ALGOL 60 confidential," *Communications of the ACM* **4**,6 (June 1961), 268–272.

[20] Donald E. Knuth, Seminumerical Algorithms: *The Art of Computer Programming* **2** (Reading, Massachusetts: Addison–Wesley, 1969).

[21] Donald E. Knuth, "Structured programming with **go to** statements," *Computing Surveys* **6**,4 (December 1974), 261–301. [Réimprimé avec des changements mineurs dans *Current Trends in Programming Methodology*, Raymond T. Yeh [Ed.], **1** (Englewood Cliffs, New Jersey: Prentice-Hall, 1977), 140–194, dans *Classics in Software Engineering*, Edward Nash Yourdon [Ed.] (New York: Yourdon Press, 1979), 259–321 et dans *Selected Papers on Literate Programming*. Traduction française dans le volume compagnon de ce recueil.]

[22] George Kochevitsky, *The Art of Piano Playing: A Scientific Approach* (Evanston, Illinois: Summy-Birchard, 1967).

[23] Emma Lehmer, "Number theory on the SWAC," *Proceedings of Symposia on Applied Mathematics* **6** (American Mathematical Society, 1956), 103–108.

[24] Maharishi Mahesh Yogi, *The Science of Being and Art of Living* (London: Allen & Unwin, 1963). Traduction française *La science de l'être et l'art de vivre*, éditions de l'âge de l'illumination, 1981.

[25] Moses L. Malevinsky, *The Science of Playwriting* (New York: Brentano's, 1925).

[26] Zohar Manna and Amir Pnueli, "Formalization of properties of functional programs," *Journal of the ACM* **17**,3 (July 1970), 555–569.

[27] Albert H. Marckwardt, Preface to *Funk and Wagnall's Standard College Dictionary* (New York: Harcourt, Brace & World, 1963), vii.

[28] John Stuart Mill, *A System of Logic, Ratiocinative and Inductive* (London, 1843). Les citations proviennent de l'introduction, section 2, et du livre 6, chapitre 11 (12 dans les éditions ultérieures), section 5. Traduction française *Système de logique : déductive et*

inductive, Mardaga, collection Philosophie et langage, 1995, 561 pages, ISBN-10 : 2870093349, ISBN-13 : 978-2870093344.

[29] Robert E. Mueller, *The Science of Art* (New York: John Day, 1967).

[30] Albert Ross Parsons, *The Science of Pianoforte Practice* (New York: Schirmer, 1886).

[31] Daniel Pedoe, *The Gentle Art of Mathematics* (London: English U. Press, 1953). Réédition Dover 1973.

[32] John Ruskin, *The Stones of Venice* **3** (London, 1853), trois volumes. Version abrégée en un volume, 1879, traduction française par Mathilde Crémieux *Les pierres de Venise*, 1906, rééditée avec une introduction et des notes de Jean-Claude Garcias, Hermann, 1983, XXXIV + 254 p. et illustrations, ISBN 2-7056-5950-1.

[33] Gerard A. Salton, communication personnelle, 21 juin 1974.

[34] C. P. Snow, "The two cultures," *The New Statesman and Nation* **52** (6 October 1956), 413–414.

[35] C. P. Snow, *The Two Cultures: and a Second Look* (Cambridge: Cambridge University Press, 1964). Traduction française Charles Percy Snow, *Les deux cultures*, J.J. Pauvert, collection Libertés Nouvelles n° 13, 1968, 153 pp.

Chapitre 15

Origine de l'expression « analyse des algorithmes »

[Extrait de la préface de Selected Papers on Analysis of Algorithms, février 2000.]

Très peu de personnes ont jamais eu la chance de choisir le nom du travail de leur vie. Mais dans les années 1960, il me fut nécessaire d'inventer l'expression « analyse des algorithmes » puisqu'aucun terme existant n'était approprié pour la sorte de choses que je voulais faire. Je me souviens comme si c'était hier d'une conversation que j'ai eue une fois à une conférence de mathématiciens : l'homme assis à côté de moi au dîner me demanda ce que je faisais, je lui répondis que j'étais intéressé par l'informatique. « Oh ! » dit-il, « l'analyse numérique ? » « Euh !, pas vraiment. » « L'intelligence artificielle ? » « Non. » « Ah ! alors vous devez être un homme des langages. » Je confessais volontiers que je n'étais pas très intéressé par les langages de programmation mais que je ne pouvais pas expliquer facilement le type de questions qui me motivaient le plus. Je pris conscience pour la première fois que l'informatique était en gros divisée en trois parties dans l'esprit des autres personnes et qu'il n'y avait pas place pour un autre type de recherches à moins qu'il ait un nom bien à lui.

« Analyse des algorithmes » était, bien sûr, un nom naturel, puisque l'idée est simplement d'étudier les algorithmes et de les analyser aussi soigneusement et quantitativement que possible. J'écrivis donc à mes correspondants chez Addison–Wesley en proposant que le titre du livre que j'étais en train d'écrire soit changé de *The Art of Computer Programming* en *The Analysis of Algorithms*. « Oh non, » dirent-ils « cela ne se vendra jamais. » Ils avaient sûrement raison, à cette époque tout au moins, puisque le mot « algorithme » était lui-même à peine connu. Mais j'aime à penser que l'esprit de l'analyse des algorithmes est omniprésente dans les livres maintenant appelés *The Art of Computer Programming*.

363

Index